互联网时代的
浪漫
与
痛痒

传统行业转型之道

HULIANWANG SHIDAI DE LANGMAN YU TONGYANG

浩浩汤汤　跑堂风云　秦沐阳　编著

电子科技大学出版社

图书在版编目(CIP)数据

互联网时代的浪漫与痛痒：传统行业转型之道 / 浩
浩汤汤，跑堂风云，秦沐阳编著. -- 成都：电子科技大学
出版社，2015.10
　ISBN 978-7-5647-3305-6

　Ⅰ.①互… Ⅱ.①浩… ②跑… ③秦… Ⅲ.①互联网
络 - 应用 - 企业管理 - 研究 Ⅳ.①F270.7

　中国版本图书馆CIP数据核字(2015)第232322号

互联网时代的浪漫与痛痒

传统行业转型之道

浩浩汤汤　　跑堂风云　　秦沐阳　编著

出　　版：	电子科技大学出版社（成都市一环路东一段159号电子信息产业大厦
	邮编：610051）
策划编辑：	郭蜀燕　　杨仪玮
责任编辑：	杨仪玮
主　　页：	www.uestcp.com.cn
电子邮箱：	uestcp@uestcp.com.cn
发　　行：	新华书店经销
印　　刷：	四川煤田地质制图印刷厂
成品尺寸：	185mm×260mm　　印张：24　　字数：470千
版　　次：	2015年10月第一版
印　　次：	2015年10月第一次印刷
书　　号：	ISBN 978-7-5647-3305-6
定　　价：	49.00元

推荐序之一：当互联网变成一种基础设施

百度公司总裁　前微软全球资深副总裁

张亚勤　博士

普适计算之父马克·韦泽说：最高深的技术是那些令人无法察党的技术，这些技术不停地把它们自己编织进日常生活，直到你无从发现为止。而以互联网为主的一整套信息技术（包括移动互联网、云计算、大数据技术等）正是这样的技术，它已经快速扩散、应用到经济社会的各个领域。互联网正潜移默化地渗透到我们的生活中来，并和100年前的电力技术以及200年前的蒸汽机技术一样，对人类经济社会产生巨大、深远而广泛的影响。

今年是互联网进入中国的第21个年头，它由一个外来的物种，在中国艰难生根、曲折成长、蓄势薄发——中国迄今已经有6.5亿多网民，5亿多的智能手机用户。过去10年，特别是最近的三五年，互联网发生了翻天覆地的变化，从传统的互联网迈向了移动互联网，进而衍生出了更多设备联网的物联网。通信网络的进步以及移动互联网、智能手机、智能芯片在企业、人群和物体中的广泛安装，使得互联网变成了所有行业的基础设施。大数据、云计算是在计算领域第一次把互联网作为基础设施才发展起来的，所有连接在互联网上的装置、设备、内容可以共享公共资源和服务。

互联网远远超出了大家可能想象的原来的网，今天看得见、摸得着的东西都会变成互联网的一部分，就像过去很多人想走出地球一样，现在走不出互联网，原因是它变成了社会甚至变成地球本身的基础设施。互联网成为基础设施的"广泛安装"，为各行各业的"互联网化"信息经济发展奠定了良好的基础，使得各个行业与互联网这位"大门口的野蛮人"和"新未来的裹挟者"广泛融合，推动着传统产业转型升级。

2015年"两会"上，李克强总理正式提出国家将制订"互联网+"行动计划，助力经济转型和产业升级。"互联网+"行动计划的前提是互联网作为一种基础设施的广泛安装，其本质是传统产业经过互联网改造后的在线化、数据化。"互联网+"依赖的新基础设施，可以概括为云（云计算和大数据基础设施）、网（互联网和物联网）、端（直接服务个人的设备）三个领域，新的基础设施正叠加于传统产业的基础设施之

上，日益发挥着重要作用。"互联网+"萌发的新生产要素，可以归结为数据，是在运用数据驱动传统业务的基础上，通过数据用途的扩展创造新的价值。新信息基础设施（"云＋网＋端"）与新生产要素（大数据）为"互联网+"能量的释放提供不竭动力，决定着"互联网+"行动计划改造升级传统产业的效率和深度。

互联网作为一种高速成长的基础设施，会带来越来越多的投资机会和产业成长空间。当然，这个"基础设施"并非传统意义上的，也绝非仅仅是网络宽带建设、无线基站等。除了传统的基础硬件外，它更多包括了网络交互和网络服务。比如百度的索引定位平台，连接人与服务，也属于基础设施。

大家提起百度，很多时候会讲搜索引擎和地图服务，实际上百度是一家搜索和电商结合的企业。百度基于互联网入口、大数据、云计算、技术、资源等优势，通过O2O领域的布局，使得百度连接的消费服务场景延伸到团购、旅游、视频等领域。同时在金融、教育、医疗、数字内容与数字娱乐等多个垂直领域和国际化市场不断深耕，创造"连接人与服务"的新市场。作为一家互联网平台公司，它建立起了虚拟世界与真实世界的联系。我们说连接人与服务，是指运用互联网的基础设施搭建起一个"大规模的社会化分工协同平台"，推进传统产业转型。广义上讲就是互联网物理化，通过智能硬件产业链和垂直行业切入物联网硬件端的生态，和云紧密相连，建设连接360行的大生态。

互联网的物理化是从信息到服务，把整个互联网的技术、产品和商业模式映射到物理世界里面，也就是直接找到服务了。从"连接人与信息"向"连接人与服务"进行转变，是互联网发展的必然方向，也是产业升级和市场发展的需要。

服务一方面是指我们生活的服务，另一方面是产业的服务，进入每一个垂直行业，到农业，到制造业，到金融、医疗、教育等第三产业，到各种各样我们现在的整个物理世界可以看到的领域。这是一个大趋势，不仅仅是人和人相连，而且物和物相连，人和物相连，万物互联。

互联网的本质是一种感知的能力，即对用户和场景的快速感知和应对。互联网最终要回归线下的高质量服务，借助大数据提高的感知能力，更加敏锐的对市场变化做出反应。

互联网平台在提供基础设施构架之上，更重要的是促进信息和服务在全国、全球范围内广泛对接，在提升共享效率和水平的同时，还反向带动了生产效率的提升以及各产业的数据化互联网化。

现阶段，互联网化进程正在金融、物流、农业、医疗等诸多行业上演。特别是随着传统行业与互联网的进一步融合发展，会让"互联网+"变成"互联网×"，发挥出互联网促进传统产业升级的倍乘效应。可以断言，互联网物理化在现实世界的作用，不仅会催生出全新的商业模式，还将孵化出全新的文化、全新的经济与科技发展的思维角度。

在移动互联网和物联网的神奇辐射下，很多传统行业和边缘化人群的命运被改变。

互联网企业在推进信息化、O2O服务化以及大数据、人工智能与现实世界的深度融合方面给了社会和传统行业一个启发和示范案例。而这之中，"互联网基因"进化出的思维理念最为核心。

历史发展经验启示我们，技术的创新变革会演变成一种基础、前提，在此之上，各行各业都能得到继续发展的可能。面对新一轮信息技术变革，我们要把人类的创造力和热情不仅仅放在互联网工具或基础设施的革新上，还要放在知识的产出、分享以及被利用的体系中。互联网既是工具，也是基础设施，同时更是一种思维认识的价值体系和一套知识系统的构建方法。因此，以往的技术革命，更多地解放了人类的手和脚，而这次互联网变革，解放的是我们的头脑，启发的是互联网思维。

《互联网时代的浪漫与痛痒——传统行业转型之道》一书以互联网"皑皑白雪"的冷艳隐喻为自序开场白，生动描绘了不同年龄段群体在互联网数字化浪潮下的迥异反应，以烤火"暖手"、主动"搓手"、欢呼"拍手"三种写真姿态，寓意传统行业企业家们在面对互联网转型境遇下的痛痒与浪漫。书中对互联网大潮的多棱镜展示、互联网进化的多图谱演绎以及互联网核心价值论、时代世界观、经济逻辑链、流变风向标、思维新体系的系统阐述，以及对零售、餐饮、金融等传统行业转型实践的深刻剖析，是从认识（理论）、方法（实践）、探索（开拓）三个层面对互联网价值思维做出的立体化概括、运用和综合，全书散发着一种哲理性思考和哲学性思辨，对传统行业互联网化转型发展具有较强的指导意义。

特别值得一提的是，这是一本具有"互联网基因"、融入"互联网思维"、基于"互联网架构"的"新书"。这本书本身就是一个"互联网+"，在传统书籍纸质体形之外，这本书还拥有网络技术架构，开通了"互联网PLUS道法术"微信公众平台，增加了与书籍相关的互联网知识体系入口，走在了出版业数字化"延展阅读"和"持续阅读"的前沿。在数据平台的云端，读者可以通过手机终端查阅丰富的传统行业转型案例，获取数字图书馆和数字电影院里海量的电子书和电影，参与微博微信里社群论坛的互动活动，获得合作企业的增值网络服务等。因为书而不局限于书，"互联网+书

（出版）"使得这本书的价值理念和知识仓库无限延展、扩容，持续更迭的云端数据资源，为广大读者们提供了超乎想象的"平等、共享"化公共服务。可以说，这本书是对传统出版业的一次变革创新，更是一次卓有价值的实践探索。

世界上最怕的事情不是"一拥而上"，而是"一拥而撤"：还没有搞明白一个事情就去做了，还没有搞明白就撤了。真正热爱互联网、云计算、大数据的人会知道，不只是3年、5年、10年，可能在未来30年到50年，甚至100年，互联网还是大家一直要关注的重点，它会真正在今后改变整个社会和人们的生活。

因为有了互联网，全世界的思想是同步的，已经没有人可以说我在世界一个角落发生的事情不让世界另外一个角落知道了。在这样一个时代，因为有了互联网可以让多少人的梦想成为一个现实。当互联网变成基础设施和公共服务的时候，它就像你今天呼吸空气、要喝水一样，会伴随着你变成你生命中的一部分。浪漫与痛痒的味道各在其中，需要用心体味，这是互联网给我们带来的未来。

2015年10月

推荐序之二：对互联网时代一次全景多元的解读和叩门

电子科技大学大数据研究中心科研办主任

夏 琦

如果时间回到三百多年以前，第一次工业革命的时代，人们能有幸看到第一台蒸汽机的诞生，但是在去世的时候还生活在一个马车的时代。我们有可能是人类历史上最幸运的一代人，第一次有机会在自己的一生中看到一次完整的科技革命所带来的巨大改变。

十多年前，中国才开始大规模普及互联网，但是如今互联网就已经像蒸汽机和电的发明一样，深刻地改变了我们社会、经济和生活的形态。互联网、移动互联网、大数据、云计算、物联网等IT技术正在融入社会的各行各业和生活的每个角落，使世界快速地连接和数据化。未来，人们的所有活动都将以数字化的方式呈现。"一切都被记录，一切都被数字化"，人类将通过越来越普及的电子记录手段建构一个和物理原子世界相对应的数据比特世界，这个世界可以被定义、被分析、被重构，它能镜像过去、映射现在、驱动未来。

在互联网浪潮的拍击下，越来越多的传统行业面临巨大的挑战。一切经营理念互联网化、一切业务流程数据化、一切运营环节移动互联化，这是未来传统企业转型的走向。互联网，特别是移动互联网带来了商业模式的变化，最根本的是"大数据"对传统企业生产经营的深刻影响和变革。企业大数据可以粗略分为三个版本：1.0强调数据的内部性，指企业自身的产品和服务产生了大量的数据，通过对这些数据进行深入的挖掘分析，改进自身业务，改进后的业务吸引更多用户或客户，产生更大量的数据，形成正向的循环；2.0强调数据的外部性，指企业用自身业务产生的数据，去解决主营业务以外的其他问题，获得重大的价值，或者引入非企业自身业务的外部数据，来解决企业自己遇到的问题；3.0是一个尚在探索中的商业形态，首先需要政府有数据意识，制定政策措施，提供更好的生态环境，在此基础上，数据运营商提供平台来计算和开发数据产品，同时学术团体、企业和政府通过数据产品挖掘科学、社会、经济方面的新价值。

当传统企业在内部融通、与外部连接时，企业"大数据"投射到互联网场域中的全域镜像是：工业4.0（数字化智能制造）、互联网时代3.0（从信息单向流动的门户时代到双向互动的搜索/社交时代，再到移动互联下的人机交互时代）、企业转型2.0（运营模式从B2C转向C2B）、网络时代个人1.0（用互联网思维和互联网世界观格式化大脑）。

大道至简，知易行难。处在互联网时代的传统企业在求发展的转型道路上是痛苦的，同时也是浪漫的。茫然下的手足无措与被动中的裹挟逼迫是一种苦楚和煎熬，欣然中的主动求变和顺势下的应时而动却又是一种雀跃和激动。本书无疑洞悉了其中的百般滋味，通过三十多万字和众多图表，全景式、立体式地从互联网的现实冲击、互联网发展的历史脉络、互联网经济的底层架构、互联网时代各个行业领域的转型取向以及互联网技术发展的明天等各个方面，系统地描绘了传统行业在互联网时代转型的现实命题和道法术，既是大综合，也是大融合，具有较强的现实意义和指导意义。

本书难得之处在于它绝非只是停留在对互联网思维的言辞凿凿上，而是在创意和写作过程中，充分运用和践行了互联网思想。进入本书的公众号可以看到，这本书的创新之处在于，运用了"众包、众筹、众赢"的"合众"理念，打通了线上与线下的O2O闭环，形成了一个商业小生态。如果用供应链公式来表达，本书供应链=社群订单+众筹资金投入+众包与主创作者共同生产内容+网络商城和传统渠道结合销售+自媒体传播+第三方支付+增值服务体验+客户（包括读者）关系社群数据管理。从阅读体验看，不仅有传统纸质书籍的墨香和电子书的便利，还有以二维码为入口延伸阅读带来的信息量扩容，更有视频的生动组合；读者可以通过该书的网络入口获取不断更新和添加的电子书籍、影音资料、企业转型实践案例，逐步集成为一个扩展的数据库；读者有什么意见和建议可以到本书公众号论坛微社区里去"打酱油"、"拍砖"；还有本书案例单位提供的增值服务，比如，吃火锅大大的优惠。本书阅读的开始，也是思考的开始、讨论的开始、社交的开始，当然，最好是转型的开始。

这是一次创新者的大胆尝试，一场接地气的落地实践。对于出版业，是飞来的一只"互联网蝴蝶"，它的效应已经在网络社群开始显现。也许是一个不错的开始。未来已来，毅然拥抱吧！

2015年10月

自序:互联网时代的浪漫与痛痒

老子说:道生一,一生二,二生三,三生万物。从0到1,是宇宙爆炸的自然法则,也是商业的创新之道。对互联网的终极追问就是有与无、1和0的道法自然。万象丛生、日新月异的互联网世界就是0和1的精准演绎和生生不息。为何有这本书?这本书有何不一样?是哪些幕后玉成了这本书?这是本书的"三",它不是道,不能衍生万物,但它会是蝴蝶效应的一次翅膀颤动吗?

(一)互联网世界的新宗教:缘起

喜欢阅读的人自然是喜欢逛书店的。不知什么时候开始,书店正在从我的生活里隐退。我有时甚至恐慌地想,我是不是在物欲横流、世道浮躁的时代变得颓废?但审视我的阅读习惯并没有多少改变,改变的是阅读渠道发生变化,买书的渠道发生转移。直到有一天,我从事的职业被市场化和信息化双重浪潮拍打得摇摇晃晃的时候,我努力带领团队去维持着一种适应眩晕的平衡。网络上一篇帖子灼伤了我的眼睛,我才开始认真地打量和思考这种变化。

这篇名为《让我们一起去打劫,享受打劫的快感吧!》的帖子作者不详,但在微信圈广为流传:

……柯达的葬礼已经被人快要遗忘,摩托罗拉、诺基亚、东芝、索尼都在排队等候档期。国美这个家电巨头的日子将越来越艰难,京东商城明目张胆地开始打劫!国美醒来的速度太慢太慢,等它睁开眼睛,仓库里只剩下一地悲伤。苏宁总算懂得翻个身子,好歹知道有人正在打劫!……醒来的速度不够快,就不用醒了,免得伤心,直接送火葬场罢了!未来十年,是中国商业领域大规模打劫的时代。越来越快,一切都在一个大规模变革之中,无论是哪一家公司,如果不能够深刻地意识到金钱正随着消费体验的改变而改变流向,那么无论过去他们有多成功,未来都只能够苟延残喘,直到被尘土掩埋。跨界的,从来不是专业的,全部来自于另一个领域!神出鬼没,你都不知道从那里窜出来的。创新者以前所未有的迅猛,

从一个领域进入另一个领域。门缝正在裂开，边界正在打开，传统的广告业、运输业、零售业等，都可能被逐一击破。更便利、更关联、更全面的商业系统，正在逐一形成。世界开始先分后合，分的，是那些大佬的家业，合的，是新的商业模式……

这个帖子描述的是互联网跨界的情形。

这个世界怎么了？是谁动了我们的奶酪？美国知名思想先锋斯宾塞·约翰逊博士的《谁动了我的奶酪?》一书，通过两只小老鼠和两个小矮人的故事，生动地阐述了"变是唯一的不变"这一生活真谛，并在书中制造了一面社会普遍需要的镜子——怎样处理和面对信息时代的变化和危机。这本书第一次在国内出版是在新世纪初，也就是肇始于20世纪90年代中期第一波互联网浪潮的尾期。第一波互联网泡沫破灭之后，这本书揭示的价值并没有消失，放到今天更具广泛性和普适性。一个基本的原因是，破灭的是互联网经济1.0版本和贪婪资本的欲望，互联网技术并没有停下脚步，而是沿着它内在的逻辑和规律，强劲地演绎和推进，于是我们看到了上面这个帖子描述的大面积的情形。

更重要的是，这种情形以及后续背后的力量，使我们每个人都不能置身事外，而且将被一"网"打尽，不能再像第一波互联网浪潮的时候，我们人为划分一个互联网行业出来，非互联网行业的人，可以把互联网故事作为一叶风景。要说风景，我想到的是一个冷艳的隐喻：皑皑白雪。我想起小时候，一场铺天盖地的大雪，白茫茫掩盖了大地和世界，"千里冰封，万里雪飘"，"山舞银蛇，原驰蜡象"。这个时候，不同的年龄和不同的角色，对待这场雪就有不同的态度。第一种人是老人，他们已经见惯不惊，行动迟缓，目光迟滞，只能窝在木屋里火塘边用炭火慵懒地暖手；第二种人是青壮年以及中年人，他们是家里的主劳力，是生计的维持者，再大的雪也不能停下劳作的双手和脚步，还得行走在冰天雪地里呵着热气搓手；第三种人是孩子，他们与生俱来的对大自然大开大阖、冬雪迎春的惊喜和好奇，可以令他们忘记寒冷，欢呼雀跃，嬉戏拍手。

这一轮互联网浪潮就是人类世界进入信息化时代以来的第二场"大雪"。大雪无痕，全面覆盖，而且雪化为水，融入大地，浇灌的是第二年百花绽放的春天——继蒸汽时代开启、电气时代繁荣的工业文明后，一个主要借由互联网技术推动的网器时代、智能时代主导的信息文明即将全面启幕。

从经济学角度讲，这是由消费主体以及消费行为的生活方式决定的。"50后"已经或者即将"暖手"谢幕，"60后"、"70后"可塑性强，心有不甘，正在努力转型，不断"搓手"适应"新常态"，"80后"、"90后"以及"00后"在数字语言环境成长起来，没有数字鸿沟，世界是新鲜的、精彩的，世界是他们的，他们欣欣然，跃跃欲试，欢呼"拍手"。谢幕的是原住民，只能说地方话；转型的是移民，可以说哪怕是不标准的普通话；原住民和移民的后代就是网民，普通话、外国话都不在话下。"原住民"的文化主要是农业文明的烙印，"移民"的文化主要是工业文明的投影，"网民"的文化主要是自由、平等、开放、多元的信息化文明的折射。

这"三个民族"都生活在同一块土地，但是却像老子描绘的"邻国相望，鸡犬之声相闻，民至老死不相往来"。在年代和技术两条鞭子的驱赶下，俨然形成了基于互联网时代标准的"三个世界"的划分。这"三个世界"的格局已经基本定型：原住民被"冻"僵，属于固态；移民属于液态，流动的有快有慢；网民属于气态，看似自由自在。自己企业的未来在哪个世界，取决于你与哪个"民族"在一起，取决于哪个"民族"接纳了你的企业。

因此，领航企业转型的张瑞敏感叹说："没有成功的企业，只有时代的企业。"

当网民正式登上历史舞台后，世界的文化形态就将由他们来决定。如果说宗教是一种文化现象，那么互联网文化就会催生新的宗教——"互联网宗教"。在译言网三岛的个人空间里，第一次看见他翻译美国新闻媒介从业者Alexander Grlach提出的这个新问题——《互联网是一个新的宗教吗？》：

"在过去，宗教规定什么是善与恶。在未来，宗教还将扮演这一角色吗？"……班杜拉回答："宗教一直是为一个具体的地理空间的居民的社会现实服务的。"Facebook现在有9亿个成员，他们在注册用户资料的同时，就同意了某个行为规则，一旦你进入Facebook这个世界，你就走进了一个带有自己社会逻辑的数字社会空间。"Facebook用户都是基督教徒、犹太教徒、穆斯林、无神论者、不可知论者。这些人有着不同的背景、不同的道德规范和不同的社会实践。这可能意味着未来的榜样和社会行为。"直到今天，宗教仍是推动人类社会前进的力量。但它们的社会规则和理由的基础被认为是不洁净的。膜拜紧紧地束缚着宗教成员：宗教的去世俗化社区生活。现在，Facebook实现了这一功能。……网络上的9亿成员早就超越了他们所居住的城镇的视野。这个社区并不是通过我们头顶上无限的空间结合在一起的，而是通过网络本身。Facebook具有去个人化上帝的一神论思想。把一切融合在一起的并不是一个上帝，而是一个网络，是一种力量，

它将人们联系起来，激发了他们的交互作用。

宗教归根结底是人性欲望的纠结和舒缓。以佛教为例，我们看到了佛教教义在互联网上人性本质的新版本。佛教里以眼、耳、鼻、舌、身（皮肤）、意等六识为所依，对色（色、形）、声、香、味、触（寒暖、柔软等的物质触觉）、法（概念等为心所捕捉的事物意象）等六尘，产生见、闻、嗅、味、触、知的认识作用，此即眼识、耳识、鼻识、舌识、身识、意识等六种心识，也称为六根。六识发动六根而接触六尘，六尘映入六根而由六识判别及记忆保存，再从六识的记忆保存中显现出来，发动六根贪取六尘。这就是佛教里对人性的描述。凡是对互联网都有一些基本感性认识的，都可以从互联网工具体验中去找到"六根不净"的对应对照。

有人士总结了若干种基于人性的网络商业手法，分别是贪婪、情色、虚荣、窥视、懒惰、好奇、恐惧、好胜、免费等。表面上看，互联网卖的是服务，争的是用户，但究其根本，人心和人性才是成败核心。就像你永远不会去买一个杀人犯做的包子，以免吃到人肉叉烧包一样，每一款APP都隐含了产品经理对人性的洞察：发掘人性积极的一面，就有了"微信"；发掘人性消极的一面，便有了"秘密"和网络安全问题。

弗洛姆认为在古希腊，人们的生活目标是"追求人的完美"，现代人则是"追求物的完美"，结果把自己变成了物，把生命变成了财物的附属。于是，"存在"被"占有"所支配。这就是马克思说的"人的异化"。

这个世上本没有互联网世界，只是我们运用互联网发现了另一个世界，随之就引出一个"人类—互联网"的二元系统问题。在动笔写这本书的时候，我在小区的电影院重温了一遍影片《超验骇客》，迷思人类与互联网以及智能机器人的伦理问题、哲学问题。IT评论人吴波先生对这个哲学问题的表述是：

> 将互联网作为人类之外的独立力量来定义是个大胆的选择，我们首先承认互联网是非智能性的人类之外的一个整体存在，正如市场、自然、物理规则的世界一样，互联网世界是客观的"元世界"，它和人类构成了"人类—互联网"的二元系统。在这个二元系统中，"人类"作为系统中的"一元"，不断地与另"一元"互联网发生物质、资源、信息等方面的交互作用，具体包括三个方面的内容：一是物理"交换"，物质性、理念性、空间性、延伸性、度量性等范畴在线上线下不断发生交换作用；二是活动"融合"，人类在线上和线下的活动、行为、状态，经过积累性、双向性的模仿、搬运、模拟，最终实现融合作用；三是智能"提升"，人类为了服务自

身不断强化互联网，最终必然催生互联网智能，从而完成人类和互联网在智能层面上的互相提升。

提笔之际，竟一时茫然，互联网知识和信息浩如烟海，正如康有为在《诸天讲》所说："然天下之物至不可测，吾人至渺小，吾人之知识有限，岂能以肉身之所见闻而尽天下之事理乎?"，然而约翰·洛克说，"心灵白板，但有认知能力的人"通过归纳、演绎的交互使用，也会得出"局部真理观"。

黑格尔心中有一个"世界之神"，物质的、精神的东西都从它那里产生，最后又都返回到它那里去。这个"世界之神"，并非上帝一样的存在物而是一种"精神"。它是在自然界和人类社会出现以前，就存在着的一种精神性的本原，即"绝对精神"。所有在我们面前展现的世间万物都是"绝对精神"自己展开和实现的结果，看到的只是"现象"，透过现象，它们本质上都是"精神的现象"。那么，绝对精神是怎样把世界万物都实现出来的呢? 黑格尔说，这就需要精神通过正—反—合的辩证法。后来者有如马克思等人在批判黑格尔的这种客观唯心主义时指出，通过抽象思维把它们升华或蒸馏为先于物质世界独立存在的实体，不可避免地部分陷于神秘主义的创世说和宗教信仰主义。

轮椅上的霍金撰文对互联网进入智能时代做了令人深思的点评："成功创造人工智能将是人类历史最大事件，若不懂如何避开风险，这也将是最后的大事。"霍金的意思是：弄得不好，生物人将消失，世界最后只剩下智能人了。尼采不是说"上帝死了"吗?

的确，人类创造神奇的互联网世界后，我们游走进出于虚拟与现实之间时，翻看互联网世界的前世今生，冥想互联网世界的叵测未来，确实有感于黑格尔的"绝对精神"。

以上感触——从我生活中一个消费者角色体验的变化，到工作中企业经营管理遭遇的挑战，再到个人精神灵魂深处的困惑——我想说明什么? 人类社会存在的上百万年时光里，永恒的是人性真善美和假丑恶，不变的是人生老病死和悲欢离合，恒变的是时代舞台背景和演出道具。如果是在一个稳定的社会结构中和技术条件下，每个人无须迷失和迷思，只需要按照祖制成法，日出日落，田园牧歌，走完自己的人生旅程就行。问题是我们处在一个大时代纵横交错的路口，没有路标，只有人潮涌动和车马喧嚣中模糊的未知，个人和团队至少需要在摩肩接踵的嘈杂中，不被踩踏，辨别方向，选择路径。这是马斯洛行为科学中安全层次的基本需要。

世间万物正在接受互联网技术的驱使，各式各样的信息化的网络将覆盖我们的星球和全部生活，既有愿景，也有痛痒，但我们无力抗拒而且也反抗无效，只有遵循互

联网的发展逻辑，才是我们的唯一出路。对于传统行业的同仁们，互联网世界，我们需要走进去，但是更需要走出来。走进去需要勇气和知识，走出来需要能力和智慧。这是我们一起在本书里需要探讨的。

因此，在忙碌的工作之余，我们开始了一段有关互联网的浪漫与激情、苦累与快乐、把握与筛选、审视与追问。三年来，书里所写下的内容，既是有关互联网的理论与实务、观察与感受，也是我自身所在的传统企业于转型中，对互联网理论的阅读和梳理以及实践的思考和探索。

我们以互联网发展的过往轨迹和未来走向脉络为经，以现实中点线面的实务实例为纬，在这个经纬坐标的四个象限里，试着进行宏观与微观的结合。作为"网络文化大革命"的队员，我们也许只是泥水工匠的"捏合"罢了，若是误了您财经季播种收获的时光，先在此抱歉了。就像著名社会学家帕特南（Robert Putnam）在《独自打保龄球》里写的："我们是想法、商品、恩惠和信息的交易员，而不只是传统的市场思维所造就的竞争者。"

我们在自己迈进互联网世界这道新门槛时，顺便在门口手书了一块字迹潦草的提示牌。如此而已。这是我们在本书中的角色和定位。这里的"我们"，我希望是一个"人以群分"的社群，大家能够同频共振。我们是理论的实践主义者，书里没有新理论，只有新运用；没有新概念，只有新概括；没有新创造，只有新综合。

（二）互联网时代的新写作：合众

"合众为一"（Out of Many，One）是美国国徽上的格言之一，所以美国全称是美利坚合众国，是以团结民众、实现民主为主旨的联邦制国家。这个词最先出现在一首名为《Moretum》的诗歌当中，相传该诗为奥古斯都时代的古罗马诗人维吉尔（Virgil）所作，在诗歌中，"color est e pluribus unus"描述了将各种颜色混为一色的情景。

在本书中，我们借用和演绎了一下这个高大上的概念。

我们作为本书作者，是一个由"60后"、"70后"、"80后"三个不同年代出生的人构成的三人组合，既有机缘巧合，也是刻意安排。

不同年代必然有不同的时代背景，必然有不同时代的印记和不同的思维模式。这3个年代刚好对应了改写中国历史走向的30年，对应了农业、工业、信息三个时代鱼贯出场的顺序和情景叠加，具有代表性和普适性，一方面可以承续开始离场的"50后"，一方面可以对接已经入场的新生代："90后"和"00后"。

我们过往和日常虽然都当过码字工，但既不是专家，也不是作家，即便编撰过一些不足挂齿的东西，也很快被历史和时间尘封，连擦屁股的用处都没有。现在突然心生妄念，闭门造书，自找苦吃，直接的刺激，正如上文所述，间接的刺激，是来自于我的经历，通俗的说法就是起了个大早赶了个晚集。我在第一波互联网浪潮任过董事长的IT企业，当年也起过一点涟漪，总理、副总理都去捧场鞭策鼓励过，但是生不逢时，土壤气候都不成熟，先驱成为先烈，现在有幸赶上时代的感召，不能再辜负了。而这一波来势汹汹的互联网浪潮，裹挟横扫了所有的个人、器物和组织，我们才深刻意识到，这是一个大时代来临了，一个可以和文艺复兴、工业革命相提并论的大时代。这个时代来势之迅猛，多数人根本来不及反应，被浪头直接打晕。互联网就像魔法棒，改写了和将继续改写很多行业的面貌和命运，逐渐地融入人们的生活，无间道一样进入人的灵魂和思维。

如果说诗歌是时代风貌特征的体现，所有书籍又何尝不是时代的镜子和写照呢？于是有关互联网的书籍，跟着互联网起舞的节拍，如雨后春笋，目不暇接。"三十年河东三十年河西"是农业时代的节奏，"各领风骚三五年"是工业时代的场景，互联网时代是日新月异的，一切皆速朽，很多自以为是、自大狂妄的角色都是见光死。作为一个读者存在的我们，没有想过要去成为一个作者。吃鸡蛋是简单快乐的事情，生产鸡蛋就痛苦多了。更何况在实体书店、网络书店以及数字图书馆的海洋里，多一本书少一本书，就是一滴水的感觉。我们还有必要在书海里再加一滴水吗？

再加一滴水没有意思，加一滴佐料可不可以？

毕加索说过："好的艺术家复制作品，伟大的艺术家窃取灵感。"创新就是把看似毫无内在关联的不同问题、想法、事物联系起来。"创造力，就是整合事物的能力。"这是乔布斯给我们提供的答案。"一花一世界，一叶一如来"，一朵花跟这个世界，有联想、联系、整合之处吗？

因此，写这书时我们压根儿就没有准备走传统的套路，希望用互联网思维融入一些新的元素。我们既郑重其事，又寓庄于谐，让您既是读家，又是玩家，我们大家一起来玩一把，开心就好。打开书，我们希望能够抛砖引玉，让您触类旁通或者会心莞尔；拿起手机，我们希望您通过二维码入口，获得意外的惊喜。如此，足慰也。

这本书，所谓"互联网思维"的新玩法，我们申请了一个出版专利（专利号：20151008755.8），把这本书定义为一种基于纸质书籍的社交平台及方法。

——众包：这个词的基本含义，指的是一个组织把过去由员工执行的工作任务，以自由自愿的形式外包给非特定的大众网络，以开源的个体生产的形式出现。但是它有别于分包。在美国《连线》杂志2006年的6月刊上，该杂志的记者Jeff Howe首次推

出了众包的概念，这个概念实际就是2005年在中国诞生的威客，起源于BBS上的互动问答。我们深知自己的能力、视野和知识有限，希望能够汇聚网络精英的智慧、思想、观点、信息，消除我们更多的盲区和谬误，实现我们在构架本书时的四个维度目标：信息含量、思想含量、技术含量和娱乐含量，真正集聚集体智慧，真正走群众路线。我们采取了众包的方式，在传统微信公众平台基础上，增加微社区和微商城等栏目，作为众包的主要落地平台。平台名叫：互联网PLUS道法术。

具体体现在两个方面：一是众包+创作。我们在微信、微博上开设了微社区，吸引网友一起参与，我们和大家一起互动，在互动过程中，除了把大家有价值的观点和内容吸纳到书中，还最终筛选出部分最活跃的参与者，成为我们本书的集体作者进行署名。二是众包+积分。本书通过微信公众平台的微社区进行互动，其互动过程中引入CRM关系营销管理方法：读者加入微社区，并绑定身份，成为会员；所有会员通过参与线上线下活动沙龙、发表话题、分享转发内容等方式进行互动，并对其互动过程进行积分累积管理。如下图所示。

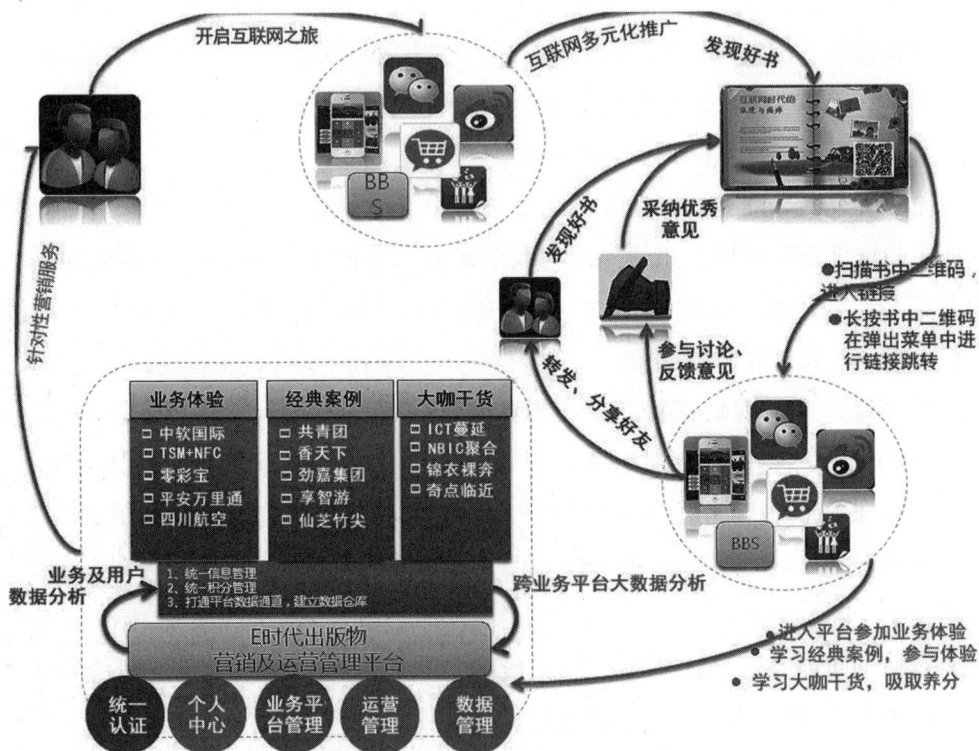

本书信息技术管理平台拓扑示意图

——**众筹**：众筹的兴起源于美国网站kickstarter，即通过网络平台面对公众进行小额筹资，让有创造力的人创业融资的渠道不再局限于风投等机构，而是可以来源于大众，只要是网友喜欢的项目，就可以通过众筹方式获得项目启动的资金，为更多小本经营或创作的人提供了可能。我们通过众筹网等国内知名的众筹平台对本书进行众筹，众筹的资金用于希望工程"我要上大学"项目爱心捐助，四川甘孜州旦珠拉姆、其麦措、达娃卓玛、彭海琼、邵富慧、张雪娇、孙雪娟、阿乌比古、邵晓倩、伍建英等十名学生成为受益者。

——**众赢**：这本书是传统书的体形、互联网的入口、新传播的试验。如果用一个序列式来表达就是"纸媒书+电子书+二维码入口+增值体验+信息技术平台"，这是一个全新的图书品类。这个创新的各个过程、环节和相关各方，都是互动双赢的，没有一个输家。最大的受益者是读者，从阅读体验看，不仅有传统纸质书籍的墨香和电子书的便利，还有以二维码为入口延伸阅读带来的信息量扩容，更有视频的生动组合；读者可以通过该书的网络入口获取不断更新和添加的新信息新内容，还可以通过参与跨平台多维度的全新阅读体验，获得利益激励。当然其他相关参与各方也都是赢家，这是符合互联网分享共赢精神的。第一，本书将书中讲的部分案例企业的平台整合进来，读者可成为这些企业的用户。读者只要通过手机扫描二维码就可以进入各有关企业的官网、公众号，参与和体验业务服务内容。也许你会成为航空公司的一个可以获得积分享受折扣的会员，也可以享受全国连锁火锅店的长期优惠，甚至你扫一扫就能获得彩票，不排除有可能中一个大奖——中奖后记得请我们吃四川火锅呵。第二，多应用整合，将本书中涉及移动互联网工具的各种应用整合在一起，这些应用通过统一的后台进行管理和查看。第三，多数据整合，把整合进来的各企业业务平台和本书中涉及移动互联网工具产生的所有数据整合在一起，形成本书的数据仓库，为本书的延伸阅读和持续阅读奠定数据基础。总之，这本书为读者提供了全新的阅读服务、体验服务、增值服务，也为参与各方带来经济和社会的溢出效应。

（三）**互联网社交的新朋友：致谢**

忽如一夜春风来，互联网迅速得以草木葳蕤，一个重要向上生长的力量就是网络社交。这是一个无社交不商业的时代。这本书的定义是基于移动互联网和纸质书籍的社交平台和方法。通过这本书的创意、写作、出版、合作，我们结识了许多新的朋友，增添和丰富了与老朋友情谊的新内容，这是最大的收获之一。是因为互联网时代和这个小小的有关互联网内容书籍出版的事由，把我们联结到一起，我称之为"互联网新朋友"，非常值得感念和铭记。

感谢电子科技大学出版社的精心策划，感谢他们对于这种创新型出版物的认同和大力推动。感谢共青团四川省委的公益活动平台让我们有了表达爱心的机会。

感谢百度公司总裁张亚勤博士，2012年国家科技二等奖获得者、电子科技大学夏琦副教授在繁忙的工作之余，为本书作序。

感谢国家烟草专卖局经济研究所李保江副所长提供的关于控烟公约方面的研究成果。感谢北京首都经贸大学校长助理、工商学院院长戚聿东博士，国家烟草专卖局党校王路军主任对本书垄断行业和规制经济部分提供的研究报告。

感谢重庆师范大学郑敏芝教授，国家烟草专卖局信息中心胡新华主任、潘红副主任的鼓励和支持。

感谢三人组合中每个成员的倾力付出。我们不仅关注书籍的文字内容能够让读者开卷有益，更关注与用户的互动，关注与合作单位的互惠双赢，关注移动互联网时代阅读的新体验。

感谢家人为支持写作本书而做出的牺牲，给予的理解。

感谢众包和众筹环节中，众多网友的参与。你们的参与和站台，使本书的形成过程体现了以用户为中心的互联网时代商业模式的新理念。你们中的活跃者成为本书的集体作者，与我们共同署名，见证一个新型的社交阅读媒介的诞生（排名不分先后）：

朱星全	李晓波	家伟	杨华	上下	张衡	魏永红
王培超	李骁	陈志昂	Ingplus	小蕾	frisch	candy
happy	陈兵	何波	吴熙	龚涛	吕春晓	吴志伟
梁振明	林开攀	石方君	哆啦多	朱超凡	李军	王丽娜
任乾	唐朝平	姜军虎	焦晓梅	夜已殇	若雨	弯小玲
邹开会	沈雁飞	李朝霞	徐功波	陈泽生	张文生	王迪伟
程渊	潘先谷	张代平	张盛	曾曾	钱冰	陈国栋
崔杰	李竺忆	薛静依	廖洪琴	唐雅洁	陶华	余海益
张小琴	柏继华	王绪海	李江	邱成平	袁涛	曹静
董冰	陈超华	杨盛伟	樊静	张健	杨鑫华	邓旭
张小容	曾林	汪弟杰	李思瑶	彭莉	张代英	丁超
马文	朱洁	王菊	邢剑磊	李沁	刘小兰	宋小忠
杨麒麟	张新武	余星	董晓利	方兵	龚晓玲	郭寒斌
顾萧	罗宏炜	王渊	杨浚	张媛媛	柴发彪	高霞

王 梅	吕培毅	张 珍	何顺华	林 涛	王时敏	姚沛林
彭 红	宋高霞	吴 丹	向家佳	张宗刚	周洪平	陈博文
胡 芊	刘澄武	王玉清	秦 川	谢 莉	周雪勤	黄 华
鲁向东	陆 静	向俊谦	谢 辉	徐 全	张 锐	朱海波
陈 亮	黄丽君	毛凯捷	谢加龙	旷志君	沈玉梅	董会君
张起灵	袁明心	方天娇	白先生	付家惠	谯晓梅	陈雪超
葛睿璇	刘 珺	许东晓	赵 丹	陈 璐	葛宏伟	左彩英
权子玉	王 冲	杨凌铭	赵文韬	陈千平	胡胜春	王 静
周文龙	陈有平	黄素梅	史贤龙	魏鸿飞	朱 棚	陈 卓
冯龙泉	黄小燕	陈丽君	孙熙铭	王均波	席云红	余 静
池水明	李俊霖	孙溢焓	赵金霞	鲜 领	褚燕燕	孙愈昊
肖 旭	张显进	丁 国	耿 亮	咩咩仔	汤小奎	谢琬熠
张艳华	彭思旗	汤絮涵	徐景观	张志东	刘青城	何 鹏
钟基锦	may	Mini	新知青	小 张	杨艳敏	刘 一
许景观	陈 冲	陈 诚	曾 浩	晏小君	徐东晓	朱 伟
徐 洪	崔 刚	朱 朱	李云晓	Fiona	陈钰佳	魏晋珩

尤中丁达　笑傲江湖　阿弥陀佛

1867****881	1370****681	1354****748	1398****538
1390****198	1369****850	1330****311	1370****758
1354****905	1511****997	1811****551	1380****275
1388****990	1500****277	1380****175	1367****216
1502****766	1500****305	1354****780	1398****717
1369****428	1369****429	1375****251	1868****990
1390****277	1832****955	1832****954	1369****420
1399****505	1816****990	1508****225	1568****563
1532****525	1517****320	1390****952	1862****559
1388****720	1815****258	1388****811	1364****628
1511****436			

……

感谢互联网发明数十年历程里，伟大先驱们对改变文明进程的巨大贡献，让我们今天的写作有别于以往的"爬格子"，而是可以迅速检索分享人类浩如烟海的知识。本书遵循开放、协作、民主、分享的互联网精神，任何人均可以任意分享本书的内容而不需要授权。

本书作者特别申明：本书内引用的图、文、视频等链接，部分因暂时未能联系到原作者而未能按照《中华人民共和国著作权法》的规定给予酬谢，请原作者看到本申明后与本书微信公众号平台客服联系。

感谢读者——您的厚爱。

让我们从视频《叩开转型之门》开始阅读之旅吧！

扫描二维码
精彩继续

附：读者可以尽享本书案例单位提供的体验与增值服务

扫描二维码，关注"娇子烟缘"，惊喜不断。

关注官方微信。世界那么大等你来创业。

在收银台出示关注官方公众账号，就可以在全国500家门店享受八折优惠。香满天下，情满天下。

携103架全空客机队为尊贵的您提供最优质的空中旅行服务！扫描二维码，可以直接预订川航机票，享受川航官方直销价格！

扫描二维码：成为智能卡"芯"时代数据及应用的引领者；慧生活-TSM，多应用互联网金融平台。

扫码领彩冲击千万大奖，无限精彩尽在7日坐标。本书读者送彩票，每月定额约4000份。
有效期至2016年6月30日

积分当钱花，体验平安万里通立即送可以在淘宝、京东、一号店、麦当劳上当现金用的万里通积分。

可信IT服务众包平台
扫描二维码：定制软件，成为"杰客"兼职软件工程师。

即日起，扫描回复关键字："PLUS道法术"，按系统提示操作即可领取有效期至2016年6月30日的智慧旅游 代金券100元。
（限：1000元以上的套餐产品使用）

扫描二维码：关注全国最大包装印刷企业，提供印刷云平台服务。

来自于峨眉仙山的生态茶叶品牌：峨眉山涧，绿茶之巅。

扫描二维码：进入本书社群平台，一起快乐，一起分享，体验全新的视听阅读之旅。

（注：以上各种类型的业务体验产品将随合作企业的业务平台更新同步更新，本书不再提示。）

本书微信微博社群论坛网友语录（摘录）

网友昵称：frisch

写书还可以申请专利，确实是创新之举。时下互联网从"旧时王谢堂前燕，飞入寻常百姓家"啦。传统行业将会因此更好分享互联网发展带来的红利。本书话题思维广阔，构思宏大，深度分析互联网价值。此书会对互联网与传统行业结合产生美妙的化学反应。

网友昵称：大风歌

这本书书名落脚到"痛痒"二字，一看内容，确实是戳到痛痒了。所谓互联网时代的"痛"，传统行业茫然的困惑也；"痒"，传统行业转型的心动也。痛点、痒点都找到了，消费者的卖点就找到了。如果这"三点"互联互通了，就曼妙如穿"三点式比基尼"的美女，互联网时代就浪漫了。

网友昵称：何瑜

狄更斯在《双城记》的开篇写道："这是一个最好的时代，这是一个最坏的时代；这是一个智慧的年代，这是一个愚蠢的年代；这是一个光明的季节，这是一个黑暗的季节；这是希望之春，这是失望之冬；人们面前应有尽有，人们面前一无所有；人们正踏上天堂之路，人们正走向地狱之门。"

这是互联网时代。每个人都在分享互联网带给我们的便利，也在苦恼于信息泛滥带来的麻烦。每个行业在积极拥抱互联网，渴望触网后有破茧为蝶的蜕变；但又如叶公好龙，谈"网"色变。如果那天真的来了，传统行业是否还有生存的空间？

以一种创新方式共同探索互联网与传统行业结合的神奇反应。This is for everyone！人人可参与的一本神奇的书，一种创新的社交模式。

网友昵称：candy

呵呵，书还可以这样写，这样读？新鲜，关注。

网友昵称：公鸡中的战斗机

买一本书，收这么多礼，还是第一回。净赚了！这就是互联网思维吗？

网友昵称：150**8766**

我觉得新能源汽车即将开启"互联网+"时代。新能源汽车将带动充电桩、换电站、耦合充电停车场、出租车等一大批基础设施建设，成为新的经济增长点！本书会带给很多制造业企业新的启迪！

网友昵称：Ingplus

今天人人都在谈论互联网，其背后的意义在于许多人同时有了基本同样的思想，并部分地相互独立存在。这证明社会已经对这些思想的出现积累了知识前提，而且形成了一种舆论氛围。其实，谁在谈论已不重要，对信息灵敏的关联与把握，才是区分1和N的标识。这本书从零售、金融业谈到尚未被深度渗透的垄断行业，在可视性极佳的时刻对互联网广泛融合背景下的规制经济转型进行了研究和探索，揭示了比所研究的事例更为广泛的变量之间的作用。决定模式优劣的，不是单个商品交易的额度，而是整体意义上的交易频次和数量。频次的价值大于模式的价值，这就是批发商永远赚的比零售商多的原因。所以，电商的未来是零利润，是基于零利润的垄断工业链条和用户市场，而互联网的价值就在于，通过技术的逻辑，让额度极低的交易，可以以毫秒为单位高频度发生。高频超越低频，这是进化的基础逻辑。

网友昵称：Ingplus

移动互联网正在改变我们的生活习惯，连接无处不在。基于技术的创新，越来越比基于产业机会的创新，更加具有广阔的价值。任何还在循例作坊式的做法，都是逆潮流而行，不要期望会有奇迹。

流量在未来根本不是问题，随着4G、5G手机的普及和到来，全时空的直播时代也在到来，全天候、全方位阅读的方式会成为信息传播的主流。

渠道在工业时代为王，而在信息时代，技术将成为最主要的力量，拥有最佳传播技术和概念，并能够正确应用，才是王道。在此基础上开展社区组织，建立社群关系，加强用户黏性，触发信息交互，促进交互深度等，只要保持匀速前进，社会经济的惯性与口碑惯性，就会使发展速度越来越快。

网友昵称：小蕾

"互联网+"教育，是我近期关注的一个领域。中国社会在形态上已经进入了信息化社会，无论是网民数量还是网络经济发展速度，堪称世界第一。在教育行业则意味着内容的持续更新，教育形式的不断变化，评价的日益多样。教育一直是一个传统行业。教师面授一直以来都是网络难以取代的，面对面的交流使学生的体验更加生动具体。在"互联网+课程+教学+学习"的形式下，移动学习创造了十分红火的场面，代表了学生行为方式与学习观念的转变。这本书好像没有去触碰这个领域。

网友昵称：137**5758**

若时光穿梭机存在，让200年前的人穿越过来，当他看到现代科技时，一定会"吓尿了"，不知所措！若现今的我们往后穿越20年，一定也会被"吓尿了"，因为世界飞速发展，很多传统的东西都被颠覆了，因为被"互联网+"改变了。跟上时代步伐，抓住历史机遇，这就是这本书的重大意义！为我们站在的这个时点而书写！

网友昵称：染色体

互联网+烟草的时代已经来临，作为一个最传统的国有行业，如何利用互联网思维，打破常规思维，精准服务客户，成为至关重要的突破口。此书正合我意！

网友昵称：150**4277**

互联网+医疗是很火的必然趋势，它可以缓解中国的医患关系，可以帮助患者找到更好的医疗解决方案，帮助医生实现个人的医学价值！可惜本书没有关注！

网友昵称：happy

互联网思维不是万能的，还是要以实体为载体，传统行业如何运用互联网思维结合自身优势突破创新，成为当下值得深思的问题。

网友昵称：181**7551**

互联网时代对国家而言，对个人而言，既是机遇又是挑战，走在时代前沿的弄潮儿们已经在收获他们的劳动果实。2014年，中国富豪榜前十名，互联网巨头"霸占"五席，他们还有个共同的特点，就是相对其他富豪来说，比较年轻。这能告诉我们什么呢？那就是，互联网在短时间内创造了比传统行业多得多的财富。作为一个传统行业，我们在互联网方面的应用才刚起步，借冯巩说过的一句话"好饭，不怕晚啊"，愿大家都能借助互联网的风帆，"直挂云帆济沧海"。

目　录

第四部分 明 天

第一部分 |

脉　动

MAI DONG

　　移动互联网发展对每一个企业都提出了重大的挑战，一夜之间，你有可能就被别人超越、占领、推翻了。消灭你，与你无关。现在一个行业的升级需要的是完全不同的基因。诺基亚不可能有苹果的基因，所以诺基亚必然失败。

　　"失败，不是因为你做出了错误的商业决策。今天，不管你做出多么正确的商业决策，都有可能死掉。因为你计划的基因不在原来成功的基因里。所以整个新东方都要更换发展基因，更换基因这个坎过不去，基本上就要死。"

　　历史，就是这样的无情和残酷，很多时候，你的没落和衰亡并不是由于你的无能和懒惰，而仅仅是因为你不在历史的趋势里。

——新东方董事长俞敏洪对话新浪财经

第一章　互联网大潮多棱镜

问君能有几多愁，恰似祖国人民向网流！

——万达集团董事长王健林

我们首先一起走进互联网时代的丛林，去感受一下互联网时代的变革与冲击，看一看互联网呈现的时代景观。有全景式镜头扫描，更多是特写镜头，勾勒了几起互联网重大事件的轮廓和关联你我生活、工作的点点滴滴，因为它构建和重塑了这个时代，所以我们无法假装看不见。

一、版图

互联网是上天赐予中国的机会。未来20年，中国会因为互联网更开放透明，更会分享，也更有全球担当力。

——马云

1. 商业版图

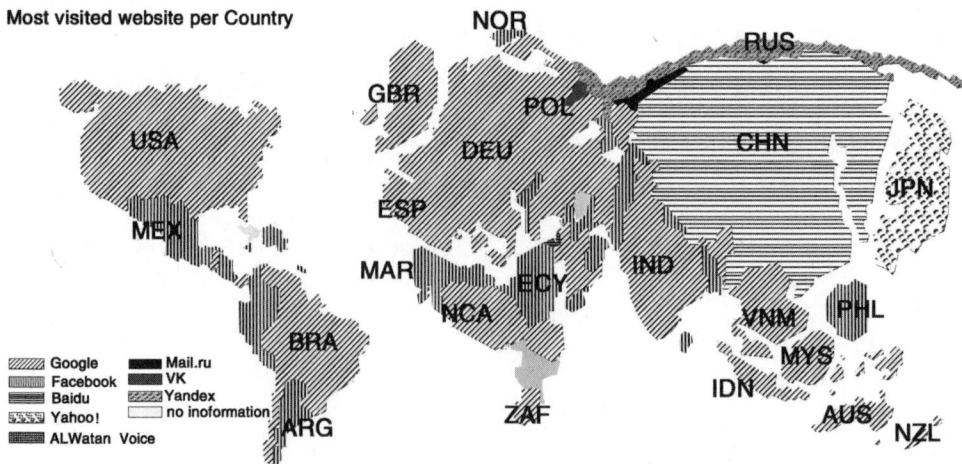

图1-1　互联网行业商业地图

牛津互联网研究所在2013年报告中写道：谷歌在互联网世界中的大佬地位无人能及，互联网世界中的半数人口（超过10亿）依赖谷歌；Facebook虽然赢得50个国家的访问量冠军，但是考虑到注册用户只有2.8亿，它依然没能撼动谷歌的地位。经常名列第三的Youtube现在也属于谷歌。中国最成功的网站百度搜索引擎，控制了中国搜索市场的80%市场份额，最近已经称霸韩国市场，其访客量已经超过韩国本土搜索引擎Naver。

Mark Graham 和Stefano De Sabbata 根据Alexa数据排名，制作了图1-1。他们标记出了每个国家Alexa排名第一的网站。▨▨▨是谷歌，霸占了除了中国、日本之外的大部分国家。▬▬▬是百度，霸占了中国。▥▥▥是Facebook，霸占了剩余的、谷歌没那么流行的国家。

从图1-1可以清晰地看到，亚洲的情况看起来是一些碎片化地带，显示出较其他地区更为复杂的情况，竞争也更为激烈，也就是说，本地玩家抵挡住了美国两个主要的互联网巨头的侵袭。中国台湾和日本是雅虎的天下，Yandex是俄罗斯最受欢迎的搜索引擎，白俄罗斯最流行的社交网站是VK，Mail.ru是哈萨克斯坦最流行的电子邮件服务，Al Watan之音是巴勒斯坦人最常光顾的新闻网站。

图1-2是截至2014年9月15日全球市值最高的20家互联网公司排名，单位为10亿美元。从中可以看到，全球互联网公司前10强中，中国占了4家，他们分别是阿里巴巴、腾讯、百度和京东。

2015年2月，中国互联网络信息中心发布了第35次《中国互联网络发展状况统计报告》。报告显示：截至2014年12月，中国网民规模达6.49亿，全年共计新增网民3117万人，互联网普及率为47.9%，中国成为世界上

亚洲的互联网巨头

截至9月15日，全球市值最高的20家互联网公司排名。

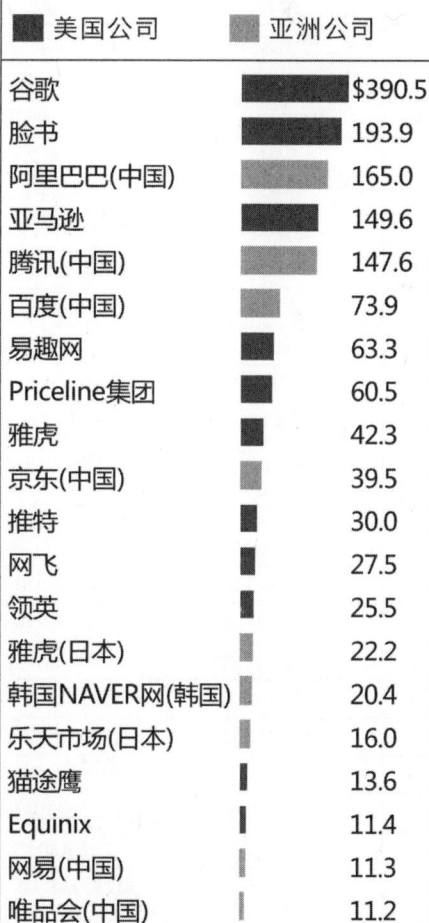

■ 美国公司　▨ 亚洲公司

公司	市值
谷歌	$390.5
脸书	193.9
阿里巴巴(中国)	165.0
亚马逊	149.6
腾讯(中国)	147.6
百度(中国)	73.9
易趣网	63.3
Priceline集团	60.5
雅虎	42.3
京东(中国)	39.5
推特	30.0
网飞	27.5
领英	25.5
雅虎(日本)	22.2
韩国NAVER网(韩国)	20.4
乐天市场(日本)	16.0
猫途鹰	13.6
Equinix	11.4
网易(中国)	11.3
唯品会(中国)	11.2

估计市值来源：标普资本；工作人员报告（阿里巴巴）华尔街日报

图1-2　2014年全球市值TOP20家互联网公司排名图

网民人数最多的国家。截至2014年12月，中国手机网民规模达5.57亿。中国拥有5亿微博、微信用户，每天信息发送量超过200亿条。每年中国电子商务交易额突破10万亿元，其中，网络零售交易额大约1.85万亿元，超过美国居全球首位。这些数据显示了互联网发展史上的"中国速度"，中国已成为名副其实的互联网大国。

2015年4月《互联网周刊》发布了中国互联网企业新300强榜单（见表1-1），并指出，互联网和移动互联网的创业热潮持续不减，其创业方向涵盖互联网医疗、新媒体、O2O、社交媒体、电商、智能硬件等所有领域。

表1-1 中国互联网企业新300强榜单

序号	企业	业务	序号	企业	业务
1	今日头条	手机资讯阅读应用	29	比邻	语音电话及社交应用
2	人人贷	P2P信用借贷平台	30	零零无限科技	机器人
3	APUS Group	移动互联网开发	31	东方美宝	珠宝B2C电子商务
4	车易拍	二手车拍卖交易服务	32	美味七七	食品购物电子商务
5	优集品	精品电商	33	DeepGlint格灵深瞳	计算机视觉
6	说客英语	在线英语外教学习服务	34	SenseTime	人脸识别
7	云知声	语音识别及语言处理	35	短融网/久亿财富	短期借贷
8	自如网	品质租房网站	36	荣昌e袋洗	O2O洗衣服务
9	一点资讯	手机阅读应用	37	云家政	家政生活服务
10	河狸家美甲	美甲预约和上门服务	38	小区无忧	小区生活指南移动应用
11	普惠金融	在线借贷及理财	39	开课吧	泛IT学科在线教育
12	华云数据	云计算基础设施运营	40	广州巨杉软件 SequoiaDB	NoSQL分布式数据库研发
13	悠游堂	家庭娱乐	41	LeanCloud	移动BaaS服务及方案
14	宝驾租车	P2P汽车租赁服务	42	南京鹏云网络	私有云和云计划服务
15	幸福9号商城	养老服务O2O平台	43	广东乐源数字	穿戴式智能智设备
16	开桌/首惠时代	午餐随机优惠平台	44	杭州云柚科技	智能家居门锁硬件
17	唯一优品/唯衣特卖	母婴用品电商	45	电话邦	号码数据服务
18	极路由HiWiFi	开发智能路由器产品	46	Solo桌面/赤子城	Android手机桌面工具
19	TPO小站教育	托福雅思在线课堂	47	亿蓓旺	母婴用品限时特卖
20	iHealth	移动个人保健产品	48	微贷网	汽车抵押P2P借贷平台
21	一块邮/巨新网络	第三方淘宝导购推广	49	人人聚财	P2P网络信贷理财
22	上海盈创建筑	建筑3D打印	50	叮咚小区/丫丫网	居民社区生活应用
23	学习宝	K12教学辅导移动应用	51	界面网络	商业财经媒体网站
24	美拍/美图秀秀	手机自拍分享社交应用	52	安活传媒 Adwo	移动广告和营销服务
25	魔方网	手机游戏媒体	53	36氪 36Kr	科技媒体
26	超级课程表	课程表及社交应用	54	UnitedStack 优思得	云服务
27	万鞋云商	主打鞋业的O2O平台	55	猿题库	在线题库产品
28	环球佳平医疗	家庭医生服务及医疗	56	传课	在线教育平台

序号	企业	业务	序号	企业	业务
57	骑摆客 700Bike 柒零零	自行车运动社区服务	79	爱旅行/爱旅伟邦科技	物价旅游产品网络平台
58	人人快递	众包模式快递物流服务	80	趣医网	移动端就医咨询与服务平台
59	学堂在线	开放式在线课程	81	物流小秘/易达小鸟	物流货运O2O用车平台
60	辣妈汇/杭州浪尖网络	母婴商品特卖网站	82	去动/律动科技	移动端的运动社交服务
61	公平价	二手车估价搜索引擎	83	三个爸爸	孩子成长相关的智能硬件
62	我有外卖/我有科技	本地生活、美食餐饮	84	永洪科技	BI商业智能分析服务商
63	微信海/通源光泰网络	微信营销解决方案	85	惠装装修/快乐家网络	O2O家居电子商务平台
64	蚁视科技	虚拟现实、增强现实	86	松鼠互联	松鼠智能相框
65	Everstring 万维思源	大数据营销管理服务	87	Ehang 亿航无人机	无人机技术研发
66	小荷特卖/蓝色互动	细分时装电商平台	88	云鸟配送	同城快速配送服务
67	喜马拉雅	移动端电台互动应用	89	艾漫科技	影视娱乐大数据服务
68	Coding 扣钉网络	社会化云端开发平台	90	小恩爱	情侣社交应用
69	火乐科技 Hola	投影及智能家庭影院	91	北海康成	药品市场化
70	阳光印网	一站式网上印刷平台	92	爱鲜蜂网/众成汇通	休闲食品配送服务
71	智课网	出国考试线上学习平台	93	小麦公社/快乐蚁族	校园物流
72	秀美甲 APP/乐活无限	手机上的美甲服务	94	投友圈/乐投宝	P2P网贷投资理财社交平台
73	WIFI伴侣	公共WLAN连接认证工具	95	逸橙科技	招聘3.0网站
74	通讯录 plus/葡萄信息	主打产品为通讯录 plus	96	钱升钱	票据理财产品服务提供商
75	秘密/无秘/无觅	朋友圈匿名爆料应用	97	品拉造像	O2O 3D打印技术服务
76	惠装装修/快乐家网络	O2O家居电子商务平台	98	爱钱包	互联网理财
77	白鹭引擎	手机游戏开发引擎	99	性价比/厦门海豚信息	成人情趣用品导购APP
78	爱博诺德	眼科医疗服务	100	土流网	农业土地流转资讯类网站

（扫描右侧二维码查阅300强全部榜单）

2. 经济版图

扫描二维码
精彩继续

经济体原是基于地域概念所产生的国家或地区经济的集合。然而互联网所具有的泛在性——时间泛在、空间泛在和主体泛在，使得分布式的资源配置、协同型的价值网络和跨越空间的经济集合成为可能，从而打破了实体地域的经济集合概念。互联网经济以技术为边界，将资源、要素、市场与技术整合，已在全球范围内涌现为一个巨型经济体——互联网经济体。

互联网经济体之构成有广义与狭义之分。狭义互联网经济体包含互联网应用、互联网服务、互联网基础设施和互联网设备制造四个部分，而广义互联网经济体除包含这四个部分外，还包含被"互联网化"的实体经济。

互联网被称为第五大经济体。波士顿咨询公司（Boston Consulting Group）发布的研究报告称，到2016年，全球主要经济体G20拥有的互联网经济总量将达到42 000亿美元，比2010年的23 000亿美元几乎翻一番。如果与这些国家的经济总量相比，届

时，互联网将仅次于美国、中国、日本和印度，成为全球"第五大经济体"。上述报告称，到2016年，全球网民总数将达到30亿，而2010年仅为19亿。近年来，互联网经济发展迅速，主要得益于两个深层次的趋势：上网手段的便捷性和亲和性，其导致了互联网的"社会化"。在G20国家中，英国是互联网经济对社会贡献最大的国家，预计到2016年，互联网经济将占英国国内生产总值的12.4%，其次是韩国（8%）、欧盟27国（平均5.7%）、美国（5.4%）、加拿大（3.6%）以及法国（3.4%）。至于中国，由于网民数量呈爆炸式增长，预计到2016年，互联网经济占国内生产总值的比重将为6.9%。

同时，由于"互联网化"的实体经济，互联网向周边产业扩展，带动了传统工业、农业和服务业等的转型升级，实体产业通过被"互联网化"而纳入互联网经济体。特别是随着移动设备和社交网络日益普及，互联网对经济的影响进一步增强。麦肯锡研究表明，在互联网发达的国家，1995年～2009年，互联网经济对GDP增长的贡献率平均达到10%；而在2004年～2009年，互联网经济对GDP增长的贡献率更是高达21%。2010年，中国的互联网经济占GDP的3.3%，落后于很多发达国家。到2013年，中国的互联网经济已占GDP的4.4%，跻身全球领先行列（见图1-3）。若将C2C类电子商务包含在内（其他发达国家此类电子商务规模较小），中国的互联网经济将占到GDP的7.0%，远超出七国集团（G7）的水平。

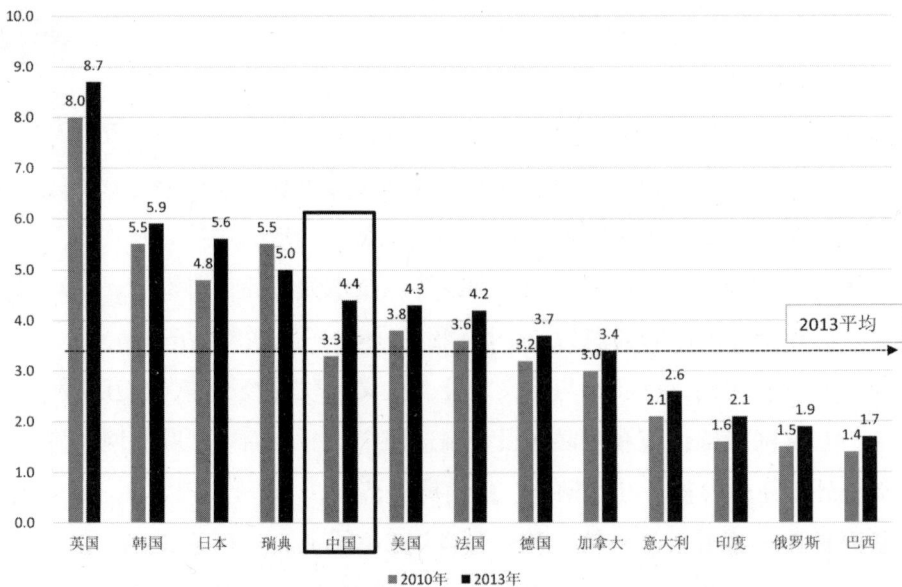

图1-3　各国2013年互联网经济在GDP中的比重

中国在互联网这场信息革命中，正走向世界的前列。信息平台对于信息经济的意义，不亚于货币资本对于工业经济的意义。从工业平台到信息平台，欧洲正在衰落，其中最重要的原因就在于欧洲没有强大的信息平台，表现在互联网前25强企业中被清零。

现在赢家只剩下美国和中国，目前在全球互联网前25强企业中，中美力量对比为6：14，正好是两国GDP之比。近年来以电子商务为典型的信息经济，凸显了在重塑全球贸易格局中"跨国经济"的黑马效应。信息技术的进步、沟通效率的提高以及商业功能的拓展，让交易匹配、跨境支付、国际物流在更大程度上由数据驱动，打破了地理空间的限制，从国内的统一大市场，逐渐延伸至全球市场。目前全球领先的平台企业（电子商务领域的亚马逊、阿里巴巴，社交网络领域的脸谱、腾讯，搜索领域的谷歌、百度等），通过加强国家和地区覆盖，已成为"跨国经济"的重要力量。星星之火正在成燎原之势，时至今日，全球互联网经济版图正在发生深刻的变革。随着时间的推移，我们将会看到这一波新型互联网经济浪潮对全球商业版图的改写。

3. 安全版图

互联网技术毫无疑问，发源地是在美国。如果互联网是一棵树的话，那么这棵树主要的"根"就在美国。

域名系统是互联网的基础服务系统，根服务器是整个域名系统的基础。根域名服务器（root-servers.org）是互联网域名解析系统（DNS）中最高级别的域名服务器，全球仅有13台根服务器。目前的分布是：主根服务器（A）美国1个，设置在弗吉尼亚州的杜勒斯；辅根服务器（B至M）美国9个，瑞典、荷兰、日本各1个。另外借由任播（Anycast）技术，部分根域名服务器在全球设有多个镜像服务器（mirror），因此可以抵抗针对其所进行的分布式拒绝服务攻击（DDoS）。

由此可见，美国不仅是国际互联网的技术领导者，更是国际互联网的实际控制人。这要追溯到20世纪60年代初，在当时美国政府的资助下，美国国防部高级研究计划局（DARPA）发起的"ARPANET"项目快速地发展起来。ARPANET最终与其他政府机构、学术机构和科研机构的网络形成联网，组成了一张"网络的网络"，成为了现代国际互联网的雏形。从那时起，美国政府就担负起互联网地址分配的主要监管职能，也就是负责管理域名系统。目前，有IP地址面具之称的域名主要由总部设立在美国的ICANN（互联网名称与数字地址分配机构）管理，并由其认证的域名注册服务商提供，其中包括".com"（商业机构）、".net"（一般为网络公司注册）、".org"（非

营利组织或协会）等。截至2012年，全球通过ICANN认证的注册服务商有120多家，其中只有60家正式投入运营。世界上第一个域名的注册时间是在1985年1月。

这种分布状况导致用户的域名查询存在着信息安全、解析速度、出国流量等问题。当互联网成为人们须臾不可或缺的生活方式时，断网造成的影响是严重的，甚至是灾难性的。2006年12月中国台湾地区地震，震断海底光缆，国际、港澳台互联网方位质量受到严重影响；2009年5月我国沿海遭遇暴风，DNS（Domain Name System域名系统，见图1-4）受到黑客攻击，导致国内大部分网络断网；2011年2月，中国电信全国大规模网络故障。

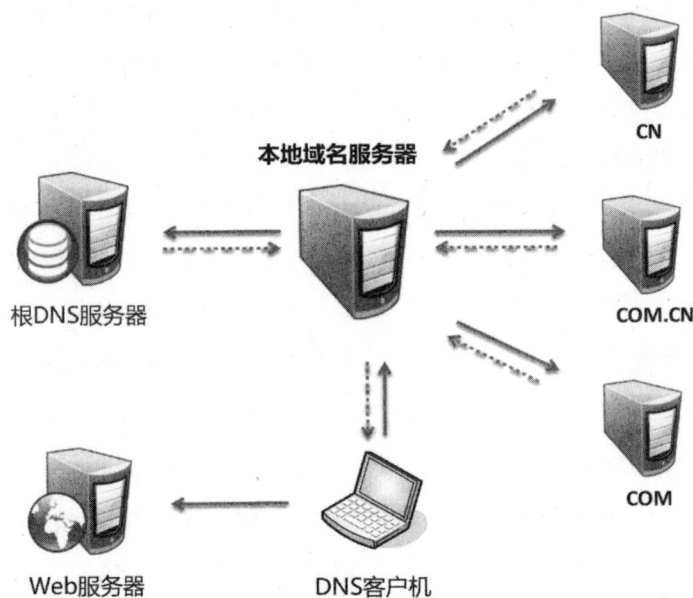

图1-4　域名系统示意图

从国家信息化战略角度来看，这是一个事关全局的战略性基础服务。我国政府早在21世纪初就投巨资开始建设中国下一代互联网。2004年6月，由中国互联网络信息中心（CNNIC）承担的中科院知识创新工程重要课题"基于IPv6域名根服务器研究"，其成果整体上达到国际先进水平，在多语种域名（中文域名）、关键词网址（通用网址）方面具有国际领先水平，标志着我国已经掌握了自主建立、运行、维护和保障下一代互联网域名根服务器的关键技术。IPv6网络的推广和部署将造成IPv6下域名系统根服务器的调整，从而打破被少数国家垄断根服务器的局面。

1997年美国政府发布规定，ICANN根据美国国家电信和信息管理局的外包合同履行域名的管理职能，同时明确表示最终目标是开放互联网技术职能，支持构建互联网的"多方共治"模式。

2014年3月，美国政府宣布移交ICANN的管理权，但同时强调不会把权力移交联合国，而是移交给"全球利益攸关体"。2014年3月23日在新加坡举行的第49届ICANN大会上，管理权移交问题成为被重点讨论的问题。虽然美国在各国的关注下，做出了较为开放的选择，但也有专家指出美国放弃的并不是管理权而是ICANN管理的互联网号码分配机构（IANA）的监督权（oversight）。中国互联网络信息中心（CNNIC）负责运行和管理国家顶级域名".CN"、".中文"。虽然在2014年年初的断网事件中，使用".CN"等中文域名系统的用户并未出现问题，但是中国互联网络信息中心副总工程师金键在接受媒体采访时表示，目前全世界所有的网络信息，基本都要传送到美国的根服务器上才能返回各国，一旦发生战争或者天灾，完全可能出现整个国家的网络被中断的情况。

2013年6月，前美国中央情报局（CIA）雇员爱德华·斯诺登在中国香港向媒体披露了一些机密文件，致使包括"棱镜"项目在内的美国政府多个秘密情报监视项目曝光。"棱镜"项目涉及美国情报机构在互联网上对包括中国在内的多个国家电邮信息、即时消息、视频、照片、存储数据、语音聊天、文件传输、视频会议、登录时间和社交网络资料等10类主要信息进行监听。

斯诺登"棱镜门"事件，第一次把中国大众引入互联网安全领域。

2014年2月，中央网络安全和信息化领导小组宣告成立，习近平任组长。他指出，网络安全和信息化对一个国家很多领域都是牵一发而动全身的，要因势而谋，应势而动，顺势而为，网络安全和信息化是一体之两翼、驱动之双轮，必须统一谋划、统一部署、统一推进、统一实施。

每个对互联网认识深度和广度不一样的人，对于这条消息释放的信息和内涵的解读都不一样。但，这无疑是一个重大的信号和决策。

2014年11月，首届世界互联网大会在浙江乌镇召开。中国主办首次世界互联网大会，主题是"互联互通，共享共治"。这次会议向外界传递的明确信息是，互联网不能仅由美国的公司、治理方式和世界观所主宰，中国在世界互联网经济和政治中力量越来越大，希望重新制定互联网秩序的规则。

二、赌局

赌博都上了报纸了，整版广告！在微博中，阿里巴巴CTO王坚也透漏，近期双

方有深度接触。这就很明显了，双方这是设了一个"局"，无论大家选择A，选择B，还是只是围观，两个都是赢家，品牌影响力都将得到大幅提升。

——网友

经济领域的赌局，最多的是关于房地产的唱多与唱衰。最近的一次，是2013年初，郭建波在微博晒出"裸奔"照，向任志强认输，宣告又一个楼市赌局落幕。不过，当经济步入"新常态"后，尤其是经济的"三期叠加"后：增长速度换挡期、结构调整阵痛期、前期刺激政策消化期，房地产的赌局就自动散场了。因为普通老百姓不需要专家和大佬也可以得出自己的判断了。

但是，关于互联网的赌局却在继续。对这件事情前景和结局的判断，难度系数很大，因为没有经验可以参考，是真正的"前无古人"，后有来者，还有待时间检验。即使对赌人认识到了互联网的强大逻辑力量，以某种形式和解，找到体面的理由下台，然而围观的人还是众说纷纭，莫衷一是。在时代的转型过程中，这样的赌局有了范本的意义。

第一场赌局，是马云和王健林。

2012年12月12日，CCTV中国年度经济人物颁奖盛典上，就"电商是否会取代传统店铺经营"为主题展开小型辩论。双方来自两个对比强烈的产业，马云在虚拟世界里纵横一方，王健林是实体经济中的大佬，这自然让辩论变得极有看点。他们或据理力争，或旁征博引，分别站在自己行业的立场上，抛出旗帜鲜明的观点，分享对未来走势的看法。对马云的电商冲击，王健林表示"震撼"，但电商不能完全取代传统商业，零售商不会等死，如果线上线下结合还是可以活得很好。而马云的辩论是："电商不会完全取代传统商业，但会基本取代。因为它不是模式创新，而是生活方式的变革。"电商2012年的1万亿只是刚刚开始，而且电商不是取代谁，而是建立透明开放的商业环境。王健林还在现场立下一个赌注，赌注为1个亿：2020年，如果电商市场份额占到50%，王健林给马云1个亿，占不到的话，马云给王健林1个亿。

马云随后对媒体称："如果王健林赢了，那么是整个社会输了，是这一代年轻人输了。"

我们来看赌局的结局。

王健林在作客"2013央视财经论坛"的夜话现场时，他笑称与马云的打赌只是开玩笑，表示"亿元豪赌就此作罢！我和马云很快合作！"

在打赌过后不久，万达就于2013年开始投入巨资搞电商。王健林在万达集团内部会议上，大篇幅阐述万达的互联网电商梦，并斥巨资与百度、腾讯合建电商公司。王健林对电商认识和行动的180度大转弯，充分表明了汹涌而来的互联网新经济的无限发展空间、潜力和前景。任何生意人哪怕是商业巨子，观念不转变到互联网思维上，很快就会在新经济中落伍，商业地盘将会越来越小。

接下来是更加刺激、更有火药味的第二场赌局。

那就是在2013年央视中国经济年度人物颁奖盛典上，小米雷军和格力董明珠定下了10亿赌局，成败的关键就是5年内小米市值能够超越格力。对此，雷军自信满满，称自己有99.999%的信心赢得与董明珠的10亿元赌约，他认为小米在未来几年的增速有机会达到100%，超过格力的概率就非常之大，甚至用不了5年。而董明珠也认为自己一定赢，并称这种自信来自格力有一支优秀的年轻团队。

不过很有戏剧性的场景是，上次设赌局的主角是这次主角的颁奖人。王健林和马云作为嘉宾分别为雷军和董明珠送上经济年度人物的奖杯。

2014年初，在北京师范大学珠海分校举办的"中国创业榜样"现场，董明珠再次提到10亿豪赌，并放出狠话："不可能和小米合作，因为小米不是互联网，它只是在互联网平台上销售产品，如果要合作可能会和马云合作。"她还说自己最担心的就是雷军拿不出10个亿。她甚至当场做出承诺：如果雷军输了，她将拿出10个亿，这10个亿将全部捐给北师大，支持教育事业。

这桩赌局的故事还在继续演绎，吸引着大众的眼球，也不断引发网友的灌水、吐槽、拍砖，热闹非凡。

一位名为"冷眼观潮"的媒体人在搜狐博客里写道："格力与经销商股权捆绑的模式，让格力10年期间仅凭单一的空调业务，实现突破千亿的收益，但这种模式也难以抵抗家电市场持续低迷、线下渠道受线上冲击的困境。从2013年开始，格力经销商库存积压严重，被套牢，选择离开的报道频繁见诸报端。而海外市场开始下滑，2014年上半年业绩显示，格力外销营收为87亿元，同比下滑15%。与其他家电企业一样，互联网转型的焦虑同样困扰着格力。而在海尔、美的均吹响转型号角，并先行一步，向智能家居等领域延伸时，更困扰董明珠的是格力未来增长的空间。"

2015年2月，广东"两会"现场，列席会议的董明珠一出现，就引来媒体追堵。面对记者董明珠几乎有问必答，谈到2013年年底与小米科技公司董事长雷军的"10亿赌约"，她认为随着小米涉足房地产业，"10亿赌约"已经取消。

对这则消息，读者诸君自有解读。

三、打劫

一个个拥有权力、资源与声望的庞然大物，在新贵崛起的丛林中节节败退。互联网的颠覆力量，已经势不可挡。未来十年，将是一个机会纷纭、跨界打劫的时代。传统的广告业、教育业、零售业、酒店业、服务业、医疗卫生等，他们丰盈的粮仓都可能会遭遇空前的打劫，那些转身慢的企业，他们再是庞然大物，品牌再牛，资金再充裕，也会难逃劫数。

——陆新之《互联网时代是跨界打劫的年代》

20世纪90年代，摩托罗拉在中国寻呼机市场拥有70%的市场份额，到21世纪初，它就被诺基亚和三星逼到死角。诺基亚没风光几年，又被苹果秒杀。马云说："游戏已经开始了。"他所谓的游戏，是指用互联网开展全新商业模式甚至经济模式。

1. 微信"打劫"运营商

中国移动、中国联通、中国电信三大运营商十几年来靠普及用户来实现增长的"人口红利"模式已开始陷入困顿。从表面上看，三大运营商仍然辉煌。根据国外通信媒体Total Telecom发布的2012年《全球通信运营商100强排行榜》，AT&T为全球收入最高的运营商，而中国移动则为全球利润最大的运营商，同时，中国移动是收入第四高的全球大运营商，中国电信和中国联通在收入规模上都进入全球前15大运营商。

1987年，中国引进第一套移动通信设备时，仅有700多手机用户。粗略统计，全国手机用户，在长达14年的培育中，突破1亿户；从1亿户增长到5亿户，花费了6年时间；而从5亿户增长到10亿户，仅用了不到5年的时间。这种突飞猛进，给三大运营商造成的"人口红利"非常丰厚。

但是，在利润方面并不均衡，ARPU值（平均每月每户移动服务收入）方面，三大运营商持续下降。工信部的统计数据显示，2012年全国移动短信发送量达到8973亿条，同比增长仅2.1%，增幅为4年最低。与此同时，微信几乎是以燎原之势不断发展。2013年、2014年，这个数字更加难看。所以，用户数增长得越来越大，但业务越来越不赚钱，这似乎成了三大运营商的写照。在运营商们"人口红利"的增长模式陷入困境的同时，来自互联网企业的威胁更加强烈。2012年电信运营商短信量比上年下降20%，彩信量下降25%，电话业务量下降5%，真正由用户自己发送的短信在短信总量中的占比不到40%。一个直接的原因是OTT（Over The Top通过互联网向用户服务）的崛起，微信、微博等免费的移动互联社交方式逐渐替代了传统的短信、彩信甚至电话沟通方式，微信的语音消息功能更被视为动了运营商最后一块奶酪。

是的，一个被称为"第四运营商"的主角登场了——腾讯的微信。

微信是腾讯公司于2011年1月21日推出的一个为智能终端提供即时通讯服务的免费应用程序。2012年3月29日，微信用户破1亿，截至目前注册用户量已经突破7亿，是亚洲地区最大用户群体的移动即时通讯软件。

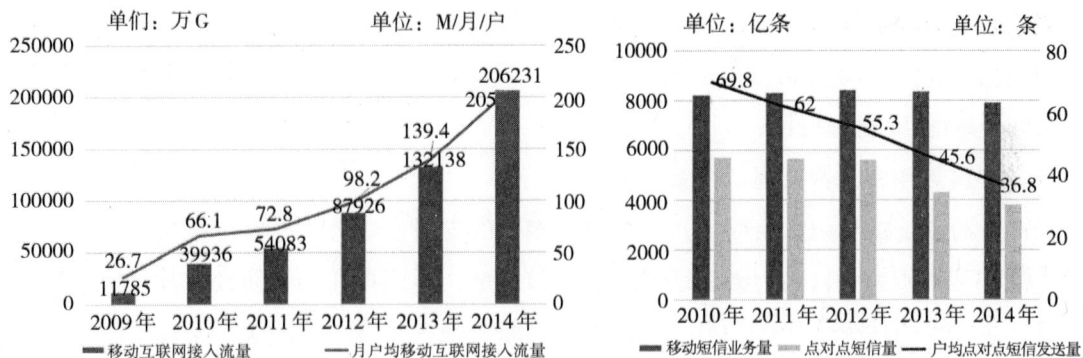

图1-5 移动市场业务变化情况

工信部公布的2014年中国电信业多项数据显示，4G用户发展速度超过3G用户，达9728.4万；移动互联网接入流量消费同比增长62.9%，移动互联网流量高速增长，手机上网流量贡献超8成。相反，微信等新型即时消息类应用产生替代作用，移动短信业务量和收入降幅均超过10%，而且2015年以及今后一个时期，将会继续延续这个趋势（见图1-5）。

在奶酪被动了的情况下，受伤最重的中国移动，对微信多有批评的声音。值得一提是，在2013年爆发了一场微信是否向用户收费的争论。

那么，作为"国家队"的运营商走到这一步，是思维和认识上对腾讯这个"游击队"的不屑吗？不得而知。游击队打败正规军是我们最熟悉的故事，历史的经验值得借鉴，麻痹大意注定失荆州。

故事的大致情形是：最开始，运营商先后修了条叫"2G"、"3G"的高速公路，上面只跑少数几种叫"语音"或者"短信"的车。这时"汽车厂商"腾讯出现了，它造的车时尚好用，而且还免费，高速公路车流如潮，运营商过路费和油钱收得盆满钵满，皆大欢喜。运营商看见这种款式的跑车这么受欢迎，自己也投资建造。其实早在2007年，中国移动就造了一辆跑车——飞信，但至今没有"飞起来"。中国电信与网

易于2013年合资成立公司，并发布新一代移动即时通讯社交产品"易信"。

但不管是飞信还是易信，市场不大相信，至今依然是微信一股独大。

2. "宝宝""打劫"银行业

常年在互联网风口上站着的李彦宏说："金融行业非常适合互联网来做，很少涉及物流配送，某些程度上甚至比零售业更便捷。"

2008年的冬天，马云说："银行不改变服务，我们改变银行。"而2008年在适度宽松的货币政策导引下，银行业的盈利水平达到峰值，谁会把一个开网上商城的老板当一回事呢？余额宝2013年6月13日问世，被认为是继支付宝之后又一次"改变"互联网金融的历史性事件。

2014年年初，银行闹"钱荒"。

余额宝趁机发飙。余额宝是阿里巴巴旗下的支付宝联合天弘基金推出的一款理财服务，其本质为一款名为天弘增利宝的货币基金，主要投向银行协议存款、短期债券等。余额宝的规模自从2014年7月份以来不断扩张，并且一举成名。余额宝的狂热激活了货币市场基金，它拥有的资产管理权在9个月时间里从3038亿人民币攀升到10 000亿人民币，占到了中国资产管理型基金总额的1/3。

有媒体曾在余额宝规模破1000亿元时估算，银行需每年向其"割肉"43.76亿元，用来支付协议存款利息。天弘增利宝货币基金2013年第四季度财报显示，基金的92.2%被投向"银行存款和结算备付金"，第三季度该数据为84.5%。按照上述媒体的计算方法，以85%的基金规模投向银行协议存款估算，2500亿元的"余额宝"规模中约有2125亿元投向银行协议存款。按照5.5%的利息计算，银行需向余额宝支付106.2亿元。而此前，银行可以0.35%的活期存款利率获得这些存款，资金成本约为7.4亿元。也就说，银行因余额宝少赚了98.8亿元。

因此，2013年被称为互联网金融元年。这不是明火执仗的打劫是什么？"屌丝理财神器"、"搅局者"、"金融市场中的鲇鱼"、"吸血鬼"、"寄生虫"等，这是外界送给余额宝的种种称号。余额宝带来了巨大的示范效应，模仿余额宝的各种"宝"（诸如苏宁零钱宝、腾讯理财通、百度百发等）如雨后春笋。

2014年3月，央行公开明确表示："不允许存在提前支取存款或提前终止服务而仍按原约定期限利率计息或收费标准收费等不合理的合同条款。"这意味着之前余额宝们"提前取款不罚息"的政策红利即将结束。2014年全国"两会"上，李克强总理在政府工作报告中谈到要"促进互联网金融健康发展"，央行行长明确表示，鼓励互联网金融，不会取缔余额宝，并将加强监管。可预见的是，监管部门加强监管的措施将在创新和风险间找到平衡。2015年7月，中国人民银行《非银行支付机构网络支付业务管理办法（征求意见稿）》发布，按照这个办法，支付宝不能向银行卡转账。

2014年，以P2P为代表的互联网金融持续火热，而随着收益率持续下滑，银行"不差钱"后，互联网理财产品曾一度淡出人们的视线。

但是它造成的影响是深远的。"宝宝"们随时可以卷土重来。

2015年1月，国务院总理李克强在视察前海微众银行的时候表示："希望你们在普惠金融的发展方面，不仅自己能杀出一条路来，而且能为其他企业提供经验，现在希望用你们的方式来倒逼传统金融的改革。""你们是第一个吃螃蟹的，政府要创造条件，给你们一个便利的环境，温暖的春天。"

3. 移动互联网"打劫"传统PC互联网

中国互联网络信息中心发布《中国第34次互联网络统计报告》称，截至2014年6月，手机上网比例达84%，首次超越传统PC（台式和笔记本）80%的上网比例。手机支付成为最大亮点，用户规模半年增长63%，使用率由2013年的25%增加到39%。手机购物、手机团购、手机旅行预订网民比2013年年底分别增长42%、25%、65%。此外互联网理财产品一年内用户规模达到6383万，使用率达到10%。（见图1-6）

在移动互联网上的那些主流应用中，有的是由传统互联网公司转型或者渗透而来，比如腾讯公司推出的微信；更多的应用则是由新创立的创业公司所提供，诞生之初，它们就与传统互联网上的那些大公司在同一垂直领域中平行存在。

以大众点评为例。它找到了更适合呈现自己的设备和场景，十多年的积累在移动互联网上爆发了。在手机上找附近餐馆盘活了它过去积累的商户数据。2012年，大众

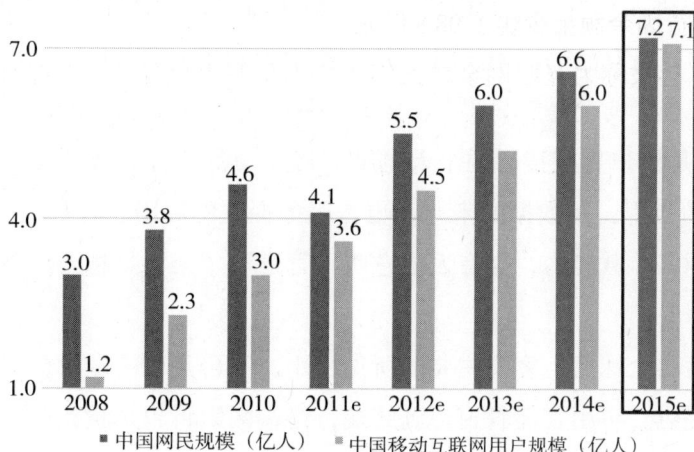

图1-6 PC与移动互联网网民发展趋势图

点评移动端的浏览量超过了 PC 端。因为与 PC 相比，智能手机除了 LBS 技术外，便捷的拍照、语音、重力感应等也丰富了移动互联网应用的玩法。移动也把读图时代推上了新的层面，手机拍照将内容生产的成本降低，很多用户都有给美食拍照的习惯，过去 PC 端导入照片并不方便，现在随时拍随时分享到网络上。

四、江湖

有人的地方，就有江湖。

——古龙

2014 年 11 月，首届世界互联网大会（WIC）乌镇峰会上，千余名全球范围内来自政府、国际组织、企业、科技和民间社群的互联网领军人物，以"互联互通　共享共治"为主题深入交流。巨头后面汇集的全球数十亿网民的互联网就是 21 世纪最大的江湖。

1. 世界恐龙大战

2014 年 4 月，微软挑战苹果、谷歌，对 9 寸以下的设备免授权费。它的目标就是要正面进攻 iPad、安卓 Pad 和手机市场。《商业伙伴》报道称："企业云"的世界大战开幕。

这个大战怎么打？首先得知己知彼，看看彼此的短板长板。苹果没有企业服务基因，一直是高大上的姿态。谷歌核心应用进入闭源，多数手机厂商很难接受。这两个强势的系统，都存在明显的短板。而微软总是幻想着一边收获着过去市场的暴利，一边去占领别人的市场，结果不成功，只得开放 9 寸以下免费市场。因此，三个寡头最后的选项就是都进入垂直体系的模式，也就是全面建立自己的云、PC 操作系统、端操作系统，全力打造自己的应用商店，形成杀手级应用、开放平台和开发生态。

一山难容二虎，何况是三只恐龙。于是一场"端—网—云"的全产业链条战争难以避免。"端"是用户直接接触的个人电脑、移动设备、可穿戴设备、传感器，乃至软件形式存在的应用，是数据的来源，也是服务提供的界面；"网"包含互联网、物联网等在内的网络承载能力，也有人把它叫"管道"；"云"是指云计算、大数据基础设施。

移动浪潮席卷全球后，客户主要的所见所用，不再是以终端数据为主，而是由云平台和云服务提供，再由智能管道传到终端，终端因素将越来越让位于后台和管道的能力。苹果是靠手机端的智能运用翻身的，当云计算时代来临后，苹果优势不再，而那些先行着手搭建"端—网—云"的企业则将在未来的竞争中获得优势。以前"端"主要集中在手机、Pad和电脑，而未来的"端"将有极大的丰富和扩展。现在正在凸显的趋势是物联网，未来与人进行交互的设备和对象都会变成智能终端。谷歌执行主席Eric Schmidt说："互联网一定会消失，物联网将取而代之并成为生活的重要部分。你穿的衣服、接触的东西都会包含无数的IP地址、设备和传感器。"谷歌在物联网方面的投入可谓不遗余力，比如推动开放的安卓系统成为物联网的标准操作系统平台。在智能手机系统上占有率最高的安卓，在物联网领域的普及率必然仍高于苹果的iOS，其主要原因是开源和免费。目前安卓系统已广泛运行在微型卫星、咖啡机、游戏机、电冰箱、机器人收割机等各种各样的设备上。

苹果iOS通过软硬件紧密绑定获得用户好评，但却降低了获得更多盟友和无边界生态圈的包容性。谷歌不断通过收购兼并，加快进军物联网的步伐。2014年年初，谷歌以32亿美元收购智能家居平台领导厂商Nest，以补足智能家居领域的硬件短板。2014年6月和10月，谷歌分别收购了云端家庭安全监控摄像头制造商Dropcam和智能家居中枢控制设备公司Revolv。

苹果2014年6月发布智能家居平台（HomeKit）和智能健康平台（HealthKit）。2015年1月，国际消费电子展上，兼容HomeKit的产品才正式发布，其中包括智能插头、智能锁等一系列互联家居设备。谷歌是直接收购现有领先产品和标准，并快速与已有产品整合形成生态圈。苹果是先制定整合标准，再按照标准授权生产芯片和相关产品，缓慢形成生态链。两个巨头的高下，在"端"这一个回合，已经可以看得明白了。

接着看"网"。本质是连接。以前网络都是由通信运营商提供，互联网企业只是把网络作为服务的基础架构使用。随着通信行业智能网络技术的出现和成熟，网络也逐渐成为影响客户应用的关键环节。CDN（全称是Content Delivery Network）即内容分发网络，其基本技术思路是尽可能避开互联网上有可能影响数据传输速度和稳定性的瓶颈和环节，使内容传输得更快、更稳，是目前互联网快速访问和响应的最重要的优化手段。

根据《商业价值》的报道，目前主流网站面对来自全球的海量访问请求，几乎都使用CDN来确保用户体验。谷歌作为全球最大的搜索引擎服务商，从很早就开始构建自己的CDN系统。由于谷歌长期对CDN的支持和优化，到2014年，Alexa统计的访问量最大的前30万个站点中有近1/4站点的CDN访问都是由谷歌支撑的。而苹果在和运营商的长期合作过程中，一直把网络的功能交由移动运营商来支撑。

这也导致了在没有大规模使用CDN之前，苹果的APP Store访问和下载速度一直

成问题，2013年开始使用Akamai的CDN服务后，访问速度才有了明显提升。于是从2014年下半年开始，苹果开始建立自己的CDN平台。

《商业价值》评论说，云平台方面，苹果和其竞争对手谷歌、亚马逊、微软各有擅长。借由iPhone和iPad的高渗透，苹果的iCloud目前是美国消费者使用量最大的云计算服务。在企业云平台市场，则是谷歌、亚马逊和微软的天下，苹果基本没有介入。

云的另一个重要领域就是大数据。在这个领域谷歌又略胜苹果。谷歌依靠搜索引擎公司十多年的积累，源源不断地为谷歌构筑坚实的大数据基础。在2005年谷歌就开始向开发者开放地图功能，对全球所有重要城市的每条街道、各个建筑等的位置和坐标数据进行搜集分析，同时提供全球卫星视图。等苹果醒过来，看见这个地盘早已驻扎满了谷歌训练有素的军队。

综上所述，随着互联网应用模式的不断复杂化，网络（管道）和云的创新越来越成为整个生态链里最核心的部分。如果苹果不能在后端投入更多一些，未来谷歌就会比苹果更好地掌控用户体验，进而成为最终赢家。

2. BAT的三国演义

BAT即国内互联网三巨头百度、阿里巴巴和腾讯的简称。

从十几年前才开始起步，如今百度的市值高达2900亿元人民币，阿里巴巴高达2500亿元，而腾讯更是高达5470亿元。用富可敌国形容三巨头，一点儿也不夸张。曾经的它们定位很清晰——百度做搜索，腾讯做QQ，阿里巴巴做电子商务。

1996年，北京中关村南大门竖起了一块硕大的广告牌：中国人离信息高速公路有多远——向北1500米。这被认为是中国网络业的一个里程碑。中国互联网过去的20年，大体可以分为两个十年：第一个十年，是中国互联网自由竞争、急速膨胀的时期；第二个十年，是从自由竞争转向寡头垄断的时期。第一个十年是群雄逐鹿的"前三国"时代。

当进入垄断竞争时代前，三巨头各自为阵。但在三巨头长大要结婚成家生子的时候，却赫然发现，原来除了自己地盘外，所有的出路都已经被对手堵死了。于是，混战开始，不断模糊自己"承包地"的边界，入侵原来互不交集的对手的"自留地"。

三巨头之中，百度和阿里交手最早。淘宝刚刚上线不久，阿里就开始用技术手段屏蔽了百度的抓取，埋下战争的伏笔。阿里做大之后，百度发现阿里的独家秘笈——搜索找不到电子商务的入口。腾讯投资拍拍网和易迅时开始布局电子商务，将触角伸到了阿里的地盘，同时百度对电子商务也开始虎视眈眈，这很让阿里烦心上火，赶紧编织一张以电子商务为核心，围绕信息流、支付流和物流等多个领域为圈层生态的商业网。但这并没有阻止百度和腾讯在电子商务上的野心，到处跑马圈地。

2015年8月10日，各大媒体的头条刺激着人们的神经：阿里巴巴集团与苏宁云商集团股份有限公司共同宣布达成全面战略合作。阿里巴巴集团将投资约283亿元人民币参与苏宁云商的非公开发行，占发行后总股本的19.99%，成为苏宁云商的第二大股东；苏宁将以140亿元人民币认购不超过2780万股的阿里新发行股份。8月8日，媒体爆料京东刘强东和章泽天注册结婚，两天后，就收到这样的"大礼"，网民不刷屏都不行啊！

有网友说，BAT所过之处，寸草不生。的确，消费互联网时代的地盘，已经被寡头们瓜分的差不多了，现在已经开始向产业互联网入侵和蔓延了。

图1-7至图1-9、表1-2至表1-4清晰地勾勒了"BAT三国"前几年的商业版图，局里局外人都感受到了巨头们连续不断的没有硝烟的战争。

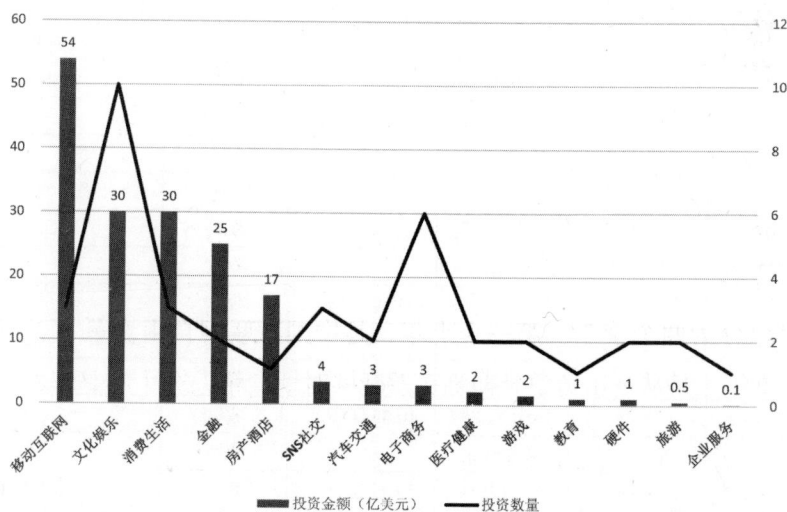

图1-7 2014年阿里巴巴投资分布情况

表1-2　2014年阿里巴巴投资收购情况

	时间	公司	领域	融资金额	领域	其他投资方
国内投资	2014.12	Ktplay	游戏	N/A	A轮	
	2014.12	华康全景	医疗健康	数千万美元	C轮	云锋基金
	2014.11	华谊兄弟	文化娱乐	36亿元	IPO及以后	腾讯、平安
	2014.11	陌陌	SMS社交	6000万美元	IPO及以后	58同城
	2014.1	时光小屋	移动互联网	数百万美元	A轮	联创策源
	2014.1	遛遛宠物	消费生活	数百万美元	A轮	紫辉投资
	2014.9	魔漫相机	文化娱乐	千万美元	A轮	
	2014.9	石苦信息	房产酒店	28.1亿元	IPO及以后	
	2014.8	芭乐传媒	文化娱乐	1亿元	B轮	乐视网、TCL
	2014.8	树熊网络	企业服务	数千万元	A轮	
	2014.6	超级课程表	SNS社交	数千万美元	B轮	红杉、联创策源
	2014.6	虎嗅网	文化娱乐	数千万元	B轮	
	2014.6	恒大足球	文化娱乐	12亿元	战略投资	50%股份
	2014.6	21世纪传媒	文化娱乐	5亿元	战略投资	
	2014.5	卡行天下	电子商务	数亿元	B轮	
	2014.5	美团网	消费生活	3亿美元	C轮	泛大西洋资本、红杉资本
	2014.4	V电影	文化娱乐	数千万元	A轮	
	2014.4	优酷土豆	文化娱乐	12.2亿美元	IPO及以后	云锋基金
	2014.4	华数传媒	文化娱乐	65.36亿元	IPO及以后	云溪投资
	2014.4	快的打车	汽车交通	数千万元	B轮	经纬中国
	2014.3	百程旅行	旅游	2000万美元	B轮	宽带资本
	2014.3	银泰商业	消费生活	53.7亿港元	IPO及以后	
	2014.2	茵曼	电子商务	数千万元	A轮	IDG
	2014.2	VIPABC	教育	1亿美元	B轮	淡马锡、启明、CA创投等
国内收购	2014.6	UC优视	移动互联网	43.5亿美元	收购	
	2014.5	阿斯兰商旅	旅游	N/A	收购	
	2014.4	恒生电子	金融	32.99亿元	收购	
	2014.3	一达通	电子商务	N/A	收购	
	2014.3	文化中国	文化娱乐	62.44港元	收购	
	2014.2	高德	移动互联网	10.45亿美元	收购	云锋基金
	2014.1	中信21世纪	医疗健康	1.7亿美元	收购	
国外	2013.11	V-Key	金融	1200万美元	B轮	IPV Capital
	2014.1	Peel	硬件	5000万美元	D轮	
	2014.8	Kabam	游戏	1.2亿美元	战略投资	
	2014.5	新加坡邮政	电子商务	2.49亿美元	战略投资	
	2014.4	Lyft	汽车交通	2.5亿美元	D轮	Andreessen Horowitz等
	2014.3	Tango	SMS社交	2.8亿美元	D轮	高通、DFJ
	2014.1	Istdibs	电子商务	1500万美元	C轮	
云锋基金	2014.12	小米	硬件	11亿美元	E轮	GIC、DST、厚朴基金等
	2014.5	全锋快递	电子商务	数亿元	C轮	

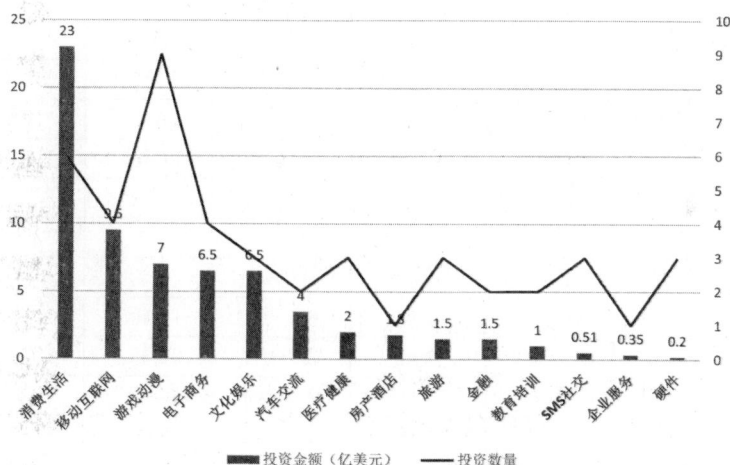

图1-8　2014年腾讯投资分布情况

表1-3　2014年腾讯投资收购情况

	时间	公司	领域	融资金额	领域	其他投资方
国内投资	2014.12	WIWIde迈外迪	移动互联网	3亿元	C轮	大众点评
	2014.12	滴滴打车	汽车交通	7亿美元	D轮	淡马锡、DST
	2014.12	面包旅行	旅游	5000万美元	C轮	宽带、富达亚洲
	2014.11	人人快递	电子商务	1500万美元	A轮	高榕资本
	2014.11	华谊兄弟	文化娱乐	36亿元	IPO及以后	阿里巴巴、平安
	2014.10	Blink快看	SMS社交	2000万美元	A轮	红杉资本、创新工场、Heapital、真格基金
	2014.10	挂号网	医疗健康	1.07亿美元	C轮	复星昆仲、晨兴创投、启明创投
	2014.10	华彩控股	文化娱乐	数亿元	IPO及以后	
	2014.10	口袋购物	电子商务	3.5亿美元	C轮	H capital、老虎基金、VY Capital 和DST等
	2014.10	58同城	消费生活	8.6亿美元	IPO及以后	累计投资金额
	2014.9	丁香园	医疗健康	7000万美元	C轮	
	2014.9	e家洁	消费生活	400万美元	A轮	盛大资本
	2014.9	我趣旅行	旅游	2000万美元	B轮	晨兴投资
	2014.9	华南城	消费生活	8亿港元	战略投资	
	2014.9	红点直播	文化娱乐	300万美元	A轮	
	2014.8	跨考教育	教育	3000万元	A轮	
	2014.7	荣昌e袋洗	消费生活	2000万美元	天使投资	
	2014.7	优答	教育	3000万元	A轮	
	2014.6	PICOOC	医疗健康	2100万美元	B轮	京东商城
	2014.5	擎天柱	游戏	1.5亿元	B轮	
	2014.3	京东商城	电子商务	2.14亿美元	战略投资	
	2014.3	买卖宝	电子商务	1亿美元	战略投资	红杉资本

续表

	时间	公司	领域	融资金额	领域	其他投资方
国内投资	2014.3	乐居	房产酒店	1.8亿美元	IPO及以后	
	2014.2	刷机大师	移动互联网	数千万元	B轮	
	2014.2	同程网	旅游	5亿元	C轮	元禾控股
	2014.2	大人点评网	消费生活	上亿美元	E轮	
	2014.1	滴滴打车	汽车交通	1亿美元	C轮	中信产业基金
	2014.1	人人贷	金融	1.3亿美元	A轮	挚信资本
	2014.1	艺动娱乐	游戏	数千万元	B轮	
	2014.1	富途证券	金融	数千万元	A轮	
	2014.1	华南城	消费生活	15亿港元	战略投资	
国内收购	2014.5	四维图新	移动互联网	11.73亿元	收购	
	2014.1	科菱航睿	移动互联网	6000万元	收购	
国外投资	2014.12	Kamcord	游戏	1500万美元	B轮	
	2014.12	Aiming	游戏	N/A	C轮	
	2014.12	Playdots	游戏	1000万美元	A轮	Greycroft Partners等
	2014.11	4:33Creative Lab	游戏	1.1亿美元	战略投资	Line等
	2014.11	Heirloom	SNS社交	100万美元	天使投资	
	2014.10	Tile	硬件	1300万美元	A轮	纪源资本
	2014.9	AltspaceVR	硬件	520万美元	A轮	Google等
	2014.7	Scaled Inference	硬件	N/A	天使投资	Felkis Ventures等
	2014.6	Tapzen	游戏	800万美元	A轮	
	2014.4	Weebly	企业服务	3500万美元	C轮	红杉海外
	2014.3	Whisper	SMS社交	3000万美元	C轮	ShastVentures、thrivecapital等
	2014.3	CJGames	游戏	5亿美元	战略投资	

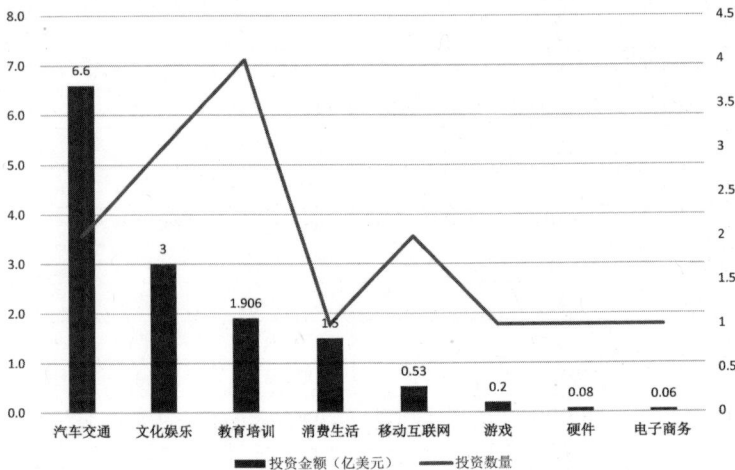

图1-9　2014年百度投资分布情况

表1-4　2014年百度投资收购情况

	时间	公司	领域	融资金额	融资轮次	其他投资方
国内投资	2014.11	爱奇艺	文化娱乐	3亿美元	B轮	小米、顺为基金
	2014.11	oTMS百川快钱	汽车交通	600万美元	A轮	经纬、紫辉投资
	2014.9	智课网	教育	1060万美元	A轮	
	2014.9	上海汉枫	硬件	数千万元	A轮	
	2014.7	万学教育	教育	数千万美元	C轮	浩然教育、DCM
	2014.5	蓝港在线	游戏	2000万美元	D轮	
	2014.4	猎豹移动	移动互联网	5000万美元	IPO及以后	小米、金山
	2014.4	沪江网	教育	8000万美元	C轮	
国内收购	2014.7	传课网	教育	N/A	收购	
	2014.1	乐彩	文化娱乐	N/A	收购	
	2014.1	糯米网	消费生活	N/A	收购	
国外	2014.12	Pixellot	文化娱乐	300万美元	天使投资	
	2014.12	Uber	汽车交通	6亿美元	E轮	
	2014.10	indoor Atlas	移动互联网	1000万美元	A轮	
	2014.10	Peixe Urbano	电子商务	N/A	收购	

（以上资料均来源IT桔子公司发布报告）

3. 互联网三个梯队

虎嗅网上IT桔子（itjuzi.com）发布的资料显示，从公司的市值或估值来看，作为中国互联网业界中坚力量的大佬们已经渐次分化成三个梯队。第一梯队被马化腾、马云和李彦宏锁定，腾讯、阿里巴巴与百度组成的"BAT"阵营已经遥遥领先于其他中国互联网企业，市值或估值从400亿～900亿美元不等。

第二梯队为盛大、华为、搜狐、新浪、网易，他们是最早一批的中国互联网大公司，如今在产能上已被BAT赶超。后来居上的还有小米、奇虎、京东、携程等，公司市值或估值在50亿～100亿美元。优酷土豆、搜房、唯品会、多玩等公司的市值或估值在20亿～50亿美元。

第三梯队主要从上述两个梯队里分化出来独自创业的，他们构成了一个壮观的互联网江湖。IT桔子在2014年的创业者盘点中，基于数据库，整理盘点了14个创业派系，分别是阿里巴巴、腾讯、微软、百度、盛大、新浪、网易、华为、搜狐、IBM、谷歌、金山、人人、雅虎（见图1-11）。回想十多年来互联网公司的起落浮沉，"是谁做不重要，做什么很重要，是大势所趋。"IT评论人谢文这样评论道。

创业数量

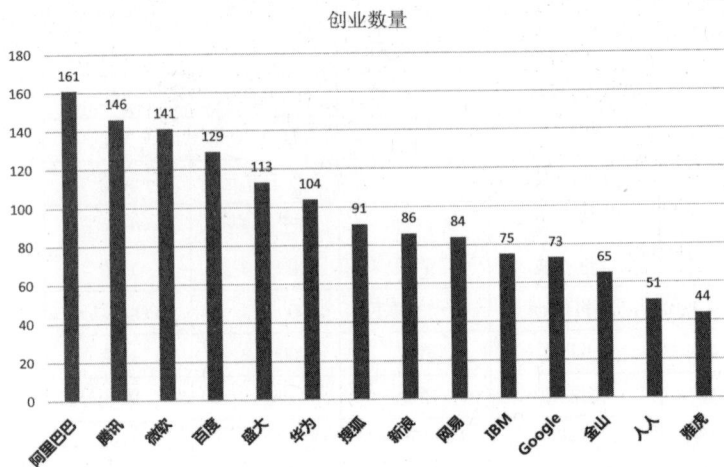

图1-10　从各个互联网企业分化出来的创业者数量统计情况

4. 华为：一匹孤独的"狼"

在指点互联网江湖时，不得不把华为单独列出来。以"狼文化"著名的华为真正被国人熟悉是基于2014年的Mate 7手机，被粉丝们捧为超炫、超酷、超拉风，自开售以来获得了空前的成功，实体门店经常缺货，淘宝上也得加价才能买到，Mate 7目前累计销量已经超过200万部。

华为创立于1987年，以交换机代理业务起家。以独特的狼性管理文化所造就的华为人团结和进攻的精神，使其在27年的时间里，从一家几万元规模的小公司发展成为营业额近3000亿元人民币（其中，65%来自于中国以外的海外市场）、员工逾15万人、业务覆盖几乎电信业的所有解决方案的世界级企业，即使相比于国外IBM、思科等老牌企业早年的发展，也不能不说是商业史上的一个奇迹。纵观华为过往，虽然如此年轻，其产生的文化却极为早熟且足以让所有对手胆寒，使其在所进入的任何行业中都披荆斩棘、锐不可当。华为在海外170多个国家设有办事处，海外员工有4万余人，可见华为是一个真正意义的全球化公司。（见图1-11、图1-12）

图例：
- 深圳总部
- ▲ 账务共享中心
- △ 投标中心（规划）
- ◉ 物流中心、中转站
- ◎ 研发中心
- ⬟ 培训中心
- • 技术支持中心

来自150个国家的15万员工　　28联合创新中心，45个培训中心　　14个地区部，业务遍及140多个国家

图1-11　华为全球布局图

■发展历程

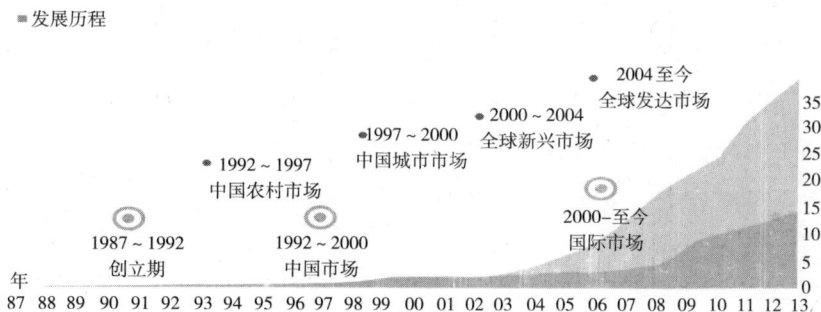

- 1987～1992 创立期
- 1992～1997 中国农村市场
- 1992～2000 中国市场
- 1997～2000 中国城市市场
- 2000～2004 全球新兴市场
- 2004至今 全球发达市场
- 2000-至今 国际市场

图1-12　华为发展历程图

　　华为能快速发展的一个重要原因是专注和坚持在技术上创新。华为可以十数年如一日地战略性开展技术研发，从早期的倾其所有甚至高息借贷进行研发，到现在每年动辄数百亿元的投入。华为自1996年起踏上国际化道路，以上百亿元人民币的大手笔投入和苦心孤诣的顽强坚持，终于赢得今天海外市场的全面进步。华为长期坚持将每年营业收入10%以上用于研发投入，并坚持将研发投入的10%用于预研，对新技术、新领域进行持续不断的研究和跟踪，仅2013年就有307亿的研发投入，2004年至今累计研发投入1880亿元。在华为的15万员工中，研发员工就占了45%（约76 000人）。目前，华为拥有的专利数量已经超过38 000项，加入了170多个标准组织和开源组织，担任180多个重要职位，在IEEE-SA、ETSI、WFA、TMF、OneM2M、OMA、OASIS和CCSA等组织担任董事会成员，在标准与专利领域已经处于领导位置，有足够的话语权。面向未来发展，华为在2011年组建了公司的创新引擎——"2012实验室"，其依托华为中央软件院、华为中央硬件工程院及海思半导体与器件业务部，集

结全球16个研发中心各领域专家，在信息技术领域自主可控的几项关键技术上（芯片技术、软件技术、网络技术和硬件技术）进行技术创新，为华为奠定技术格局和引领产业发展打下了良好的基础。

华为同时还坚持苦练内功，在管理上创新。在企业管理方面，从华为基本法到任职资格管理，从不拘一格降人才到全员持股，华为无论在企业文化建设还是企业内部管控方面都开了先河。在企业发展及提升管理水平的过程中有两件事情至为关键：借助管理咨询公司制定《华为基本法》和引进西方发达国家跨国企业的先进管理思想与方法。华为在与西方公司的竞争中学会了竞争，学会了技术与管理上的进步，同3COM、摩托罗拉、阿尔卡特、朗讯、西门子、北电、NEC、爱立信等产业巨子建立起全方位的沟通与合作关系。华为很好地把握了企业发展的脉络，使华为从创业时期的业务增长拉动型，顺利地转变为管理效益驱动型企业。"以客户为中心，以奋斗者为本，长期坚持艰苦奋斗"的企业文化成为全体华为人真正共同的价值观。

华为长期以来一直被视作另类，受人尊敬却无人学习，原因就在于华为走出了一条与中国绝大多数企业不同的成长道路，并以技术优势取得了中国企业在全球主流市场和主流产业领域的罕见成功。非有雄才大略且苦练心智者，不可能选择华为这种至为艰辛、艰难、艰险的道路。

当"腾讯系"、"阿里系"、"百度系"、"小米系"纷纷在互联网产业链上跑马圈地之时，"华为系"则像是这个江湖中飘逸孤独的隐者，对于各家派系的合纵连横、正奇兵法均置身事外，依旧聚焦于自己的主业。

五、痛痒

秋瑟的夜晚你陪我观赏\那伊人洁白的月光\太多的寂寞被爱情冲荡\温柔的遐想谁都无法抵挡\听了太多情歌却把时间淡忘\伤心伤肺彻底的伤\醉酒之后坠入了梦乡\这种感觉就像喝了失魂汤\无辜的表情谁来瞻仰\被伪装的感情搞得心痒……十年的感情酝酿只为你供养\你披上华丽的嫁衣\我却不是新郎\我的十年痛痒\将继续为爱埋藏

——网络流行歌曲《十年痛痒》

外面明明是春天，但我的心却是寒冬？

——动漫作品《灌篮高手》的主人公樱木花道

1. 草根开店的茫然

2014年5月底，网络媒体上爆出一个醒目的标题：南京新街口莱迪商城个体户老板全体起义，传统生意难做，要求降房租!

"一铺养三代"，商铺投资一直以稳定的经营和高额的回报而吸引众多房产投资者。影响商铺价值的因素主要有地理位置、商铺形态、经营项目、城市规划、后期管理等。近几年来，受市场、政策的影响，房地产开发商逐渐转移战场，将商业开发作为发展重心，大量商铺涌入市场，最终导致商铺市场空置率高，高额的商铺租金导致租客们入不敷出，电商的强大冲击让传统商铺不堪重负，于是托房、转让等店铺信息一时间满城皆是，商铺关店潮频现，"一铺养三代"的时代正在被改写。

传统商铺的含金量主要是由地理位置决定的，越是中心地段，就越是黄金口岸。有了好的口岸，房东就可以坐收租金，店家经营就可以"守株待兔"。而互联网基因下形成的电子商务，天然的力量就是"去中心化"。这个力量的强大程度，就像黑洞可扭曲光线一样，是不以任何人和组织的意志为转移的。

于是，还在固守传统经营模式的群体，进入了茫然失措的困境。

以下是一个开店的"老板"在网络发的帖子，很有代表性，兹摘录如下:

> 中国最大的群体——个体户们已经走上了绝路。
>
> 马云大神会出来蔑视地说，你们落后所以你们被淘汰。现实真的是因为个体户落后吗? 大家集体罢市的原因之一是房东提价，也就是马云说的王健林之类的房产商或房东太黑。但我要说的真实原因不是王健林，而是淘宝，不是京东，不是亚马逊，而是马云，是你的神话淘宝王国一直非法地存在。你们非法——你们没有工商监管，没有税务监管，没有质检监管! 在这个独立的淘宝王国里，你们甚至只用客服机器人便替代了这个国家原本强势存在的所有执法机构。就是因为你们的非法，让这个国家1.83亿的个体户面临破产和失业。
>
> ……今天，我作为传统个体户做最后的反击。在马云的神话面前，我知道我的声音会有多微弱，或许根本无人听见，就像根本无人看到我们的存在一样。但是今天，我会竭尽所有的力量，挺起长矛，刺向这神话的风车。失败或许早已注定，站在神话的风车面前，我不是骑士，也无尖锐的长矛，其实比一只蚂蚁还弱小;神话无法戳破，但我发誓至少也要给这神话的光环蒙上一粒灰尘。我只是一名从事传统零售业的小商人，和许多人一样，早起晚归，经营着自己的店铺，养着自己的家人。我们不过是一粒尘埃，默默无闻却数量众多，只求这样可以平安终老。我们无权无势。也无过人的学识专长，我们很勤奋，很努力在市场经济的浪潮中拼搏，我们

虽小但养活了自己也养活了这个国家最大的就业群体。直到有一天，有一个叫淘宝的怪胎出现，一切便开始乱了，他们后来称自己为电子商务代表。其实这个淘宝忘记了一开始说它只是卖二手积压货物，因为这样可以名正言顺地避开法律，开始他的强盗掠夺……

我们相信每个读者看完这篇帖子，心情是复杂的、感慨的。问题的关键，真正只是商铺投资人"黑心"吗？按照微观经济学的观点，供给和需求的博弈最终都会实现一个价格均衡。

北京是中国的"中心"，看看这个中心的商铺情况，就可以以管窥豹了。根据第一太平戴维斯数据显示，2015年11个新增商业项目将入市，新项目的空置面积将给全市整体出租率带来下行压力，整体租金涨幅将进一步收窄。除王府井、西单、三里屯等核心商业区租金依然坚挺外，由于外围和新入市项目租金普遍偏低，致使北京零售市场总体租金水平不高。

最后，我们想强调的是，在移动互联的大数据时代，购物中心日趋多元化，其将不仅仅承载零售功能，更强调业态和服务的丰富度和体验度。城市的购物中心将慢慢融入目标消费群的生活，成为一个生活的场所，满足人们社交、聚会、教育乃至鉴赏等多维度的复合需求。其中情景化体验业态、儿童类业态、休闲化业态、智能化业态出现混搭是商业转型主流方式，购物中心体验立体化、移动化、社交化是社会大趋势。亚太商业不动产学院院长朱凌波预测，2015年体验式会出现这些变化：一是购物、自然、网络虚拟生活三位一体相结合；二是跨界成为常态，很多业态品牌都是单一的运营模式，这一模式将会出现跨界合作，如咖啡店与书店、自行车的结合。

2. 传统行业的恐慌

传统行业为什么会恐慌和困惑？是因为除了传统对手一直挡在正面战场外，半路杀出的互联网程咬金更难对付，相当于腹背受敌。

我们把电商阿里巴巴和传统零售商国美电器、苏宁电器的7年来的收入情况，先做一个对比，来感受这种煎熬。

2008年，阿里巴巴总营收30亿元，国美、苏宁总营收分别为458亿元、498亿元。也就是说，当年的阿里巴巴不及后面二者的1/10。

2014年，阿里巴巴集团总收入约525亿元，同比增长52%（全年阿里巴巴中国零售平台实现商品成交总额2.3万亿元人民币，成为全球最大的在线和移动电子商务公司，承载了超过8%的中国全社会消费品零售总额）。

2014年上半年，国美电器总收入291亿元，同比上升7.4%；苏宁营业总收入511亿元，上年同期555.3亿元，同比下降7.8%。如果我们分别对它们两家的收入乘以二，就可以得出一个大致比对的数字。也就是说，7年后的阿里巴巴营收总额反超国美一倍，接近苏宁的一半。如果把阿里巴巴平台上的总成交额考虑进来，几乎已经没有什么可比性了。国美几乎在原地踏步，苏宁竭尽全力，也无法阻止阿里巴巴的"野蛮"生长。

从这个比对中，从阿里巴巴增长的速度里，大家都可以得出了一个毋庸置疑的趋势性判断。这仅仅是一个案例而已。"如果我们不革命，早晚会被别人革了命"，成为企业界的共同心声。为了避免代价昂贵的失败，通过多年积累形成的大公司，不得不尝试开始转型。

拥有全球零售业最先进的物流体系、最优秀的IT技术、最成熟的内部管理的沃尔玛，曾经是行业佼佼者和世界500强榜单首富，当不幸遭遇到电商亚马逊的劫杀后，实体店的先天优势沦为先天劣势。移动购物毫无顾忌，支付宝钱包、微信、Square，一起围猎这个曾经称霸全球的商业帝国。2013年以来，沃尔玛在中国一直持续瘦身。在2014年，沃尔玛在中国区的毛利下滑，在中国的400家门店将被关闭30%（见表1-5）。

图1-5 沃尔玛2014年在中国的关店情况

拓展动态	关店时间	所在省市	入驻项目（或地址）	开业时间
关店	4月8日	江苏无锡	无锡红星路阳光购物广场	2006年
关店	4月8日	上海闵行区	上海闵行区户闵路	2003年
关店	4月20日	广东深圳	深圳园岭店	2002年
关店	7月20日	安徽合肥	合肥市黄山路店	2011年
关店	11月20日	江苏淮安	江苏淮安店	2009年
关店	11月22日	江苏连云港	江苏连云港建国路店	2011年
关店	11月28日	安徽合肥	合肥长江路店	2005年
关店	11月29日	浙江绍兴	浙江绍兴	2010年
关店（好又多）	11月30日	四川成都	成都中天店	1999年
关店（好又多）	12月18日	广东广州	广州前进路店	1999年
关店	12月19日	山东青岛	青岛城阳海都国际	2010年
关店	12月20日	河南洛阳	洛阳景华路店	2007年
关店	12月30日	福建泉州	泉州刺桐分店	2005年
关店	12月30日	江苏昆山	昆山城区	2008年

（资料来源：赢商网）

2015年百货业形成了一波关店潮：继有着外资第一美誉的马来西亚百货商百盛商业集团在北京东四环店停业后，2015年3月，天津店也关闭；英国最大连锁零售商玛莎百货在2015年关闭15家店中的5家；北京华堂连续关闭北京城内的4家店；泰国尚泰百货的成都店关闭，意味着在华全军覆灭；万达百货大举关闭10家，压缩部分楼层。除了百货业，其他实体店也不容乐观：7-11连锁便利店在2014年以来关店30来家；麦当

劳计划关掉中国80家左右的门店；服装业的佐丹奴2014年以来关停近200家网点；波司登作为中国本土最大的羽绒服生产商，2014年以来关停了3400多家网点；女鞋品牌百丽2015年第一季度就关停网点167家。汽车4S店也未能幸免，2010年在美国纳斯达克上市的联拓集团，2015年第一季度以来旗下多家店进入半停业状态。有一份统计，河南近一年来倒闭的4S店多达上百家。同样是在河南的融资担保公司，洛阳曾经多达110家，到2015年几乎没有一家能够正常营业，这只是其他省份的一个缩影而已。

连续几年光棍节的持续火爆，互联网尤其是移动互联网，对传统零售业的巨大冲击，引发了媒体和社会的广泛关注和讨论，像感冒病毒一样，传染了曾经对互联网不屑一提的传统大佬们，并引发了互联网集体困惑症。

2014年被称为传统行业转型元年，传统行业的决策层、管理层都不得不扭扭捏捏地开始正视互联网了，但是却总是一头雾水，不得要领。概括起来主要有五个方面的原因：

一是商业模式形成严重路径依赖。路径依赖是由人性弱点决定的，技术演进或制度变迁类似于物理学中的惯性，即一旦进入某一路径（无论是"好"还是"坏"）就可能对这种路径产生依赖。一旦人们做了某种选择，就好比走上了一条不归之路，惯性的力量会使这一选择不断自我强化，并让你很难走出去。你当下的选择是被你的前一个选择所决定的，如果你要改变路径，成本将会高到你不愿意去接受它。

二是营销理念严重错位无法对接。传统营销的产品需要广告语，需要提炼独特销售主张，这些都已经形成思维定式。但我们发现，广告语推销产品的力量感越来越差，你能说出苹果手机和小米手机的广告语吗?没有，有的只是江湖传说，也就是口碑，但这两个品牌都成功了。

三是商业价值观严重地言行不一。企业家都把"顾客是上帝"这句话挂在嘴边，却不断利用媒体垄断下的广告暴力忽悠消费者，用强势的定价权掠夺消费者，用信息不对称和监管缺乏欺骗消费者。其实内心所想的是股东利益至上。互联网与移动互联网的出现改变了这种状况，消费者的权力不断增强，有人称消费者主权时代到来了。

四是组织形式严重老化生锈。工业时代的企业组织形式几乎都是层级式的权力金字塔，控制是管理的核心。互联网时代的组织打破了这个基因，使得真正的扁平化、去中心化甚至自组织成为可能。

五是知识架构存在严重的经验主义。现在正在执掌经营管理大权的决策者和管理者，面前横着一道巨大的"数字鸿沟"，就像马云说的，传统企业对互联网模式往往先是看不见，然后看不起，最后来不及。

德国社会学家R.达伦多夫认为，任何社会成员都在为权力与利益的分配和再分配进行斗争，一切复杂的社会组织都建立在权力与利益分配的基础之上。社会变迁的过程其实就是权力与利益转移的过程，这是大的历史趋势。企业作为一种社会组织，也必然要在这种历史趋势之中演化。互联网和移动互联网的出现，仅仅是加速了这个过程而已。互联网焦虑症的本质是权力与利益转移困惑症。

3. IT行业的焦虑

快节奏的生活方式和激烈的社会竞争造成的焦虑症已经是一种时代病。这种焦虑，已在西方资本主义国家300年的发展过程中被逐渐消解释放。而在中国，这种焦虑被压缩在短短的30年间，医疗、教育、住房、就业等压力压在社会精英和普通人的身上，使每一个人都有强烈的压迫感。互联网又火上浇油，成为加速器。市场化、全球化、信息化，哪一"化"都是挑战，使每一个人，哪怕是顶级大腕都难以消化。

传统企业有恐慌症，站在前沿的互联网企业一样焦虑不堪。

长江后浪推前浪，前浪死在沙滩上。近年来上市的互联网企业CEO年轻化的比例越来越高，他们垂直化的深耕细作正在试图突破BAT看似牢不可破的篱笆，未来的机遇与市场被"90后"和"00后"抢走成为大概率事件。

马云也不能免俗。微电商是他的心头大患。微信小店的推出、京东"购物"入口的上线，加上微信第三方电商平台频繁发声，微电商一时花样百出。这个势头发展下去，微信和京东必然合围淘宝，这就是2014年马云疯狂收购或入股的原因，如果不能把对方干掉，那就把对方变成自己人。

腾讯CEO马化腾也坦言，年轻人现在在互联网上喜欢的东西，越来越看不懂了。他的担心是怕跟不上新一代主流用户的消费心理和消费习惯。人性就是爱喜新厌旧，也许你什么错都没有，就错在你老了。连大名鼎鼎的Facebook也一样，"90后"、"00后"，觉得那是上一辈人的玩具，他们要玩自己时代的东东。

2015年3月，全球最大的管理软件公司SAP宣布，将在全球范围内裁员3%约2250人，而原因竟然主要是因为公司将加速通过互联网来销售产品。看到这个裁员的理由，你就知道现实有多残酷，不转型就是死路一条。企业互联网时代，各行各业的企业都在互联网化，IT注定被重构，具体有四个方面：重构业务架构、重构应用架构、重构数据架构、重构技术架构。重点是第一、第二项，要将企业与企业之间、人与人之间连接在一起，将线上线下融合，实现以用户为中心，从B2C变成C2B；从以"流程"为中心转为以"人"为中心，应用越来越轻量级、碎片化、移动化与社交化，必须保证企业在互联网时代的灵活变化。

南京易讯通CEO于斌先生曾在《IT时代周刊》发文评论称，在当前的环境下，大

至知名互联网企业，小至创业孵化企业，大家都在焦虑，都在纠结，都在苦苦思索和寻觅，如何能在线上和线下、互联网和移动互联网、PC终端和手机终端吃掉更多的用户。跟15年前互联网浪潮一样，每一次信息技术的革命，给企业界带来无穷想象空间的同时，也带来了转型的危机和被淘汰出局的恐慌。

【链接】　　　　　　　　　　中软国际"解放号"

——老 IT VS 互联网

中软国际有限公司（以下简称中软国际）成立于2000年，于2003年在港上市（股票代码354）。十几年来，该公司业务版图无论在运营区域、行业覆盖还是服务项目方面均实现全方位拓展，旗下核心资产——员工规模从2003年扩张百倍发展到25 856人，公司营收从2004年的3亿增长14倍至2014年的44亿元，年化增长率31.2%。该公司业已成为中国大型综合性软件与信息服务企业。

分业务看，该公司主要提供行业解决方案（专业服务分部及新兴服务分部）、软件外包及培训服务，这两项业务占比52.2%及45.7%，其服务政府、制造流通、金融银行、保险证券、移动应用、电信、高科技、公用事业、能源等多个行业，占据多个细分行业的领军地位，业务覆盖包括中国内地和香港地区，美国普林斯顿、西雅图、奥斯丁和华盛顿，英国伦敦、爱尔兰都柏林和日本东京在内的数十个城市，服务于百余家跨国企业客户。

在"互联网+"软件新时代，该公司更积极推进战略转型，从"综合性软件与信息服务供应商"向"基于计算机、大数据的互联网创新公司"全面转型，具体为SMAC（社交、移动、大数据、云计算）战略，由S（Social）出发，靠M（Mobile）观察，基于C（Cloud），最终在A落地（Analytical），进而改变传统行业，把握新一轮互联网革命带来的机遇。在SMAC布局中，关键的一环是云众包平台"解放平台"（JointForce，JF）的运营，其有望成为IT服务业的阿里巴巴。

缘起：公司的"纠结"与产业的"痛点"

实际上，"解放号"的产生最早是源于中软国际自己内部的"纠结"，这些纠结有的涉及技术，有的涉及运营和管理。例如，软件复用的问题，虽然软件行业普遍知道软件复用可以提高企业的开发效率，但事实是，由于一些现实原因，在公司内部，软件的重复开发率很高，代码复用都成问题，再往高一级的文档、知识和经验的复用就更难实现了。再比如，软件企业人力资源管理的问题，因为软件工程师（程序员）这个群体脑力劳动的特殊性，对每个程序员劳动产出的确认是比较困难的。按照中软国际董事局主席、CEO陈宇红博士的说法，"发呆和思考是一个表情"，这让优秀程序员很难脱颖而出。同时，企业内部常常为了项目的需要，要养一批备用的程序员，这也会提高企业的运营成本，降低人员使用效率。例如，目前中软国际的程序员闲置率在10%左右，按照现在26 000人的规模，就是有2600人在闲置。如果说，以上的问题，对于中软国际这样的软件企业是纠结的话，上升到产业的层面，就成为"痛点"了。

"聚焦困局，直击痛点，还原IT软件服务行业本来面目，凭借对IT软件服务业的深度理解，结合行业的最佳实践，我们从智力劳动的有效复用找答案——借助互联网，通过众包模式整合社会IT服务资源，建立由IT从业者、IT企业及各个行业用户组成的IT服务生态系统，实现IT服务在线提交。用户通过平台组织接包资源、完成服务交易、获得可信交付，'解放号'应运而生。"陈宇红博士如此表示。

探索：回归本质，快速迭代

"解放号"研发团队回到本质，从深入思考IT服务软件开发遇到的瓶颈入手，考虑打破组织界限，借助互联网社交移动实现人性解放，建立大平台思路。平台最早的名字叫"智淘"，意思就是基于互联网像淘宝一样给客户提供软件开发服务。

2012年11月份，研发团队以"智淘"为蓝本写了第一版商业计划书，该项目重新命名为"JointForce"，中文名叫"解放"。JF先从ITS公司的透明化和无界改造开始，以中软国际自身作为试验田，先从大家熟悉的项目管理和人力资源管理入手，让"解放号"可以分任务，管资源，并开始做数据"刻画"和透明化，把开发和交易数据记录下来。内测的结果是业务线人员使用率（UR）提升了7.7%，整体项目提交毛利提升8.4%，在公司收益增加的同时，员工收入增长13.5%。于是中软进一步明确了JF平台的定位：成为IT行业的众包交易的互联网平台。它以众包交易为核心，做到四点：第一，汇聚海量的IT服务资源（杰客），覆盖更多的品类层次和地域，杰客在平台中有自己的工作态度和工作方式，在平台上自由组队，接包挣钱，享受杰客生活；第二，平台准确地刻画杰客的经验和能力，帮助他们快速匹配用户的需求，将其尽快地展现在客户的面前；第三，平台要提供

一系列的工具和服务，使杰客在平台上工作能够不受时间和空间的限制，同时整个工作过程又是规范有序的；第四，平台要建立一套运行机制，去引导和约束杰客能信守承诺，保障自己的交付质量。

融合：老IT VS 互联网

传统软件开发，大体是个瀑布型的模型，有一个完整的软件开发周期，出来的东西会比较稳妥，但节奏很慢。而"解放号"的开发要随时跟着需求变，要快速试错，小步快跑，更敏捷，也更容易接受变化。开发方法变，开发工具也在变，传统软件使用一些基础性开发工具比较多，而"解放号"则使用了大量最新的互联网开发工具。同时，传统软件开发通常环境比较封闭，但"解放号"开发使用的是开源软件和工具，比较开放，同时"解放号"开发的成果也在考虑开源，形成一套公共的东西，就像手机的安卓系统，通过开源吸引更多的开发者将他们开发的东西融入"解放号"的公共平台。这对于开发者来说，也是一个很大的思维转变。

在"解放号"的开发上，最重要的转变应该是对客户态度的转变。虽然传统的软件开发方式口头上重视用户体验，但实际上，由于传统软件开发方式与客户沟通和接触相对较少，容易以我为主，通常一个倾向就是让用户来适应软件，而不是让软件来适应用户。

但在做"解放号"的时候，很多用户可能每天都在平台上工作，很多用户使用的还是手机上的移动客户端。他们在使用其他互联网软件的时候，已经有了很好的用户体验，使用"解放号"以后就有了比较，如果"解放号"不能很快达到同等水平，或者很快遭到用户的抛弃，或者就会认为这是个半吊子的互联网。这种注重用户体验的结果是不再像传统的软件开发方式那样以开发为主导，而是以运营反馈和用户驱动为主。

2015年5月，中软国际正式成立以"解放号"为核心的互联网ITS集团（IIG，Internet Information Technology Service Group），"解放号"被推到与传统业务并驾齐驱的地位。2015年6月，"解放号"正式商用。"未来，至少在IT服务领域，没有大公司，有很多很有活力的小公司一起生活在一个大平台里，面对这个颠覆，其实是没有人能够包揽天下的！"陈宇红博士指出。"解放号"既是一个通过可信人脉组织、由最佳管理实践背书的IT服务众包平台，也将是一个海量解决方案研发、实施和集成的工作平台。它通过建立IT服务生态圈，帮助IT服务企业有效利用社会资源组织项目提交，为客户提供"快、省、好、多"的可信IT服务。"解放号"提供的服务贯穿于整个IT服务的全流程，第一次实现了完整的IT服务流程从线下到线上，包括软件设计、开发、测试等，以及包括需求、签单、执行、验收等在内配套的商务流程与管理服务，让平台实现了IT服务流程和周边服务的无缝覆盖。

　　"解放号"的三大运营体系更是三位一体地将服务推向新的高度："被复用即得利"的价值体系解决了行业中人与代码的浪费；独有的标签式的精准动态刻画体系记录、跟踪和呈现了接包方的最新情况，实现了智能匹配；实时在线的服务体系集成项目管理、即时工作沟通、支付保障、PTS专家咨询、专业拆包、测试、辅助验收等多种优质服务，为平台提供了可靠的运营保障。目前，"解放号"平台在册IT服务人员已近4万人，服务企业超1000家，交易量也在稳步增长。

　　（扫描二维码关注和体验）

六、浪漫

　　包含着辉煌与挣扎、荣辱与坎坷、奋斗与拼搏、创造与模仿、成功与失败的互联网的浪漫时代的终结，可能会让人们开始感到某种莫名的留恋和迷茫，其实对即将逝去英雄时代的怀念和追忆于事无补，脚踏实地去做些事情或许才是排解这种忧愁和迷茫的最好办法。

——清门《互联网浪漫时代终结》

　　1996年，33岁的东北女子张树新扛起了北京瀛海威信息通讯公司的招牌。但是她仅仅风光了两年就黯然离场。互联网早期的记忆是奢华而浪漫、唯美而典雅的。当年的网络评论写道：浪漫主义者的最大失误是，他在深秋季节就太多地消耗了为过冬所储备的资本，因为他误以为明天冰雪就会融化成溪流。已经被剥得只剩一条短裤的投资者却得出一致的结论：先把浪漫主义者烧了取暖再说。

　　晃晃悠悠，二十年过去了。

　　中国人是从特斯拉电动汽车开始认识马斯克（Elon Musk）的，他的传奇故事不仅在于他先后成功创立和运营了几家大名鼎鼎的公司：Paypal、SpaceX、Tesla，更重要的是这几家公司革新了金融、新能源、航天三个领域。2008年，离婚变故、金融危

机、火箭发射失败、被迫裁员 1/3 接踵而至。面对妻离子散的凄凉和自己的三家公司不约而同地陷入困境，马斯克说："创业是一场九死一生的坚持。"这句话，成为众多中国创业者的座右铭。

我们把这种骑士精神定义为屡战屡败、屡败屡战的乐观主义者的浪漫情调。没有这种浪漫情怀，人生就是一片枯萎的灰色。即使所谓的成功了，也是一堆财富数字，没有生命的鲜活与灵动。没有这种精神和情怀，也没有互联网世界的今天。某种意义上，互联网世界的万花筒，是一群"异己分子"浪漫至死的结果。

我们写这本书的一个初衷，就是为了唤醒，为了共鸣，为了在艰难面前，坚信未来的明亮和潮流的浩浩汤汤。让我们一起来分享与互联网有关的几个浪漫故事，它们构成了互联网时代景观里最具人文情怀的一脉风景。

1. 最浪漫的青春就是在你一无所有时陪你打天下

《洛阳晚报》有过一段报道——《马云老婆张瑛：他是我的投资品》。

> 她叫张瑛，一个自从和马云牵手，他指哪儿她打哪儿的女子，她不但成就了自己，也成就了丈夫——淘宝之父马云。

> 张瑛和马云是地道的校园情侣，大一时就相识了。上大学时的马云是个简单得像缺根弦的傻小子，不仅个子矮如拿破仑，外貌更不在大众审美之列。彼时的张瑛面容姣好、性格温柔，功课也几乎门门优于马云。面对这么优秀的女孩子，马云迟迟不敢表白。直到有一天，马云听同学们商量着要给张瑛介绍男朋友，果决的他一出手就是"狠招"——他在男生宿舍里"昭告天下"，誓要追到张瑛。在吃了几次闭门羹后，最后对张瑛说出了那句风靡一时的名言："通常情况下，男人的长相和智商成反比。"张瑛彻底被他俘获。

> 当多数校园情侣毕业就分手时，他们却毕业就结了婚。张瑛说："马云是我的投资品。"

我们来看张瑛自己怎么说的：

> 我和马云是大学同学，毕业就拿了结婚证。马云不是个帅男人，我看中的是他能做很多帅男人做不了的事情：组建杭州第一个英语角，为外国游客担任导游赚外汇，四处接课做兼职，同时还能成为杭州十大杰出青年教师……

　　然而，婚后很长一段时间我都处在一种惶恐中，因为他的意外状况层出不穷……他忽然就辞职了，说要做自己的事业，就在杭州开了一家叫海博的翻译社。翻译社一个月的利润200块钱，但房租就得700元。为了维持下去，马云背着麻袋去义乌、广州进货，贩卖鲜花、礼品、服装，做了3年的小商小贩，养了翻译社3年，这才撑了下来。后来他又做过《中国黄页》，结果被人当骗子轰……

　　这种情况下，他忽然跟我说想凑50万元做电子商务网站。他很快就找了16个人抱成了团，其中有他的同事、学生、朋友。马云告诉大家，把所有的闲钱都凑起来，这很可能失败，但如果成功了，回报将是无法想象的。他顺便劝我，说他们如果是一支军队，我就是政委，有我在，大家才会觉得稳妥。就这么着，我也辞职了，18个人踏上了一条船——阿里巴巴。

（资料来源：东方财富网）

2. 最浪漫的恋爱就是在成为大佬后任性地抢头条

　　刘强东，这位京东商城的创始人，是从中国人民大学毕业的天之骄子，1998年开始自主创业，在北京中关村创办了京东公司。公司早期代理销售光磁产品，在两年内成为影响全国的光磁产品代理商。在那个年代，名牌大学生毕业后却去摆柜台，并非是一件面子上争光的事情。2000年因干上杀猪卖肉一行而闻名的北京大学毕业生陆步轩，成为舆论焦点。刘强东在这样的社会压力下，不得不向父母隐瞒了自己创业的事情，直至三年后的2001年，父母才知道真相。这个从销售起家的企业家，似乎天生喜欢和擅长用自己的故事来娱乐大众，营销自己和企业。他的爱情故事，一直是IT界和娱乐界跨界的八卦头条。

　　2014年4月7日下午，京东CEO刘强东发出了两年多以来的首条微博，确认了与"奶茶妹"章泽天的恋爱关系，为这段横跨互联网圈和娱乐圈的热门八卦划上一个句点。这已经是刘强东的第三段恋情。在网络名人、哥伦比亚大学交换生章泽天上位之前，他的前女友包括"官二代"龚小京，以及"西红柿门"的主角、刘强东的下属庄佳。三个女人，分别对应刘强东和他的京东的三个阶段。龚小京是他的创业合伙人，也是他的初恋；庄佳五年前与刘强东确定关系，彼时正是京东的快速崛起期；如今"东天

恋"真相大白，而京东也已经提交了招股书，准备登陆美国股市。另一方面，除了第一次恋爱，刘强东与庄佳和章泽天的恋情，都在若隐若现的幕后推手的操纵下，传言与否认齐飞，成为互联网上的热门话题，事件营销的意味欲盖弥彰。有人认为，炒作刘强东的恋情，也是京东上市路演的一部分。（2015年8月8日，媒体报道，刘强东和奶茶妹妹章泽天现身朝阳区民政局领证结婚——作者注）。

（来源：摘编自新浪博客，潘飞虎）

3. 最浪漫的人生就是和你一起慢慢变老

1979年，51岁的褚时建成为玉溪卷烟厂厂长，一手将这家山洼里的地方小厂打造成亚洲第一烟草企业，被称为"烟王"。1995年，他唯一的女儿因被怀疑收受贿赂而遭逮捕，并在狱中自杀。那一年的中秋节，褚时健一个人蜷缩在办公室，盖着一条毯子看着电视，悲凉至极。1999年1月9日，褚时健因贪污被判处无期徒刑，后减刑至17年。该案引发了国企领导人薪酬制度的改革。就在褚时健被判刑的第二年，红塔集团新总裁拿到了100万年薪。而褚时健当了18年的厂长，全部收入仅88万。

74岁的褚时健保外就医后，与妻子一起承包哀牢山开始种橙。人们没想到他不禁未被牢狱之灾压垮，而且很快以敏锐的判断开始了二次创业。褚时健种橙的第十个年头，2012年11月，85岁的他居然首度"触电"，与电子商务网站合作，通过电商大举进京，使"褚橙"迅速成为名牌。褚时健的励志故事以及他亲手栽种的"褚橙"广受热议。据说这甜中微微泛酸的橙子，像极了人生的味道。褚时健总爱说，他和老伴都是属牛的，其实他们并不属牛，只是有牛的性格。

褚橙触网之后反响热烈，他还想着要通过电子商务，进一步扩大"褚橙"的市场。两位老人和政府合作的"褚橙庄园"也在2014年11月开业。万科董事长王石曾感慨地说："橙子挂果要6年，他那时已经75岁了。你想象一下，一个75岁的老人，戴一个大墨镜，穿着破圆领衫，兴致勃勃地跟我谈论橙子挂果是什么情景。虽然他境况不佳，但他作为企业家的胸怀呼之欲出。我当时就想，如果我遇到他那样的挫折，到了他那个年纪，我会想什么？我知道，我一定不会像他那样勇敢。"褚时健"触电后"，王石在微博上感慨："巴顿将军语：'衡量一个人的成功标志，不是看他登到顶峰的高度，而是看他跌到低谷的反弹力'！"

七、春天

东方欲晓，莫道君行早。踏遍青山人未老，风景这边独好。

——毛泽东《清平乐·会昌》

2015年3月，在十二届全国人大会议上，李克强总理在政府工作报告中指出："制订'互联网+'行动计划，推动移动互联网、云计算、大数据、物联网等与现代制造业结合，促进电子商务、工业互联网和互联网金融健康发展，引导互联网企业拓展国际市场。"

2012年11月，易观国际董事长兼首席执行官于扬先生在易观第五届移动互联网博览会上，首次提出"互联网+"理念。他认为，在未来，"互联网+"公式应该是我们所在行业目前的产品和服务，在未来与多屏全网跨平台用户场景结合之后产生的这样一种化学公式。

这个词出现在总理的政府工作报告，就意味着将"互联网+"行动计划提升为国家战略。最有意味的是总理在人代会上的首尾呼应——3月15日人代会结束后答记者问时，他再次为互联网鼓与呼，做了一次最高规格的活广告："我很愿意为网购、快递和电子商务等新业态做广告。"

于是，从舆论界到IT界，再到理论界、实业界，全都沸腾了。其中具有代表性的解读观点：一是认为互联网在整个国民经济中间的重要性得到进一步提升，不仅是互联网作为信息化的核心需要与工业化交融，而且将成为推动社会创新的核心引擎；二是认为"互联网+"是"两化融合"的升级版，将与工业、商业、金融业等行业全面融合；三是认为"互联网+"，不仅仅是技术上的"+"，也是思维、理念、模式上的"+"，其中以人为本推动管理和服务模式创新与创业是其中的重要内容；四是认为将进一步激发社会活力，催生创新2.0，然后改变我们的生产、工作、生活方式，"互联网+"实际上是在知识社会创新2.0推动下的互联网的形态演进，将重塑物联网、云计算、社会计算、大数据等新一代信息技术的新形态。

我们以为，"互联网+"不是简单的加法，而是产业被化学反应式互联网化的过程，主体应该是产业，展开一点说，"互联网+"是全套互联网技术（包括移动互联网、云计算、大数据、物联网等）连接、扩散到经济、社会各个领域，通过反馈、互动，激发创新与变革、融合与激荡的过程。从产业角度和企业角度讲，"互联网+"是产业和企业的价值链，产品（研发、生产、营销）和服务全部放到互联网上在线化、

数据化运行，产业和企业的边界、组织、生态将被重新定义和改写。

"互联网+"成为一个全社会的高频词。因此，有人说，互联网时代的春天到来了。"互联网+"不仅意味着新一代信息技术发展演进的新形态，也意味着知识社会创新2.0时代的到来，意味着经济社会转型发展的新机遇，意味着大众创业和万众创新，推动中国经济走上创新驱动发展之路的新常态。

从现状来看，"互联网+"处于初级阶段，大部分商家和传统行业仍旧处于观望迷茫期，发展趋势则是大量"互联网+"模式的爆发以及传统企业的"破与立"。在今后长期的"互联网+"实施过程中，政府将扮演的是一个引领者与推动者的角色，一大批在政府与企业之间的第三方服务企业会出现，部分传统企业也会逆袭成为"互联网+"服务商，平台（生态）型电商再受热捧，会有更多的平台或者生态出现，供应链平台会成为升级和转型的重中之重，O2O将会大行其道，广大传统企业会借用这种方式改造自己原有的商业模式。

易观国际把"互联网+"的演进分为了三个阶段，分别是"互联网+企业"、"互联网+产业"、"互联网+智慧"。目前我们正处于阶段一到阶段二的过渡期，互联网像信息化技术一样，逐步渗透到各行各业里，从营销、渠道、产品以及战略和商业模式再到企业的内部管理等都需要利用互联网进行改造实现新生。企业互联网化要打胜三

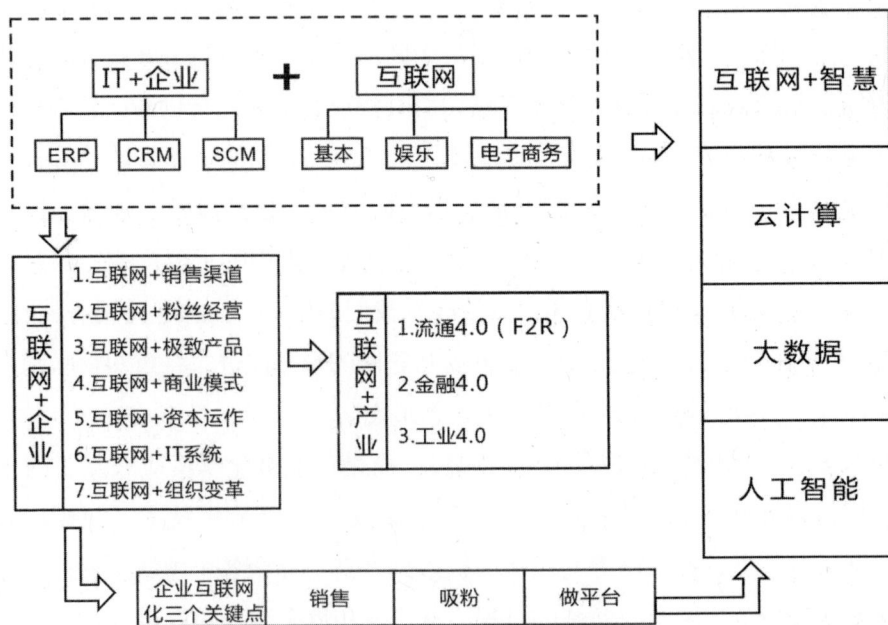

图1-17　一张图读懂"互联网+"

大战役：卖货、聚粉、建平台；走完六大步骤：线上+线下的全销售渠道、以粉丝经营为典型特点的整合营销、产品研发部门打造极致产品和服务、以商业模式创新为终极目标的战略部署、资本运作加速企业互联网化、组织变革植入互联网基因和文化（见图1-17）。

【链接】"互联网+"将倒逼"+互联网"

自总理提出"互联网+"的短短几天，百度搜索相关新闻约为4660万条，网页搜索更多。事实证明，在制造流行方面无论明星还是媒体都比不上政府，一个词就能引起成百上千的解读与转发。

在"互联网+"被提及之前，对"互联网+传统行业"的模式的探索与尝试已经在各行业展开。政府提出"互联网+"并放到重要的战略地位上，这是全行业升级与转型时代的到来的标志。行业提出的思想只是一种趋势，而政府的提出则是一种推动。

是什么推动了"互联网+"

推动"互联网+"概念产生的，跟当前的物联网、智能硬件、大数据等产业有紧密的联系。在物联网概念以及智能硬件兴起之前，政府乃至大众对互联网及物联网没有什么概念，但是当一个水杯、一双鞋子都能智能化并且能联网之后，没有道理万物不能互联的。尤其是去年下半年万物互联（IOT）概念被推出来以后，物联网几乎就是无所不能的。物联网的基础是互联网，"互联网+各领域"就能实现各领域的互联网化。

从"全民创业"的角度看"互联网+"

自从总理提出"全民创业"以来，到现在全国人民的创业热情空前高涨，各种创业服务机构仍在雨后春笋一样地往外冒。具备互联网思维的鸡、鸭、鹅等衣食住行的商品大行其道以后，给人们的感觉一切都在互联网化，互联网可以连接一切。一夜之间，似乎所有创业都与互联网有关系，并且老百姓能接受这些商业模式，"互联网+"也就可以推而广之了。目前全国大大小小的孵化器总数超过1000个。

"互联网+"倒逼"+互联网"

事实上，"互联网+"也可以反过来讲，即"+互联网"，前者是互联网结合各传统产业，后者则是传统企业探求企业转型。理论上两者意义是一样的，最终目的是促进全产业升级进而带动社会升级，但是传统企业探求

互联网转型的速度要慢得不只一点半点，无论是技术、人才，还是体制及运营管理，都与互联网企业有太大的区别，尤其是传统企业的体制问题是根深蒂固的，很难通过简单的架构调整就能改变。与其在探索的失败中慢慢前进，不如来一个倒逼，通过互联网模式来倒逼传统企业的模式，迫使传统企业转型，这个方针与路线落实后的结果要比企业自身的探索要快很多。

（资料来源：快科技网，吉伟/文）

第二部分 |

肌　理

JI　LI

假舆马者，非利足也，而致千里；假舟楫者，非能水也，而绝江河。君子生非异也，善假于物也。

——荀子《劝学》

互联网"三明治理论"：最下层的是基础理论，例如亚当·斯密的经济学基本理论、科斯的交易成本理论，都是近乎真理的；中间的则是应用理论；最上层的是最前沿的思想。

——梁春晓《"互联网+"：一个权力转移的时代》

第二章　互联网进化演绎图

你能向后看得越久，就能向前看得越远。

——温斯顿·丘吉尔

互联网的发展是人类进化的一部分。

——互联网进化论创始人刘锋

从人类的发展史看，人类的进步就是其若干关键器官或者借助发明工具不断延长和连接的历史。我们从更大的象限和更远的时间轴，来考察互联网的发展，会有不一样的感悟。

从生产力角度划分时代，人类主要经历了农业时代、工业时代和信息时代。互联网属于信息时代的一个阶段。移动互联网、云计算、大数据、物联网等，都是信息时代的一个新的阶段而已，并不构成一个新的时代。但是本书为了便于大家理解，也沿用了大众约定俗成的说法，比如移动互联网时代。

生物学上一直有一个寒武纪生命大爆发之谜，那是在5.4亿万年前，物种的多样性和身体形态出现的一次惊人的爆炸式进化。为何食肉动物会在寒武纪大爆发中同时出现？一派科学家认为，是氧气水平的增长赋予了动物力量，让它们进化出复杂的躯体形态。而另一派则说，是动物之间的竞争导致了新物种的出现。在加拿大发现的含有大量化石的岩层——波基斯页岩中发现的奇形怪状的生命形态就是一个例证。英国牛津大学动物学家安德鲁·帕克最近提出一项假说：浅海和大气的化学物质发生变化，使得浅海和大气的透明度增加，光线进入海水促成生物的进化。

"信息"二字的说文解字就是"人所言"+"自己心"，也就是说信息是人言传播经过自己内心识别、转化、感悟、使用的特殊物质。我们赞成这样的观点：信息的透明化也同样是人类和社会进化的力量源泉。互联网进化的过程，最核心的就是信息透明化的过程。

一、互联网发轫的东方哲学

道生一，一生二，二生三，三生万物。

——《道德经》

1与0，一切数字的神奇渊源。这是造物的秘密美妙的典范。

——二进制发明者莱布尼兹

中国古代哲学的思维方式倾向于整体性、有机性与连续性。他们把宇宙的演化视为一系列生成、转化的过程，把天地、万物、动静、形神视为相互区别又相互联系的矛盾统一体。中国古老的哲学思维代表莫过于《易经》《黄帝内经》中的辩证思维，以博大玄妙著称，深刻影响中国乃至世界的是老子的《道德经》，加上后来的《庄子》，合称黄老之术。《老子》第二章中说："有无相生，难易相成，长短相形，高下相盈，音声相和，前后相随，恒也。"是说事物的有中生无、无中生有的哲学思想，有可以转化成无，无也可以转化成有，矛盾双方对立与转化、阴阳相生的关系。这一哲学思想，对于我们理解互联网虚拟与现实的相互关系具有重要意义。

1. 易经八卦与西方数理思维的远程碰撞

莱布尼兹（1646—1716），微积分的开创者，德国数学家、哲学家，被誉为改变欧洲思想界的伟人，曾经将儒家、道家经典著作及理论翻译成德文。莱布尼兹信仰上帝，他用自己的数学知识来证明上帝的伟大。他曾经说过："0是无，上帝是1。0与1创造了世界。"

1701年，莱布尼兹收到法国传教士鲍威特邮寄给他的两幅"伏羲六十四卦次序图"，知悉了中国的《易经》。他当时正在研究发明二进制。这位数学家从中国的易经图上受到启发，并且惊奇地发现《易经》六十四卦排列与自己创造的二进制数学惊人一致。

1697年他编辑出版了《中国近事》一书，在这本书中，倡导中国式的礼仪，反对罗马禁令。他在"致读者"中说："我们从前谁也不曾想到，在这个世界上还有比我们的伦理更完善，立身处世之道更为进步的民族存在。"

1703年，他写了论文《谈二进制算术》发表在《皇家科学院论文集》上。后来，这位德国数学家曾经写信给当时的中国皇帝康熙，要求加入中国国籍，而且为了表达他对中国《易经》的敬仰，在法兰克福城创立了一个中国学院。那时欧洲的世界观也是狭窄的，他们信仰天主教，害怕中国无神论，莱布尼兹的文章立即遭到了欧洲中心

论者的攻击，纷纷撰文否认莱布尼兹发明二进制与中国伏羲八卦图有关。莱布尼兹思想继承人沃尔夫在一次讲座中说："我是基督徒，但孔夫子的道德与我的宗教绝对不是不相容的；再说，它完全符合自然道德。"然而，沃尔夫被指控为宣扬无神论，险些被天主教势力送上绞架。迫于环境压力，莱布尼兹生前一再表示，自己发明的二进制与中国文化无关。

1716年，他临终前，在《致德雷蒙先生的信——论中国哲学》中，还是坦诚地说出其体系确实是源于伏羲八卦图。他阐述关于0和1的二进制建立的过程时，评价中国伏羲的重大发现，是"一种在算术、缩减、计数上，特别的书写方式"。他在此信中承认二进制的第一发明人是中国人："我认为在这里解释，是一个非常适合的机会，因为问题在于证实古代中国人的学说的价值以及古代中国人远远胜于近代人。"

那我们就来看一看《易经》的基本奥妙何在。现代国人一提起《易经》，就马上想到是一本算命术，易经八卦就是"不靠谱"的代名词。这样一本起源于5000年前的"糟粕"又是如何引发一个西方大家的灵感呢？

《易经》成书年代久远，谁是作者的争论很大，《史记一·太史公自序》也说："伏羲纯厚，作易八卦。"我们采用主流的说法，根据记载，伏羲依照《河洛图》的启示而演成八卦，形成了《易经》典籍的核心内容，经历了上古、中古、下古三个时代，由伏羲、文王、孔子三个圣人完成，由"经"和"传"构成。"经"由六十四个用象征符号（即卦画）的卦组成，每卦的内容包括卦画、卦名、卦辞、爻题、爻辞组成。"传"还有彖辞、象辞、小象，是孔子为易作传（《易传》又称《十翼》）时所加，先秦儒生因孔子"作易"而尊称《周易》和《易传》为《易经》。

何为《易》？一是变易，世间万事万物无时无刻不在变化之中，天地运行，寒暑交替，人生物死，没有尽时。二是简易，一阴一阳，就囊括了万事万物之理，有天就有地，有男就有女，有上就有下，有前就有后，相反相成，对立统一。三是不易，世间万物错综复杂，变化多端，但规律不变。

因此，《易经》被誉为"大道之源"，涵盖万有，纲纪群伦，广大精微，包罗万象，是中华文明的源头活水，是一本揭示变化规律的书，由太极图和八卦及六十四卦构成其主要内容，是伏羲氏仰观天文、俯察地理、近取诸身、远取诸物、长期观察的结果，它以宇宙间万事万物为观察和研究的对象，用"阴"和"阳"两个基本要素，描述了一个阴阳变化的系统。"无极生有极，有极生太极，太极生两仪（即阴阳），两仪生四象（即少阳，太阳，少阴，太阴），四象演八卦，八八六十四卦。"（见图2-1）两仪是对太极的细分，八卦是对阴阳的细分，六十四卦是对八卦的细分。它的世界观和方法论，被国人"日用而未知"（孔子）：对立统一、阴阳互根、阳逆阴顺、此消彼长、物极必反等。

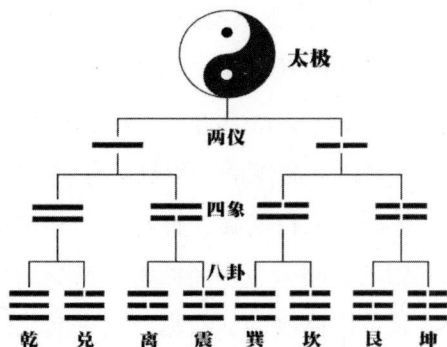

图2-1　太极八卦示意图

宋、明理学家提出了"一物两体"、"分一为二，合二而一"。在这里有必要提及宋朝的两位大家。一个是邵雍（1011—1077），他是两宋理学奠基人之一，在吸收道家与汉代《易》学思想成分的基础上，形成了对《周易》的独到理解，编制了宇宙年谱，对道的概念的形而上理解超越了以往历代儒家。一个是朱熹（1130—1200），他总结和建立了庞大的理学体系，现存著作共25种，600余卷，总字数在2000万字左右，首推《周易本义》。莱布尼兹以二进制解读易经，显然是受了朱熹自造先天横图的影响，事实上横图系朱熹借鉴了邵雍小圆图和先天八卦（方圆）图而来的（见图2-2）。

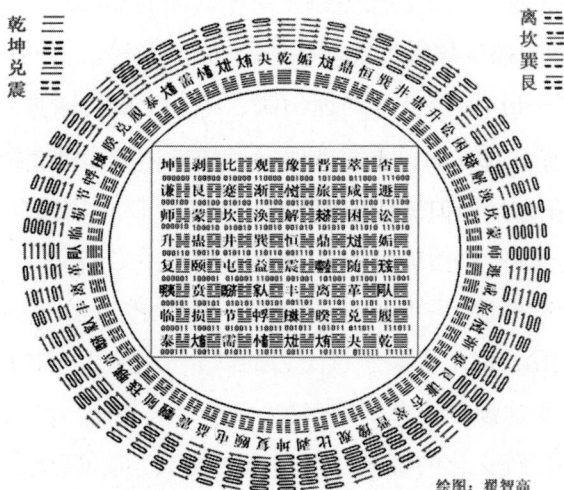

绘图：瞿智高

北宋邵雍创立先天八卦阳爻天根 I 和阴爻月窟 O（彩色数字是另加）
六十四种数码方圆模型是世界上第一张二进制原理启蒙示意图

图2-2　六十四中数码方圆模型图

《周易》："阴阳交合，物之方始。阴阳分离，物之方终。"阴阳转换好比0，1变换。

《易经》与二进制确实有异曲同工之妙：一阴一阳演生宇宙万物，0和1位解读了世界最基本的密码。

科学是严肃的。我们说二进制源于《易经》的八卦，但八卦里并没有包含二进制。用康德的知识的概念来说，许多新知识，都是相互启迪的，是综合的，而不是分析的。

但是，我们要说的是人类知识和思维的一致性、相通性。

电子计算机由运算器、控制器、存储器、输入设备和输出设备五部分组成。采用存储程序的方式，程序和数据放在同一个存储器中，指令和数据一样可以送到运算器运算，即由指令组成的程序是可以修改的，数据以二进制代码表示，指令由操作码和地址码组成，指令在存储器中按执行顺序存放，由指令计数器指明要执行的指令所在的单元地址，一般按顺序递增，但可按运算结果或外界条件而改变，机器以运算器为中心，输入、输出设备与存储器间的数据传送都通过运算器。

二进制被广泛运用于计算技术。二进制数据是用0和1两个数码来表示的数，它的基数为2，进位规则是"逢二进一"，借位规则是"借一当二"。数据在计算机中的二进制则是一个非常微小的开关，用"开"来表示1，"关"来表示0。因为数字计算机只能识别和处理由0和1符号串组成的代码。

这就是阴阳八卦与二进制在人类历史进程中的偶然和必然，它们似乎是冥冥之中的缘分邂逅和因缘际会，相遇、碰撞、激活、衍生，从而为现代科技和互联网的诞生，贡献了一段佳话，也贡献了逻辑链条上一个转换的节点。

2. 道家哲学与西方物理思维的灵犀相通

汤川秀树（1907—1981），日本物理学家，第一个获得诺贝尔奖的日本人。他从中国道家太极图中获得灵感：原子核中间会不会存在一些相辅相成的微粒子，他们产生一种交换力、亲和力，使得原子核中的质子和中子既可以相互作用又不互相排斥，共同构成原子核呢？ 1934年他提出了涉及中子和质子之间交换带电"重量子"的核力理论，并预言这种"重量子"的质量介于电子和质子之间，是一种新粒子。1935年他从电磁理论得到启发，提出了关于核子力的"介子理论"。1949年，他获得了的诺贝尔物理学奖，以表彰他预言了介子的存在。

他一生深受中国传统文化的影响，对儒家、墨家、道家学说深有研读，笃好中国古籍，其著作主要有《创造力与直觉》。这本书的副题是"一个物理学家对于东西方的考察"，里头到处是他关于东西方人文与科学的妙语。他把儒家的思想比作人生的中年，老子、庄子则是无比通透圆熟的老人，但庄子的浪漫和奇异是东方独有的，墨子的思想比较年轻，也与西方的精神更接近些。他说："早在2000多年前，老子就已预见到了未来人类文明所达到的状况。"他深受《庄子》思想的启发："我之所以把庄子作为话题，是由于早在2300年前，庄子就已经洞察了现代人类思维状况的这种不可思议的感觉。"从《庄子》中他读出对基本粒子世界的许多天才般的暗示："南海之帝为倏，北海之帝为忽，中央之帝为混沌。倏与忽时相与遇于混沌之地，混沌待之甚善。倏与忽谋报混沌之德，曰：'人皆有七窍以视听食息。此独无有，尝试凿之。'日凿一窍，七日而混沌死。"[1]难道"倏"与"忽"像两种基本粒子，"相与遇于混沌之地"俨然是粒子对撞？而"混沌"可能是不是更基本的粒子构造？

据联合国教科文组织统计，在世界各国经典名著中，被译成外国文字发行量最多的，除了《圣经》以外就是《道德经》。《道德经》是有史以来译成外文版本最多，海外发行量最大的中国经典。在谷歌网站上，搜索到的Taoism（天道思想）比"natural law"（自然法）条目还要多。在中国，《论语》比《道德经》影响大，在海外则是《道德经》比《论语》影响大。

英国著名历史学家阿诺德·汤因比在《人类与大地母亲》中说："在人类生存的任何地方，道家都是最早的一种哲学。"不少诺贝尔奖获得者和著名科学家把自己的科学发现归功于老子这个东方圣人的启示。物理学家李政道认为老子所说的"道可道，非常道，名可名，非常名"与量子力学中的"测不准定律"具有相通的地方。美国学者卡普拉惊奇地发现了道家哲理与高能物理现象的吻合，他在《物理学之道》中说："中国的哲学思想，提供了能够适应现代物理学新理论的一个哲学框架，中国哲学思想的'道'暗示着'场'的概念，'气'的概念与量子'场'的概念也有惊人的类似。"

"有物混成，先天地生。寂兮寥兮，独立而不改，周行而不殆，可以为天下母。"大意是有一个东西混然而成，在天地形成以前就已经存在，但听不到它的声音也看不见它的形体，寂静而空虚，不依靠任何外力而独立长存永不停息，循环运行而永不衰竭，可以作为万物的根本。道德经的核心概念是一个"道"字，但它是一条公理；"有"和"无"是"道"呈现的两个定理；"常有"和"常无"是"道"的运转模型，是人类智慧对自然规律的顺应和运用。鬼谷子在《本经阴符七术》中说："道者，天地之始，一其纪也。""物之所造，天之所生，包宏无形，化气，先天地而成。

---

[1]《庄子·内篇》

莫见其形，莫知其名，谓之神灵。"因此，"故道者，神明之源，一其化端"。总之，道是先于宇宙之前就存在的自然规律。"道"虽然是"视之不见"、"听之不闻"、"搏之不得"、"恍兮惚兮"，却浑然一体，"其中有象"、"其中有物"，同时也是宇宙万物普遍遵循的规律——自然法则，"人法地，地法天，天法道，道法自然"。老子认为"道"是天地万物的本源，"道生一，一生二，二生三，三生万物。万物负阴而抱阳，冲气以为和"[1]，翻译成信息化语言，就是只要有了一个电位，就能表达0，1二进制码，然后开始编写程序，产生数据，衍生出繁复无比的互联网世界。

"反者道之动"，意思是事物会向相反的方向转化，简直就是数字01010101……的文字版表达。"有无相生，难易相成，长短相形，高下相盈，音声相和，前后相随。"[2]这不就是1.0的另一种表述吗？"不出户，知天下；不窥牖，见天道。"[3]正是我们今天互联网时代网民生活的情景写照。

"天下之至柔，驰骋天下之至坚。无有入无坚。"无有入无坚令人想到：原子、分子、粒子、中子、质子、电子、夸克、放射线、同位素、电磁波、B超、CT……高能物理、微观世界、无线电、核能、信息、纳米、电影《无间道》[4]。

庄子继承和发展了老子之"道"："夫道有情有信，无为无形，可传而不可受，可得而不可见；自本自根，未有天地，自古以固存；神鬼神帝，生天生地。"[5]"道"是万物产生的根源，它自然无为，不能用感官把握。"道不可闻，闻而非也；道不可见，见而非也；道不可言，言而非也。"[6]"夫精粗者，期于有形者也；无形者，数之所不能分也；不可围者，数之所不能穷也。"大意：从小里往大看，看不尽看不完看不全，从大往小里看，永远看不清看不细看不尽。精细，是小中之小；庞大，是大中之大。不过大小虽有不同，却各有各的合宜之处，这就是事物固有的态势。所谓精细与粗大，仅限于有形的东西，至于没有形体的事物，是不能用计算数量的办法来加以剖解的；而不可限定范围的东西，更不是用数量能够精确计算的。这些描述是不是与我们对互联网的数字化和大数据等语汇的感受有相通之处呢？这可以说是庄子在讨论数学微积分和无穷大的问题：不可穷尽，不可言说，不可量化。

---

[1]《道德经》第42章
[2]《道德经》第2章
[3]《道德经》第47章
[4] 王蒙著：《老子的帮助》，华夏出版社，2009年。
[5]《庄子·应帝王》
[6]《庄子·大宗师》

"一阴一阳之谓道"[1]，用"道"的这个思维，我们也可以很好地理解和解释爱因斯坦《相对论》了。易经认为世界是阴阳对立统一体，而爱因斯坦的质能方程 $E=mc^2$（E表示能量，m代表质量，而c则表示光速常量）也揭示了世界上除了正物质，还有反物质，而且质量和能量是等效的；易经主张用辩证的、相对的卦象分析事物的统一性和相对性，而相对论也主张采取与坐标系相关的相对时空观来分析事物的不变性和协变性[2]。

《易经》中阴阳是对立统一的，也可以说是一种朴素的"相对论"，只不过没有爱因斯坦理解得更具体更数字公式化。打个比方，人走路时，腿迈前为阳后蹬为阴，左右腿的一前一后构成一阴一阳，左右腿的不断交替，构成阴阳的不断转换。人立定时双腿在原地，无阴无阳，是为太极。从此可以看出，事物运动的规律是阴极转阳，阳极转阴，构成事物运动的状态。再比如，原子在一般情况下是不可分的，一分离就会爆炸。因为原子是由带正电荷的电子和带负电荷的质子构成，二者数量相等，正负平衡。如果一个原子因为外力作用，吸附了另外的电子，则呈现负电现象，成为阴离子，反之成为阳离子。也就是说，原子是由一粒阴离子和一粒阳离子构成的。如果原子由阳离子转为阴离子时，物质就会由金属性转为非金属性，反之亦然。即在物质构成的基本体系中，由于其阴阳离子的转换，物质的性质就会发生转变，或者为金属性，或者为非金属性。阴阳平衡则稳定，阴阳转换则变化。

综上所述，阴可转阳，阳可转阴。阴阳共存、阴阳对立、阴阳互依、阴阳互动、阴阳互生，永远不断往复循环发展。阴阳论不仅符合辩证法的对立统一原则，而且可以看出对立统一的数量变化，并且可以进行数量计算。可以说，东方思维中的阴阳论更具有物理哲学的思维特点，我们拿它来说信息化的事儿，就不是一种牵强附会了。现在我们再回头来看计算机运行的数理逻辑。它是由莱布尼兹等人一手创立的，莱布尼茨作为计算机的思想先驱，他的这些划时代的灵感的根源之一就是《周易》等以"道"为核心的东方哲学。这是一部描述自然界大到宇宙、小到原子质子的哲学。古人取名为"太极"，"太"字是由一个"大"字和一个点表示，点代表"小"，所以太极的意思就是"其大无外，其小无内"。我们把这样的哲学放到计算机领域来看，伏羲八卦图是由数字组成的，电子计算机也是由数字组成的，0和1构成了浩瀚无穷的

---

[1]《周易·系辞》

[2] 坐标协变性，就是协同坐标进行表观上的变化，以保证自己实际上是不变的。例如：你在老师面前身份是学生，在父母面前身份则是子女，当你面前的人发生改变的时候，你对于这个人的身份也要按一定的规则发生变更，这才能保证你本人是不变的。

互联网络，而一阴一阳产生了宇宙万象。这两句话表达的意思一样，只是用词不一样而已。

二、互联网技术的发展历程

我们终将活在一个超级计算机里面。

——《连线》杂志创始主编凯文·凯利

互联网是由无数的计算机网络相互连接而成的一个网络，是通过在功能上和逻辑上的有机结合而组成的巨大网路。它能够在几十年的时间里演化而形成今天的模样，是人类科学家和全体网络参与者合力的结果。网络的进化来自于硬件、软件、网络三个维度的共同作用。我们现在看见的互联网就是这三个方面的有机组合体。

第一个方面是硬件，主要指数据存储、处理和传输的主机。

第二个方面是网络通信设备，分为有线通信设备和无线通信设备。

第三个方面是软件，又分为系统软件和应用软件。系统软件包括可用来搜集、存储、检索、分析、应用、评估信息的各种软件，它包括我们通常所指的ERP（企业资源计划）、CRM（客户关系管理）、SCM（供应链管理）等商用管理软件，也包括用来加强流程管理的WF（工作流）管理软件、辅助分析的DW/DM（数据仓库和数据挖掘）软件、辅助设计的CAD（计算机辅助设计）软件等。应用软件是和系统软件相对应的，是用户可以使用的各种程序设计语言，以及用各种程序设计语言编制的应用程序的集合，供用户使用。在移动时代到来后，表现在手机等移动端的是各种APP。

通常人们也把互联网技术前面两个方面合二为一，统指信息的存储、处理和传输，就是所谓硬件，后面是信息的应用，就是所谓软件。

1. 电子计算机硬件的进化迭代——日益强大的计算能力

计算机硬件的发展[1]大致经历了机械计算机、电子计算机、晶体管计算机、集成电路时代四个时代。现代计算机的发明经历了一个长达300年的孕育过程，先后发展经历了机械式计算机、机电式计算机和萌芽期的电子计算机三个阶段。1642年，著名的法国数学家帕斯卡在计算尺的基础上，采用与钟表类似的齿轮传动装置，制成了最早的十进制加法器，可以进行加减运算，一般认为这是第一台机械式计算机（见图2-3）。

---

[1] 参考文献：1.《计算机发展历史》，载于维基百科，2013年11月8日。2.《计算机硬件发展史概述》，哈尔滨工业大学航天学院。3.《计算机发展史及硬件知识》，载于百度文库，2010年10月23日。

图2-3 帕斯卡的加法器

　　一直到后来电磁学、电工电子学的不断突破，才催生现代意义上的电子计算机。第一台真正意义上的计算机诞生于1946年，是宾夕法尼亚大学物理学家谟克利和工程师埃克特领导数人花时3年多研制而成的，并被命名为ENIAC。这台计算机含有电子管18 000个，电阻和电容数万个，占地170平方米，功率为25千瓦，体重达30多吨，占地有两三间教室般大，运算速度为每秒5000次加法运算。从这头"笨牛"开始，人类就像将庞然大物般的野牛驯服为耕田工具一样，开始了对计算机的征服过程。

　　计算机硬件系统的结构是由运算器、控制器、存储器、输入设备、输出设备五大功能部件组成的。

　　现代计算机的硬件发展经历了电子计算机、晶体管计算机、集成电路时代以及大规模和超大规模集成电路时代这四个重要阶段。计算机的发展规律遵循摩尔定律，即当价格不变时，集成电路上可容纳的晶体管数目，约每隔18个月便会增加一倍，性能也将提升一倍，使我们看到一条巨型化、微型化、智能化的发展轨迹。

　　之所以能够以这样的速度和面貌进化，一个重要的原因是硬盘和微处理器的发展。先说硬盘的发展。1956年，IBM公司开发的IBM 350 RAMAC是现代硬盘的鼻祖，它有两个冰箱那么大，储存容量只有5MB。1973年IBM 3340问世，存储容量达到30MB，到这时，硬盘的基本架构被确立。1970年～1991年，硬盘盘片的储存密度以每年25%的速度增长，但自从有了MR技术，从1991年开始增长到70%。2005年日本日立和美国希捷公司宣布采用磁盘垂直写入技术，原理是将平行于盘片的磁场方向改变为垂直，从而可以更充分地利用储存空间。日立公司在2010年推出5000G硬盘，等同半个人脑的存储量，可以想象其存储能力之强。再说CPU，CPU的发展非常迅速，PC机从8088发展到现在的Pentium 4时代，经过了不到20年的时间。也就是当第四代计算机的基本元件是大规模集成电路后，集成度很高的半导体存储器替代了磁芯存储器，运算速度可达每秒几百万次，甚至上亿次。在这样的技术条件下，微处理器

和微型计算机诞生并获得飞速发展。（见表2-1）

第一阶段（1971—1973）是4位和8位低档微处理器时代。

第二阶段（1974—1977）是8位中高档微处理器时代。

第三阶段（1978—1984）是16位微处理器时代。

第四阶段（1985—1992）是32位微处理器时代。

第五阶段（1993年以后）是奔腾（Pentium）系列微处理器时代。如今，微处理器的位数已经达到64位，处理速度及其他性能与过去已不可同日而语了。

表2-1　计算机硬件发展历程

代　别	第一代 1946～1958	第二代 1959～1964	第三代 1965～1970	第四代 1971至今
电子器件	电子管	晶体管	集成电路	大规模和超大规模集成电路
存储器	水银延迟线、磁鼓、磁芯	磁盘、磁带、磁鼓、磁芯	半导体存储器、磁盘、磁带	半导体存储器、磁盘、光盘
运算速度	5000～几万	几十万～百万	百万～几百万	几百万～几亿
处理方式	机器语言汇编语言	汇编语言算法语言	操作系统实时处理	分时处理网络操作系统
应用领域	科学计算	数据处理	实时控制	各种行业
代表	ENIAC	IBM 7090	IBM 360	IBM PC

现代计算机的发展趋势是在功能上能够高速度运算、大数据量存储，朝着网络化、智能化的方向发展，功能日益强大，而体形上向着微型化的方向发展。现在的计算机相对来说已经十分先进，但诸如原子反应堆事故和核聚变反应的模拟实验、飞行器的风洞实验、天气预报、地震预测等要求极高的计算速度和精度，都远远超出电子计算机的能力极限，集成电路的发展已接近尾声，这是由三极管等电子元器件的物理特性决定的，于是新一代计算机即将横空出世。（见表2-2）

表2-2　第五代计算机

生物计算机	采用生物工程技术产生的蛋白质分子制成生物芯片，其运算过程是蛋白质分子与周围物理化学介质的相互作用过程
量子计算机	遵循量子力学规律进行高速数学和逻辑运算、存储及处理量子信息，是用量子系统构成的计算机，可以用来模拟量子现象
光计算机	光计算机用光束代替电子进行计算和存储；不同波长的光代表不同的数据，以大量的透镜、棱镜和反射镜将数据从一个芯片传送到另一个芯片

2. 通信网络基础设施的升级换代——日益强大的连接能力

人类的通信方式，最早是以声、光作为信息载体，远距离和大数据的快速信息传递是在电发明后。有两个里程碑，第一个里程碑是电报。1838年，美国人塞缪尔·莫尔斯（Samuel Finley Breese Morse）发明了莫尔斯电码，开启了电子通信时代的新纪元。第二个里程碑，是1843年英国发明家亚历山大·贝恩（Alexander Bain）发明传真技术。进入互联网时代后，人们通过电子邮件和网络传真技术传递信息，传统传真业务的生命周期进入倒计时。

网络技术又称计算机通信或数据通信，可以安全可靠、高效迅捷地传递计算机或其他设备产生的数据信号。在网络技术诞生前，语音和视频都是模拟信号。数据信号多为计算机产生的数字化信号，并且呈现出与语音和视频信号诸多不同的传输特点。网络技术大致经过了100多年的孕育、发明、发展历程[1]，才演化成今天的格局。（见图2-4）

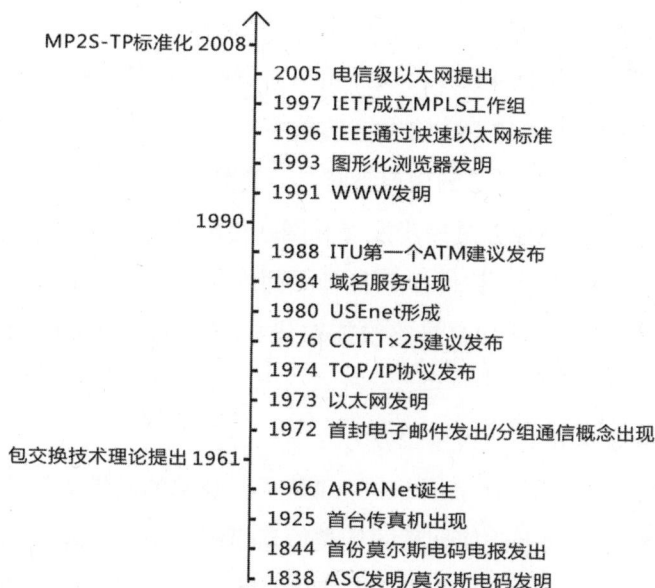

图2-4　网络技术发明、发展历程图

第一阶段，网络技术理论实践化（1960—1970）

在20世纪60年代，最初的计算机通信都是通过拨号联网，基于电话网和调制解调器实现的，无法满足未来计算机大规模组网和突发式、多速率通信的需求。美国、

---

[1]　何宝宏：《40年网络技术发展历程》，载于融合网，2011年7月。

英国科学家提出了"包交换"的网络技术理论，将用户传送的数据分成若干比较短的、标准化的"分组"进行交换和传输，推动计算机界和电信业的技术转化运用于商业市场。由于不同的利益主体、国家利益的分割，计算机界和电信业通过长达30多年的复杂博弈，电信数据网和计算机网络的技术发展最终才走向了"融合"。

这种融合推动了计算机的联网。1969年"包交换"技术在美国阿帕网（ARPA-NET）投入运行，虽然当时只有4个节点，但已经奠定了计算机网的基本形态与功能。后来又有了两项互联网核心关键技术，互联网的高速公路才被初步打通：一是可以实现跨地域和跨异构网络通信的、以TCP/IP[1]技术为代表的广域网互联技术，二是实现单个实验室和企业内部计算机连接的、以以太网为代表的局域网技术。

第二阶段，网络技术竞争白热化（1970—1993）

20世纪60年代的数据终端没有智能化，数据通信是在模拟线路上进行的，传输质量差。20世纪70年代末出现的分组交换技术x.25采用统计复用技术，通信质量大幅度提高，这项技术推进了全球大规模地建设基于x.25的电路交换公众数据网，世界范围的"互联网"正式登场。

20世纪70年代中期，美国AT&T公司开始向对有高速优质专线业务需求的用户提供数字数据网（DDN）业务。随着传输网络的数字化发展和改造，DDN以其灵活的接入方式和相对较短的网络延迟，受到用户青睐，一直到进入21世纪被其他技术替代。

20世纪80年代，在数据业务进一步发展和网络传输质量进一步提高后，基于x.25的分组交换网络又被ATM技术[2]替代，ATM骨干网络替代x.25网络成为互联网的骨干网络。但技术的日新月异，使ATM最终没能取代IP进入用户桌面应用就结束了自己的生命周期。

第三阶段，网络技术IP化（1994至今）

进入20世纪90年代以后，随着万维网（WWW）技术的诞生，IP技术成为数据通信的核心技术，其将互联网上浩如烟海的各类信息组织在一起，通过浏览器的图形化界面呈现给用户，大大降低了信息交流和共享的技术门槛。这一阶段的主要特点是互联网的发展以网络的扩张、用户的增加和大批网站的出现为主，主要应用于浏览网页和收发电子邮件等。由于互联网企业没能找到有效的盈利模式，以及过度的投机行

---

[1] 中译名为传输控制协议/因特网互联协议，是Internet最基本的协议，Internet国际互联网络的基础，由网络层的IP协议和传输层的TCP协议组成，它定义了电子设备如何连入因特网，以及数据如何在它们之间传输的标准。

[2] 也叫异步传输模式，就是建立在电路交换和分组交换的基础上的一种新的交换技术。

为，最终导致了世纪之交全球性"网络泡沫"的繁荣和破灭。

随着第四代（4G）移动通信技术在全球范围内的实施，以及互联网业务的日益普及，在网络融合、业务融合、运营商转型三大需求推动下，IP技术将在网络演进中呈现出新的发展趋势。第一，作为公共承载网，IP技术的应用范围大大超出了互联网领域，逐步渗透到了网络的各个层面；第二，实现多业务传送，不仅可以支持数据业务，还可承载语音业务、视频业务、支撑类业务及其他非实时性业务等；第三，可靠性技术日趋完善，IP网络规模、设备能力、可靠性和扩展性发展进一步加速；第四，IP技术延伸到网络各个层面后，网络结构趋于扁平化。

在未来，宽带化、移动化、IP化几者将进一步深度融合化。

第四个阶段，网络移动化（2000至今）

从有线到无线、从无形到有形、从固定到移动，这是互联网的一次飞跃。

移动化是指用户要求随时随地都能享受到下一代网络带来的好处，3G、GPRS、无线接入LMDS（宽带业务）、无线LAN（Local Area Network，局域网）等为用户的这一需求的满足提供了可能；同时，用户在随时随地接入NGN（Next Generation Network，下一代网络）网络时，使用唯一的号码，通过即时短消息、PC-phone等方式可以被他人所联系，从而形成业务的移动性，也体现了移动化业务的需求。随着移动互联网时代的到来，人们不再满足于通话和文字传输，于是数据业务取代了语音业务，当3G/4G网络时代到来后，图片表情、视频通话等使人与人之间的通信交流更加生动。

1G时代就是砖头手机，即所谓"大哥大时代"，好像已经是一个远古的记忆了。2G时代就是功能手机时代，主要是用于打电话和发短信。3G时代是智能手机时代，网络连接速度更快，数据应用逐步取代语音业务。4G时代刚刚开始，语音业务不仅通过数据交换实现，而且已经只是手机上其中一种数据业务罢了。

4G还没有普及，5G又要来了。5G网络作为下一代移动通信网络，其最高理论传输速度可达每秒数十Gb，这比现行4G网络的传输速度快数百倍，整部超高画质电影可在1秒之内下载完成，使得人与人之间可实现无缝连接。5G网络还将进一步加强"人与物"、"物与物"之间的高速连接。

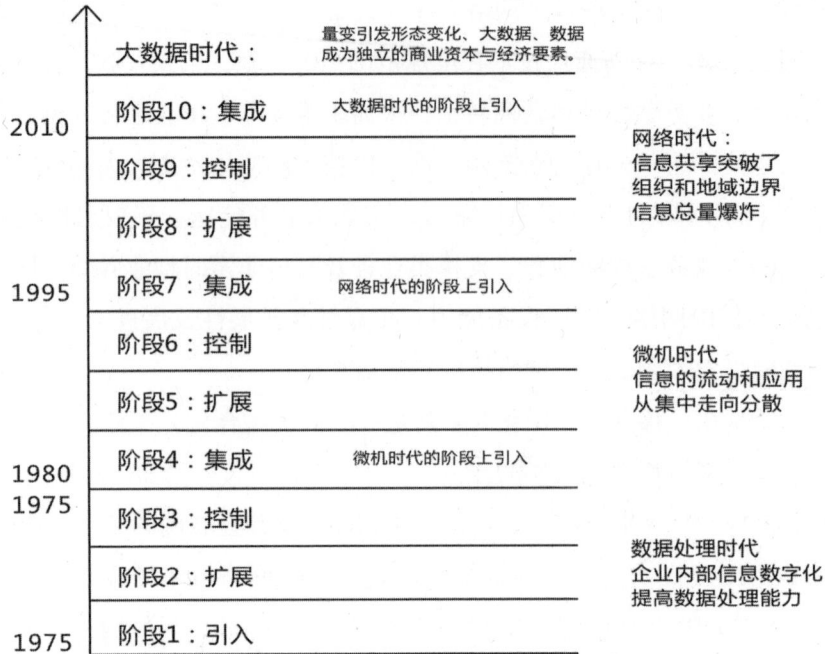

图2-5　现代信息技术的四个发展阶段

通信网络作为互联网经济重要的基础设施，目前最重要的趋势就是"云端化"——云+网+端。"云"是指云计算、大数据基础设施；"网"包含互联网、物联网等在内；"端"则是用户直接接触的个人电脑、移动设备、可穿戴设备、传感器，乃至软件形式存在的应用。

从上述的主要回溯看，互联网技术发展至今，先后经过了电子技术、计算机技术、电子通信技术和大数据技术四个阶段，才形成了今天的面貌和格局（见图2-5）。

这不是一个简单的线性发展。到了现在这个阶段，我们不仅看见的是一个万人相连接的时代，更看见了万物相连的曙光。一个网络无所不在、无所不包的互联网高级阶段正在向我们走来。

3. 软件研究开发的不断成长壮大——日益强大的思维能力

50年前计算机还是一个高大上的象征，只能被训练有素的专家使用，今天四五岁孩子都可以灵活操作；40年前的文件不能方便地在两台计算机之间进行交换，今天的在网络上平台之间和应用程序之间都可以准确无误地进行传输；30年前，多个应用程序很难共享相同的数据，今天的数据库特别是云计算技术可以使无数的用户、应用程序互相覆盖地共享数据。这些都得益于软件技术的进步。

软件是一系列按照特定顺序组织的计算机数据和指令的集合，主要分为系统软件、应用软件和介于这两者之间的中间件、与电脑程序相关的文档等。

软件的发展经历了三个阶段。

第一阶段是20世纪50～60年代的程序设计阶段。这个时候的软件是程序语言、机器语言，需求者是设计者本人，自己编排，自己维护，水平高低决定于个人的编程水平。这个时候的软件是用机器语言编写的。机器语言是内置在计算机电路中的指令，由0和1组成。不同的计算机使用不同的机器语言，程序员必须记住每条及其语言指令的二进制数字组合，因此，只有少数专业人员能够为计算机编写程序，这就大大限制了计算机的推广和使用。后来出现了汇编语言，相对于机器语言，用汇编语言编写程序就容易多了。由于程序最终在计算机上执行时采用的都是机器语言，所以需要用一种称为汇编器的翻译程序，把用汇编语言编写的程序翻译成机器代码。编写汇编器的程序员简化了他人的程序设计，是最初的系统程序员。汇编语言虽然向正确的方向前进了一大步，但是程序员还是必须记住很多汇编指令。再后来有了高级程序设计语言，其指令形式类似于自然语言和数学语言，不仅容易学习，方便编程，也提高了程序的可读性。高级语言加上配套的翻译程序就可以把高级语言编写的语句翻译成等价的机器指令。随着包围硬件的软件变得越来越复杂，用高级语言编程的人不再需要懂得机器语言和汇编语言，这就降低了对应用程序员在硬件及机器指令方面的要求。这个阶段，由于程序规模小，程序编写起来比较容易，也没有什么系统化的方法。

第二阶段是20世纪60～70年代的程序系统阶段。软件是指程序以及说明书，所用言语是高级语言，需求者是少数用户，开发者为开发小组，软件质量取决于开发小组的开发水平。在这个时期，由于用集成电路取代了晶体管，处理器的运算速度得到了大幅度的提高，处理器在等待运算器准备下一个作业时的空隙，需要编写一种程序，使所有计算机资源处于计算机的控制中，这种程序就是操作系统。后来，计算机用于管理的数据规模更为庞大，加上多种应用、多种语言互相覆盖地共享数据集合的强烈需求，出现了数据库技术和统一管理数据的软件系统（DBMS）。

第三阶段是20世纪70年代后的软件工程阶段。软件是指程序，所用语言是程序语言，需求者是大量的市场用户，开发者是专门的开发小组和开发组织机构，质量水平取决于管理水平。随着计算机应用的日益普及，软件数量急剧膨胀，在计算机软件的开发和维护过程中出现了一系列严重问题。例如，在运行程序时发现的问题必须设法改正；用户有了新的需求必须相应地修改程序；硬件或操作系统更新时，通常需要修改程序以适应新的环境。1968年，北大西洋公约组织的计算机科学家在联邦德国召开国际会议，讨论软件危机问题，在这次会议上正式提出并使用了"软件工程"这个

名词。20世纪70年代出现了结构化程序设计技术，更强大的操作系统被开发出来，尤其是IBM在操作系统中引入了鼠标的概念和点击式的图形界面，彻底改变了人机交互的方式。80年代，随着微电子和数字化声像技术的发展，在计算机应用程序中开始使用图像、声音等多媒体信息，出现了多媒体计算机。20世纪90年代中期，微软公司将文字处理软件Word、电子制表软件Excel、数据库管理软件Access和其他应用程序绑定在一个程序包中，称为办公自动化软件。于是，人类历史上开始了无纸化办公。1990年，欧洲粒子物理研究所蒂姆·伯纳斯·李（Tim Berners-Lee）提出了"World Wide Web"的全球超文本项目计划，实现不同信息的网络共享。一年后，他开发出架构全球信息网络的三大技术：http（超文件传输协议间的沟通语言）、html[1]（超文字描述的全球通用文件格式）和URL（网址），形成了一个全球Internet文档中心，打造了能让用户访问全世界站点上信息的浏览器。WWW构成了今天互联网的主体，所有的WEB站点和WEB网页都遵循WWW得以建立起来。软件体系结构从集中式的主机模式转变为分布式的客户机/服务器模式或浏览器/服务器模式，专家系统和人工智能软件从实验室走向大众，加之通信技术和计算机网络的飞速发展，系统开发工具和商品化的应用程序得以大量涌现，从而使计算机应用迈入大发展时代。以蒂姆·伯纳斯·李为代表的这些伟大的程序员先驱，因为他们的卓越贡献而改变了我们人类的整个文明进程。

扫描二维码
精彩继续

（扫描二维码阅读《信仰充值：当今最有影响力的12位程序员》）

云计算、大数据时代到来后，计算机的思维能力和网络的强大力量，已经渐渐脱离单个人类智慧的控制范围，我们已经被"一网打尽"。就像霍金说的，智能机器的出现，将是人类最后一件大事了。当电脑的智慧完成数量级积累后，就进入了指数级的增长，那就是爆炸式增长。如果我们再回头来看看20世纪末的人机大战新闻，那无疑就是计算机智能发生质变的里程碑。现在的智能计算机模拟人的思维方式进行处理、推理、判断，已经不再是梦想，无人飞机早已翱翔世界，无人驾驶汽车也已经成为现实。智能机器人不仅有相当发达的"大脑"，还具备形形色色的内部信息传感器和外部信息传感器，如视觉、听觉、触觉、嗅觉，能够理解人类语言，用人类语言同操作者对话（见图2-6）。

---

[1] 为使世界各地的物理学家能够方便地进行合作研究，蒂姆·伯纳斯·李设计的HTML以纯文字格式为基础，可以使用任何文本编辑器处理。随着HTML使用率的增加，人们不满足只能看到文字。随着HTML不断地扩充和发展，1993年可以在Web页面上浏览图片，2014年10月定稿的最新版本HTML 5包含CSS及JavaScript等使用机能，以减少浏览器对于FLASH等插件的需要，以达到更加完整的应用性质，载于维基百科。

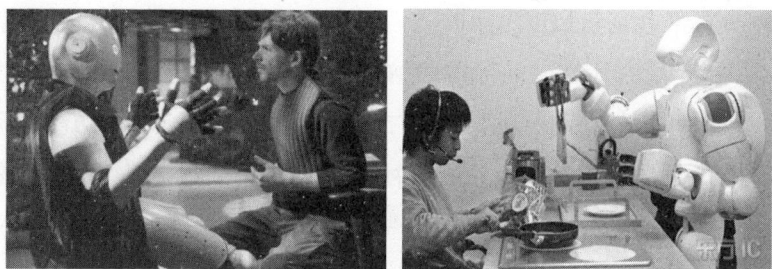

图2-6 智能机器人图片
（来源：中商情报网）

【链接】深蓝人机大战——计算机智能化的里程碑

人与计算机的首次对抗是在1963年。国际象棋大师兼教练大卫·布龙斯坦怀疑计算机的创造性能力，同意用自己的智慧与计算机较量。下棋的时候他有一个非常不利的条件：让一个后。但当对局进行到一半时，计算机就把布龙斯坦的一半兵力都吃掉了。

深蓝是美国IBM公司生产的一台超级国际象棋电脑，是一台IBM RS/6000 SP 32节点的计算机，重1270公斤，运行着当时最优秀的商业UNIX操作系统——"大I"的AIX，有32个大脑（微处理器），每秒钟可以计算2亿步，拥有着超人的计算能力，每秒可检查超过2亿个棋步。"深蓝"输入了100多年来优秀棋手的对局200多万局。1997年5月11日，在人与计算机之间挑战赛的历史上可以说是历史性的一天。国际象棋世界冠军卡斯帕罗夫，经过六局规则比赛的对抗后，最终拱手称臣。这位号称人类最聪明的人，在前五局2.5对2.5打平的情况下，第六盘决胜局中，仅仅走了19步，就败给了"深蓝"计算机。现在，IBM的科学家，正在研究如何把由"深蓝"引出的智能计算知识应用到其他方面的挑战中。例如药学工程、金融风险分析和决策支持等。 （资料来源：新浪科技网）

三、互联网标准的时代划分

瓦特的蒸汽机，作为一项划时代的新技术，是试金石，是镜子，它甄别了人类所有生存集团参与竞争的品质，也映照出态度不同的国家此后数百年的兴衰沉浮。20世纪中期，人类发明创造的舞台上，出现了另一项可以与蒸汽机相提并论的伟大发明，这项可能创生新时代的事物，叫作互联网。

——《互联网时代》解说词

时代的划分标准和衡量尺度，反映人们对时代认识的不同立场和方法论。

王名和顾元珍[1]把时代划分的标准归纳为七种：一是生产力标准，以生产力及其构成要素的发展阶段为划分时代的标准；二是生产关系标准，比如以生产资料所有制为角度，划分为原始公有制社会、私有制社会和共产主义公有制社会，后来人们按照这个标准，将人类社会划分为"原始社会—奴隶社会—封建社会—资本主义社—共产主义社会"；三是产业结构标准，以经济发展中产业部门结构或者地域结构的变化作为划分时代的标准，如孙中山的"太古吃果时代—渔猎时代—游牧时代—工商时代"；四是政治标准，以政治形式、政治关系的发展演变作为标准，比如《君主论》作者马其雅弗利划分的"君主政体—贵族政体—共和政体"；五是意识形态标准，以意识形态的发展和知识文化的进步为标准，比如黑格尔的"东方世界—希腊世界—罗马世界—日耳曼世界"；六是文明形态或广义文化标准，历史学家汤因比在《历史研究》中划分的"原始社会—文明社会"；七是社会主体标准，以人及其本质的发展来考察人类社会的演进并划分历史阶段，比如马克思的"人的本质肯定—人的异化—人的本质复归"。（见图2-7）

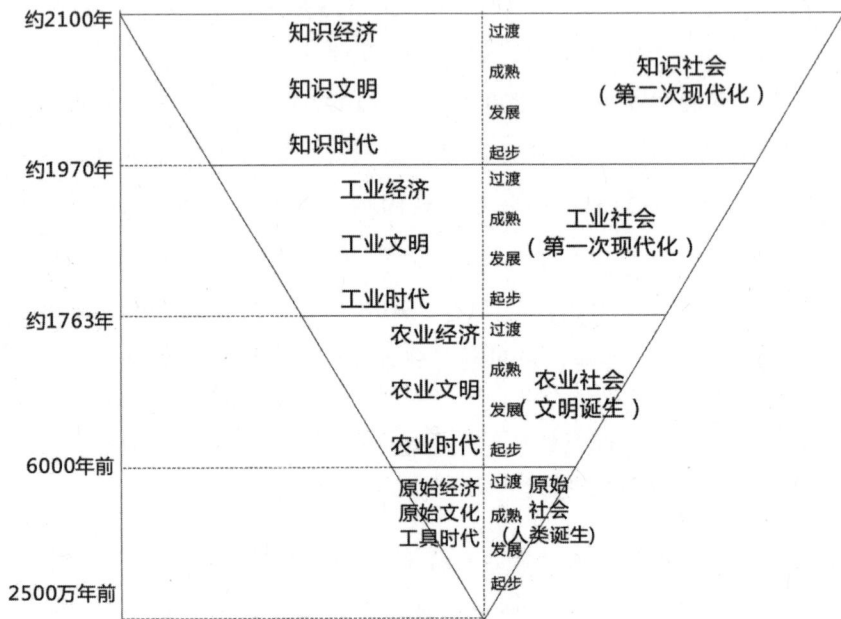

图2-7　人类社会进化的时代划分示意图

[1] 王名、顾元珍：《关于时代划分的七大标准》，载于《北京社会科学》，1992年第1期。

大家熟悉的时代划分是生产关系标准的时代划分。我们更倾向于并采信第一种划分——以生产力为标准的时代划分，即以生产发展中的某一个主要的要素作为标准。互联网的工具属性，提高和创造了新的生产力。站在信息化时代，用生产力标准来划分时代，一幅全新的时代景观呈现在我们面前：石器时代、青铜时代、铁器时代、蒸汽时代、电气时代、网器时代。

石器时代：在人类历史的初期阶段，人们以岩石为原料制作生产工具，大概经历了两三百万年。根据不同的发展阶段，又分为旧石器时代和新石器时代。

青铜时代：人类利用金属的第一个时代，在世界范围内的编年范围大约从公元前4000年至公元初年。中国在公元前3000年掌握了青铜冶炼技术。在青铜器时代，世界上青铜铸造业形成了几个重要的地区，这些地区成了人类古代文明形成的中心。在古代文化发达的一些地区，青铜时代与奴隶制社会形态相适应，如爱琴海地区、埃及、美索不达米亚、印度、中国等国家和地区，此时都是奴隶制国家繁荣的时期。

铁器时代：当人们在冶炼青铜的基础上逐渐掌握了冶炼铁的技术之后，人类发展史中一个极为重要的时代拉开序幕。世界上最早锻造出铁器的是位于小亚细亚（今土耳其境内）的赫梯王国，距今约3400年。中国在商代中期已经开始用铁，西周晚期，进入铁铜石并用的时代；春秋时候，铁农具开始出现；战国时，铁农具使用范围迅速扩大；公元前的秦汉时期，完全进入铁器时代。铁器的使用，促进了社会经济的发展，加速了奴隶制社会的瓦解。

蒸汽时代：瓦特改良蒸汽机，大大推动了机器的普及和发展。蒸汽机的发明，将人类带入了蒸汽时代。蒸汽机的使用成为第一次工业革命的标志。工业革命前后的一些重要发明主要有1733年凯伊·约翰的飞梭、1765年詹姆士·哈格里夫斯的珍妮纺纱机、1769年阿克莱特的水力纺机、1769年瓦特改良的蒸汽机、1779年克伦普顿的走锤纺骡、1785年卡特莱特的动力织机、1797年亨利·莫兹莱的螺丝切削机床、1802年詹姆斯·瓦特改进成型的现代蒸汽机、1807年富尔顿的蒸汽轮船、1812年特列维雪克的科尔尼锅炉、1814年史蒂芬孙的蒸汽机车等。随着工业生产中机器生产逐渐取代手工操作，一种新型的生产组织形式——资产阶级工厂诞生了。资本主义的机器大革命的出现，使资本主义的世界体系开始初步确立。

电气时代：人类发明机器后，加快了前进的步伐，第一次工业革命100多年后，人类社会生产力发展再次实现重大飞跃，迎来第二次工业革命。新发明、新技术、新理论，层出不穷。1831年，英国物理学家迈克尔·法拉第找到打开电能的钥匙，从此电力达到广泛应用；发明大王爱迪生横空出世，电灯改变了夜空，电话延伸了时空；

德国人卡尔·本茨发明新型内燃机，直接取代蒸汽机，成为汽车之父；美国莱特兄弟1903年发明飞机。人类由此进入电气时代，主要资本主义国家由自由资本主义过渡到帝国主义。

网器时代：第二次工业革命后，电被广泛地应用于机器的各个领域，成为所有生产设备的动力。当互联网隆重登场后，一个人类与"类人类"的大时代开始了。人类已经经历了两个互联网时代，一是PC互联网时代，二是移动互联网时代。PC互联网是个单终端互联网，互联网服务围绕单一终端PC来开发，互联网生态围绕PC来打造。在这一生态中，Wintel（微软+英特尔）处于核心地位，Wintel控制了端的生产、升级，推动产业发展。移动互联网最终会进化为多终端互联网。手机目前是数量最大的联网终端，随之而来的是智能电视、智能汽车、智能插座等终端的兴起。当然，PC保有量一直会与手机处于同一量级。人类正在告别电器时代，迎来触手可及的"网器时代"。网器时代因为终端多元化，端不再重要，不再以端为中心，而是以人为中心。在网器时代，人工智能将再造互联网，从此"人类"进入了一个新的互联网时代：人工智能互联网时代。这里的"人类"不仅指生物人，还包括智能人。生物人与智能人和谐共处形成终级互联网时代。

四、互联网视角的世界景观

那山重水复的遥远就在眼前，距离，消失了；那钢浇铁铸的分割依然矗立，遮蔽，崩解了。新的个人，新的自由，新的生活扑面而来；在海滩，在居室，在街角，在每一个你注意，或没有注意的地方，将一切联系起来，为所有人铺筑坦途，为整个人类开拓无限空间的力量。

——《互联网时代》解说词

不同技术和文化背景下，人们看到的世界是不一样的。从古至今，人类的眼里经历了不同的镜像：世界是方的，世界是圆的，世界是平的。到了移动互联网、大数据、云计算时代，世界景观被重新定义：世界是"屏"的。

1. 世界是方的

东方人的世界观与西方人迥然有别。佛教里说，佛国有十方，十方世界分别是指东、南、西、北、东南、西南、东北、西北、上、下，每一方都有无量无边的佛国世界（佛经中有时说东南西北、四维上下），泛指遍虚空界，尽一切世界。《楞严经》卷四："云何名为世界？世为迁流，界为方位。汝今当知，东西南北东南西南东北西北上下为界，过去现在未来为世。" 就是说世界由时间和空间组成。佛教对世界结构的认识，既不同于地心说，也不同于日心说，它和现代科学倒是颇有相似之处，其深刻程度又非现代科学所能及。欲界、色界和无色界的"三界"说，是佛教对于世界的基本划分，三界内，欲界与色界的初禅天合为一小世界。三千大千世界则以这个小世界为基本单位来计算，一千个小世界合为一小千世界，一千个小千世界合为一中千世界，一千个中千世界合为一大千世界。小千世界、中千世界、大千世界合称三千大千世界。用我们现代的语言体系来理解就是，每一小世界就是一个太阳系，一小千世界是一千个太阳系；由一千个小千世界组成一中千世界，等于是一百万个太阳系；一千个中千世界组成一大千世界，即十亿个太阳系。世界是怎么形成的？生成以后又是怎么变化的？佛法认为，世界由因缘而生，既有形成的过程，也有毁灭的过程。任何一个世界，都要在无常规律的支配下，经历生成、稳定、毁坏、消亡四个阶段。佛法对世界的形成，认为生成与毁灭都来自因缘的聚散，所谓"因缘成世界，因缘灭世界"，有以下三大特征：果从因生，事待理成，有依空立。佛教认为世界的本质是无常恒不变性、无独存主宰性、无实在性，世界由心和境两部分组成，心是行为的根源，境由心造，苦乐由心感受。

《淮南子》曰："四方上下曰宇，古往今来曰宙。"宇为空间，即东、西、南、北、上、下；宙为时间，即古往今来的变化过程，就其基本定义而言，与佛教关于世界的概念基本一致。

中国人对位置的词语表述不是坐标，而是方位、方向。中国居中，其余居四面八方。大家都熟悉的说法是天圆地方，这是我们老祖宗对宇宙的认识。盘古一劈开天地，古人把天地未分、混沌初起之状称为太极（见图2-8）。太极生两仪，就划出了阴阳，分出了天地。头顶周而复始、永无休止闭合的圆周为天，静止稳定承载着众生万物的大地恰如一个方形的物体，于是"天圆地方"的概念便由此产生。

"太极"一词在古语中表示太空的中心，用以说明世界本原，语出《庄子》："大道，在太极之上而不为高，在六极之下而不为深，先天地而不为久，长于上古而不为老。"太极这一概念影响了儒学、道教等中华文化流派。《易纬乾凿度》和《列子》谈到"宇宙五阶段"：太易、太始、太初、太素、太极。物极

图2-8　太极示意图

则变，变则化，所以变化之源是太极。现代科学认为：大约135亿年前，无极的混沌状态起波澜，物质相互碰撞产生磁性，磁性使物质相互吸引，温度和体积到达了极限，发生了前所未有的"宇宙大爆炸"。

太极图内分黑白，像两个逗号一样（术语为阴阳鱼），也叫作阴阳图。黑白二色，代表阴阳两方，天地两部；黑白两方的界限就是划分天地阴阳界的人部；白中黑点表示阳中有阴，黑方白点表示阴中有阳。宇宙有无限大，所以称为太极，但是宇宙又是有形的，即有实质的内容。有形的东西来自于无形，所以无极而太极。实体即宇宙是健运不息的，运动则产生阳气，到达一定程度，使出现相对静止，产生阴气，如此一动一静，阴阳之气互为其根，运转于无穷。

"有物混成，先天地生。寂兮寥兮，独立而不改，周行而不殆，可以为天地母。吾不知其名，强字之曰道，强为之名曰大。大曰逝，逝曰远，远曰反。故道大，天大，地大，人亦大。域中有四大，而人居其一焉。人法地，地法天，天法道，道法自然"。[1]大意是有个东西浑然而成，在天地形成之前就已经存在。听不到它的声音也看不到它的形体，寂静而空虚，不依靠任何外力而独立长存永不停息，循环运行而永不衰竭，可以为万物的根本。我不知道它的名字，所以勉强把它叫作道，再勉强给它起个名字叫作大。它广大无边而运行不息，运行不息而伸展遥远，伸展遥远而又返回本原。所以说道大、天大、地大、人也大。宇宙中有四大，而人居其中之一。人取法地，地取法天，天取法道，道纯任自然。

古人认识宇宙的主要方法是"内证"，真人（得"道"之人）进行自我修炼，按照人体生命一定的能量循环模式，不断加强人体自身的能量，从而达到超越普通大众的感知能力，所谓开天眼，通慧根，最终观察到更细微的宇宙真相和其中的能量运行规律：阴阳五行。

《黄帝内经》按照阴阳论和道法自然的理念，对天地能量运化进行总结。"上古之人，其知道者，法于阴阳，和于术数，食饮有节，起居有常，不妄作劳，故能形与神俱，而尽终其天年，度百岁乃去。"[2]"春三月，此谓发陈，天地俱生，万物以荣"，"夏三月，此谓蕃秀，天地气交，万物华实"，"秋三月，此谓容平，天气以急，地气以明"，"冬三月，此谓闭藏，水冰地坼，无扰乎阳"[3]。古人发现，每当天地间能量发生变化时，就会表现在人们可以看到的相对宏观的世界。比如当春天以东方七宿为

---

[1]《道德经》第二十五章
[2]《黄帝内经》上古天真论
[3]《黄帝内经》四气调神大论

代表的"木"属性的能量到来时，大地就会解冻，种子开始发芽，一切生命都被这种能量唤醒，进入新一轮的"春生，夏长，秋收，冬藏"。随着四季的变化，人体生命的健康状态也会受到不同的影响，因此《黄帝内经》中的《四季调神大论》，专门就四季的阴阳变换对人体的影响进行了论述。古人把微观状态下能量的变化规律总结为"五运六气学说"，用来测量天地间能量变化和时间的关系，以及这种变化对地球上生命的影响。这就是古人讲的"天时"。所谓天时者，是指从天而降的能量到来时，就是相应季节的开始。由于这种能量60年一轮回（甲子），周而复始，如环无端，因此古人讲"天圆"，用来描述时间的特点。同时古人讲方位时，用"四面八方"来描述，也叫"地方"。天圆地方就是讲时间和空间，体现了老祖宗智慧的时空观念。天圆地方的具体化和形象描绘，是源于先天八卦的演化中所推演出的天地运行图[1]：外部环绕的卦象，代表天的运转规律，而中间方形排列的卦象，则代表地的运转规律，天为阳，地为阴，两者相互感应，生成天地万物，其中人是由天地的精华物质所构成。

古代西方人，虽然没有天圆地方的观念，但是在许多人看来，地球还是有边缘的，"方"的观念和东方人大同小异。古希腊哲学家泰勒斯（Thales）被尊称为哲学的始祖，他的哲学观点可以概括为一句话："大地浮在水上，宇宙充满灵魂。"

2. 世界是圆的

西方人早期对于世界本源的认识的共同特点是通过宗教，认为宇宙间有着主宰一切的神，如上帝之于基督教、真主之于伊斯兰教，大梵天之于婆罗门教。

最终，西方人用理性和实证主义的思维证明世界是圆的。

最早认识到大地是球形的是古希腊人。

公元前6世纪，毕达哥拉斯从美学观念出发，认为一切立体图形中最美的是球形，主张天体和我们所居住的大地都是球形的。

约公元前3世纪，生活在亚历山大的科学家埃拉托色尼用几何学方法确立了地球的概念。

公元2世纪，古希腊天文学家托勒密提出地圆说。他编纂的天文学和数学百科全书，总结了希腊古天文学的成就，写成《天文学大成》十三卷，在17世纪初以前一直是阿拉伯和欧洲天文学家的基本指南，主要论述宇宙的地心体系，认为地球居于中心，日、月、行星和恒星围绕着它运行。直到16世纪中期哥白尼的日心说发表，地心说才被推翻。除了在天文学方面的造诣，托勒密在地理学上也做出了出色的成就。他

---

[1]　本章第一节八卦示意图

制造了测量经纬度用的类似中国浑天仪的仪器（星盘）和后来驰名欧洲的角距测量仪。他知道有马来半岛和"蚕丝之国"，即中国。

柏拉图（公元前427—公元前327年）认为宇宙开头是一片混沌，一个超自然的神的活动结果，使宇宙由混沌变得秩序井然。他设想宇宙开头有两种直角三角形，一种是正方形的一半，另一种是等边三角形的一半。从这些三角形就合理地产生出四种正多面体，这就组成四种元素的微粒。火微粒是正四面体，气微粒是正八面体，水微粒是正二十面体，土微粒是立方体。第五种正多面体是由正五边形形成的十二面体，这是组成天上物质的第五种元素，叫作以太。整个宇宙是一个圆球，因为圆球是对称和完善的，球面上的任何一点都是一样的。宇宙也是活的，运动的，有一个灵魂充溢全部空间。宇宙的运动是一种环行运动，因为圆周运动是最完善的，不需要用手或脚来推动。

亚里士多德（公元前384—公元前322年）认为运行的天体是物质的实体，地球是球形的，是宇宙的中心；地球和天体由不同的物质组成，地球上的物质是由水气火土四种元素组成，天体由第五种元素"以太"构成。

公元前240年，古希腊地理学家埃拉斯托塞尼斯认为地球是圆的，地球上的海洋实际是连成一体的，他第一个提出向西航行可以到达印度。

公元1410年左右，托勒密的《地理学》被译成拉丁文，地圆说因此流传更广。当时绘制的地图就把中国和印度画在大西洋的对岸，表明向西航行可以抵达。

1519～1522年，葡萄牙的F.麦哲伦率领探险队完成了第一次环球航行后，地球是球形的观念才最终被证实。

3. 世界是"平"的

地球是圆的，世界是平的。

托马斯·弗里德曼（Thomas L. Friedman）所撰写的畅销书《世界是平的：一部二十一世纪简史》提出一个震撼世界的观点："世界正被抹平。"他强调，这是一段个人与公司在全球化过程中得到权力的过程。这个过程本质上是全球化和信息化双重作用的结果。

作者把全球化进程划分为3个伟大的时代：第一个时代（全球化1.0版本），从哥伦布起航开启世界贸易开始，这一时期全球化是由"国家"的力量在拓展，世界变圆了；第二个时代（全球化2.0版本），这一时期"跨国公司"扮演着全球化的重要角色，世界变小了；第三个时代（全球化3.0版本），这一时期的全球化将以个人为主，人们在全球范围内合作与竞争以至将世界变为平地，世界变平了。该书认为，世界变平了，在全球化3.0时代，个人取代国家和公司成为全球化的主体，只要你有足够的能力和想象力，世界上的所有资源都可以为你所用；世界变小了，从小型变成微型，"光缆把全世界都连接起来，在没有刻意计划下，印度班加洛成了波士顿的近郊"；竞争在加剧，几乎所有的生产乃至服务都可以外包，借助外包，企业与企业之间、人与人之间充满了竞争与合作，这带来了整个世界的变化，促进了人类文明的发展和传播。

作者分析了21世纪初期"世界正被抹平"的快速发展趋势，这种快速的改变是如何透过科技进步与社会协定的交合诸如手机、网络等工具来完成的，敏锐地把握了互联网最前沿的最新发展趋势。在全球化1.0版本中，国家必须从全球的角度思考自己的生存之道；在全球化2.0版本中，公司必须改变战略；而全球化3.0版本则是对个人的挑战，它不仅要求人们掌握一定的技能，还需要人们在心理上有一定的适应力、自我激励和应变力。在"平坦的世界中"首先需要培养"学习如何学习"的能力——这是互联网时代下每个人都应当培养的能力。

2004年，约翰·霍布森在《西方文明的东方渊源》一书中对欧洲中心论提出了挑战。他反对全球化开始于1500年的传统看法，他认为，公元500年左右东方人创造并维持了一种全球经济，直到1800年左右，世界上的主要文明都因此而联系在一起，"东方的全球化"由此产生。东方人创造全球经济的重大意义在于提供了一条现成的传送带，使先进的东方资源得以传到西方。在他看来，1100年至1800年间，中国技术先进、商业繁荣，是全球经济的中心之一，与此同时，印度、中东、北非和日本也在东方全球化的世界经济中扮演了重要角色。

《欧洲霸权之前》的作者卢格霍德评论该书说："世界历史需要重写，而我们正处在这项工作的初级阶段。"

但是，被长期边缘化了的东方及其长达千年的世界文明主体地位，要被重新认知和为历史正名，需要以百年为单位来计算时间。中国领导人邓小平在规划中国的未来时，用的就是一百年。

历史的改写，需要我们把眼光投向现实的努力。

宏碁集团创办人施振荣在1992年提出了有名的"微笑曲线"（Smiling Curve）理论。微笑曲线理论源于国际分工模式由产品分工向要素分工的转变，参与国际分工合作的世界各国企业，由生产最终产品转变为依据各自的要素禀赋，只完成最终产品形成过程中某个环节的工作。最终产品的生产，经过市场调研、创意形成、技术研发、模块制造与组装加工、市场营销、售后服务等环节，形成了一个完整链条。这个由实

力雄厚的跨国公司主导的全球产业链，以制造加工环节为分界点，分为产品研发、制造加工、流通三个环节。经验曲线是一种静态表示，透过微笑曲线，可以表现动态的一面，并能突破经验瓶颈，迅速化内隐知识为外显知识。（见图2-9）

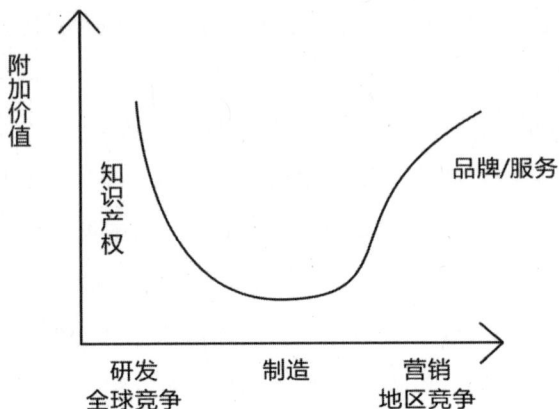

图2-9　微笑曲线图

2006年，美国导演John Jeffcoat拍摄了《世界是平的》的同名电影。故事讲述在降低经营成本的推动下，工资低廉又会说英语的印度大学生成为美国电话网路销售公司的优选，于是纷纷将callcenter（呼叫中心）迁往印度。主人翁陶德的整个部门被外包到印度，被迫前往当地，训练承包的销售公司员工如何以美国方式工作、说话。看似提拔为高干的派驻，却碰上陶德预料不到的麻烦，孟买的混乱、街童的乞讨、旅馆墙壁画满印度"爱经"、麦当劳变成"麦当佬"，种种文化差异让陶德无所适从。原来从走出航站的第一刻起，陶德的世界已开始改变……看完电影，对号入座，也许正是生活中的你我，像托马斯·弗里德曼说的一样去打破地球的距离，去感受世界如何变成平的。

（扫描二维码观看电影《世界是平的》）

4. 世界是"屏"的

刘鹏站在云计算的背景下，将互联网的发展进程大致划分为三个阶段[1]：第一代互联网，1986年，美国国家科学基金会（NSF）资助建成了基于TCP/IP的主干网NSFNET，连接了主要的科研机构，第一代互联网由此诞生；第二代互联网，1989年，Tim Berners-Lee提出和发明万维网（WWW）推动互联网用户数呈指数增长，从1995

---

[1] 刘鹏：《第三代互联网是什么样的？》，载于中国云计算（http://www.chinaoud.cn），2010年1月4日。

年到2002年，互联网用户数平均每半年翻一番；第三代互联网的呼声开始于20世纪90年代末，云计算技术从2007年突然兴起，正式拉开了第三代互联网的序幕。

在中国，网络技术服务已经从最初提供简单的海量信息搜索，到提供展示自我、互动的仿真平台，再到提供深度参与和深度体验的三维虚拟世界，其间，它走过了一条"网"和"人"不断接近、融合，合而为一的道路。（见图2-10）

Web1.0是以编辑为特征，网站提供给用户的内容是网站编辑进行编辑处理后的，用户阅读网站提供的内容，技术上主要依靠HTML语言，交互性差，用户每次提交数据都要停顿下来等候网站的响应，这个过程是网站到用户的单向行为，web1.0时代的代表站点为新浪、搜狐、网易三大门户。

Web2.0更注重用户的交互作用，用户既是网站内容的消费者（浏览者），也是网站内容的制造者，微博、社区、自媒体等新型的内容生产者加强了网站与用户之间的互动，网站内容基于用户提供，网站的诸多功能也由用户参与建设，实现了网站与用户双向的交流与参与，其开放性的特点，使用户在web2.0网站系统内拥有自己的数据，并把数据商业化。

web1.0与web2.0的不同之处在于，在web2.0之中个人不再是互联网信息被动的接收者，而是作为一个主动者参与到了互联网的发展之中，用户不再是一个单纯的浏览者而是成了互联网这块大网的编织者、使用者与传播者。最大不同之处在于它的交互性。

Web3.0则是进一步颠覆性地改写，网站内的信息可以直接和其他网站相关信息进行交互和倒腾，能通过第三方信息平台同时对多家网站的信息进行整合，用户在互联网上拥有自己的数据，并能在不同网站上使用。同时完全基于WEB，用浏览器即可以实现复杂的系统程序才具有的功能，比如即时通讯聊天等就可以直接在网页完成，无须下载任何软件。

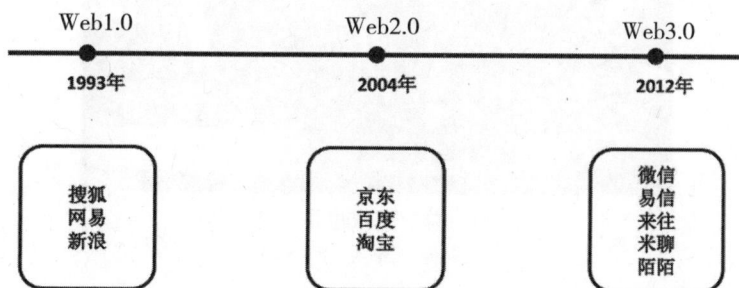

图2-10　中国互联网发展三个阶段示意图

从互联网"屏幕"迁移的历程，也可以将其划分为另外的三个阶段，大概每隔十年就会有一次变革。

一是桌面互联网阶段。2002年以前是桌面互联网统治的历史。

二是移动互联网阶段。移动互联网起步于第一波互联网泡沫之后的新世纪初，2007年后开始提速。2010年，互联网巨头大规模向移动互联网迁移，这是一个标志性年份，各大互联网站都开始把原有的PC端业务向移动端延伸。移动互联网的核心是实现了"五位一体"：人、机器、时间、地点、支付。4G时代的提速，意味着移动互联网绝对不是仅仅把互联网移动化，它会深刻地改变我们的工作和生活，其影响和意义远远超出通信技术和信息技术的融合，它真正的革命是改变整个服务业的业态。

三是刚刚萌芽的物联网阶段。预计开始于2015年，爆发于2018年，万物相连的时代就要到来。物联网将彻底打破以计算机为终端的互联网时代，以及以智能手机为终端的移动互联网时代的以单一载体为特征的网络架构和商业模式。物联网在本质上将随着以海量智能终端为载体，同时伴生的海量数据、海量精细化的应用为特征的新的商业模式。

因此，人们感慨地说，世界刚刚变平，人们还没有反应过来，世界又是"屏"的了。从手机、PAD到电子书，从电视屏、电影幕，到户外的LED广告屏，生活里满眼皆"屏"。手机屏无疑占据着第一屏的位置，从而催生了一个庞大的"低头族"（见图2-11）。低着头是一种共同的特征，他们的视线和智能手机相互交感直至难分难解，填满所有的"碎片化时间"。

图2-11　总统一家也是"低头族"
（来源：中关村在线）

此外还有电脑、电视、平板、电影。20年前尼葛洛庞帝在他的《数字化生存》中描述了未来的生活方式：比特重建世界、媒介再革命、虚拟现实。

这一切正在成为现实。屏幕的进化直接导致了纸张的没落，各种电子阅读器、APP等"新媒体"，已经大规模取代纸媒。谷歌眼镜、智能手表、智能手环这些可穿戴设备上的小小屏幕，已经是小意思了。

不久的将来，汽车的仪表盘就是一个电脑屏幕。无人驾驶汽车成为现实的五个元素都已经具备了：超级云计算中心、超敏感应器、实时高速无线通信、汽车的电力控制和发动、制造能力。通过软硬件的配合，智能手机内的APP连接到汽车的屏幕上，就能让独立的GPS导航仪、行车记录仪、车载电话等系统下岗了。

云计算、物联网、移动互联网与传统互联网的有机结合催生了一个全新的"屏"的世界和"屏"的时代。

（扫描二维码观看视频《公开课：互联网六大隐喻》）

五、互联网进化的基本规律

互联网就像一个神经系统，身体的某个细胞，可以立即感知周围细胞的情况。全球脑确实存在，并非是一个大脑，而是一个庞大的人类与机器的连接体。

——特斯拉首席执行官埃隆·马斯克

原始时代是人与动物的竞争，农业时代是人与自然的竞争，工业时代是人与机器的竞争，互联网时代是人与人的竞争。这种人与人的竞争，是通过信息化手段进行的。互联网的演进又反作用于人的主观能动性。

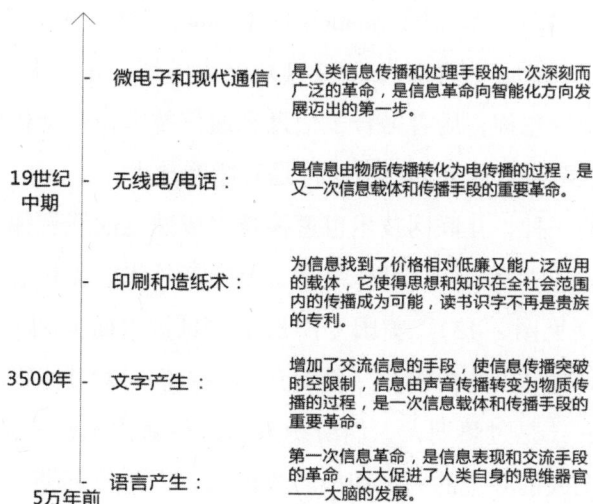

图 2-12　人类社会的历次信息革命示意图

几十万年以来，人类经历了从语言、文字、印刷术、无线电、电视到互联网等多次信息革命（见图2-12），而互联网作为第六次信息革命把人类信息的传播做到了极致，让信息可以分享、记录、远距离传播、远距离实时传播、远距离实时多媒体传播和远距离实时多媒体多向交互的传播。当以"互联网+"，即智能互联网为特征的第七次信息革命到来后，它会转向社会经济的每一个领域，尤其是核心领域，覆盖所有的传统行业。

哈佛商学院的大学教授、"竞争战略之父"迈克尔·波特从竞争变革的角度认为信息技术（Information and Communications Technology，ICT）先后经过了三次变革和演进。第一次信息技术变革发生在20世纪六七十年代，这次变革使价值链上的单个活动变得自动化，从订单流程和账单支付，到计算机辅助设计（CAD）和生产资源计划，公司各流程变得标准化。第二次信息技术变革是20世纪八九十年代，互联网的崛起让公司内部生产过程的各项独立活动能够与公司外部的供应商、销售渠道和客户有效地协同合作和整合，生产过程可以通过互联网与分布全球的供应链紧密结合。现在我们处于信息技术第三次变革中，信息技术成为产品本身的有机组成部分，内置于产品中的传感器、处理器、软件和网络连接（事实上就是计算机内置于产品中），配合储存和分析产品数据的云数据库以及当中运行的应用，大大提升了产品性能和表现，产品使用过程产生了大量新数据，从而将解放生产力，激活经济，直接后果是将再一次重塑价值链，带动新一轮基于价值链的生产力提高。第三次信息技术变革也因此成为最大的一次信息技术变革，比前两次信息技术变革带来更多创新、收入和经济增长[1]。

人们通常把信息技术（Information Technology，IT）和信息与通信技术（Information and Communications Technology，ICT）混为一谈，前者是用于管理和处理信息所采用的各种技术的总称，后者融合了信息和通信技术，包括传感技术、计算机技术和通信技术，发展至今普通人都习惯统称是互联网技术。

作为技术的一种，互联网技术也遵循技术成熟度曲线规律。技术成熟度曲线又叫技术循环曲线，或者直接叫作炒作周期，是指新技术、新概念在媒体上的曝光度随时间变化的曲线（见图2-13）。美国专门从事信息技术研究和分析服务的Gartner Group将新技术发展划分为五个阶段：一是萌芽期，人们对新技术产品和概念开始感知，并且表现出兴趣；二是过热期，人们纷纷采用这种新技术；三是低谷期，过度的预期，严峻的现实，把人们心理的一把期望之火浇灭；四是复苏期，人们开始反思问题，并

---

[1] 迈克尔·波特、詹姆斯·赫佩尔曼：《智能互联产品如何改变竞争》，载于《哈佛商业评论》，2014年11月。

从实际出发考虑技术的价值；五是成熟期，该技术已经成为一种平常。

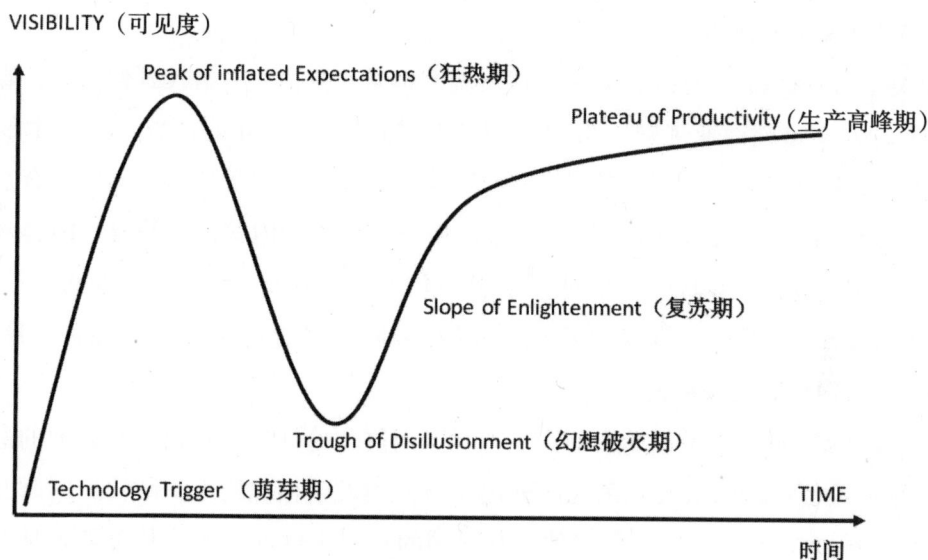

图2-13　技术成熟度曲线图

图2-14是Gartner发布的2013年互联网技术成熟度曲线，我们可以看到几个亮点和特点：大数据正在由过热期转向低谷期，物联网将成为新的热点话题，云计算、内存分析和企业3D打印日益成熟。

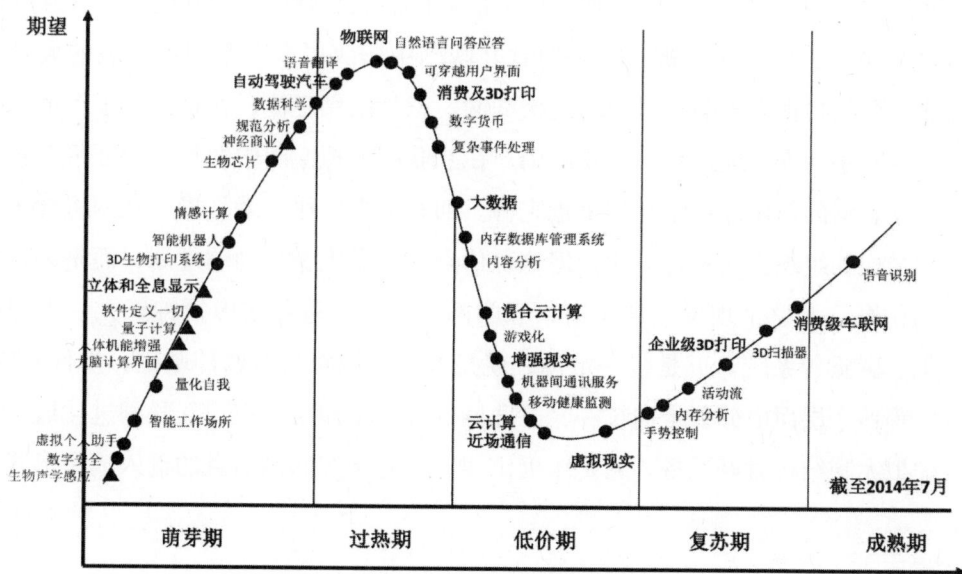

图2-14　2013年互联网技术成熟度曲线

本章我们从多个维度，描述了互联网产生的历史方位和历史逻辑。从20世纪60年代互联网诞生以来，其发生了翻天覆地的变化。在这眼花缭乱的互联网现象背后，到底有没有规律可循？

徐昊、马斌认为，移动互联网时代发展的本质和规律是"科技延伸媒介，媒介更新人文，人文重塑商业规则"[1]，互联网重新构建了一个新的世界。从技术的角度看，互联网进化的基本逻辑，就是"连接"累加的演进。机器连接机器的融合及交互构成"终端网络"，以此为基础，累加超链接形式形成的内容连接构成"内容网络"，进一步累加个体的人构成"关系网络"，物联网融合及交互后形成"服务网络"。这四种网络智能交互关联，彻底模糊了不同网络的界限，包括人在内，所有的一切都既是终端，又是内容、关系和服务。

威客（Witkey）理论创始人刘锋在《互联网进化论》一书中提出互联网的进化规律[2]，他认为互联网将沿着九条规律进化成与人类大脑相似的组织结构，同时互联网也将导致神经学在21世纪获得突破。互联网的每一个创新，无论其贡献者是否意识到，其背后都显露出互联网进化力量的推动。理解互联网进化的力量将有助于我们确认互联网的新定义：互联网是由物理网络、服务器节点、在服务器节点和物理网络之间流动的数据、物理网络末端的终端设备、操作终端设备的人等五个要素组成的集合体。他总结提出九条进化定律：

一是连接定律，就是指互联网接驳设备的进化不断延长大脑与互联网的连接，同时互联网使用者的心理也会对这种连接产生依赖性。二是映射定律，就是指在互联网的进化过程中，人脑的功能被逐步映射到互联网中形成以个人空间为代表的大脑映射，用这种形式实现人脑与互联网的间接联网。三是信用定律，就是指为了保证互联网虚拟世界有序和安全地运转，互联网用户在互联网虚拟空间中的身份验证将会越来越严格，互联网的信用体系将会越来越完善。四是仿真定律，就是指互联网将会按照人类大脑结构的组织方式进行进化，但这种仿真并不是人类主动的规划，而是一种自然推动的仿真，在这个现象发现之前，互联网已经自然进化出虚拟神经元、虚拟视觉、听觉、感觉等系统。五是统一定律，就是指互联网将会从软件基础、硬件基础、商业应用等各个层面由分裂走向统一，互联网的统一定律也是在为互联网进化成一个唯一的虚拟大脑结构做好准备。六是维度定律，就是指互联网信息的输入输出形式不

[1] 徐昊、马斌著：《时代的变换：互联网构建新世界》，机械工业出版社，2015年1月。
[2] 刘锋著：《互联网进化论》，清华大学出版社，2012年9月。

断丰富，它将从以一维内容表现为主的初级阶段进化到以三维内容表现为主的高级阶段。七是膨胀定律，就是指互联网中的数据、硬件设备和连接的人脑数量在高速膨胀，其中数据增速最快，硬件设备次之，互联网使用人数增速最慢。八是加速定律，是指作为互联网组成部分的人脑，其硬件设备和连接的人脑都会不断增加其运算速度，人类将会变得越来越聪明。九是方向定律，就是指互联网的发展并不是无序和混乱的，而是具有很强的方向性，它将遵循上述定律，从一个原始的、不完善的、相对分裂的网络进化成一个统一的、与人类大脑结构高度相似的组织结构，同时互联网用户将以更加紧密的方式连接到互联网中。

刘锋指出，互联网的起源和进化的终极目标是为了实现人类大脑的联网，这一目标产生了强大的拉动力，不断引导互联网向前发展，最终实现人类大脑的充分联网。互联网作为连接人类大脑的连接器不可能通过物理手段直接将线路和信号接驳到人的大脑中（至少在可预见的相当长的时间内），互联网进化到这一阶段产生的一个解决办法是用大脑映射作为缓冲，即将人脑的功能映射到互联网中。互联网连接这些大脑映射，同时人类大脑和这些映射之间定期进行信息同步，这两个过程实现了人类大脑的联网。

到目前为止，随着互联网带宽的增加，以文字、图片、平面操作系统为主的二维互联网虚拟世界开始向以视频、声音、三维应用系统为主的三维互联网进化，是迄今为止的高级阶段。其示意图见图2-15。

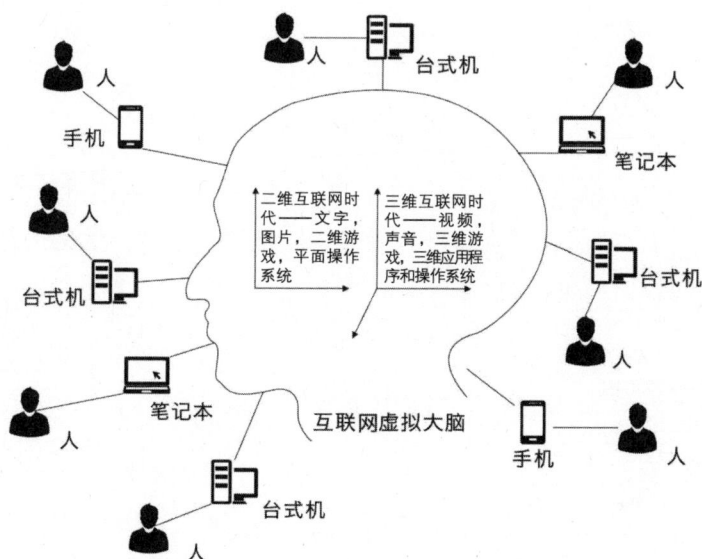

图2-15　三维互联网进化示意图
（来源：《互联网进化论》，刘锋）

随着时间的推移，这个进化规律的作用会进一步发力。我们可以得出一个基本的结论是，互联网进化到今天后，它和传统产业加速深度融合，其与新材料、新技术的紧密结合，已经到达一个量变积累完成进入质变飞跃的阶段，也就是由数量级变化转为指数级变化的阶段，无疑将进一步深刻地改写人类世界和人类生活的面貌和走向。

2014年6月12日下午3：33，在万众瞩目的巴西世界杯开幕式上，一个全身瘫痪的小伙子，操纵着义肢，踢出了世界杯的第一球。这是一个人脑意识通过电脑控制机器义肢的发明，可以说是对上述互联网进化论的一个明证。发明者神经认知学家Miguel Nicoleis还使用特殊的技术，让老鼠与猴子之间进行动物之间的神交。你能想象以后人与人之间直接使用脑电波交流的场景吗？

扫描二维码
精彩继续

（扫描二维码观看视频《TED演讲：读心术或可成为现实》）

第三章　互联网核心价值论

人生而自由，却无往不在枷锁之中。

——卢梭

互联网形成了新势力，推动着社会价值体系整体转移，形成颠覆传统格局的新价值体系和财富标准，成为传统应对现代的最大挑战。

如果说科学技术是生产力，那么价值观是隐含在科学技术伦理后面更为重要的生产力。互联网世界既是人类技术进步带来的人类能力的延伸，也是现实世界主观意识的投影，互联网世界的成长历程也是互联网价值观的形成、丰满和完善的历程。互联网技术、互联网经济、互联网社会的衍生、演绎过程，有三大核心价值贯穿其间。

一、创新——建设性"破坏"

最后在互联网里生存下来的不是最大的，也不是最凶猛的，是最能变化、最能适应的。6500万年之前，一颗彗星击中地球，环境变了，恐龙曾经是地球的霸主，最后消亡了。互联网就像一颗彗星，你会变成小恐龙呢？还是变成新的哺乳动物？就在于你敢不敢变。

——360董事长周鸿祎

创新是互联网与生俱来的遗传基因，互联网不断地自我革命，改变了世界和时代。网络经济本身源于以创新为特点的计算机与互联网。经济主体的竞争优势依赖于持续的创新，网络经济要发展除了更新网络技术，还要强调研究新产品、开发新市场、培养新员工等。同时，网络经济的创新还体现在制度创新、组织创新、管理创新、合作创新等概念上，连续地在各个方面对生产要素进行"重新组合"。之所以能够不断创新，与互联网经济和传统经济的差异性有关：一是由于计算机后台可以在无人的条件下由程序操作，全天候不间断运行，所受到的时间约束小于传统经济；二是信息成为重要的生产要素，信息网络使地理距离变得无足轻重，信息可以随时在全球

范围获取，而且速度极快。

1912年，熊彼特以"创新理论"来解释资本主义本质特征[1]，他把创新提炼成为一句大家耳熟能详的话——"一种创造性的破坏过程"。展开一点说，所谓创新就是要"建立一种新的生产函数"，即"生产要素的重新组合"，把一种从来没有的关于生产要素和生产条件的"新组合"引进经济体系中，使重新组合引发新的发展效应，作为资本主义"灵魂"的"企业家"的职能就是通过"创新"进行"新组合"，所谓"经济发展"就是通过这种"新组合"不断创新的结果。

1997年，哈佛大学商学院的商业管理教授Clayton Christensen进一步提出颠覆性创新理论[2]。他指出，那些由于新的消费供给方式的出现而衰亡甚至死亡的公司，悲剧之所以发生，是因为现有公司资源配置流程的设计，总是以可持续创新、实现利润最大化为导向的，其设计思想关注的是被过去成功证明有效的市场和顾客。但是，当颠覆性创新出现后，现有企业只有转向更高端市场，而不是积极防御新技术、夺回原有市场，比如大家熟悉的诺基亚、摩托罗拉之于苹果，结果是颠覆性创新不断发展进步，一步步蚕食传统企业的市场份额，最终取代传统产品的统治地位。

颠覆式创新是一种创新的结果，即在传统创新、破坏式创新和微创新的基础之上，由量变导致质变，从逐渐改变到最终实现颠覆，通过创新，实现从原有的模式，完全蜕变为一种全新的模式和全新的价值链。因此颠覆式创新也可以被视作创新方式的一种终极追求。

互联网颠覆和改写传统产业概括起来主要有三种模式：

第一种模式，借鉴。这种模式诞生在互联网的初创期，百度学谷歌，淘宝学eBay，微博学Twitter，微信学Facebook，这些成功的互联网应用，都有国外某大牛互联网业务的影子。这里需要为他们正名的是，这些成功的互联网企业并不是完全照搬照抄，而是在更切合国内的使用习惯和消费特征方面下足了自己创新性的功夫，因此才有成功，到了现在还具备了走出去的能力。

第二种模式，自创。在他们创业之初，其业务模式和生长方式并不为大家看好，比如360提供免费杀毒、小米的低价手机、京东的低价政策等，可是最终功夫不负有心人，有志者事竟成。

第三种模式，倒逼。很多传统企业，比如华为、格力、苏宁等，就属于这种模

---

[1] 约瑟夫·熊彼特著：《经济发展理论》，商务印书馆出版，2011年6月。
[2] Clayton Christensen在他的《创新者的困境：当新技术使大公司破产》一书中，首次提出了"颠覆性技术"。

式，他们借助互联网思维和创新竞争进行艰难的转型。在被别人颠覆之前，先颠覆自己。今后这种企业和模式运用在数量上将会越来越多。

在当下的中国，传统行业正在以裂变的速度接受着互联网浪潮的冲击。2013年6月，承哲在钛媒体上发表的《大厦将倾，互联网将如何变革传统行业》，列举了未来十年将被互联网改变的17个传统行业。作者指出，互联网影响和作用于传统行业的特点有三：一是打破信息的不对称性格局，二是对产生的大数据进行整合利用，三是互联网的群蜂意志拥有自我调节机制。作者把人类群体思维模式比喻为群蜂意志：最初各个神经记忆节点的搜索路径尚未建立时，需要反复使用形成强连接。互联网诞生前人们连接记忆节点的路径是微弱的，强连接是极少的，但是互联网出现之后这些路径瞬间全部亮起，所有记忆节点都可以在瞬间连接。这样就使得人类做整体未来决策时有了超越以往的前所未有的体系支撑，基于这样的记忆模式，人类将重新改写各个行业，以及人类的未来。

【链接】盘点正在被互联网创新力量改写的17个行业

传统行业正在以裂变的速度接受着新一轮互联网浪潮的冲击，这17个传统行业分别是：零售业、批发业、制造业、广告业、新闻业、通信业、物流业、酒店业与旅游业、餐饮业、金融业、保险业、医疗业、教育行业、电视节目行业、电影行业、出版业、垄断行业。

1. 零售业。传统零售业对于消费者来说最大的弊端在于信息的不对称性。在《无价》一书中，心理实验表明外行人员对于某个行业的产品定价是心里根本没有底的，只需要抛出锚定价格，消费者就会被乖乖地牵着鼻子走。而C2C、B2C却完全打破这样的格局，将世界变平坦，将一件商品的真正定价变得透明，使得区域性价格垄断不再成为可能，消费者不再蒙在鼓里。不仅如此，电子商务还制造了大量用户评论UGC形成了互联网的信任机制。而这种良性循环，是传统零售业不可能拥有的优势。预测未来的零售业：会变成线下与线上的结合，价格同步；同质化的强调功能性的产品将越来越没有竞争力，而那些拥有一流用户体验的产品会脱颖而出；配合互联网大数据，将进行个性化整合推送（如亚马逊首页的推荐算法）。

2. 批发业。传统批发业有极大的地域限制，一个想在北京开家小礼品店的店主需要大老远地跑到浙江去进货，不仅要面对长途跋涉并且还需要面对信任问题。所以对于进货者来说，每次批发实际上都是一次风险。当

阿里的B2B出现之后，这种风险被降到最低。一方面，小店主不需要长途跋涉去亲自检查货品，只需要让对方邮递样品即可。另一方面，阿里建立的信任问责制度，使得信任的建立不需要数次的见面才能对此人有很可靠的把握。预测未来的批发业：B2B应当是彻底的全球化，信任问题会随时间很好地建立；在互联网繁荣到一定程度后，中间代理批发商的角色会逐渐消失，更多直接是被B2C所取代。

3. 制造业。传统的制造业都是封闭式生产，由生产商决定生产何种商品。生产者与消费者的角色是割裂的。但是在未来，互联网会瓦解这种状态，未来将会由顾客全程参与到生产环节当中，由用户共同决策来制造他们想要的产品，消费者与生产者的界限会模糊起来，注定要诞生C2B的全新模式。小米手机就是一款典型的用互联网思维做出的产品。就像凯文凯利在《技术元素》中描述的维基百科，底层有无限的力量，只要加入一些自顶向下的游戏规则，两者结合后就会爆发出惊人的力量，于是也就彻底超越了大英百科全书。当前的制造业和大英百科全书有点像，在耗费着各种人力物力去做一件极其困难的事情，完全没有用到互联网的力量。预测未来的制造业：传统的制造业将难以为继，大规模投放广告到大规模生产时代宣告终结；会进入新部落时代，个性化，定制化，人人都是设计师，人人都是生产者，人人都在决策所在的部落的未来。这，就是互联网的游戏规则。

4. 广告业。传统广告行业理论已然崩溃，当前已由大规模投放广告时代转变为精准投放时代。谷歌的AdWords购买关键词竞价方式，可算是互联网广告业领头羊。传统广告是撒大网捕鱼，那么谷歌的AdWords就是一个个精准击破。AdWords的精准之处不仅仅在于关键词投放，投放者还可以选择投放时间、投放地点、模糊关键词投放、完全匹配关键词投放等精准选择。不仅在搜索处如此精准，在网站联盟投放也讲究精准。只要各位在百度、谷歌、淘宝搜索过相应商品关键词后进入有这些网站联盟的网站，该网站广告处都会出你所搜索过的产品的相关广告。精准空前。这种做法本质就是一种大数据思维。预测未来的广告业：未来的广告业将重新定义，进入精准投放模式；将依托互联网大数据进行再建立。在未来，在你酒后驾车被罚后，也许你老婆的手机里面会出现是否需要为你购买保险的短信广告。

5. 新闻业。传统新闻业被寡头垄断。自媒体以及小微媒体是互联网发展进程的必然产物。互联网进化最大的特点就是，透明！透明！再透明！福柯说过，话语的本质就是权力意志，如果说新闻业是话语霸权的主导者，那么自媒体就是对话语霸权的解构，使得话语权力回归到每一个有话语权的言说者身上。传统新闻业的报道都是冷酷客观的，而自媒体则更加主观更加人性化，是以"人"的身份去做这样一份事业。未来的自媒体，不仅仅是某个行业新闻发布的品牌，还是一个有血有肉的个人人格。从传统新闻行业到自媒体，可以看作是从话语权威机构对人的信息传播变为一个有人格魅力的人对人的信息传播。另外，自媒体从业人员要想赢利，前提必定是需要依靠强大的个人人格魅力，吸引到真正为你疯狂的粉丝。引用《技术元素》的话："目光聚集的地方，金钱必将追随。"预测未来的新闻业：传统新闻媒体的话语权衰弱，话语权将被分散到各个自媒体的山头，新闻业会反过来向自媒体约稿；自媒体模式必将寻找到可行的赢利点，届时未来会有更多的新闻业中的人会出走办自媒体。

……

（来源：《17个将被互联网颠覆的传统行业总盘点》，载于钛媒体，承哲/文）

二、规则——新经济　新秩序

无论存在怎样的不确定、不完美，我们再也不可能回到没有互联网的时代。只有更好地完善和丰富互联网规则，才能把握好互联网这个"最大变量"。

——《人民日报》评论部《互联网规则：改变仍在路上》

互联网创立和形成了互联网世界新的经济规则、商业模式，推动形成了互联网经济。

互联网经济是一种以信息技术为基础、以知识要素为驱动力、以网络为基本生产工具的新生产方式。互联网经济不仅改变了"菲利普斯曲线"[1]中有关通货膨胀率与失业率相互替代的法则，而且对现有的以新古典理论为基石的经济理论也提出了挑

---

[1]　菲利普斯曲线：1958年，菲利普斯根据英国1867~1957年间失业率和货币工资变动率的统计资料，提出了一条用以表示失业率和货币工资变动率之间交替关系的曲线。这条曲线表明：当失业率较低时，货币工资增长率较高；反之，当失业率较高时，货币工资增长率较低，甚至是负数。根据成本推动的通货膨胀理论，货币工资可以表示通货膨胀率。因此，这条曲线就可以表示失业率与通货膨胀率之间的交替关系，即失业率高表明经济处于萧条阶段，这时工资与物价水平都较低，从而通货膨胀率也就低；反之失业率低，表明经济处于繁荣阶段，这时工资与物价水平都较高，从而通货膨胀率也就高。失业率和通货膨胀率之间存在着反方向变动的关系。

战。第一，与传统经济中生产者"边际报酬递减"、消费者"边际效用递减"[1]的基本法则相反，互联网经济具有使生产者的"边际报酬递增"与消费者的"边际效用递增"的性质。在传统经济中，在其他技术水平不变的条件下，在连续等量地把一种可变要素增加到其他一种或几种数量不变的生产要素上去的过程中，当这种可变生产要素的投入量小于某一特定的值时，增加该要素投入所带来的边际产量是递增的；当这种可变要素的投入量连续增加并超过这个特定值时，增加该要素投入所带来的边际产量是递减的。这就是经济学中著名的边际报酬递减规律，并且是短期生产的一条基本规律。这也是熊彼特"创新理论"的意义所在。经济学课堂上，教授举例最多的例子就是，消费者消费任何一种商品，都与饥饿的人吃肉饼一样，随着所吃肉饼量的增加，新吃的肉饼给此人带来的满足程度不断降低，即所谓消费者"边际效用递减"规律。

而互联网经济则不一样。当生产者将知识与技术直接投入生产过程，投入得越多，新增的投入给生产者带来的报酬越来越高。一个典型的例子是，软件开发过程中，某种大型软件开发成功以前，所有的投入都是作为经济学上所谓的"沉没成本"，没有任何收益；恰是导致软件开发得以成功的最后一单位要素投入，决定了这一生产过程给生产者带来的所有的报酬；同时，随着生产者向社会提供的新商品与服务量的不断增加，由此项产品或服务带来的报酬也不断增加。比如，互联网企业为什么要追求流量？因为流量越大，说明人流越多，相当于传统中心商圈的人气指数决定商气指数，你提供的软件产品使用人数也就越多，用户对你的评价越高，就越是愿出高价来购买，因此边际报酬不断稳定地升高。因为与传统商品相比较，知识、信息与技术产品会导致用户被"黏住"的现象。Windows是微软公司推出的一系列操作系统。它问世于1985年，起初仅是MS-DOS之下的桌面环境，而后其后续版本逐渐发展成为个人电脑和服务器用户设计的操作系统，并最终获得了世界个人电脑操作系统软件的垄断地位。Windows操作系统可以在几种不同类型的平台上运行，如个人电脑、服务器和嵌入式系统等，其中在个人电脑的领域应用最为普遍，在2004年拥有终端操作系统大约90%的市场份额。通过不断的换代升级，Windows 10作为下一代主流Windows系统将在2015年发布。微软的发展历程，就是上面所述互联网经济规律催生出来的著名代表，这也是微软成为世界巨头的经济原理和比尔·盖茨成为首富的原因。

如果我们进行深入考察，就会发现互联网引发了一系列经济规则的改变和重塑。

---

[1] 边际效用递减：是指在一定时间内，在其他商品的消费数量保持不变的条件下，当一个人连续消费某种物品时，随着所消费的该物品的数量增加，其总效用虽然相应增加，但物品的边际效用（即每消费一个单位的该物品，其所带来的效用的增加量）有递减的趋势。

1998年，凯文.凯利出版《新经济，新规则》一书，介绍了在互联网时代经济运行的十个新游戏规则。凯文·凯利是互联网领域传奇式的人物，他是著名的《连线》杂志创始主编，是硅谷最著名的预言家，他的粉丝称他为KK。亚马逊在2014年再次推荐这本书时是这样评价的："如果真的翻开这本书，你绝对不敢相信，它是十几年前出版的。凯文·凯利的思想如同打肉毒杆菌一般，任你360度无死角地观察，也看不出岁月的痕迹。"有人甚至评价它是互联网经济的"原理类教科书"，其作用堪比高等数学或者普通物理，它可以奠定你对互联网行业的基本理解，并且还可以继续使用10年不过时，直到KK自己出个2.0版本。为什么会有这么高的评价？凯文·凯利总结这十条法则的技术背景还是微软和雅虎统治的天下，可见其洞察力之深邃。

对《新经济，新规则》中所总结的网络创造的新的经济秩序和经济运行的十个新规则，中国的K粉把它概括为：蜂群比狮子重要，级数比加法重要，普及比稀有重要，免费比利润重要，网络比公司重要，造山比登山重要，空间比场所重要，流动比平衡重要，关系比产能重要，机会比效率重要。凯文·凯利对其所提出的每一条经济法则都进行了深入探索并概述了一整套实施策略。

16年后的2014年6月，凯文·凯利在北京一次演讲中，介绍了他眼中的新经济12法则，既有对原来《新经济，新规则》里观点的延续，又有新的完善补充。他说，新经济就是以互联网为基础的经济，它把所有的事物联结在一起。新经济将改变未来全球格局，主要有三个特点：一是全球化；二是注重无形的事物，如观点、信息、关系等；三是紧密地互相联结。新经济遵循以下12条法则：一是联系法则，世界上的所有事物，通过芯片连接在一起，共享信息和功能效率；二是充裕法则，数量越多，价值越高，不再依赖物以稀为贵的传统价值观；三是指数价值法则，成功是非线性的，如果网络中节点的数量以算术级速度增长，网络的价值就以指数级速度增长；四是引爆法则，意义大于动力，事物一旦过了某个临界点，就会出现爆炸式增长，占据统治地位；五是回报递增法则，在网络经济中，成功是自我增强的，胜利连着胜利，一步领先，步步领先，形成正反馈；六是廉价法则，这是一个复制的时代，产品成本最终都会慢慢下降，形成无成本或零成本趋势；七是慷慨法则，免费时代到来，最有价值的东西是那些普遍存在而又免费的东西，公司使核心产品免费的同时，高价出售其他服务；八是忠诚法则，个人忠诚从公司转向网络和网络平台，保持开放，你的公司的成功，一定要取决于别的公司的成功，形成良好的业务生态圈；九是逆进法则，不断颠覆自己，不局限于已有的成功，要攀登更高的山，必须先走下已经爬上的山，经历暂时的业务下降和利润减少；十是移位法则，把注意力转向获取信息，新经济是基于信

息的，信息最有价值，产品中含有的信息越多，价值就会越高；十一是搅拌法则，不要让系统保持在平衡状态，那只是意味停滞和死亡，要寻找失衡状态中的可持续性；十二是低效法则，人类不应做计算机做的事，不应一味做高效率和有规律的事，衡量人的价值的标准，更应是科学和发现、创新和想象力，它们往往是"低效率"的，但恰恰是价值所在。[1]2014年10月，凯文·凯利在斯坦福大学畅谈他对未来20年重大商业科技潮流的见解。他认为，下一个时代是氧气的时代，在不久的将来，我们通过无线网络来传输的信息总量就会超过通过有线网络来传输的信息总量，未来数据会更多地在每个人的智能设备之间传输，不会回到发射塔、交换机或者"云"里面。个人数据才是大未来，所有生意都是数据生意，介入网络的能力重于所有权。

人民日报评论部在纪念中国互联网20周年《改变仍在路上》一文中写道：从古老的驿道到纵横的铁轨，每条路上都有自己的行车规则。聚集着6亿网民的信息高速路，在改变我们生活的同时，也转换了我们行为的方式。不管是作为容量近乎无限的信息载体，还是作为随时响起"敲门声"的社交工具，或是作为重写着产业版图的经济模式，互联网对于所有网罗其中的个人、行业和社会，都已经是一个基本语境，怎么与眼前这个世界相处，人类生活的许多习惯和规范，都面临重新定义。"越过长城，走向世界。"这是1987年中国发出的第一封电子邮件。"长城"在这里不再只是一个地标，更代表着思想和行为原有的边界。互联网所越过的，正是这样的长城。它扩大了"社会人"的内涵，改变了人与社会的互动规则。20年来，我们与互联网一起成长，逐渐适应了规则的变化，也不断丰富着规则的内涵。

【链接】 电子商务规则建立的重要角色——第三方支付

第三方支付，就是指由已经和国内外各大银行签约、具备一定实力和信誉保障的第三方独立机构提供的交易支持平台，实际上就是买卖双方交易过程中的提供信用担保性质的"中介"：买方选购商品后，使用第三方平台提供的账户进行货款支付，由对方通知卖家货款到达进行发货，买方检验物品后，就可以通知付款给卖家。相对于传统的现金交易方式，第三方支付可以有效保障货物质量、交易诚信、退换要求等环节，在整个交易过程中，都可以对交易双方进行约束和监督。在不需要面对面进行交易的电子商务形式中，第三方支付为保证交易成功提供了必要的支持。

---

[1] 摘自新华网报道，记者韩松。

1996年，全球第一家第三方支付公司在美国诞生，随后逐渐涌现出Amazon Payments、Yahoo!PayDirect、PavPal等一批第三方支付公司，其中以PayPal最为突出，其发展历程基本代表了北美第三方支付市场的发展缩影。国外第三方支付市场的发展历程可归纳为两个阶段：一是依托个人电子商务市场（C2C市场）壮大成熟；二是向外部专业化、垂直化电子商务网站（B2C市场）深入拓展。

国内第三方支付市场的发展历程与国外基本一致。第一阶段是2004~2010年，国内第三方支付机构依托关联性交易平台积累了大量的用户群，第三方支付机构依托关联交易平台开拓市场。第二阶段是2010年之后，以中国人民银行《非金融机构支付服务管理办法》正式发布为标志，第三方支付机构开始广泛介入细分行业的支付市场。目前国内业务规模前两位的第三方支付公司分别是支付宝和财付通，两者累计市场份额接近80%。

从第三方支付机构与商业银行的业务合作情况看，其成立之初大部分交易量都集中在关联性交易平台，客户定位主要是个人客户，业务定位也主要是小额支付。对于这部分个人客户，商业银行收单业务虽未覆盖，但通过支付合作间接分享了个人电子商务市场的成长收益。在此阶段商业银行与第三方支付机构的关系以合作为主，第三方支付机构聚焦个人客户和小额支付，而商业银行主要服务大额支付商户，互为补充。随着第三方支付机构的发展壮大，其市场外拓力度不断提升，银行支付脱媒现象开始显现，使银行业患上互联网金融"焦虑症"。

第三方支付是中国引领电子商务变革的"开路先锋"，闯入金融业的"搅局者"，折射出中国在互联网浪潮推动下正在发生的经济转型。第三方支付从单一的支付结算业务走向代理销售、担保乃至融资业务，出现了"控制信息流以控制支付流，控制支付流以控制资金流；获得网络接入权胜过资本所有权，获得数据投入量胜过资金投入量"的新型企业竞争规则，其意义和影响非常深远，对降低中国经济运行中的交易成本、提升效率、促进经济发展转型非常有价值。第一，在金融领域，它推动了金融向服务于实体经济和充分市场竞争的本质属性回归；第二，在贸易领域，它推进了中国商务的电子化发展，促进了跨境贸易；第三，在制造和服务领域，它深入企业内部，推动行业供应链效率提升，为制造业和服务业的长尾产品创

扫描二维码
精彩继续

新提供电子支付支撑；第四，在政府管辖领域，挑战了传统的政府管理方式和产业政策内容，对政府管理转型提出了更高的要求。（作者综述）

（扫描二维码观看视频《马云"刷脸支付"送礼默克尔》）

三、人文——解放个性　解构传统

虔诚的个人主义者一生所信奉的本能性原则：独立之人格、自由之思想，旨在于永葆精神之花的茁壮成长，舍此无他欲图彰显与自炫的。

——周国平《论人的命运的机缘性与精神的自由性》

在科技与人文的碰撞中，科技似乎走到了发散的尽头，人文也正在艰难地溶解科技，人文化的科技正逐见端倪。

——《奇点临近》译者李庆诚

康德在《实践理性批判》里的话，后来作为他的座右铭，死后刻在墓碑上："有两种东西，我对它们的思考越是深沉和持久，它们在我心灵中唤起的惊奇和敬畏就会日新月异，不断增长，这就是我头上的星空和心中的道德定律。"

互联网技术与一般的科学技术一样，虽然具有认识世界、改造世界的力量，但它本身并不能确定自己的方向，不涉及对人类的终极关怀，也不能解决人类的审美、道德和价值观问题。互联网世界会有人类社会现实世界所有人性的真善美和假丑恶在虚拟世界的投影。互联网也是一把双刃剑，需要人文精神来为它把舵定航，离开了人文精神的支配与约束，互联网科技也有可能由生产力变成破坏力，比如木马病毒。

人文精神是关于人的本质、地位、价值的精神，也是关于人与自然、社会、他人和谐关系的精神，是以追求真、善、美等崇高的价值理想为核心，以人的自由和全面发展为终极目的的精神。人文精神是一种普遍的人类自我关怀，表现为对人的尊严、价值、命运的维护、追求和关切。人文精神和科技精神的区别在于：人文精神只问善恶，不计利害，科学精神只问利害，不计是非；人文精神是哲学精神，是公平正义精神，科学精神是实事求是的创新精神。只有把这两者和谐有机地统一，才是互联网的沧桑正道。

纵观互联网技术和互联网经济的发展历程，互联网的人文价值集中体现在中国传统的集体主义、威权主义价值观被逐步解构，让位于以"开放、平等、协作、分享"为核心的互联网精神，个体主义、自由主义价值观大放异彩。当进入"互联网+"的时代后，所有行业都将融合进去，只是快慢、早晚而已，除非你自己自动淘汰，因此，在第七次信息革命[1]到来后，互联网精神再加了一个关键词："融合"。互联网的人文精神集中体现在：知识的民主、交往的自由、开放性的接纳、市场机会的扩展、道德信仰的重塑。

1. 互联网经济让财富积累更阳光与快速

互联网经济在中国最近10多年的发展，粗略估算，几十家海内外上市公司已经拥有总计超过5000亿美金的市值（见图3-1）。这些天量的财富与传统公司有很大的不一样。中国改革开放后，在传统公司的原始积累和致富过程中，凡是与权力资源、权力资本结合的，在一时的成功背后往往隐藏着后患甚至灾祸，在江湖有两句话甚为流行：出来混总终究是要还的；权利与金钱结合就像炸药遇到火一定会爆炸的。因此，我们看到的风景是，戴着镣铐跳舞的上一代比如四川长虹的倪润峰、辽宁华晨的仰融，都因为产权问题而酿成悲剧，即使没有政商痕迹，张瑞敏随时怀揣一本道德经谨慎克己，任正非至今没让华为上市，而柳传志为了解决联想控股的产权问题用了整整25年。而互联网企业，依靠的是海内外的风险投资，产权关系明晰，权责利清楚，在引入资本的同时引进先进的管理、技术、人才作为支撑，成功更快，财富积累速度惊人，一大批年轻人在30岁左右创业，三五年时间就上市，阳光守法赢得阳光财富。其

市值（亿美元）　　　　　备注：截至北京时间11月18日16点

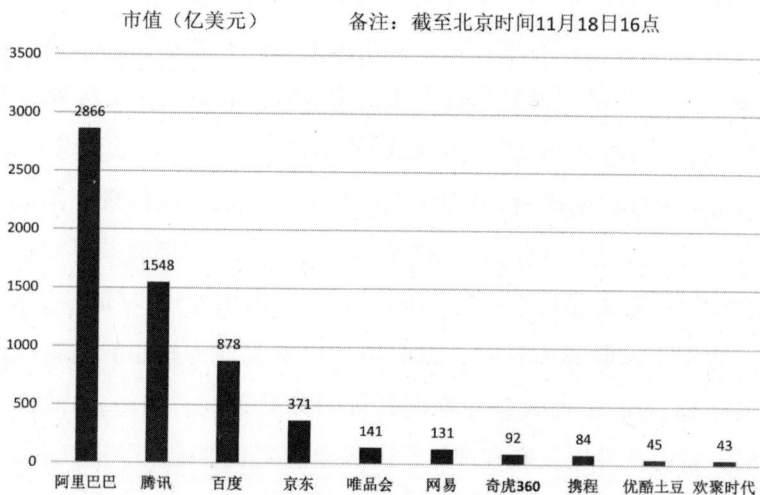

图3-1　中国互联网企业2014TOP10市值图

---

[1] 飞象网CEO项立刚说："在过去的历史长河中，人类一直在通过信息革命改变自己，语言、文字、印刷术、无线电、电视和互联网，分别实现了信息的分享、记录、远距离传播、远距离实时传播、远距离实时多媒体传播和远距离实时多媒体多向交互的传播，这是6次信息革命。"他认为，由智能互联网带来的第七次信息革命正在全面而深刻地改变着我们的生活。（载于环球时报，2015年3月9日）

人文意义在于，通过互联网创新，经过海外资本嫁接，使得一些在素有官商传统的中国被长期边缘化的重要社会价值观慢慢回到社会主流。

2. 互联网技术让知识获取更开放与共享

美国当代资深经济学家、管理学家彼得·德鲁克在《后资本主义社会》一书中阐述了他对知识社会的看法：西方历史表明，每隔几百年社会就会发生急剧变化。自二战以来，我们现在又一次处于这样的变化时期，但这次变化已经不再局限于西方的地域，而是在世界范围内展开。当然，这个"世界"也首先是"西方化"了的。这个处于变化与转型中的新社会就是现已存在的"后资本主义社会"。对于该社会的基本特征，德鲁克认为，这个社会的"主要资源将是知识"，"基本经济资源——用经济学家的话来说，就是'生产资料'——不再是资本、自然资源（经济学家的'土地'）或'劳动力'，它现在是并且将来也是知识"。由于知识是后资本主义社会的最主要资源，它根本地改变了整个社会结构，即不仅创造了新的社会动力，创造了新的经济发展动力，而且创造了新的政治模式与动力。[1]

加拿大阿尔伯特大学社会学教授尼科·斯特尔在其《知识社会》一书提出"知识社会的主要特性是知识价值论，而不是劳动价值论"[2]，对于我们习惯于劳动价值论观念的中国人来说，这确实是一个颠覆。

如果说知识社会到来后，知识本身变成创造生产力的要素之一，其最重要的推手就是互联网技术的开放性。没有这一条，知识依然垄断在精英阶层，那么社会的整体活力和创造力的释放和激活，就要大打折扣。这个转折成型应该是从 Web 2.0 开始的。

互联网的广泛应用将 Web 2.0 "全民织网"、"草根创新"的理念带入了大众视野。Web 2.0 正是知识社会下创新 2.0 理念在互联网领域的生动体现。知识社会环境下的创新强调公众的参与，倡导利用各种技术手段，让知识和创新共享和扩散。如果说工业社会环境下的创新 1.0 是以生产为导向、以技术为出发点，知识社会环境下的创新 2.0 则是以人为本、以服务为导向、以应用和价值实现为核心的创新。在这种视角下，Web 2.0 实际是创新 2.0 模式在互联网领域的典型案例。创新 2.0 的典型案例还包括开放源代码[3]、自由软件以及麻省理工学院提出的微观装配实验室（Fab Lab）、欧盟 Living Lab 等。

---

[1] 彼得·德鲁克著：《后资本主义社会》，东方出版社，2009 年 8 月。

[2] 尼科·斯特尔著：《知识社会》，上海译文出版社，1998 年 12 月。

[3] 也称为源代码公开，指的是一种软件发布模式。一般的软件仅可取得已经编译的二进制可执行档，通常只有软件的作者或著作权所有者等拥有程序的原始码。有些软件的作者会将原始码公开，此称之为"源代码公开"。

从我们上一章中回溯互联网发明和发展的历史就知道，开放性是互联网最根本的特性，整个互联网就是建立在自由开放的基础之上的。美国军方在建立因特网的前身Arpanet[1]的时候，为了使其能经受住苏联的核打击，没有采用传统的中央控制式网络体系，而是建成了分布式的网络体系，同时放弃了传统的线路交换式的信息传递方式，采用了全新的包切换技术。分布式使得因特网上的各个计算机之间没有从属关系，每台计算机都只是网络的一个节点，它们之间都是平等的。同时，包切换使得人们无法阻止网上信息的传递，除非把因特网全部摧毁，否则就是无法阻止仍然连在网上的计算机之间互相传递信息。后来，为了在不同的计算机之间实现信息的交流和资源的共享，又采用了tcp / ip协议，这使得不同类型、不同操作系统的计算机都能通过网络交流信息和共享资源。1991年，伯纳斯·李又发明了超文本标识语言[2]，将网上的信息以全新的方式联系起来，使得任何一个文件在任何操作系统、任何浏览器上都具有可读性。如果伯纳斯·李就他的发明申请专利，他无疑会是另一个比尔·盖茨。如何评价蒂姆·伯纳斯·李（Tim Berners. Lee）的历史贡献？原谷歌的CEO埃里克·施密特（Eric Schmidt）在接受《时代》采访时说：如果计算机和互联网是一门传统科学的话，那么伯纳斯·李无疑将获得诺贝尔奖。

谈到知识分享，我们还得提到一个重要的工具——搜索引擎。它现在的作用已经接近于"道"：大家日用而不知。信息技术和互联网络的飞速发展，使得网络上的信息资源浩瀚如海，要寻找到自己需要的资料，必须借助于搜索引擎。海量的信息里，人们迫切需要有效的信息发现工具来进行网上导航。搜索引擎就是一种用于帮助互联网用户查询信息的搜索工具，它以一定的策略在互联网中搜集、发现信息，对信息进

---

[1] 阿帕网为美国国防部高级研究计划署开发的世界上第一个运营的封包交换网络，它是全球互联网的始祖。从某种意义上，Internet可以说是美苏冷战的产物。在美国，20世纪60年代是一个很特殊的时代。60年代初，古巴核导弹危机发生，美国和苏联之间的冷战状态随之升温，核毁灭的威胁成了人们日常生活的话题。在美国对古巴封锁的同时，越南战争爆发，许多第三世界国家发生政治危机。由于美国联邦经费的刺激和公众恐惧心理的影响，"实验室冷战"也开始了。人们认为，能否保持科学技术上的领先地位，将决定战争的胜负。而科学技术的进步依赖于电脑领域的发展。到了60年代末，每一个主要的联邦基金研究中心，包括纯商业性组织、大学，都有了由美国新兴电脑工业提供的最新技术装备的电脑设备。电脑中心互联以共享数据的思想得到了迅速发展。(来源：百度词条)

[2] 蒂姆·伯纳斯·李(Tim Berners. Lee)，伯纳斯·李早年就读于牛津大学王后学院物理专业，他用Motorola 6800微处理器和一台旧电视拼凑出了一台个人电脑。他开发了第一个网页浏览器World Wide Web，也开发了第一个网页服务器httpd，之后有了第一个www网站，即info.cern.ch。1994年他在麻省理工学院计算机科学实验室成立W3C（World Wide Web Consortium），即万维网联盟。这一非营利机构制定了HTML、XHTML、CSS、XML的标准。有关超文本标识语言，伯纳斯·李在1991年年末，大体勾勒出HTML的语法，一些一直沿用到现在。作为一个里程碑式的事件，1993年，伊利诺大学的美国国家超级电脑应用中心，在Unix平台上开发了第一个可以显示图片的浏览器，即Mosaic浏览器。当然我们知道，之后马克·安德生和吉姆·克拉克创办了网景，1995年8月9日公司IPO获得追捧，从此拉开了网络创业的热潮。(来源：百度词条)

行理解、提取、组织和处理，并为用户提供检索服务，从而起到信息导航的目的。我们很难想象在信息爆炸的时代，没有这个工具，我们每个人的窘境。

因此，在大家今天享受知识免费分享的时候，让我们对这些互联网发展历史上奠定里程碑的英雄们，表达由衷的敬意。

【链接】搜索引擎与知识分享

搜索引擎（Search Engine）包括全文索引、目录索引、元搜索引擎、垂直搜索引擎、集合式搜索引擎、门户搜索引擎与免费链接列表等。

谷歌致力于互联网搜索、云计算、广告技术等领域，开发并提供大量基于互联网的产品与服务，被公认为全球最大的搜索引擎，也是互联网上五大最受欢迎的网站之一，在全球范围内拥有无数的用户。谷歌允许以多种语言进行搜索，在操作界面中提供多达30余种语言选择。谷歌提出它的使命是整合全球信息，使人人皆可访问并从中受益。

过去，我们主要的信息来源是图书馆，我们对拥有一个图书证的喜悦感相似于现在拥有一部新的智能手机。而在互联网的今天，图书馆正在成为一个公共景点或者书籍的历史博物馆——当然对于我们这一代习惯于纸质图书手感与阅读习惯的人，情感是复杂的，但我们不能阻止实体图书馆被数字图书馆[1]取代的趋势。在互联网的海量数字图书馆，我们入门的钥匙或者最依赖的工具就是搜索引擎。互联网给了我们每人检索、分析、甄别信息资料的机会，使我们可以不再盲信盲从，知识平等的大门敞开了，知识已经不再像许多年前那样是少数"精英"的专利了。

知识得到免费分享的重要案例是维基百科。维基百科是一个基于维基技术的全球性多语言百科全书协作计划，是一部用不同语言写成的网络百科全书，其目标及宗旨是为全人类提供自由的百科全书和编辑的全球知识体。截至2014年7月，一共有285种语言版本，其中中文接近80万篇文章。所有在维基百科内的文字，以及大部分的图片、视频和内容，作者能保有其创作内容的所有权，同时授权让这些内容能自由地被散布或复制。

（作者综述）

---

[1] 数字图书馆（Digital Library）是用数字技术处理和存储各种图文的、虚拟的、没有围墙的图书馆，是基于网络环境下共建共享的可扩展的知识网络系统，是超大规模的、分布式的、没有时空限制的可以实现跨库无缝链接与智能检索的知识中心。

3. 互联网社交让通信交流更自由与平等

社会的发展虽然缩短了时空的距离，但信息爆炸、技术日新月异，也加大了人们之间的心理距离，产生了心灵上的孤独感。快节奏的社会生活，又局限了个人交际时间、交往半径。在这样的人际关系缺口中，在重重的社会压力以及现实问题下，人们渴望建立新的人际关系方式，网络社交媒应运而生。

社交网络是互联网时代颠覆性的交流工具，被颠覆和改变的不仅是工具，还有使用工具的人。网络社交改变了人类的思维惯性和交流方式，是一种超越时空限制的社交方式，具有划时代的意义。

网络社交让交际更加直接便捷。交流双方可以是熟人朋友，也可以是陌生人。由于是以网络为介质，读者与作者、客户与商家，可以咫尺千里，即时实时交流，可以24小时在线交流。

网络社交提供了平等交往、广泛联络、自由活动的平台。在传统的、现实的社会中，人们的交流交际会受到个体在社会地位、生活方式、价值观念、人际圈层等的束缚和影响，而在开放的网络空间，人们的价值观念、交往理念，得到极大的解放。"在互联网上，没人知道你是一条狗。"[1]人们摆脱了现实社交中的文化障碍、阶层障碍等。网络社区可以被看作是公共领域的一个典型体现。因为这个话语空间具有虚拟性、隐匿性、开放性、互动性、独立性、快捷性等特征，使得参与者可以隐去自己的性别、年龄、身份、相貌、收入、阶层、利益冲突、世俗偏见等。网络社交没有特权，不受等级限制，可以自由表达思想意志，交流趋于平等，在网络提供的更为自由开放的私人交友空间中，实现更多休闲娱乐和实现个人价值的功能。

同时，网络社交实现了跨越地域、跨越文化、跨越种族的交往，可以进行更为广泛的、平等的、自由的交流。

网络社交催生网络民主，各地网络问政、网络参政正在形成。网络民主的特点是：无时不在——网络的全天候使得监督也全天候；无微不至——网络的监督可以深入社会生活的各个领域和方方面面；无坚不摧——在强大的网络目前，没有人敢不敬畏网络的力量。网络民主化的特点可以充分表现在沟通、对话的双向性，公民之间、公民与领导沟通交流的平等性、畅通性；通过网上论坛发表自己的见解和看法的真实性和自由度。它增加了行政过程的民主化、科学化程度，为社会公众参与体制内民主

---

[1]《纽约客》1993年7月5日刊登一则由彼得·施泰纳（Peter Steiner）创作的漫画中的两只狗：一只坐在计算机前的一张椅子上，与坐在地板上的另一只狗说："在互联网上，没人知道你是一条狗。"

拓宽了渠道、创新了形式。

随之而来的是，网络社交推动了公民社会的形成。近几年来我国频繁发生的具有全国影响力的网络媒体事件，都在表明一个成长中的"公共空间"正在催生和浮现。这个空间承载着多元的文化和理念，提供相对自由并充分的话语空间和平台，并在公众舆论的形成中，体现着公民交往中的平等、正义、参与、信任等"公民性"[1]。所以，相对宽松的网络话语空间，催生的是更为自由和民主的文化氛围。人们在日渐频繁的网络互动中，参与社会公共话题的探讨，与媒体实现互动与传受身份的转变，实现公民的知悉权和话语权。

当然，互联网社交不是绝对平等和自由的，只是让你有了发言权而已，网络社区更不可能是无政府的，不可能是乌托邦的。网络作为一个信息平台，在提供一些真实、有效信息的同时，会产生误导公众的谣言，网络社交也大量存在不同程度的虚假性、欺骗性。网络社交也需要正常的"社会秩序"和"社交伦理"。

4. 互联网媒体让信息传播更快捷与扁平

互联网媒体相对于早已诞生的报纸、广播、电视等媒体而言，又是"第四媒体"，它整合了报纸、广播、电视三大媒介的优势，实现了文字、图片、声音、图像等传播符号和手段的有机结合。

互联网媒体的重要特性是交互性。尼葛洛庞蒂[2]对这种变化的描述是：数字化会改变大众传播媒体的本质，"推"送比特给人们的过程将改变为允许大家（或他们的电脑）"拉"出想要的比特的过程。这是一个剧烈的变化，因为我们以往媒体的整个概念是，通过层层的过滤之后，把信息和娱乐简化为一套"要闻"或"畅销书"，再抛给不同的"受众"。第四媒体在传播信息的过程中，打破了传播者与受众之间的界限。单向灌输式传播是传统媒体传播的特点，很难及时、有效地了解受众的反馈信息。媒体进入互联网络后，受众既是信息的接受者，又是信息的发布者，任何个人或组织都可以在网络上发布新闻或信息，受众也可以及时地向媒体反馈自己的意见或建议。同时，门户网站、社交网站、论坛、贴吧、微博、微信各类平台及应用软件使得信息交流从传统的面对面发展成为二维、三维、四维的多重方式。

---

[1] 黄璜：《社交网络媒体发展的驱动力》，载于《新闻爱好者》，2012年12月6日。

[2] 尼葛洛庞蒂（Nicholas Negroponte）是美国麻省理工学院教授及媒体实验室的创办人，《连线》专栏作家，《数字化生存》（海南出版社1997）指出"信息的DNA"正在迅速取代原子而成为人类生活中的基本交换物。按照他的解释，人类生存于一个虚拟的、数字化的生存活动空间里，应用数字技术（信息技术）从事信息传播、交流、学习、工作等活动，这便是数字化生存。

互联网媒体的显著特点是快捷性。信息产品是个时间消费品，信息的"新、快"决定了信息的生命。传统媒体的采、编、录（印）、审、播（发）的流程完成速度是以小时甚至以天来计算的；而一个网民上传自己写作的稿件和拍摄的照片，发表自己的意见和观点，传播速度以秒计算；一个网上稿件被另一家网站用抓取软件抓走并上网的时间是以分钟计算。

互联网媒体演变的重要结果是去中心化。在传统媒体处于中心化的时代里，社会犹如剧场，舞台上面的人拥有传播权，用麦克风来放大音量，无论他们演什么，坐在下面的人都得看着，下面的人上不了舞台，他们的话也没有人能够听到。网络媒体诞生后，社会变成一座广场，演员和观众的分别淡化了，大家互相自由地交谈，互联网将社会变成了一个巨大的蜂窝，人人都可以成为记者，人人都可以把手机变成麦克风。社会化（SNS）媒体、IM（即时通讯）媒体大行其道，人类历史上第一次实现了信息的无障碍、完全自由、"高保真"、即时化的传递。社交化媒体传播到达率印证了"六度分隔"理论。

【链接】自媒体时代——媒体与阅读的嬗变

自媒体这三个字，与UGC（用户产生内容，Users Generate Content）密切相关。自媒体有别于由专业媒体机构主导的信息传播，它是由普通大众主导的信息传播活动，由传统的"点到面"的传播，转化为"点到点"的一种对等的传播概念。自媒体能够形成对传统主流媒体的颠覆性冲击，力量来源根本上取决于其传播形式的多样化、传播主体的平民化和传播内容的泛在化。

自媒体从早期的BBS应用，到后来的博客、微博乃至今天的微信公众账号，用户产生内容的工具不断在更迭，但这个趋势不仅没有弱化，而且有越来越强之势。BBS是以帖子的方式组成起来的，重点是内容，而不是写内容的那个人。博客时代到来后，强调"人"这个个体，博客是以"人"为主导的一种出版工具。而随之而来的，便是SNS、微博等网络服务兴起，人们在网络上展示自己和演绎自己的人格。这个阶段的读者取向是："因为是某个'大V'博客主写的，所以我阅读。"但是博客的RSS阅读[1]，传受双方互动不易，当阅读者普遍成为一种沉默的状态时，写作者的正向反馈动力逐步下降，内容输出就越来越少，导致阅读者退出，这种负面能量循环增强后，博客就开始衰落。当MSN推出Space服务后，msn members里

记录了用户的常规信息，最关键是 Space 中提供了给用户自己发言和评价的一种体系，这种基于 MSN 账号的博客服务的新颖点在于，当你的 MSN 好友在自己的 Space 上有新内容更新时，Ta 的头像名字后会出现一个小黄星，提示你该好友有更新，促使你去点击阅读。这个改进的重要意义在于，阅读和社交实现嫁接。之后微博、微信出现了，"社交+阅读"的模式正式登场，在移动界面上可以实时反应粉丝、评论、转发的数据。这些数据成为内容生产者的动力源泉。

现在阅读全面进入社交时代，在微博时代精彩纷呈的各类"大V"，已成昨日黄花，我们已经习惯于在公众账号尤其是微信朋友圈里阅读朋友推荐来的信息。社交时代的阅读，长篇大论鲜有人点赞读完，主流是快餐化、娱乐化、游戏化，微信在功能设置中加入了点赞的统计，实质上是为了增强内容筛选者、发布者的正向激励和自我强化，而内容发布者在微信群里为了吸引眼球，还得不时发"红包"，在微信圈里不惜委身加入"标题党"。这是由信息时代"碎片化"特征决定的。

（作者综述）

---

[1] RSS（Really Simple Syndication）英文原意是"聚合真的很简单"。RSS 阅读器软件可以自由读取 RSS 和 Atom 文档，把新闻标题、摘要（Feed）、内容按照用户的要求，自动"送"到订阅用户的桌面，用户不再需要逐一访问各个博客站点和感兴趣的新闻网站。

第四章　互联网时代的世界观

从原子到比特的变革是不可改变，也是无法阻止的。

——尼古拉斯·尼葛洛庞帝

互联网经济是以信息技术为基础、信息与知识为核心资源、计算机网络为平台，在农业经济和工业经济之后出现的一种全新经济形态。这种经济形态和传统经济有着千丝万缕的联系，但又有着本质的区别。这种联系与区别在经济行为和方式上，表现为思维方式的差异性。互联网经济沿着自身内在的逻辑向前延伸，它遵循自身的运行规律强劲地颠覆、覆盖、融合。有人说，"互联网+"就是一场人类社会的化学反应。

自互联网思维的概念提出以来，围绕着它的争论就从未停止过。根据对互联网思维的态度，人们可大致分成两派：一派是力挺，一派是否定[1]。公开能看到的力挺派里有李善友教授等，否定派的则有许小年教授、联想集团总裁杨元庆等。力挺派基本认为互联网思维是一种新事物，将对现有产品运作模式等进行彻底的颠覆，是一种新的世界观和方法论；否定派则认为这基本上是忽悠加舍本求末，互联网本质上依然不过是一种新的工具。

笔者认为参考这场激烈"互联网思维"争论的有两种角度：一种是站在门外的人从窗户外朝里看，一种站在门里的人从猫眼朝外看。前一种是互联网企业的角度，后一种是传统企业的角度。再打一个比方，就是聋子看放炮仗，只看见烟火缤纷，听不见"Duang"的声响，无法理喻炮仗的原理和现象之间的逻辑，对于正常人来说怎么解释都是对牛弹琴。互联网当然可以是一种工具，但是当互联网融合进你的皮肤、血液甚至精神后，它还是一种工具吗？麦克·卢汉[2]在《理解媒介》里说过："今天，我们

---

[1] 李智勇：《反思"互联网思维"乱战：产品、社群与自组织》，载于新浪微博，2014年10月20日。

[2] 马歇尔·麦克卢汉（Marshall McLuhan，1911—1980），一生拿了5个学位，完成了几次重大的学术转向：工科—文学—哲学—文学批评—社会批评—大众文化研究—媒介研究，是20世纪原创媒介理论家、思想家，他致力于从艺术角度来解释媒体本身，在这种探索中得出了那个后来震惊世人的结论："媒介就是讯息"，"媒介是人体的延伸"。

生活在信息和传播的时代，因为电子媒介迅速而经常地造成一个相互作用的事件的整体场，所有的人都必须参与其间。""电子时代一个主要的侧面是，它确立的全球网络颇具中枢神经系统的性质。我们的中枢神经不仅是一种电子网络，它还构成了一个统一的经验场。正如生物学家指出，大脑是各种印象和经验相互作用的地方，印象和经验在此彼此交换、相互转换，使我们能作为整体对世界做出反应。"

上述争论涉及一个世界观问题。按照经典哲学的说法，世界观是人们对整个世界以及人与世界关系的总的看法和根本观点。世为时间，界为空间，世界具有4个维度，即长度、温度、数量、时间。世界观是人们处在不同时间不同位置对世界的认识，你处在什么样的位置、用什么样的时间段的眼光去看待与分析事物，即人对事物的判断的反应，就是你的世界观。互联网世界观，就是用在一个互联网技术和应用背景下整体性的知觉来描述一个存在，并且提供一个生产、维护和应用知识的框架，并作为框架影响人类社会的知觉和经验。

因此，我们很有必要花一点篇幅来讨论一下世界观问题，否则后面很多内容，都缺乏讨论的基础和前提。也可以这样说，传统行业的转型问题，首先是观念革命问题，如果没有自我观念、思维的格式化，谈论转型，最终都会成为口号和笑柄。数字鸿沟、比特门槛始终是传统行业必须要翻越的珠峰。

一、原子世界观的限度

无不能生有，有不能变无。

——古希腊唯物主义哲学家　伊壁鸠鲁

人类认识世界经历了一个复杂的过程和纷繁的观念纠缠。

主观唯心论认为，人的意识是世界的本原，客观世界是人的意识的产物。如中国的王守仁[1]认为："心外无物，心外无事，心外无理。"英国的贝克莱[2]认为"物是感的复合"，"对象和感觉是同一个东西"，"存在就是被感知"。陆九渊[3]认为："宇宙便是吾心，吾心即是宇宙。"佛教寺院的经典争论，风吹幡究竟是风动还是幡动，一个和尚说是风动，一个和尚说是幡动，另一个和尚说是心动。

---

[1] 王守仁（1472—1529），明代著名的思想家、文学家、哲学家和军事家，"心学"集大成者，精通儒家、道家、佛家。

[2] 乔治·贝克莱（1685—1753）是18世纪最著名的哲学家之一，开创了主观唯心主义。

[3] 陆九渊（1139—1193），南宋著名的理学家、思想家和教育家，宋明两代"心学"鼻祖。

客观唯心论认为，物质世界是由某种非人类、超自然的"客观精神"派生的。如中国的朱熹认为"理在事先"，在宇宙形成之前，理就独立存在着。德国的黑格尔认为世界的本质是独立存在的"绝对精神"，"绝对精神"的自我发展到一定阶段后，外化为自然界和人类社会。

我们现在认识世界最主流的方法论是辩证法。辩证法也经历了三个历史形态。第一个历史形态是古代朴素的辩证法。古代辩证法认为，万事万物是相互联系、相互作用、不断变化和发展的。赫拉克利特[1]认为"人不能两次踏进同一条河流"，"在我们身上，生和死，醒和睡，少和老，都是统一的东西"，"冷变热，热变冷，湿变干，干变湿"。第二个历史形态是以黑格尔[2]为代表的唯心主义辩证法。他把整个世界看成是有机的统一整体，是一个不断运动、变化、发展的过程，他把自己的哲学体系看作是"绝对观念"发展的顶点，是一个凌驾于一切科学之上的、包括一切又代替一切的"科学之科学"。第三个历史形态是马克思的唯物辩证法。它把辩证法与唯物主义科学地结合起来，使辩证法学说发展到科学阶段。只有既坚持唯物主义，又坚持辩证法，才能全面地认识世界的本质和发展规律。

物理学和哲学是一对同生共长的同胞兄弟，自然科学是哲学的重要基础之一，而哲学为自然科学的研究提供正确的方法论指导。笛卡尔[3]形象的把人类知识比喻为一棵大树，形而上学是根，物理学或自然科学是干，其他科学则是枝叶和果实。

从自然科学的角度，人类历史的宇宙观先后经历了托勒密[4]地心说、哥白尼[5]日心说。事实证明，日心说是不正确的，整个宇宙的中心并不是太阳。直到牛顿[6]提出万有引力定律，才回答了众星运转的力量根源。

自然科学革命时代最受推崇的百科全书式的科学家——牛顿，自1689年他的《自然哲学的数学原理》一书发表以来，牛顿力学的体系一直支配了人类的宇宙观，直到20世纪初才由相对论对其做一步的修正。牛顿力学体系下所描绘的世界基本上是一个唯物的、一切受自然法则主宰的世界。世界就好像一个钟表，当钟表师傅完成装配之后，将钟表上发条，接着钟表会自行运作，所以牛顿的宇宙观，也叫机械宇宙

---

[1] 赫拉克利特（Heraclitus，约公元前530年—前470年）古希腊哲学家，辩证法的奠基人之一。
[2] 格奥尔格·威廉·弗里德里希·黑格尔（Georg Wilhelm Friedrich Hegel，1770—1831），德国古典哲学集大成者，其思想体系是马克思唯物主义辩证法的主要源流。
[3] 笛卡尔（1596—1650），近现代法国哲学家、物理学家、数学家。他认为感觉经验是不可靠的，上帝的存在当然也是可疑的，"我思故我在"这个命题构成了整个近代哲学的开端。
[4] 克罗狄斯·托勒密（ClaudiusPtolemaeus 90—168），古希腊天文学家、地理学家、占星学家和光学家。
[5] 尼古拉·哥白尼（Nicolaus Copernicus 1473—1543），波兰天文学家、数学家、教会法博士、牧师。
[6] 艾萨克·牛顿（SirIsaac Newton 1643—1727），著名物理学家，著有《自然哲学的数学原理》《光学》。

观。在这个世界里，上帝在完成创造万物以后，退居幕后，不再过问世事，而人类可以凭借其理性发掘世界的自然规律。牛顿的宇宙观形象地说，是一部既无序幕又无结局，而是总是在上演着的戏剧。在这部戏剧中，空间是舞台，而物质则是舞台上的演员。牛顿的万有引力定律是人类历史上第一次对宇宙做的完整解释的一条定律，这条定律足足统治了我们300多年的世界观。开尔文说："牛顿定律后，在物理上已经没有未被发现的重大东西了，剩下的一点未知事物也很容易被精确地观测。"拉普拉斯[1]对牛顿推崇备至，他在《天体力学》中说："宇宙像时钟一样运行，某一时刻宇宙的完整信息能够决定它在未来和过去任意时刻的状态。"他把牛顿力学提高到整个宇宙、世界决定论的高度。1840年天王星被发现，人们观测天王星的运行轨迹，并用牛顿万有引力定律计算出天王星的运行轨迹，结果发现观测和计算出现微小差别，按照牛顿定律一定是还有更大质量的行星影响了天王星的运转，结果在1846年数学家通过计算轨道而非有计划的观测发现了海王星。

以牛顿万有引力为本的宇宙观，物质宇宙必须是无限的。若是有限，则万有将有一中心，若有一中心，则成一强力点，把万有吸向中间，而宇宙即应压缩成一点，而不像我们观察所见的是张开的森罗万象世界。天体没有缩成一点，那么众星应是均匀分布，引力互相抵消，直到无边无际。

牛顿在开普勒天体运动三大定律的基础上把天地统一起来，形成经典力学三大定律和万有引力定律，展示了地面物体与天体的运动都遵循着相同的自然定律，从而消除了对太阳中心说的最后一丝疑虑，其重大意义和深远影响是推动了科学革命。牛顿认为物质世界都是可以客观测量的，你测量得越准确，对世界和未来的把握就越准确。在这个"可客观测量现实世界便可以预知未来"理念的影响下，1911年泰勒[2]出现了，一个科学管理的时代开始了，工厂的生产效率提高数十倍，其科学管理的思想至今被奉为经典：一是计划，基于数据和预测；二是控制，基于流程和制度；三是组织，基于科层架构和人员分工。这三点里面包含的思维方式就是牛顿决定论、机械论的翻版，在泰勒眼里，公司就是一台机器，工人就是机器上的一个零件[3]。

但是，牛顿的宇宙观是机械宇宙观，时间与空间、物质无关，永远均匀地流逝；空间也与物质无关，只是为物质提供活动的舞台。在牛顿看来，物质、空间、时间、

[1] 拉普拉斯（Pierre. Simon Laplace 1749—1827），法国分析学家、概率论学家和物理学家，是天体力学的主要奠基人、天体演化学的创立者之一、应用数学分析概率论的创始人。
[2] 弗雷德里克·温斯洛·泰勒（Frederick Winslow Taylor 1856—1915），美国著名管理学家，经济学家，被后世称为"科学管理之父"，其代表作为《科学管理原理》。
[3] 李善友著：《互联网世界观》，机械工业出版社，2014年12月。

运动这四个概念是各自独立的，或者说都是绝对的，因此也被称为"绝对论"的宇宙观。绝对论的宇宙观是当时的科学，是依据天体运动和地上物体运动的观察实验材料对宇宙本质提出的基本看法。牛顿的这种"静者恒静，动者恒动"的绝对时空观，出现了牛顿困境。这种绝对时空的疑难在康德[1]《纯粹理性批判》中的四个二律背反中的两个（时间有开端与时间无开端的二律背反和空间有限与空间无限的二律背反）中集中体现出来。牛顿力学是以时间、空间、质量三元素为基础结构构建的物质运动关系，很多天体运动的现象得不到解释。于是，晚年的牛顿开始致力于对神学的研究，他否定哲学的指导作用，虔诚地相信上帝，埋头于写以神学为题材的著作。当他遇到难以解释的天体运动时，竟提出了"神的第一推动力"的谬论。他说"上帝统治万物，我们是他的仆人而敬畏他、崇拜他"。

这就是牛顿世界观的边界问题。我们大多数人的世界观又主要是建立在牛顿定律基础上的，那么，互联网世界的虚拟性用牛顿的"客观性可预见性"就无法解释，我们必须把目光延伸到更高的维度。

进入20世纪，科学发展的认识水平达到原子结构与量子水平，光学、电动力学和天文学的研究发现了许多与绝对的宇宙观相冲突的实验现象。在这些实验的基础上，科学的宇宙观发生了突破性的进展，特别是爱因斯坦[2]狭义相对论和广义相对论的提出，撼动了牛顿经典力学不可动摇的地位。

1905年德国《物理学年鉴》刊发了爱因斯坦论文《论动体的电动力学》，这篇文章包含了狭义相对论的基本思想和基本内容，所根据的是两条原理：相对性原理和光速不变原理。爱因斯坦的相对论力学指出质量随着速度的增加而增加，当速度接近光速时，质量趋于无穷大。他给出了著名的质能关系式：$E=mc^2$。在19世纪末以前，质量和能量是两个相对独立的概念，有质量守恒定律和能量守恒定律。在狭义相对论中，时间和空间不再是相互分立、互不关联的，而是密切联系。相对论的产生把世界联系成为一个完整的系统。这一时空观超越了牛顿经典时空观中的时间绝对性观念，即时间是相对的，时间与空间也紧密联系，它们一起构成了"物—能—时—空"的相互依存关系和四维时空连续区[3]（见图4-1）。质量与能量的相对论表明了物质与

---

　　[1]　伊曼努尔·康德（1724—1804），德国古典哲学创始人，启蒙运动时期最后一位主要哲学家，德国思想界的代表人物，被认为是继苏格拉底、柏拉图和亚里士多德后，西方最具影响力的思想家之一。

　　[2]　阿尔伯特·爱因斯坦（1879—1955），犹太裔物理学家，获得1921年诺贝尔物理奖，创立狭义相对论和广义相对论，为核能开发奠定了理论基础，被公认是继伽利略、牛顿后最伟大的物理学家。

　　[3]　四维空间可以理解为三维空间附加一条时间轴。这种空间叫（3＋1）空间，是爱因斯坦在他的广义相对论和狭义相对论中提及的四维时空概念。

运动不仅是相互依存的，而且是可以有条件相互转化的。"质—能"的对立统一关系，就是宇宙和物质的自身能动性。

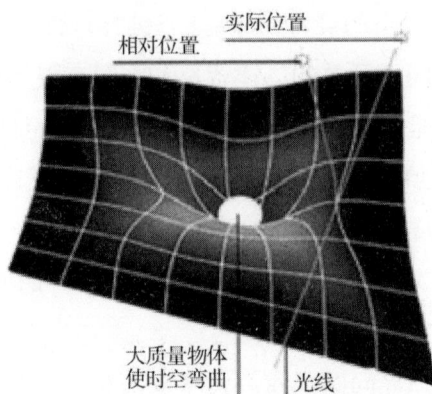

图4-1　四维时空模拟图

（四维时空是构成真实世界的最低维度，我们的世界恰好是四维，至于高维真实空间，我们还无法感知。四维时空的意义就是时间是第四维坐标，它与空间坐标是有联系的，也就是说时空是统一的，不可分割的整体，它们是一种"此消彼长"的关系。四维时空不仅限于此，由质能关系知，质量和能量实际是一回事，质量（或能量）并不是独立的，而是与运动状态相关的，比如速度越大，质量越大。在四维时空里，质量（或能量）实际是四维动量的第四维分量，动量是描述物质运动的量，因此质量与运动状态有关。在四维时空里，动量和能量实现了统一，称为能量动量四矢。另外在四维时空还定义了四维速度、四维加速度、四维力、电磁场方程组的四维形式等。——百度百科）

网易科技网2015年5月3日发布消息称，美国国家航空航天局（NASA）正对一种超光速的推进装置——曲速引擎进行测试。测试的曲速引擎是基于电磁驱动的，如果成功了，这无疑是一个革命性的动力装置，意味着有一天人类可能比光跑得还快。电磁驱动背后的原理非常复杂，但其基本理念是在无须推进剂的情况下，将电能转化为推力。不过，曲速引擎违背了动量守恒定律，该定律认为，动量只能受到牛顿运动定律中描述的一种力所影响。早在1994年，墨西哥物理学家Miguel Alcubierre就提出了曲率驱动的概念。理论上讲，宇宙飞船装上曲速引擎后，能创造出一种曲速气泡，令空间扭曲，从而做出跨星际旅行。由于移动由曲速气泡带动，身处其中的宇宙飞船实际上并无做出超越光速的移动，故不违反相对论。按照这种理论设计出的飞船，其周围的时空会扭曲，飞船前的空间收缩，飞船后的空间扩张，而飞船本身位于一个没有被弯曲的时空组成的扭曲时空泡中，时空泡带着飞船以10倍光速穿梭于时空间。

2014年6月，美国太空总署机械工程师、物理学家怀特（Harold White）正式对外宣称研究开发可做星际旅行的宇宙飞船"IXS企业号"。使用曲速引擎从地球飞往月球仅需要4小时，前往离我们地球最近的恒星系统半人马座阿尔法星不到100年。（见图4-2）

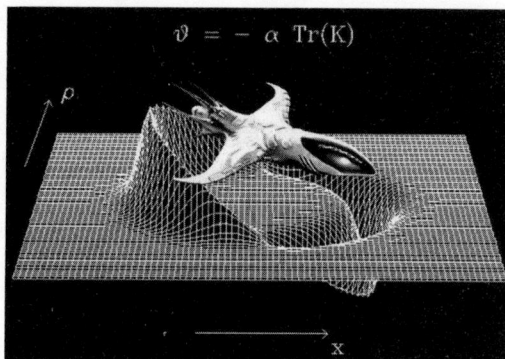

图4-2　曲速引擎示意图
（扫描二维码观看视频《从一维空间到十二维空间》）

　　讨论至此，我们已经知道，整个宇宙世界是一个内部充满复杂联系的系统和整体。需要强调的是，牛顿力学在光速层面是失效的，同样的，牛顿第二定律——力等于质量乘以加速度，这条定律同样有边界，那就是它只能是在低速运动的物体的前提下，也就是我们人类眼睛能够直观的事物，而在光速和量子层面是无效的。因此，我们要承认这个世界还有我们看不见的事物在左右我们世界运行的规则。

二、量子世界观的维度

孔子登东山而小鲁，登泰山而小天下。

——孟子

　　量子是一个现代物理概念，一个物理量如果存在最小的不可分割的基本单位，则这个物理量是量子化的，并把最小单位称为量子。比如，"光的量子"（光子）是光的单位。在经典物理学中，根据能量均分定理，能量是连续变化的，可以取任意值。"量子化"指其物理量的数值是特定的，而不是任意值。例如，在原子中，电子的能量是可量子化的。

　　我们来看几个有关量子实验的话题，也许有助于我们这些物理水平停留在客观可知阶段的人去理解量子的世界。

第一个是"量子纠缠"。量子纠缠是粒子在由两个或两个以上粒子组成的系统中相互影响的现象，虽然粒子在空间上可能分开。纠缠是量子力学理论中最著名的预测，它描述了两个粒子互相纠缠，即使相距遥远距离，一个粒子的行为也将会影响另一个的状态。当其中一颗被操作（例如量子测量）而状态发生变化，另一颗也会即刻发生相应的状态变化。这个实验的第一步，是把一个母粒子分开为两个关联的电子，这个时候可以观测到，一个电子向上旋转，而另一个电子向下旋转；第二步，把这两个电子分开，即使分开的距离无限远，观察结果依然同上。爱因斯坦把这种"量子纠缠"效应称为"鬼魅似的远距作用"（见图4-3）。在这里，按照狭义相对论的理解，任何物体的运动速度不能超过光速，但是在这里信息传播的速度超过了光速，爱因斯坦认为不可能，于是与物理学家玻尔[1]发生了长达30年的争论。但这并不仅仅是个诡异的预测，而是已经在实验中得到证实。量子纠缠说明在两个或两个以上的稳定粒子间，会有强的量子关联，也就是说，在量子世界中，量子关联是组成世界的最基本的关联关系。这个实验表明，没有两个相互独立的电子，只有一个不可分割的整体。而在牛顿物质世界里，物质都是由在空间里独立存在的基本单元组成的。然而在量子世界里，整个世界不可分割的相互关联才是本质的存在。量子纠缠效应脱离了时空，它证实了任何两种物质之间，不管距离多远，都有可能相互影响，不受四维时空的约束，是非局域的，它不仅证实了爱因斯坦的幽灵——超距作用[2]的存在，也证实了我们中国人一直强调的因果报应等观点——任何两种物质在冥冥之中存在深层次的内在联系。这里就产生了两种世界观，一种是我们已经接受的实实在在的客观存在，一种是我们不能直接感知，只能像感应一样感知其无形的存在。但是它们都真实地存在。

---

[1] 尼尔斯·亨利克·戴维·玻尔（Niels Henrik David Bohr，1885—1962），丹麦物理学家，通过引入量子化条件，提出了玻尔模型来解释氢原子光谱，荣获1922年诺贝尔物理学奖。

[2] 百度百科：超距作用是指分别处于空间两个不毗连区域的两个物体彼此之间的非局域相互作用，两个物体之间存在着直接、瞬时的相互作用，不需要任何媒质传递，也不需要任何传递时间。人们在探索实践过程中逐步认识到，自然界中四种基本相互作用，即引力相互作用、电磁相互作用、弱相互作用和强相互作用，它们都是通过"场"而彼此传递作用的。在电磁学里，为了要说明超距作用，导致发展出"场论"，如温度场、密度场、引力场、电场、磁场等。如果形成场的物理量只随空间位置变化，不随时间变化，这样的场称为定常场；如果不仅随空间位置变化，而且还随时间变化，这样的场称为不定常场。在电磁场里，"场"能够媒介电流与电荷之间隔着自由空间彼此施加于对方的相互作用。"场"具有自己的实体，在空间拥有动量与能量，超距作用只是电荷与电磁场彼此之间局域相互作用所产生的表观效应。

两个纠缠光子偏振方向不能确定
但总是保持互相垂直

检测器1 偏振片1　　　纠缠光子源　　　偏振片2 检测器2

数据处理
计算相关函数

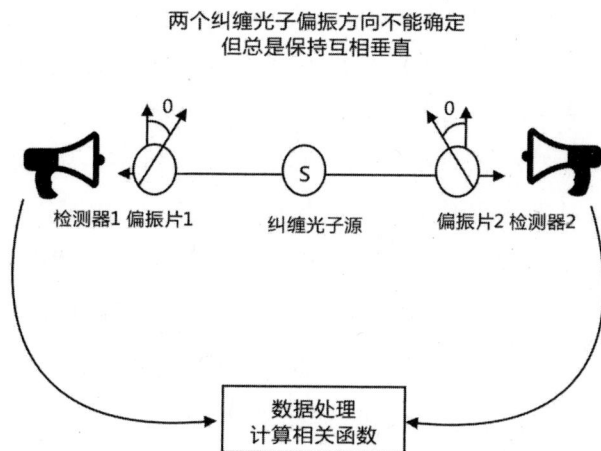

图4-3　量子纠缠示意图——跨越时间与空间的"心灵感应"

第二个是"波粒二象性"。波粒二象性是指某物质同时具备波的特质及粒子的特质。1905年，爱因斯坦提出了光电效应的光量子解释，人们开始意识到光波同时具有波和粒子的双重性质。1924年，德布罗意[1]提出"物质波"假说，认为和光一样，一切物质都具有波粒二象性。光和微观粒子的波粒二象性如何统一的问题是人类认识史上最令人困惑的问题。由于微观粒子具有波粒二象性，微观粒子所遵从的运动规律不同于宏观物体的运动规律，描述微观粒子运动规律的量子力学也就不同于描述宏观物体运动规律的经典力学。

"波粒二象性"中的基本粒子，在空间上确定为一个基本的点就是粒子，以分布在一定区域内的能量存在时就是波。也就是说，基本粒子是波和粒子的叠加形态，只要人去观察，要么是波要么是粒子。这就是著名的"薛定谔的猫"——奥地利物理学家薛定谔于1935年提出的有关猫既是死的又是活的著名思想实验的名字。它描述了量子力学的真相：粒子的某些特性无法确定，直到测量外力迫使它们选择。整个实验是这样进行的：在一个盒子里有一只猫，以及少量放射性物质。在一小时内，大约有50%的概率放射性物质将会衰变并释放出毒气杀死这只猫，剩下50%的概率是放射性物质不会衰变而猫将活下来。根据经典物理学，在盒子里必将发生这两个结果之一，而外部观测者只有打开盒子才能知道里面的结果。但在量子力学的怪异世界里，猫到底是死是活都必须在盒子打开后，外部观测者"测量"具体情形才能知晓。当盒子处

---

[1] 路易·维克多·德布罗意（Louis Victor de Broglie，1892—1987），法国著名理论物理学家，物质波理论的创立者，量子力学的奠基人之一，1929年获诺贝尔物理学奖。

于关闭状态，整个系统则一直保持不确定性的状态，猫既是死的也是活的。这项实验旨在论证怪异的量子力学，当它从粒子扩大到宏观物体，诸如猫，听起来就非常荒谬。不确定性物质的基本特性，也是经济领域的普遍现象。

2012年11月8日新浪科技报道，刊于11月2日《科学》杂志[1]上的两组独立研究，利用不同的方法对光从波形态向粒子态的转变进行了测定，以揭示光的本质面貌。两组研究都来源于理论物理学家约翰·惠勒于20世纪80年代进行的经典实验。惠勒的实验提出，观察光子时应用的方法，将最终决定光子的行为是像粒子还是像波。尼斯大学国家科学研究中心的弗洛里安·凯瑟（Florian Kaiser）利用纠缠光子对实现了惠勒的实验。一个光子通过干涉仪被探测到，使研究者能够测定第二个光子的状态，是像波的形式还是粒子形式，或者是二者之间。他们的实验也实现了光子从波的形式向粒子状态的连续转变。（见图4-4）

2014年12月，科学家提出了另一项理论，认为宇宙大爆炸发生时出现一个"镜像宇宙"（也有人称之为"平行宇宙"），与我们的宇宙相对应，朝着相反的方向在时间中穿梭，形成"时间对称性"。每个宇宙上的智能生物都能感受到另一个宇宙向后移动。你的过去影响你的现在，你的现在则改变你的未来。如果时间也像空间一样，未来是否也能影响过去和现在？根据一项引人注目的新研究，这种可能性是存在的。在研究中进行的量子力学实验中，美国科学家发现了这样的证据。这样的猜想和实验，无疑对时间可逆、时间反方向运行，对打开人类认识宇宙的新思维空间具有积极意义。

扫描二维码
关注我们

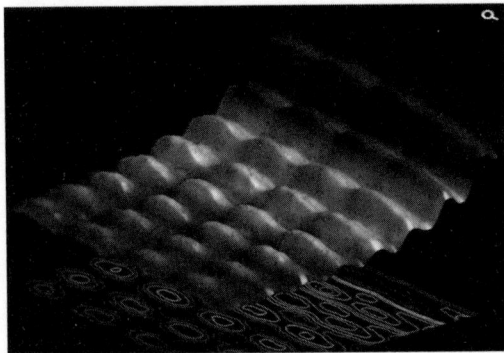

图4-4　　2015年3月10日瑞士科学家们首次拍摄到
光的粒子与波同时存在的照片

（来源：科技世界网）（扫描二维码观看视频《超乎想象的宇宙——量子力学》）

---

[1]《科学》杂志于1880年由爱迪生创办，1894年成为美国最大的科学团体"美国科学促进会"的官方刊物，是发表原始研究论文以及综述和分析当前研究和科学政策的同行评议的周刊，全球发行量超过150万份。

爱因斯坦之后世界最杰出的理论物理学家是霍金[1]，他的黑洞蒸发理论和量子宇宙论不仅震动了自然科学界，而且对宗教和哲学也有深远的影响。霍金宇宙学主要的三大理论：奇点论[2]、黑洞辐射论与宇宙自足论都从某种程度和意义上印证了中国古老哲学的思想。奇点论证明了"无中生有"[3]，黑洞辐射论[4]证明了"循环论"[5]，宇宙自足论[6]证明了"无主自化"[7]。尤其是印证了中国上古哲学中"人与天地相参"[8]的命题：人与宇宙处于"内在关系"中，我们生存于其中的宇宙并不是独立于我们之外的，人在观测宇宙的同时也在参与着宇宙的演化，"参赞天地之化育"。

量子物理对我们传统的度量观念是一个严重的颠覆，动摇了我们日常习惯的对确定性、可预测性和可控制性的所谓科学认识。不确定性是物质的基本特性，也是社会、经济领域的普遍现象。工业时代所代表的科学管理是可以客观准确测量，所以有计划、决策、执行的管理体系；而互联网时代，不可以准确测量成为常态，市场是"不可知"的，一个企业3年、5年的商业计划书或者规划有用吗？罗辑思维CEO李天田说："今天占主流地位的传统管理理论，都是基于高度确定性的控制假设，未来是不确定的，所有试图用确定性的方法去解决不确定性问题的尝试都会是失败的。" 新制度经济学的鼻祖、产权理论的创始人、1991年诺贝尔经济学奖获得者科斯提出，市场经济建立在两个认知假设基础上，第一承认无知，第二包容不确定性。这和中国老

---

[1] 斯蒂芬·威廉·霍金（Stephen William Hawking），英国剑桥大学应用数学与理论物理学系物理学家，被世人誉为"宇宙之王"。他认为"虫洞"就在我们四周，存在于空间与时间的裂缝中。

[2] 宇宙学的奇点，大多科学家认为它是宇宙产生之初，由爆炸而形成宇宙的那一点，或者时空开始无限弯曲的那一个点，是一种没有固定形状的、没有体积的不可思议的存在。

[3] 老子《道德经》第40章："天下万物生于有，有生于无。"老子揭示了万物有与无相互依存、相互变化的规律。2011年美国最佳科普图书劳伦斯·M.克劳斯（A Universe from Nothing）的《无中生有的宇宙——万物起源于空，空又从何而来?》（2012年9月江苏人民出版社）讲述了大爆炸之前宇宙空无之境的种种不可思议。

[4] 是以量子效应理论推测出的一种由黑体散发出来的热辐射。黑体，是一个理想化的物体，它能够吸收外来的全部电磁辐射，并且不会有任何的反射与透射。

[5] 道家一种形而上学的发展观，认为事物的发展只有量的变化，而没有质的飞跃，从一点出发，周而复始地回到原来的出发点。明代哲学家朱熹指出："气运从来一盛了又一衰，一衰了又一盛，只管恁地循环去。"（《朱子语类》卷一）。

[6] 宇宙是完全自足的，不被任何外在的东西所影响，这样它就无须所谓的造物主的第一推动了，它不被创生也不被消灭，它就是一个存在。它是"无"生出来的，是从欧氏空间向洛氏空间的量子转换。欧氏即古希腊数学家欧几里得，他建立了角和空间中距离之间联系的法则，现称为欧几里得几何；洛氏即罗巴切夫斯基，是非欧几何创始人。欧氏空间是一个特别的度量空间，抽象处理平面上二维物体的"平面几何"和三维物体的"立体几何"的数学空间。欧氏空间指不被扭曲的空间，过直线外一点可以做一条与已知直线平行的直线；罗氏空间中过直线外一点，可以做无数条直线与已知直线平行。

[7] 这是老子道家无为无不为和道生万物论演化出来的一种表述法，认为"玄北之门是为天地根"，"天地之根，绵绵若存，用之不勤"，"故生物者不生，化物者不化，自生自化，自智自力，自消自息"，描述的是"大道"通过玄北之门派生万物的运动过程与特点。

[8] 中国古人强调"天人合一"观念，认为人和自然界的天地万物之间存在着一种既神秘又不言而喻的普遍联系，《黄帝内经》指出："人与天地相参也，与日月相应也。"现代社会哲学上把这种理念称为"整体观念"。所谓"人与天地相参"强调的正是人与自然界是统一的整体。

子关于道的思想不谋而合。

科斯在他与别人合著的《变革中国》一书中，认为中国的经济转型是哈耶克[1]"人类行为的意外后果"理论的一个极佳案例。因为中国经济转型不是任何计划的结果。中国改革一直是"摸着石头过河"，改革之路都是闯出来的，逼出来的，事先没有蓝图。诺基亚CEO约玛·奥利拉公布同意微软收购时，在记者会上最后说了一句说："我们并没有做错什么，但是不知道为什么，我们输了。"诺基亚的失败，归根结底是在互联网时代依然用工业时代的管理和思维。刘慈欣在科幻小说《三体》里面有一句话："毁灭你，与你无关。"但与用户有关，当这些用户都跑到创新者那里，老的就会衰落，这是创造的过程，未来是被创造出来的。因此互联网时代的企业既要分析竞争对手，更要关注消费者的变化，最大限度地满足消费者。互联网时代必须站在用户角度看待变化。

三、比特世界观的角度

人类之外的另一个文明，对于高级知识阶层无疑具有巨大的吸引力，并使他们极易对其产生种种美好的幻想，吸引力几乎是不可抗拒的。有一个不太恰当的比喻：人类文明一直是一个孤独行走于宇宙荒漠中的不谙世事的少年，现在她（他）知道了另一个异性的存在，虽然看不到他（她）的面容和身影，但知道他（她）就在远方，对他（她）的美好想象便如同野火般蔓延。

——科幻小说《三体》

比特是电脑中最小的一个计数单位。把任意一个英文字母输入电脑时，这个字母就占据一个字节，字节是由比特组成的。汉字比较复杂，输入一个汉字时，一个汉字要占两个字节。工业化时代是原子时代，信息化时代是比特时代。原子时代是牛顿的世界观，原子组成分子，分子组成物质；信息化时代或者比特时代是量子的世界观，是虚拟世界和现实世界的连接。要建立互联网的世界观，最好的办法就是用量子的思维思考"比特"和"原子"的差异。

被称为"物理学最后的超级英雄"的唯信息思想家普林斯顿大学教授约翰·阿奇博德·惠勒（John Archibald Wheeler，1911—2008）是"黑洞"、"虫洞"、"量子泡沫"等词的发明者，美国原子弹制造的参与者，发展了"几何动力学"，把万有引力、电

---

[1] 哈耶克（Hayek, Friedrich August, 1899—1992），奥地利裔英国经济学家，新自由主义的代表人物，1974年诺贝尔经济学奖获得者，理论核心概念是"自生自发秩序"，1944年出版了他的划时代作品《通往奴役之路》。

磁场、质量、电荷都当作弯曲的空虚空间的性质来解说。他提出的一个惊人观点是："万物源于比特。"他认为，物理世界的所有基本单元，具有非物质的来源和解释，我们所说的实在归根结底产生于"是—否问题"的提出及其所激起的"仪器反应"的记录。简而言之，所有的物质性事物，究其根源，都是"理论上的信息"。我们的宇宙是一个"参与的宇宙"，我们所见到的世界，是由于"观察"而成为存在的。宇宙是一个自激回路，现在的观察，参与乃至创造了宇宙之诞生。他的思想再一次契合了老子《道德经》中"万物生于有，有生于无"的观念。"惠勒提出一种独特的信息观，声称物质起源于信息，万物皆信息，万物源于比特，可称为唯信息论。"[1]惠勒自己对此的解释是：万物将其功能、意义乃至全部存在都归因于通过仪器做出的对于"是—否问题"的回答，一个二值图像[2]选择。即比特。物质不是世界的本质，信息才是世界的本原，信息是世界的原初存在形式，信息不需要以物质为载体；相反，物质是信息的派生物，世界先有信息，后有物质。

唯信息论是21世纪信息时代的一种全新的宇宙观。这个观点当然与唯物论尖锐对立。不过话说回来，相对论和量子论，20世纪上半叶最伟大的两个物理学理论至今不能融合，这本身也是一个悖论。而惠勒本身就是为数不多的同时对量子论和（广义）相对论有深入研究的物理学家之一。2000年量子理论问世一百周年时，他在《量子何为?——量子物理的荣耀与耻辱》中说："这就是普朗克之后一百年的量子物理，全部化学、生物学、计算机技术、天文学和宇宙学的理论基础。然而，如此值得自豪的基础，却仍不能知道其自身基础。我们可以相信，我确实相信，对于'量子何为'这个问题的回答也将被证明是对'存在何为'这个问题的回答。"

文小刚[3]2015年4月在新浪博客《物理学的第二次量子革命》中写道："我们认为万物（基本粒子及空间）源于量子比特：空间是量子比特的'海洋'，基本粒子是量子比特的波动涡旋，基本粒子的性质和规律则起源于量子比特海中量子比特的组织结构（即量子比特的序）。新思路下，组织结构是更重要的。考虑组织结构会使我们对自然界的基本性质有更深刻的理解，这跟老思路考虑物质的组分很不同。二者的区别就好比，观察一根绳子时，是看它由什么分子构成的，还是看这根绳子的扭结结构是

---

[1] 苗东升：《评惠勒的信息观》，载于《华中科技大学学报》，2008年第2期。
[2] 测绘学上指每个像素不是黑就是白，其灰度值没有中间过渡的图像。图像的二值化，就是将图像上的像素点的灰度值设置为0或255，也就是将整个图像呈现出明显的只有黑和白的视觉效果。
[3] 文小刚系美国麻省理工学院物理系教授、清华大学高等研究中心"长江学者奖励计划"讲座教授，主要从事量子霍尔液体、高温超导体、拓扑序/量子序及新的物质态、基本粒子的起源等方面的研究。

什么。老思路看重基本构件是还原论，而新思路看重组织结构是演生论。"他说，历史上物理学经历了四次革命，第一次物理学革命是牛顿力学，第二次物理革命是麦克斯韦对电、磁和光的统一，第三次物理革命是爱因斯坦的广义相对论，第四次物理革命应该是量子力学，而量子力学是非常深刻的革命，相比前几次物理革命，现在对多体系统的量子纠缠的研究，有点"革命"的意味了。第一，我们要统一的各种非常基本且不同的现象，像电子、光子、引力，各种各样的相互作用，都要以同一个框架来理解它。第二，我们要研究和探索新的物质态——拓扑态。拓扑态有可能成为量子计算的理想媒介。所有这些都源于一个基本物理现象——长程量子纠缠。他强调，真空是量子比特的海洋，也就是0和1的海洋。这一基本观念，是一种"以太"学说。真空（或空间）是富有动态的量子比特海，0和1可以互相变化，0变到1，1变到0。从这一观点出发，万物就都浮现出来了。比如光波，就是这个海洋里的0和1的一种波，而电子、夸克的起源也能浮现出来。

尼葛洛庞帝在1996年出版的《数字化生存》中便描绘了可穿戴设备，并且断言人类将会生存于一个虚拟的、数字化的生存活动空间，在这个空间里人们应用数字技术从事信息传播、交流、学习、工作等活动。2004年他访华期间则谈到未来中国网络公司都要靠无线赚钱，中国不应该发展TD[1]而应该直接发展4G和WIFI。现在的事实证明，尼葛洛庞帝这位业界公认的科技未来学家又一次正确预测了互联网的发展。

虚拟世界是人为制造的而不是人为发现和连接的，是独立于现实世界，又与现实世界有联系的世界。狭义的虚拟世界，是指由人工智能、传感器技术和高度并行的实时计算技术等集成起来所生成的一种交互式人工现实，是一种"模拟的世界"；广义的虚拟世界，是指包括狭义虚拟世界在内，而且还指人机交互产生的一种人类交流信息、知识、思想和情感的新型行动空间，是一种动态的网络社会生活空间。网络化带来了人们现实生存的虚拟化，生存方式的虚拟化导引出人类从未体验过的虚拟世界，而虚拟世界正在大范围地改变着人类现实的实践活动，包括政治、社会、经济等活动。

于是，人们能够在两个世界穿越，或者同时踏入两个世界。移动互联网更是通过虚拟世界将现实世界的任意终端连接到一起，使现实世界产生"虫洞"效应[2]。现实世界正变得越来越虚拟，增强现实技术更是将现实世界虚拟化。当我们带上谷歌眼

---

[1] TD手机是3G手机中的一种，采用以中国3GTD-SCDMA通信标准制式制作而成，具有支持高速手机上网、手机电视、视频通话、视频会议等3G功能。

[2] 虫洞理论是爱因斯坦提出的，形象地说，"虫洞"是宇宙中的隧道，它能扭曲空间，可以让原本相隔亿万千米的地方近在咫尺。

镜，我们有时会分不清哪里是现实，哪里是虚拟，只觉得我们的世界就是这个世界，虚拟与现实是融为一体的。虚拟不是空无。就像刘慈欣在《三体》中说的："空不是无，空是一种存在，你得用空这种存在填满自己。"

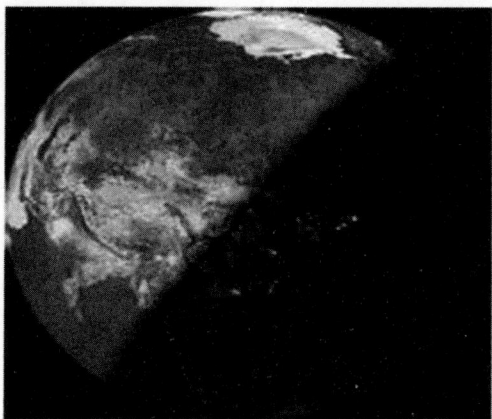

图4-5　更高维度看见地球：黑白两个世界变为一个整体

虚拟和现实的世界，就像图4-5所示的这幅地球的图片一样：在地球的低维度上，我们看见的是黑白对立的二元世界；一旦脱离地球，站在太空的高维度，我们就可以看见地球黑白是一个统一的整体。这个具象的譬喻，就是互联网世界和真实世界的相互投影出来的镜像。

李智勇在《互联网时代方法论：量子与牛顿世界的叠加态》博文中说：我们身处的世界实际上处在一种非常奇妙的状态，它同时受两种并不兼容的规律统治。如果没有互联网，那么社会也许就会持续地按照牛顿的模式被操作下去。但互联网使人们的意识空间与现实空间分离，等于在真实世界之外营造了一个类似于电影《黑客帝国》里面的矩阵。因此，互联网建立后，我们的世界既不是牛顿式的，也不是量子式的，而是一种叠加态。在现实空间里牛顿式的世界观更有效，在意识空间里则量子式的世界观更有效。这是上帝也没处理过的事情，上帝设计世界的时候还记得区分宏观与微观，让规则各安其位，但我们用互联网改造了世界，把牛顿式的规则和量子式的规则平摊在一个平面上，让它们同时起作用来影响我们的企业和社会，当事人要自己寻找相应的边界。深圳昱辰泰克科技公司画的这张智能-双平行空间模型图（见图4-6），比较直观地表达了虚拟世界和现实世界之间的纠缠与交织。

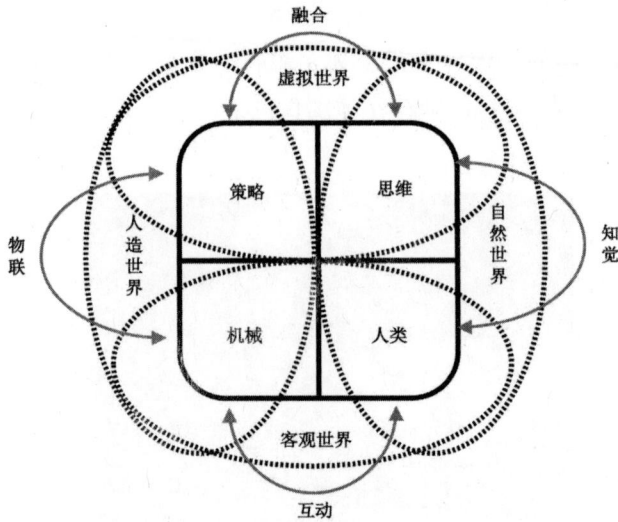

图4-6　智能-双平行空间模型图
（来源：深圳昱辰泰克科技公司）

我们可以把互联网的世界分成两部分：一部分是大家常说的线上，一部分是线下。越贴近线上越接近量子式的规则，越贴近线下越接近牛顿式的规则，但由于人总是受现实空间的约束，所以即使是线上部分，也不可能是完全的量子态。

尼葛洛庞帝曾将世界一分为二：比特世界和原子世界。数字化的过程实际就是原子比特化的过程，未来将是比特跟原子的结合，原子和比特世界的边界将会消失。在液晶屏幕上我们可以将比特转化成原子，未来比特直接存入大脑之后（芯片），原子和比特的边界就消失了。下一波科技浪潮在信息与生物科学的交汇点，通过数字世界去改变物理世界，通过比特去改变原子，通过模拟人体感知等新兴生物技术，让整个世界都智能化起来。目前能够证明这一趋势的就是物联网，物联网通过在物理设备里植入芯片和传感器，联网完成后，时时刻刻收集温度、视觉、声音、湿度等环境数据，以及用户交互数据，让物理世界被映射到互联网，实现"比特化"。

按照上述理解，比特世界连通了原子世界和量子世界，比特世界观是原子世界观和量子世界观的叠加态。如果不能理解这一点就无法理解比特世界观的维度，因此，刘慈欣在《三体》里指出：在宇宙间，一个技术文明等级的重要标志，是它能够控制和使用的微观维度。对于基本粒子的一维使用，祖先们在山洞中生起篝火时就开始了。现在，人类对微观粒子一维控制的水平已达到了顶峰，有了计算机、纳米材料。但这一切，都局限于对微观维度的一维控制，在宇宙间一个更高级的文明看来，篝火和计算机、纳米材料等是没有本质区别的，同属于一个层次，这也是他们仍将人类看成虫子的原因。

互联网跟科幻里的宇宙是相似的[1]。《三体》讲了几个原则。第一，物质总量是固定的，不会多也不会少。市场就是这样，竞争就是为了获得有限的用户、市场和利润。第二，生命的本性是扩张的，公司组织的生命特性也是扩张的。第三，技术爆炸，即技术的突变会快速把老的技术淘汰掉。这是新公司和小公司快速打败大公司和旧公司的机会。第四是猜疑链。技术发展到一定程度时，个体会有巨大的力量。公司之间大的战争，都是因为相互猜疑，擦枪走火导致。文明能最终走到更深的层面，只有一种可能性，这个文明的体系像一个蚂蚁和蜜蜂一样，个体无意识，集体有意识，每一个个体的力量不会超出群体。但人类目前的状态是，个体有意识，集体无意识。电子商务和团购，都是好模式，在美国有20%毛利在中国却只有5%。这是恶性竞争的结果。竞争打到这种状况实际上也是降维攻击。拿京东为例，电商的竞争最后变成物流、后台设施的竞争，而不是卖货的竞争，变成一个后台体系的重资产的竞争，这是另外一个世界了。

综上所述，互联网的新世界观涉及处理三个关系问题。

第一，思维与存在的关系问题。按照马克思主义哲学，从理论体系上看，是由唯物论、辩证法、认识论三个部分构成的；从认识过程看，是从本体论到认识论到实践论。传统哲学观念认为哲学的基本问题是思维与存在的关系问题，主要包括三个问题：一是思维与存在的地位问题，二是思维与存在的同一性问题，三是思维对存在的反作用问题。我们认为思维能认识客观世界和现实问题，如果忽略了思维对存在的反作用，体现出的辩证法思想和实践论精神，就是不完整的哲学思想体系，就会陷入形而上学唯物主义。思维对存在的反作用包括两个方面：人们在社会实践基础上能否能动地认识客观世界，人们在认识的指导下能否能动地改造客观世界。如果只坚持存在对思维的制约作用，不承认认识对客观世界的能动作用，就没有坚持唯物辩证法的两点论，就没有体现出彻底的辩证法思想。投资大师索罗斯提出了一个"反身性"[2]的哲学概念，打破了唯心和唯物的边界问题。反身性说的就是思维和存在的关系，我们自己的想法自身就会对现实产生影响，也是现实的一部分。形象来讲就是当索罗斯说股市会跌的时候，事实上他的发言就成为让股市下跌的力量，股市进一步就真可能会

---

[1]　程苓峰：《降维攻击与世界下坠——当〈三体〉法则照进互联网的现实》，载于财新网，2012年1月13日。

[2]　反身性，就是相互决定性。在语言学上，是两个指代同一事物的词，因为它们具有相互决定性。索罗斯在《金融炼金术》一书中指出：参与者的思想和他们所参与的事态因为人类获得知识的局限性和认识上的偏见都不具有完全的独立性，二者之间不但相互作用，而且相互决定，不存在任何对称或对应。他将这一原理应用于他的金融证券实践，由此获得巨大的成功。

因此而下跌。在牛顿的世界里意念并不能干涉现实，但是在量子的世界里这成为普遍现象。

第二，整体与部分的关系问题。这是第一个问题衍生出来的问题。当互联网建立一种普遍关联，每个人又都对现实和彼此施加影响时，这就形成了一个"混沌"[1]的"场"。在这个"场"里，有的人能量大，比如索罗斯，有的人能量小，比如一个普通的股民。一个人与周围世界的联系定义了他自己的角色，也在改变着他的角色。当"场"普遍形成之后，那就更多地需要关注整体，个体会变得越来越不可控。在量子的世界里光究竟是波还是粒子取决于它所处的场，观察者是"场"的一部分；在牛顿的世界里，整体等于部分之和，而在量子世界里整体不等于部分之和。"混沌"形成的"场"，纠正了我们过去对于原因与结果之间关系的一个基本性的错误认识：我们过去认为，确定性的原因必定产生规则的结果，但现在我们知道了，它们可以产生易被误解为随机性的极不规则的结果。我们过去认为，简单的原因必定产生简单的结果，但现在我们知道了，简单的原因可以产生复杂的结果。这就是为什么会有"蝴蝶效应"的原因。

第三，线性与突变的关系。线性是指量与量之间按比例、成直线的关系，在空间和时间上代表规则和光滑的运动，是持续性的活动；非线性则指不按比例、不成直线的关系，代表不规则的运动和突变。突变是指系统从一种稳定状态进入不稳定状态，随参数的再变化，又使不稳定状态进入另一种稳定状态，那么系统状态就在这一刹那间发生了突变。有一些质量非常大的原子核像铀、钍和钚等，这些原子的原子核在吸收一个中子以后会分裂成两个或更多个质量较小的原子核，同时放出二个到三个中子和很大的能量，又能使别的原子核接着持续发生核裂变，这种过程称作链式反应。1千克铀235的全部核裂变将产生20 000兆瓦的能量，与燃烧至少2000吨煤释放的能量一样多。在微观世界里，粒子也是不连续的，我们不知道一个微观粒子究竟在哪个位置。粒子之间存在着相互作用，有强相互作用、电磁相互作用、弱相互作用和引力相互作用，其中引力相互作用非常弱，可以忽略。通过这些相互作用，产生新粒子或发生粒子衰变等粒子转化现象。在互联网世界里，因为"混沌"形成的"场"，可以让反身性产生连锁反应，并且被迅速放大，与上述物理现象相似。比如Flappy Bird是一款来自IOS平台的小游戏，该游戏是由一名越南游戏制作者独自开发而成的，玩法极

---

[1] 混沌，原指宇宙未形成之前的混乱状态，混沌理论是1963年美国气象学家爱德华·诺顿·洛伦茨提出的，混沌不是偶然的、个别的事件，而是普遍存在于宇宙间各种各样的宏观及微观系统的，万事万物，莫不混沌。

为简单，Flappy Bird 的那只鸟无非将 Piou Piou 的卡通小鸟改为了像素风格，颜色一样，玩法相似，改动最大的是把核心玩法导向为完全的自虐模式。但就是这么一款单纯的小游戏，获得病毒式下载量，在短短几天之内就几乎占据了80%的欧美手机游戏用户。

（扫描二维码阅读《比特币的崛起和衰落》）

【链接】量子项目与量子通信

"上网不涉密、涉密不上网"是我国确保敏感信息安全的底线。美国"量子"项目表明，今后离线计算机也不再安全。据《纽约时报》2014年年初报道，美国国家安全局借助"量子"项目在IT供应链环节向重点目标植入恶意软硬件，并据此与互联网或邻近接收装置建立连接，窃取和收集目标中的重要、敏感信息。"量子"项目以美国强大的IT产业为基础，将网络攻击前置于芯片设计、产品生产、商品流通等供应链环节，具有更强的隐蔽性。

根据斯诺登曝光的文件，美国国安局（NSA）正在研发一种用于破解密码的量子计算机。一旦研究成功，美国将可以破解全世界任何密码和加密算法。量子计算机是一种遵循量子力学规律，可以进行高速数学和逻辑运算的装置，它可以同时进行上百万次的运算，而目前的普通计算机只能逐条计算，量子计算机的运算速度比其高出逾10万亿倍，这个潜在的功能使得量子计算机可以破解包括世界各地银行、政府和军队所设定的最安全的密码。目前世界上没有任何技术可以抵挡量子计算机的解密攻击。

量子通信是指利用量子纠缠效应进行信息传递的一种新型的通信方式。量子通信是量子论和信息论相结合的新的研究领域，主要涉及量子密码通信、量子远程传态和量子密集编码等，这门学科已逐步从理论走向实用化发展。

我国在量子通信领域处于世界领先水平，2009年中国科学技术大学教授潘建伟团队建成了世界上首个全通型量子通信网络，首次实现了实时语音量子保密通信，标志着中国在城域量子网络关键技术方面已经达到了产业化要求。

中国新闻网2015年1月27日报道，目前我国第一条量子通信保密干线——千千米光纤量子通信骨干网工程"京沪干线"已于2014年启动并于近

日正式投入建设，这预示着我国的网络信息安全将迅速跻身于世界一流水平。量子通信因其具有信息传输的绝对保密性，在军事、国防、金融等信息安全领域有着重要的潜在应用价值。量子保密通信"京沪干线"技术验证及应用示范项目室内联调系统项目，将成为我国乃至国际上首个最大的量子应用集成项目。作为保障未来信息社会通信安全的关键技术，量子保密通信有望走向大规模应用。预计未来10年内，量子通信市场份额将达到千亿级别。

（作者综述）

第五章 互联网经济逻辑链

> 互联网企业，不是在驾驭互联网，而是在被互联网驱使。成功的互联网企业，一定是互联网最忠实的奴仆，因而得到了互联网丰厚的赏赐。
>
> ——新浪微博 吱声大叔《互联网的逻辑》

经济学是一个成熟的、庞大的学科。我们把互联网经济归入应用经济学，其中，产业经济学是应用经济学的重要分支。美国哈佛大学产业经济学权威贝恩（Bain）、谢勒（Scherer）等人通过建立 SCP（structure–conduct–performance，结构–行为–绩效）模型来分析产业经济。该模型提供了一个既能深入具体环节，又有系统逻辑体系的市场结构—市场行为—市场绩效的产业分析框架。（见图5-1）

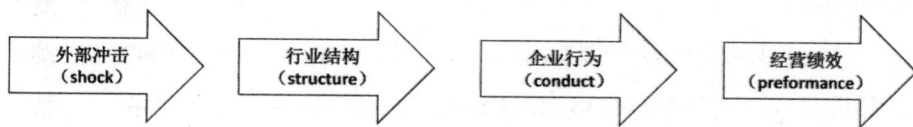

| 外部冲击（shock） | → | 行业结构（structure） | → | 企业行为（conduct） | → | 经营绩效（preformance） |

图5-1 SCP分析模型图

SCP框架的基本含义是，市场结构决定企业在市场中的行为，而企业行为又决定市场运行在各个方面的经济绩效。

迈克·波特[1]对这个理论模型做了非常落地的系统阐述，他提出的"五力理论"包括同行业竞争者、供应商的议价能力、购买者的议价能力、潜在进入者威胁、替代品威胁，将大量不同的因素汇集在一个简便的模型中，以此分析一个行业的基本竞争态势。波特认为，在与五种竞争力量的抗争中，蕴含着三类成功型战略思想，即总成本领先战略、差异化战略、聚焦战略。

互联网技术颠覆了经济和社会的诸多形态和规则，但并没有颠覆经济学基本原

---

[1] 迈克·波特（Michael E.Porter，1947— ）哈佛商学院的大学教授，是商业管理界公认的"竞争战略之父"，他的《竞争战略》《竞争优势》《国家竞争力》被称为"竞争三部曲"。

理，原因在于经济学是一门基于人的行为规律的学科，只要人的本性没有发生改变，经济学的原理依然有效。但是，互联网技术推动的互联网经济，对原有经济原理进行了丰富、补充、完善甚至改写，这是毫无疑问的，由于互联网有虚拟性和连通实体性这一独有的特性，互联网经济因而表现出完全不同于传统经济运行规律的特性。在国际上，信息经济学是一门成熟的学科，由信息产业经济学演变而来的互联网经济学，还没有成熟的学科体系，目前在思考和探索的活跃群体主要是企业家，经济学家还没有大规模介入，本书试着进行一点粗疏的梳理，以期抛砖引玉。

一、互联网经济的推动定律

这是怎样的一张网呢，伴随节点的增多，网络的扩张，每一个新加入的都会让已有的节点和网络的能量得到相应的扩张，所有的你，都让我变得更强，所有的我，都让你变得更加有效。

——《互联网时代》解说词

与传统经济不同，互网络经济是信息、知识型经济，而不是物质、能量型经济。网络是网络经济发展的物质基础，因此互网络经济的发展也遵循网络的三大定律。

1. 摩尔定律[1]

摩尔定律由英特尔（Intel）创始人之一的摩尔（GordonMoore）提出的。该定律表述为，计算机芯片的处理能力每18个月就翻一番，而价格减半。按此定律，计算机硅芯片的功能每18个月翻一番，而价格以减半速度下降。这一定律已经持续了半个多世纪，揭示了信息技术进步的速度。回顾信息技术发展的历程，摩尔定律不断得到验证。美国加州理工学院的卡沃·米德（Carver Mead）教授最早关注到摩尔定律所提出的晶体管之类的产量增加，就会引起其价格下降的现象。1954年，摩尔获得了物理化学博士学位，于1965年提出摩尔定律。据Intel公司公布的统计结果，单个芯片上的晶体管数目，从1971年4004处理器上的2300个，增长到1997年PentiumII处理器上的750万个，26年内增加了3200倍。如果按"每两年翻一番"的预测，26年中应包括13个翻番周期，每经过一个周期，芯片上集成的元件数应提高$2n$倍，因此到第13个周期即26年后元件数与实际的增长倍数3200倍相当接近。也有人从个人计算机的三大要素——微处理器芯片、半导体存储器和系统软件来考察摩尔定律的正确性。微处理

---

[1] 本段参考资料为百度词条和《电子，电子！谁来拯救摩尔定律》（张天蓉著，清华大学出版社，2014年12月）。

器方面，从 1979 年的 8086 和 8088，到 1982 年的 80286、1985 年的 80386、1989 年的 80486、1993 年的 Pentium、1996 年的 PentiumPro、1997 年的 PentiumII，功能越来越强，价格越来越低，每一次更新换代都是摩尔定律的直接结果。与此同时 PC 机的内存储器容量由最早的 480k 扩大到 8M、16M，与摩尔定律更为吻合。系统软件方面，早期的计算机由于存储容量的限制，系统软件的规模和功能受到很大限制，随着内存容量按照摩尔定律的速度呈指数增长，系统软件不再局限于狭小的空间，其所包含的程序代码的行数也剧增：Basic 的源代码在 1975 年只有 4000 行，20 年后发展到大约 50 万行；微软的文字处理软件 Word，1982 年的第一版含有 27 000 行代码，20 年后增加到大约 200 万行。有人将其发展速度绘制成一条曲线后发现，软件的规模和复杂性的增长速度甚至超过了摩尔定律。由于高纯硅的独特性，集成度越高，晶体管的价格越便宜，这样也就引出了摩尔定律的经济学效益。在 20 世纪 60 年代初，一个晶体管要 10 美元左右，但随着晶体管越来越小，直到小到一根头发丝上可以放 1000 个晶体管时，每个晶体管的价格只有千分之一美分。按运算 10 万次乘法的价格算，IBM704 电脑为 1 美元，IBM709 降到 20 美分，而 60 年代中期 IBM 耗资 50 亿研制的 IBM360 系统电脑已变为 3.5 美分。

近年来，摩尔定律面临挑战，遭遇瓶颈，集成电路在进一步发展的道路上，碰到了难以解决的问题。集成电路的基础材料是半导体，其工作机制是隐藏于后的物理原理，是基于量子理论而建立起来的固体物理理论，赋予了集成电路技术那种"体积不断缩小、速度不断加快"的超级能力。在以后，摩尔定律还会适用吗？从技术角度看，随着硅片上线路密度的增加，其复杂性和差错率也将呈指数增长，一旦芯片上线条的宽度达到纳米数量级时，相当于只有几个分子的大小，这种情况下材料的物理、化学性能将发生质的变化，致使采用现行工艺的半导体器件不能正常工作，摩尔定律似乎也即将走到尽头。

近年来，中国 IT 专业媒体上出现了"新摩尔定律"的提法（见图 5-2），指的是中国 Internet 联网主机数和上网用户人数的递增速度，大约每半年就翻一番，而且专家们预言，这一趋势在未来若干年内仍将保持下去。2012 年 10 月，美国 IBM 研究所科学家宣称，最新研制的碳纳米管芯片符合了摩尔定律周期。也许有一天，这一定律终将走到尽头，但是我们不得不承认摩尔定律对整个世界经济、社会发展所产生的深远影响。

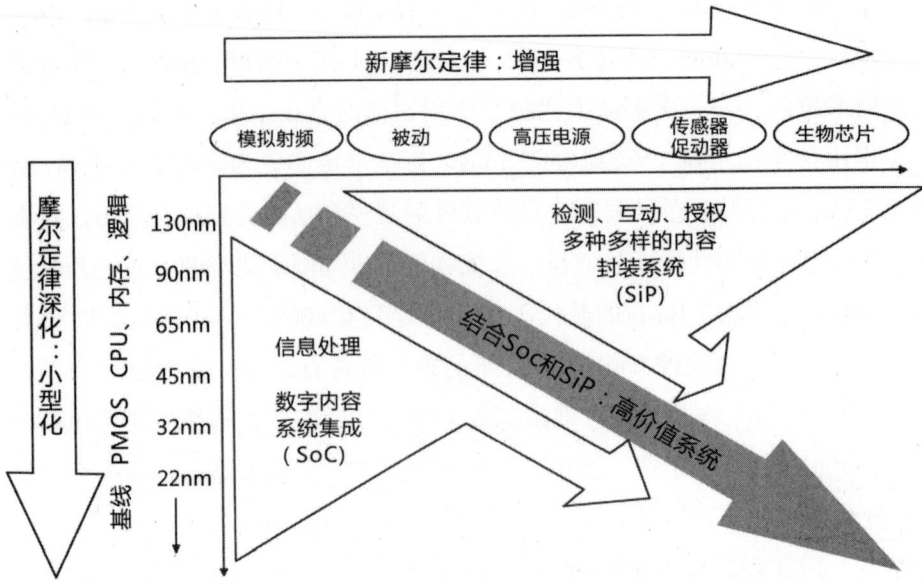

图5-2　新摩尔定律示意图
（来源：电子工程世界网）

2. 梅特卡夫定律

如果说摩尔定律是信息技术的发展规律，那么梅特卡夫定律就是网络技术的发展规律。梅特卡夫定律是一个关于网络的价值和网络技术发展的定律，是计算机网络先驱、3Com公司的创始人罗伯特·梅特卡夫于1973年提出的。该定律认为网络的价值（V）等于网络节点数（N）的平方。所以网络上联网的计算机越多，每台计算机的价值就越大，其"繁殖速度"以指数关系不断衍生扩张。20世纪90年代以来，互联网络不仅呈现了这种超乎寻常的指数增长趋势，而且爆炸性地向经济和社会各个领域进行广泛的渗透和扩张。计算机网络的数目越多，它对经济和社会的影响就越大，计算机网络的价值等于其结点数目的平方。梅特卡夫法则揭示了互联网的价值随着用户数量的增长而呈算术级数增长或二次方程式的增长的规则。也就是说，在网络世界里，对于比特类无形商品而言，商品的价值与该商品的普及率成正比，商品使用的人越多，价值越大，如电话、传真、网络游戏、网上聊天等。从图5-3我们可以看出梅特卡夫定律在消费领域存在强大的效用递增现象，以需求不断创造新的需求，形成滚雪球发展循环效应。梅特卡夫定律背后的理论逻辑，反映了网络的外部性效果，换句话说，使用者愈多对原来的使用者而言，不仅其效果不会如一般经济财产的分配特性——人愈多分享占有就愈少——相反其效用还会愈大。于是，我们看到了摩尔定律和梅特卡夫定律结合在一起后产生的巨大力量。摩尔定律与产业合流融合后，推动形成全球性个人和组织的信息化，梅特卡夫定律再把全球普遍信息化后的个人和组织（包括厂商），以网络外部性的乘数效果加以连接，终于造就一个规模可与实体世界相媲美，充满了无数商机及成长潜力惊人的全球化虚拟经济体，于是互联网经济隆重登场。中国互联网企业发展的过程，基本上就是按照梅特卡夫定律追求规模化的过程，流量、点击量、注册用户成为核心诉求，覆盖了几乎所有细分领域，包括已成大气候的阿里巴巴、腾讯、京东等电子商务巨头。

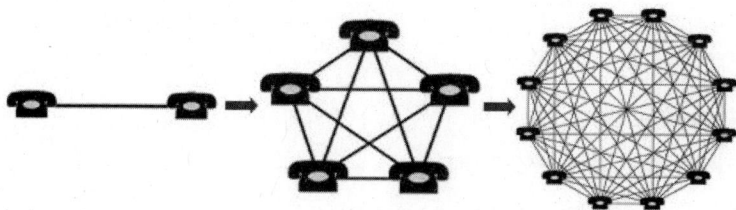

图5-3　以电话为例的网络价值效用递增示意图

3. 吉尔德定律

乔治·吉尔德认为，在未来25年里，主干网的带宽每6个月增长一倍，其增长速度是摩尔预测的CPU增长速度的3倍，将来上网会免费，最为成功的商业运作模式是价格最低的资源将会被尽可能地消耗，以此来保存最昂贵的资源。吉尔德定律和摩尔定律紧密关联，因为带宽的增长不仅仅受路由传输介质影响，更要受路由等传输设备的运算速度和计算机运算速度的影响，而后者是由摩尔定律决定的。

微软公司最近的一次实验证明，在300千米的范围内无线传输1GB的信息仅需1秒钟，是Modem传输能力的1万倍。这一事实表明带宽的增加早已不存在技术障碍，而只取决于用户的需求，需求日渐强烈，带宽也会相应增加，而上网的费用自然也会下降，趋近于免费。

乔治·吉尔德认为，正如20世纪70年代昂贵的晶体管在现如今变得如此便宜一样，如今还是稀缺资源的网络带宽，有朝一日也会变得十分充裕，上网价格也会大幅下降。在美国，目前已经有很多的ISP向用户提供免费上网服务。2013年8月，国务院发布了"宽带中国"战略实施方案，到2020年，宽带网络全面覆盖城乡，固定宽带家庭普及率达到70%，宽带应用深度融入生产生活，移动互联网全面普及。

随着"宽带中国"战略进程的推进，国内三大电信运营商正在加快光网城市建设

的步伐，我国光通信产业呈现出高速增长态势。从理论上讲，一根仅有头发丝粗细的光纤可以同时传输 1000 亿个话路。虽然未达到如此高的传输容量，但用一根光纤同时传输 24 万个话路的试验已经取得成功，它比传统的明线、同轴电缆、微波等要高出几十乃至上千倍。网络信息基础设施的加强，保障了电子商务、软件外包、云计算和物联网等新兴业态的蓬勃发展。

二、互联网经济的理论溯源

与其说互联网是一场技术革命，不如说它是一场社会革命。

——《长尾理论》作者克里斯·安德森

1. 网络社会效应理论

第一，卡斯特尔"网络社会"理论[1]。

卡斯特尔在《信息时代：经济、社会与文化》三部曲里首先回答了网络社会的基本性质。他认为网络社会既是一种新的社会形态，也是一种新的社会模式，我们的社会正经历着一场革命，这就是信息技术革命。在这场革命中，信息技术就像工业革命时期的能源一样重要，它重组着社会的方方面面。而根植于信息技术的网络，使现代社会再结构化，社会形态被重新塑造，我们进入了一个全新的时代，这就是信息时代，或者说网络时代。作为一种社会历史趋势，信息时代占支配地位的功能和过程均是围绕网络逐渐构成的。网络社会是一个高度动态的、开放的社会系统，社会生产关系不再是一种实际存在，资本进入了单纯循环的多维空间，劳动力则由一个集中的实体变为差别极大的个体存在，网络社会的社会变革过程超出了社会和技术生产关系的范围。从更广阔的历史前景看，网络化逻辑的扩散，实质上会改变生产、经验、权力与文化过程中的操作和结果。网络社会意味着人类以往几千年以来经验、观念以及生产、生活各个领域都将发生巨大变化。

这种变化体现在，网络社会的结构不同于工业时代的信息编码，没有共同的价值观和共同远景，只要实现联通，就可以构成一个由各种接点通过网络连接成的网络社会，从而已催生出一种新的社会模式，即经济行为的全球化、组织形式的网络化、工作方式的灵活化、职业结构的两极化。网络社会是与农业社会、工业社会大为不同

---

[1] 曼纽尔·卡斯特尔（Manuel Castells），西班牙人，师从法国著名社会学家阿兰·杜罕，先后在加拿大、法国、美国多所大学任教，担任过国际社会学协会城市发展委员会的领导人，著作多达 20 多部。本节内容参考了谢俊贵博士对卡斯特尔网络社会理论的系统研究和介绍。

的，是基于信息技术所构建的网络而连接成的社会系统，会衍生出特殊社会系统的特殊功能。其特殊性主要体现在以下几个方面：

一是网络社会产生信息主义精神。网络根植于信息和信息技术，而信息和信息技术衍生信息主义，它使资本主义社会重构，形成信息资本主义，进而崇尚信息技术对社会的经济、政治、文化及其他各方面的功能和作用，把知识和信息视为社会的经济、政治、文化及其他各方面发展和变革的基础，把社会的信息化看作社会发展的主导趋势和基本动力。当信息主义成为当代社会的普遍范式后，信息主义范式演化为一种意识形态或文化，凸显出五个方面的特征，即信息就是原材料；新技术的影响具有普遍性；任何采用这些新的信息技术的系统或关系集都具有网络化逻辑；信息主义范式以弹性为基础；特定技术将合为高度整合的系统。

二是网络社会构成新的社会时空。与历史相适应的技术变革正在改变人们生活的基本范围：时间和空间，也就是增加了人们工作时间中的生产力，同时消除了空间上的距离。在信息技术作用下，时间和空间都在发生转变。

三是网络社会促成信息城市出现。信息时代正在展现一种新的城市形式——信息城市。信息城市是信息经济的集聚地，由于具有建立在知识基础之上、围绕网络组织起来和部分地由"流"的空间组成的特性，信息城市因而不是一种形式，而是一个过程，一个以流的空间的结构性支配为特征的过程。信息流空间正逐渐取代传统城市空间。由于信息没有空间特征，信息技术也使得地理摩擦几乎为零，世界经济由地理空间转向信息流的空间。新的专业管理阶层控制着城市、乡村与世界相互联系的专用空间，生产与消费、劳动与资本、管理与信息之间发生着新的联系，从而创造出新的国际经济。这就是信息技术使得信息空间成为不可逆转的经济和实用组织的空间逻辑，也就是网络社会信息城市得以出现的技术逻辑。

四是网络社会形成新的社会认同。进入信息时代，工业时代的社会机制开始失去其意义和功能，财富、生产及金融的国际化使人们普遍感到不安，他们无法适应企业的网络化和工作的个体化，况且又受到就业压力的挑战；大教堂逐步的世俗化使其失去大部分的功能，它们不再能提供心灵的慰藉和真实而神圣的东西；家长制家庭的危机也使文化的传承失去了有序性。这时，个人不再有安全感，因而人们只有另选途径去寻求新的生活方式。在这个时代里，人们的认同感普遍缺乏，他们不再把社会看作是一种有意义的社会系统。在工业化时期，合法性的认同感构成了一个社会，后来这种认同感的瓦解又导致了个体主义的产生。在网络社会里，对认同感的抵制同个体主义一样深深地浸入在社会机体之中。

第二，托夫勒"权力转移"理论[1]。

托夫勒认为在信息经济时代，知识在权力转移中扮演着关键角色。他提出了"社会权力"的新观念，并在《权力的转移》一书中探索了未来企业、经济、政治和世界局势的改变。在互联网时代，信息获取更加便捷，搜索正在替代阅读成为当代知识分子的基本模式，搜索能力的增强意味着愚弄消费者、愚弄公众的可能性降低。权力不可避免走向柔性化，消费者不能被简单操纵，消费者主权的形成，要求再强大的企业也要尽可能跟消费者分享信息，还能让消费者参与到产品的设计和互动中来。特别是来到移动互联网时代，权力的转移带来的是对传统商业价值链的颠覆，核心表现在把消费权力重新赋予消费者，即真正以消费者为中心而不是以商品为中心，把过去由传统企业所控制的商品特权转化为由消费者控制的消费特权。这种控制权的转换，带来了传统商业价值链的颠覆性变化。第一，让消费者有透明比较的权力，对应的典型模式是比较购物搜索。这种购物搜索引擎与一般的搜索引擎主要区别在于，它可以进行商品价格的直接比较，而且可以对产品和在线商店进行评比，这种评比往往对消费者的最终消费决策会有较大影响。第二，让消费者有个性选择的权力。第三，让消费者有表达评价的权力。当商业主导权越来越多被赋予消费者后，那些在传统生意模式下似乎面目模糊、千人一面的消费者，突然变为个性鲜活、影响巨大的消费者。

第三，安德森的长尾理论[2]。

19世纪的意大利经济学家帕累托[3]（Vilfredo Pareto）研究了个人收入的统计分布，发现少数人的收入要远多于大多数人的收入，提出了著名的80/20法则，即20%的人口占据了80%的社会财富，个人收入X不小于某个特定值x的概率与x的常数次幂[4]，亦存在简单的反比关系，即为帕累托定律。这里引出了一个幂律的概念，是说节点具有的连线数和这样的节点数目乘积是一个定值，也就是几何平均是定值，比如有

---

[1] 阿尔文·托夫勒，当今最具影响力的社会思想家之一，1970年出版《未来的冲击》、1980年出版《第三次浪潮》、1990年出版《权力的转移》，合称未来三部曲，享誉全球，成为未来学巨擘，对当今社会思潮有广泛而深远的影响。

[2] 长尾（The Long Tail）这一概念是由《连线》杂志主编克里斯·安德森（Chris Anderson）在2004年10月的《长尾》一文中最早提出的，用来描述诸如亚马逊和Netflix之类网站的商业和经济模式。

[3] 维弗雷多·帕累托（Vilfredo Pareto，1848—1923），意大利经济学家、社会学家，洛桑学派的主要代表之一。他因对意大利20%的人口拥有80%的财产的观察而著名，后来进一步概括为"帕累托分布"的概念，比如帕累托效率、帕累托改进、帕累托法则等概念。

[4] "幂"原指盖东西的布巾，数学中"幂"是乘方的结果，而乘方的表示是通过在一个数字上加上标的形式来实现的，故这就像在一个数上"盖上了一头巾"，在现实中盖头巾又有升级的意思，所以把乘方叫作幂正好契合了数学中指数级快速增长的含义，形式上也很契合，所以叫作幂。

10 000个连线的大节点有10个，有1000个连线的中节点有100个，100个连线的小节点有1000个……在对数坐标上画出来会得到一条斜向下的直线。

自然界与社会生活中存在各种各样性质迥异的幂律分布现象。

幂律两个通俗的定律：一个是长尾理论，也就是对幂律通俗化的解释；另外一个通俗解释就是马太效应，穷者越穷，富者越富。

安德森长尾理论的提出是基于他对娱乐市场的长期观察而得出的。通过对传统娱乐业和网络娱乐业的对比，他发现由于成本和规模的限制，传统娱乐业只能覆盖那些20%的主流而忽略了后面的尾巴。但是，网络技术解决了这个问题，使得在保证收益的前提下，可以满足更多消费者。

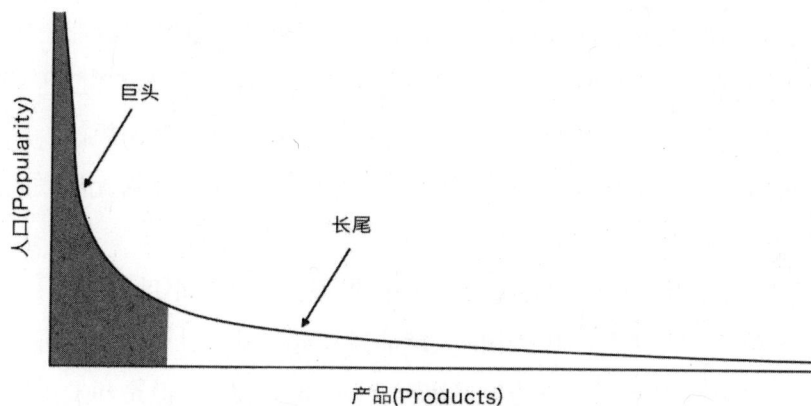

图5-4　长尾效应示意图

安德森认为，只要存储和流通的渠道足够大，需求不旺或销量不佳的产品共同占据的市场份额就可以和那些数量不多的热卖品所占据的市场份额相匹敌甚至更大。长尾理论是对传统二八定律的一种颠覆。在全新的商业模式下，公司的利润可以不再依赖传统的20%的优质客户，而是许许多多原先被忽视的零星客户，他们数量庞大，在网络经济条件下，足以形成一种商业模式。80%的非主流元素形成的"长尾"不是仅占20%的份额，而是更多，甚至可能达到或者超过50%。这一点在媒体、零售业、娱乐业都有经典案例，成为一种经济驱动模式。需要指出的是，"长尾"是基于互联网技术的出现来说的，之所以存在长尾，是因为传统企业难以照顾到的那一群"小众"消费者的需求，而现在可以借助互联网技术重新挖掘而产生商机（见图5-4）。长尾理论的提出，是互联网发展的一个里程碑，通过互联网技术，可以解决传统经济学意义上的很多约束，也为商家提供了更为广阔的思路。谷歌是一个最典型的"长尾"公

司，其成长历程就是把广告商和出版商的"长尾"商业化的过程。以占据了谷歌半壁江山的广告业务为例，它面向的客户是数以百万计的中小型网站和个人，对于普通的媒体和广告商而言，这个群体的价值微小得简直不值一提，但是谷歌通过为其提供个性化定制的广告服务，将这些数量众多的群体汇集起来，形成了非常巨大的经济规模。百度公司也是如此。

第四，米尔格兰姆的"六度空间"理论。

"六度分割"本来是数学领域的一个猜想，哈佛大学的心理学教授斯坦利·米尔格兰姆（Stanley Milgram，1933—1984）1967年根据这概念做过一次连锁信件实验，尝试证明平均只需要五个中间人就可以联系任何两个互不相识的美国人。他将一套连锁信件随机发送给居住在内布拉斯加州奥马哈的160个人，信中放了一个波士顿股票经纪人的名字，信中要求每个收信人将这套信寄给自己认为是比较接近那个股票经纪人的朋友，朋友收信后照此办理，最终大部分信在经过五六个步骤后都抵达了该股票经纪人。六度分割的概念由此而来。这个连锁实验，体现了一个普遍规律：社会化的现代人类社会成员之间，都可能通过"六度分割"而联系起来，绝对无法联系的甲与乙是不存在的。

六度空间理论，也叫六度分隔理论、小世界现象（或者小世界效应），是假设世界上所有互不相识的人只需要很少中间人就能建立起联系。社会网络的理论基础正是"六度分隔"。六度分隔说明了社会中普遍存在的"弱纽带"，但是却发挥着非常强大的作用，通过弱纽带人与人之间的距离变得非常"相近"。（见图5-5）

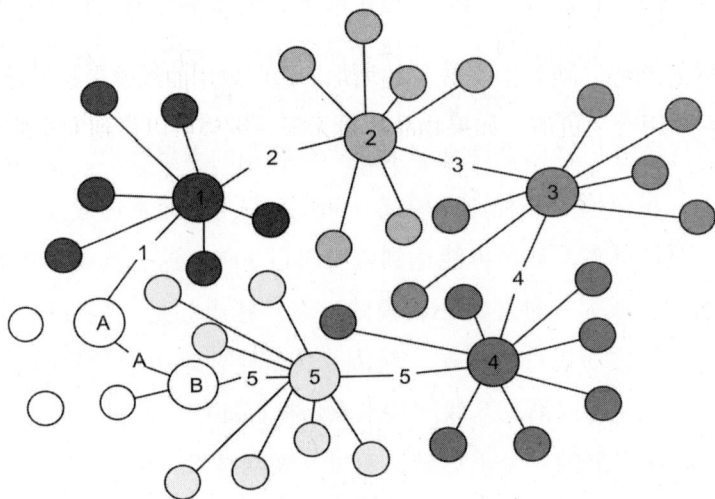

图5-5 六度分隔理论示意图

人、社会、商业都有无数种排列组合的方式，如果没有信息手段聚合在一起，就很容易损耗掉。在互联网上聚合的弱纽带当然还是虚拟的，虚拟虽然是网络世界的一种优势，但是和商业社会所要求的实名、信用隔着一条鸿沟。通过熟人之间，通过"六度分隔"产生的聚合，就可以形成一个可信任的网络，其商业能量无可估量。

互联网中有两个热门现象成了这一理论的经典注脚：一个是人肉搜索，不管你躲藏在互联网的哪个角落里，总会有网友认识你；一个是SNS（Social Networking Services），即社会性网络服务，2003年3月在美国诞生，如著名的网站facebook，它提供了一个交流平台，让人方便地认识熟人的熟人，迅速建立起人际网络。通过使用SNS，人们可以实现个人数据处理、个人社会关系管理、可信任的商业信息共享，可以安全地对信任的人群分享自己的信息和知识，利用信任关系拓展自己的社会性网络，达成更加有价值的沟通和协作。人们的社会性资本累积起来后的体系，可以服务于各种社会活动，带来巨大的商业和社会价值。

2. 边际效用理论

边际的含义是增量。效用是指对于消费者通过消费或者享受等使自己的需求、欲望等得到满足的一个度量。边际效用是指某种物品的消费量每增加一单位所增加的满足程度。由此引申出几个重要的传统经济学概念，我们有必要把这几个概念简要描述一下，从而在后面讨论网络经济的规律时，可以比较鉴别网络经济和传统经济运行的不同规律和法则。

一是边际效用递减规律。是指在一定时间内，在其他商品的消费数量保持不变的条件下，当一个人连续消费某种物品时，随着所消费的该物品的数量增加，其总效用虽然相应增加，但物品的边际效用（即每消费一个单位的该物品，其所带来的效用的增加量）有递减的趋势。随着消费数量的增加，边际效用曲线越来越接近横轴，并最终穿过横轴，边际效用变为负值。如果物品数量无限，欲望可以得到完全的满足，欲望强度就会递减到零，如阳光、空气等。这就是著名的边际效用递减规律。传统经济学认为，随着消费数量的增加，单位商品或服务给人们带来的满足程度会逐步下降。如消费者吃得越多，对食品的兴趣就越小，即使面对满桌佳肴，也难以产生食欲。人们手中拥有的某种产品越多，其边际效用就越低。从商品角度讲，商品价值只表示人对商品的心理享受，取决于人的欲望和人对物品的估价，人的欲望和估价会随物品数量的变动而变动，并在被满足和不被满足的欲望之间的边际上表现出来：总效用TU（Total utility）和边际效用MU（Marginal utility）。总效用和边际效用的关系如图5-6所示。MU曲线是向右下方倾斜的，它反映了边际效用递减规律；TU曲线是以递减的速率先上升

后下降的。当边际效用为正值时，总效用曲线呈上升趋势；当边际效用递减为零时，总效用曲线达到最高点；当边际效用继续递减为负时，总效用曲线呈下降趋势。

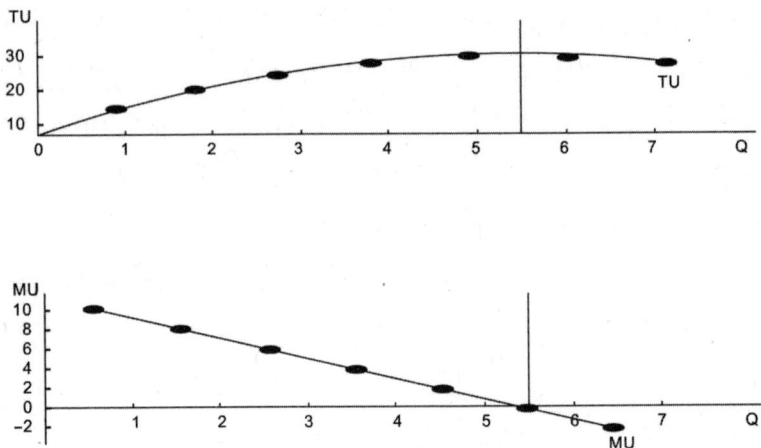

图5-6　边际效用递减示意图

　　二是边际报酬递减规律。边际报酬递减规律又称边际收益递减规律，是指在其他技术水平不变的条件下，在连续等量地把一种可变要素增加到其他一种或几种数量不变的生产要素上去的过程中：当这种可变生产要素的投入量小于某一特定的值时，增加该要素投入所带来的边际产量是递增的；当这种可变要素的投入量连续增加并超过这个特定值时，增加该要素投入所带来的边际产量是递减的。这就是经济学中著名的边际报酬递减规律，并且是短期生产的一条基本规律。边际报酬并不是一开始就是减少的，而是先增加到一个最大值然后才减少的。边际报酬递减规律存在的原因是：随着可变要素投入量的增加，可变要素投入量与固定要素投入量之间的比例在发生变化。

　　三是边际成本递增规律。成本通常包括变动成本和固定成本。平均成本是指单位产品的成本，它等于一定产量水平上的平均固定成本和平均变动成本的总和。边际成本是指增加一单位的产量而产生的成本增加量。在一定范围内（注意：是"一定范围内"），产量的增加，只会增加变动成本，不会增加固定成本，产量增加时，每单位产品分摊到的固定成本会变小，但是产量增加，变动成本也会增加，变动成本中十分重要的一部分是劳动成本。在一定时期内，机器厂房数量不变，工人增加时，产量固然会增加，但由于每个工人使用的机器设备少了，影响了劳动生产率，单位劳动所生产的产量或者说劳动的平均产量会减少。如果单位劳动的价格不变，则每单位产量上的劳动成本就会增加。这样，产量增加时，平均可变成本就上升了。可见，企业的资本、设备等条件不变时，劳动等生产要素的投入的增加，每增加一单位生产要素所增加的产量在一定阶段以后会出现递减现象。这种现象叫作边际产量递减。因此，在劳动价格不变时，劳动的边际产量递减会使产品的边际成本递增。也就是说，随着产量的增加，边际成本会先减少，后增加。边际成本的变动规律与平均成本的变动规律相似，也先随产量增加而降低，达到一定规模后开始增加。

以上是传统经济的边际效应，网络经济的运行规律则呈现出相反的情况。

一是网络边际效用递增规律。传统经济边际效用递减涉及的产品或服务，在质量和性能上是简单重复性的消费，因而很容易达到饱和状态。但是在网络经济中，产品或服务在质量和性能上不断改进，在消费数量增加的同时，也不断提高人们的满足程度。

边际效用递增的第一个原因是累积增值效应。网络经济更多涉及的是知识、信息、观念、关系等特殊"产品"和"服务"。如果消费者拥有的知识、资讯越多，他对知识、信息的需要就越多，就会对掌握更多的知识、信息、观念等产生更加迫切的需要，形成累积增值效应。例如，腾讯公司的微信产品服务，每过一段时间就升级一次版本，推出新的应用，不断满足用户在信息分享、关系连接、移动消费等方面的新需求。

边际效用递增的第二个原因是顾客锁定效应，就是顾客对网络产品和服务的路径依赖，在转换成本和学习培训成本上会发生"经济理性人"现象。比如更新计算机系统的转移成本可能会达到一个很大的数字。微软公司的用户一旦使用了该公司的产品，就对其具有很强的依赖性。这是由于软件用户已被锁定在某一个文字处理系统或排版系统上，他们不愿学习使用新系统，于是不断购买原系统的新版本。因此，软件用户被其最熟悉的软件视窗锁定。经济学家布莱恩·亚瑟1989年在《经济学报》发表的著名文章说明，任何竞争性的技术，如果能存在着回报递增和自我强化的机制，就能锁定用户，实现垄断性的超额利润。

边际效用递增的第三个原因是网络价值增强效应。产品和服务有着网络价值，在互联网时代，产品或服务的网络价值比其自身的价值更加重要。由于互联，尤其是实时的、超越了空间限制的互联，产生了非常奇妙的结果。根据麦特卡夫定律，网络价值同网络用户数量的平方成正比，即N个联结能创造N^2的效益。如果你有一个电话网络，有100个客户，他们每天相互通话一次，每天通话10 000次（100^2）。如果增加了10个客户，你的客户总数增加了10%，你的客户相互之间的通话量会增加到每天12 100（110^2），你的收入会增加21%。实际上，N^2还是低估了网络成长的价值，麦特卡夫定律是基于电话网络的，在电话两头各有一个人，电话总数是拥有电话之人相互

之间所有匹配可能性的总和，但是在互联网里是提供的复杂的多方连接，用户之间不仅是一对一之间的各种组合，而且是各个群组的组合，因此网络的价值会被无限放大。在所有的网络经济中，都会产生这种收益递增。收益递增可使加入网络的价值增加，从而使塑造平台的经济驱动力越发强大，吸引更多的公司加入网络，导致网络价值滚雪球般地增大。因此，在网络经济中，较小的努力会得到巨大的结果，产生"蝴蝶效应"。从某种方式上讲，这种网络价值回报递增定律主导着网络经济，使网络价值迅速膨胀，吸引更多用户参加，形成复合性叠加效应。

二是网络边际成本递减规律。从网络成本结构角度看，信息技术条件下网络成本主要由三方面组成：网络的建设成本、信息的传递成本、信息的收集处理及制作成本。在一定的网络基础设施条件下，只要进入网络的单位个数在一定的范围内，不会影响网络的传递速度，那么在这个范围内的任何一点的边际成本都随着接入个数的增加而呈现边际成本下降的趋势。

从网络技术承载的内容——信息经济自身的特性看，网络经济超越了传统经济的时空限制。第一没有时间间歇，每天24小时，网络都可以无休止地运转；第二，没有空间限制，网络经济中的关系连接更加紧密、牢固和持久，在很多方面超越传统国家的关系，就像彼得·德鲁克[1]所说的，"民族国家不会消失，但是它不再是必不可少的"；第三，信息的再生性，信息消费可以产生新的信息，而且可以无限循环下去，信息利用得越多越广，效用和价值就能越大，创造出的新信息也就越多。信息的再生性是信息不守恒的最突出的特征。信息、物质和能量构成了一个极不对称的世界：信息在急速膨胀，物质和能量则维持其总量不变；信息的作用越来越大，物质和能量则日益受其支配。这种发展趋势，是一种不可逆转的趋势。信息在消费上具有非竞争性和非排他性。信息具有公共物品属性，可以细分为纯公共物品和准公共物品两类。纯粹的公共物品情况下，信息具有非竞争性，可以向全体社会成员提供，大家可以共同受益或联合消费。信息非排他性的特点，使得个人对信息的利用并不影响其他人的同样消费。信息具有高的首次生产成本和低的边际生产成本，别的未参与生产的消费者也可以"搭便车"。在准公共物品的情况下，一种情形是信息具有非竞争性，但不具有非排他性，信息的消费在付出合理的成本后，这一成本即可排除某些人对该信息的消费或受益，如有线电视节目。另一种情况是，信息只具有非排他性，但不具有非竞

---

[1] 彼得·德鲁克(Peter F. Drucker, 1909—2005)，现代管理学之父，其著作影响了数代追求创新以及最佳管理实践的学者和企业家们以及各类商业管理课程。其代表作有《管理的实践》《卓有成效的管理者》《巨变时代的管理》《创新与企业家精神》《21世纪的管理挑战》等。

争性。信息会随着消费人数的增加而出现拥挤现象，导致信息提供给每个消费者的获益下降，如大学校园网。但是在现实社会中，纯公共物品很少，对于非竞争性的准公共物品界定的标准主要有两条：边际生产成本为零、边际拥挤成本为零，以上特点都是由"电子空间"特性决定的，一个存在于电子空间的人可以同时与成千上万的人交流，这在物理环境里是不可能实现的。通过信息通路，网络空间能够将各种节点、维度、关系与互动彼此相连，而不是局限于传统那些物理空间上相邻的事物；第四，信息商品消费的差异性。信息商品的消费过程比较漫长，在消费过程中，在不同消费阶段信息商品使用价值的转移量会因人而异，尤其是会因为消费者价值取向、知识结构和收入水平不同，从而对信息商品的需求表现出较大的差异。传统经济里满足消费者的流程和路径被称为价值链，在价值链中，每个中间环节都为产品增值，而网络经济的"去中介化"，颠覆了传统的价值链，未来主义者保罗·萨夫把这种现象称为"从价值链到价值网"的转移。在网络的虚拟市场中，价值顺着网络移动，商业行为向知识和信息转移。《零成本社会》《第三次工业革命》的作者杰里米·里夫金[1]开创性地探讨了极致生产力、协同共享、产消者、生物圈生活方式等全新的概念。他认为，"产消者"正在以近乎零成本的方式制作并分享自己的信息、娱乐、绿色能源和3D打印产品。在数字化经济中，社会资本和金融资本同样重要，使用权胜过了所有权，可持续性取代消费主义，合作压倒了竞争，"交换价值"被"共享价值"取代。他预言，"零成本"现象孕育着一种新的混合式经济模式，这将对社会产生深远的影响。零边际成本、协同共享将会给主导人类生产发展的经济模式带来颠覆性的转变。

3. 维基经济理论

维基软件是一种可在网络上开放多人协同创作的超文本系统，是"一种允许一群用户通过简单的标记语言来创建和连接一组网页的社会计算系统"，由"维基之父"沃德·坎宁安（Ward Cunningham）于1995年开创。WiKi网站容许任何造访网站的人浏览、创建、更改，这种简便、开放的特点特别适合团队合作的写作方式，参与写作的人构成了一个社群。

一个真正的突破性技术的互联网集合，一个促进和加快创造性突破的最强劲的平

---

[1] 杰里米·里夫金（Jeremy Rifkin），当代最著名的思想家之一，华盛顿特区经济趋势基金会主席，他的20部著作被翻译成35种语言在全球广泛发行。2012年，他的著作《第三次工业革命》获得了瞩目的成就。《零成本社会》一书系统地做出了关于未来世界的三大预测：协同共享经济将颠覆许多世界大公司的运行模式；现有的能源体系和结构将被能源互联网所替代；机器革命来临，我们现在的很多工作将消失。

台诞生了。这种新的大规模协作被称为公司和社会利用知识和能力进行创新和价值创造的方式。在这个平台和"集合"里，人、知识、物体、设备和聪明的代理商云集在大众对大众的网络中，创新像病毒传播一样迅速发展，从而产生了一个前所未有的大众共同参与经济活动的新时代。

这种"全球性的、开放的、透明的集体协作"，是网络协同社会的产物，是人们利用集体智慧在线协作与社会关系网络结合的结果。在这个创意集市里，参与者是一个生产兼消费者，形成一种"全球工厂"的全新模式，形成了现在大众参与的"创客"时代。

维基经济学的得名，缘于维基百科全书网站的巨大成功，它向世界证明：如果有一种方法充分利用组织里每一个人的智慧，它的能量将无比惊人。维基经济学揭示了四个新的经济法则——开放、对等、分享以及全球运作，正在取代一些旧的商业教条，人们所熟知的企业如谷歌、亚马逊、IBM、乐高、英特尔、Youtube、MySpace等，都已经从维基经济中获得巨大的成功，也有宝洁、宝马、波音、百思买、飞利浦、诺基亚、波音、AT&T等许多成熟的传统公司从这种新的商务范式中受益。维基经济学的结论源自900万美元的研究项目，有"数字经济之父"美誉的新经济学家唐·泰普斯科特[1]在《维基经济学》这本书里向我们展示了个体力量的上升是如何改变商业社会的传统规则，这种利用大规模协作生产产品和提供服务的新方式，正颠覆着我们对于传统知识创造模式的认识。和主导20世纪的层级制的、封闭的、保密的、与外界隔绝的跨国公司完全不同，维基经济被称为"来自于大众、传播于大众、服务于大众的新经济时代智慧法则"。唐·泰普斯科特指出，这些变化正在引领我们走向这样一个世界——知识、权力和生产能力将比历史上任何时刻更加分散，价值创造将更快、流动性更高、变动更快。这是一个只有相互联系才能生存的世界。权力正在转移，一条新的商业规则正在出现：要么利用新的合作方式，要么被淘汰掉。未能掌握这些新的合作方式的人由于和分享、调整和更新知识以创造价值的网络相隔绝而发现自身更加孤单。这是一个只有相互联系才能生存的世界，权利的转移出现了一条新的商业规则，要么保持陈旧的层级命令方式，要么利用新兴的合作交流和共同协作的方式。新的大规模协作的形式正在全球范围内改变着发明、生产、销售和分配

---

[1] 唐·泰普斯科特是全球著名的新经济学家和商业策略大师，于1992年创办了新范式（New Paradigm）智库，研究突破性技术在生产率、商业效能、竞争力等方面的商业应用。他也是世界最受追捧的商业演讲人之一，《财富》500强企业中超过半数的CEO们，曾聆听过他的演讲，包括美国前总统克林顿、IBM总裁郭士纳、微软前总裁鲍尔默、谷歌公司CEO施密特等，其著作有畅销书《数字经济蓝图》《数字化成长》等。

商品与服务的方式。

传媒、音乐、文学、电影、软件等行业首先受到维基经济的冲击。博客、聊天室、搜索引擎、广告拍卖、点对点下载和个人广播都展现了娱乐、交流和交易的新方式，接下来是工业制造等其他传统领域。唐·泰普斯科特说，在维基经济中，"失败者创建的是网页，而胜利者创建的则是生机勃勃的社区。失败者创建的是有墙的花园，而胜利者创建的则是一个公共的场所。失败者的创新是在公司内部进行的，而胜利者的创新则是和用户共同进行的。失败者精心守护他们的数据和软件界面以防被盗，而胜利者则将资源与每个人共享"。正如鲍勃·迪伦[1]所唱的："它很快就会震动你的窗棂，动摇你的高墙。"因为时代在改变。

企业领导者运用维基经济学，可以在生产、营销、人力资源等诸要素上得到启发。比如对于人力资源管理，企业可以突破内外企业的界限，利用企业外的无限的社会智慧，这将是一场管理思维上的大跨越。对于个体而言，维基经济学或许将彻底改变一些人的职业生涯观念，越来越多的自由职业者将出现，"威客"会遍布世界，弹性的聘用制将被更多公司采用。

三、互联网经济的运行特征

企业组织已经戏剧性地改变了，长远型的大规模企业组织崩溃了，协作方之间的联系不再像当初的汽车工业那样长期稳定，联系实际上源于项目，而这些项目是由产业网络支持的，这就是网络企业，这就是新模式企业，与工业时代的大规模企业是完全不同的。

——曼钮尔·卡斯特尔（美国南加州大学传播学院教授）

互联网经济的运行特征，是上述理论在实践应用中的具体化和实例反证。

1. 价值的外部性

互联网的基本哲学从理论上讲，是中立和无控制的，任何人都没有决定权。网络的任务就是如何更好地传输数据和信息。网络表现出很强的使用外部性[2]特征，即用户不

---

[1] 鲍勃·迪伦（Bob Dylan, 1941—），美国摇滚歌手、民谣艺术家、作家、演员、画家，先后获奥斯卡最佳原创歌曲奖、金球奖最佳原创歌曲奖、普利策奖特别荣誉奖等。

[2] 外部性又称为溢出效应，最早由剑桥学派代表人物马歇尔和庇古在20世纪初提出，指一个人或一群人的行动和决策使另一个人或一群人受损或受益的情况。分为正外部性和负外部性。阿尔弗雷德·马歇尔（Alfred Marshall, 1842—1924）是近代英国著名的经济学家，新古典学派的创始人，他推动经济学发展成为一门独立学科。庇古（Arthur Cecil Pigou, 1877—1959），英国著名经济学家，在他的代表作《福利经济学》一书中提出了"庇古税方案"，提倡对有正外部性的活动给予补贴，并以此享誉后世。

仅能从自己的使用中获益，还能从其他人的使用中获益，也就是遵循梅特卡夫定律。假定某个人向网络系统中增加了一个有价值的信息后，每一个使用这个信息的用户都会增加了1个单位的价值，如果有N个人使用了这一信息，这N个人就获得额外N个单位的价值，这样，入网外部性共有N个单位的额外外部价值。正是价值的外部性特征导致了网络的规模经济效应，即其发展规模越大，经济价值也随之增大，形成一个"赢者通吃"的市场。（见图5-7）

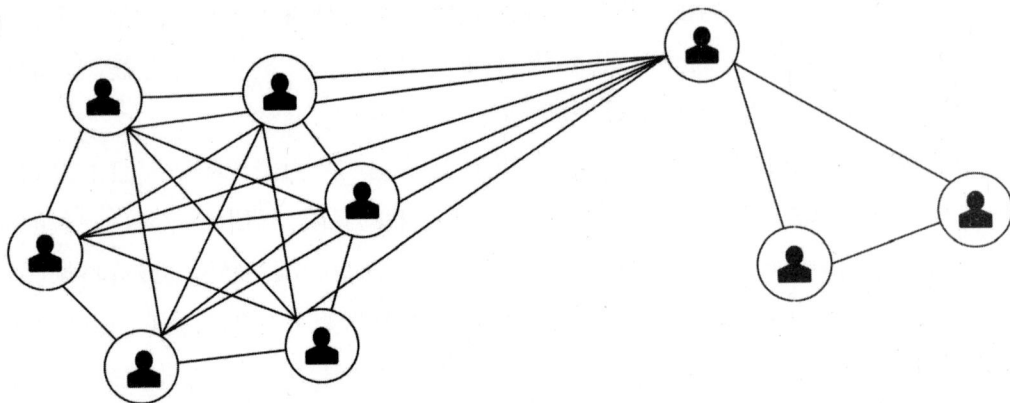

图5-7　软件产品的网络外部性或者需求方规模经济示意图

信息资源的奇特性在于它可以被无损耗地消费，如一部古书从古至今都在"被消费"，但不可能"被消费掉"，而且信息的消费过程很可能同时就是信息的生产加工过程，它所包含的知识或感受在消费者那里催生出更多的知识或感受，消费它的人越多，它所包含的资源总量就越大，随着上网人数的增长，网上资源将呈几何级数增长。

这就是信息的边际效用具有的递增性。信息在不断被全社会所共享的过程中，其价值不仅没有减少，相反却是一个不断增值的过程。即信息在传播的同时其本身也在发生着自我演化，当积累到一定程度，经过加工、处理、分析、综合，就可以使其内容和形式发生质的变化。信息的传递性和累积增值性必然导致随着信息的增多，从增加的信息中获得的额外效用也增高。

这其中的原因在于信息产品消费的特殊性。一是消费的路径依赖，也叫消费锁定。锁定效应是因为高转移成本。转移成本是用户熟悉一个软件或一个系统的学习成本，新的信息产品与原购置产品的不兼容性而造成的损失等。由于锁定效应，网络经济下的价值规律是使用某类产品的人越多，同类产品就会越多，其价值也越大。二是一旦市场上某种信息产品获得了消费者的广泛认同，这种产品的用户基数就会迅速扩大，同时与该产品格配套的辅助产品种类也会较多，进而该产品的用户就会更多，消费者所能获得的产品效用会更大，于是形成一种正反馈循环，呈现出自发性扩张的趋势。

因此，互联网的威力不仅在于它能使信息的消费者数量增加到最大限度（全人类），更在于它是一种传播与反馈同时进行的交互性媒介，这是它与所有传统媒介不一样的地方，是最为彻底的颠覆和创新。于是它催生了一门新的经济学——信息经济学，信息经济又催生了知识经济和创意经济。信息经济也叫第四产业，它不仅不会排斥农业经济、工业经济、服务经济的存在，相反会通过信息化后提高这三种经济的水平。信息经济在现在整个经济活动中越来越居于主导地位。

2. 成本的递减性

传统经济学的供给—需求曲线简单地认为，随着资源被消费，其制造成本会增高。比如矿产开发，易开采的完成后，后期的开采成本需要更高的出售价格来支持，因此，供给曲线是向上倾斜的，价格随着供给的增加而增加。如果从需求角度看，供给越多需求就越乏力，愿意为之付出的价格就越少，因此需求曲线是下降的，价格随着供给的增加而下降。

但是在互联网经济里，由于信息、创意、观念作为生产要素，充裕法则发挥作用，免费思维大行其道，上述两种曲线则反转过来，因此经济学家保罗·克鲁格曼说，你可以把整个互联网经济总结为"在网络经济中，供给曲线向下，而不是向上倾斜，需求曲线向上，而不是向下倾斜"。

其中，最重要的原因是，网络信息产品具有特殊的成本结构：先期投入成本高，包括前期投入的高额固定成本，后期投入的成本低，特别是软件产品复制成本极低，可变成本低。

商品经济发展到市场经济高级阶段后，交换契约的达成，交易双方除了博弈生产成本外，主要因素是交易成本[1]，包括传播信息、广告、与市场有关的运输以及谈

---

[1] 交易成本又称交易费用。交易成本理论是由1991年诺贝尔经济学奖得主科斯（Ronald H. Coase）提出的。他在《公司的本质》一文中认为交易成本是"通过价格机制组织生产的，最明显的成本，就是所有发现相对价格的成本"、"市场上发生的每一笔交易的谈判和签约的费用"及利用价格机制存在的其他方面的成本。他认为，古典经济学和新古典经济学的重大理论缺陷是没有专门的制度理论，通过引入边际分析和边际交易成本概念，使得各种具体制度的起源、性质、演化和功能等的研究，创立了可以经验实证的制度分析方法。2009年诺贝尔经济学奖得主威廉森（Oliver Williamson）把科斯的交易成本理论系统化，并把新制度经济学定义为交易成本经济学，在20世纪80年代初期出版《资本主义经济制度》一书，广泛考察和研究了资本主义的各种主要经济制度，包括市场组织、对市场的限制、工作组织、工会、现代公司、公司治理结构、垄断与反垄断和政府监管等，把交易成本的概念应用到对各种经济制度的比较和分析中，建立了一个全新的分析体系。

判、协商、签约、合约执行的监督等活动所花费的时间和货币成本。而交易成本的高低，主要的因素是取决于信息对称性[1]的高低。这在传统经济领域是无法回避的瓶颈问题。

西方网络经济学家给网络的定义为：网络是由具有强烈互补性的"集"和"链"构成的，网络提供的服务需要两个或更多的组成部分，经济主体之间的相互作用形成一个"集"——经济行为主体的"集"和经济链的"集"。网络经济是真实网络和虚拟网络的"叠加态"。真实网络的实物资本和人力资本之总和构成真实网络的沉没成本[2]。这种沉没成本构成了进入和退出特定的真实网络的重要壁垒。而虚拟网络却与此不同，它是能兼容产品（分享一个共同的技术平台）的一种组合，各种数字产品能在共同技术平台的网络链上进行流通。于是，一种人类以前从没有过的交换形式以颠覆性的姿态出现了——互联网经济。之所以称之为颠覆性的，就是因为它打破了传统交易成本的边际效应和信息不对称性问题。交易方式不再是当面交易（或者钱货两清），而是通过互联网不见面完成交易，信息传递成本大幅降低，并挤压简单信息不对称形成的利润空间，促成创造、发现和传递新信息的高效机制。

西方经济学的厂商理论是以制造业为实践背景形成的理论体系。在以物质产品为中心的经济分析中，无论是短期成本曲线还是长期成本曲线，当生产量达到规模经济的起点后，边际成本都呈现出递增的趋势，原因在于一旦产量超过固定资产所能容纳的限量后，生产效率就会下降。边际成本增加了，但是产品价格并不能随之增加，边际收益呈现递减趋势。而网络经济主要由三部分构成，一是网络建设成本，表现为折旧①，二是信息传递成本②，三是信息搜集、处理、制作成本③。由于信息网络可以长期使用，并且建设费用和信息传递成本与上网人数无关，因此①和②的平均成本呈现递减趋势，只有③与上网人数呈现正相关，即上网人数越多，所搜集、处理、制作的信息就越多，这部分成本会增大，但是平均成本和边际成本却呈现下降趋势。把三部分成本综合起来，平均成本会随着使用上网人数的增加而呈现明显的递减趋势，边际成本也会随之递减，而收益却随着上网人数的增加，而同比例增加，规模越大，总

---

[1] 1996年度诺贝尔经济学奖获得者英国剑桥大学詹姆斯·米尔利斯（James A.Mirrlees）和美国哥伦比亚大学威廉·维克里（William Vickrey）教授，在信息不对称理论中指出，在市场经济活动中，各类人员对有关信息的了解存在差异，掌握信息充分的人，在市场交易中处于有利地位，而信息贫乏的人，则处于比较不利地位。中国的俗话经常说"买的没有卖的精"，就是典型的信息不对称造成的。

[2] 2001年诺贝尔经济学奖得主斯蒂格利茨在《经济学》一书中说："如果一项开支已经付出并且不管做出何种选择都不能收回，一个理性的人就会忽略它。这类支出称为沉没成本（sunkcost）。"交易成本是沉没成本的重要来源。例如，解雇工人、培训、谈判成本、运输成本、在买卖间信息不对称等都会进一步减少再出售价格。

收益和边际收益也越大。

　　徐高借助经济学供需分析工具来对这种互联网经济现象进行了深入分析[1]。他以小米公司作为案例进行解剖，认为小米模式是互联网技术应用到商业后，互联网技术降低了生产成本、让客户群体极大扩张之后，因庞大客户基数的特性而出现的商业模式。主观需求程度高的客户愿意为产品支付高价格，需求度低的客户只愿支付较低价格。随着产品价格的上升，愿意为产品掏钱的客户数量会下降，这就是人们所熟悉的向下倾斜的需求曲线。同时，厂商往往面临着边际成本上升的局面。产量越大，就需要越高的售价来弥补成本，就是向上倾斜的供给曲线。需求曲线与供给曲线的交点，就对应着实际交易的数量和价格。在传统生产技术之下，生产的边际成本会快速上升，将其画在供需图上，就对应着一条较为陡峭的供给曲线，它与需求曲线的交点不会离原点太远。徐高将这个位置称为需求曲线的"近尾"位置。（见图5-8）

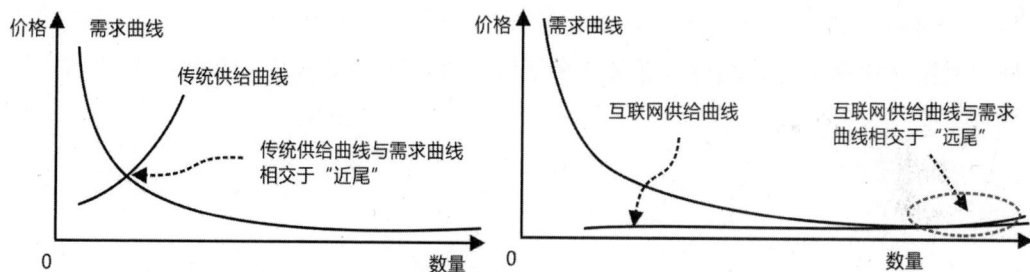

图5-8　互联网边际成本经济学分析示意图

　　但互联网改变了这一切。它极大降低了信息传递成本，因而很大程度上降低了厂商的边际成本，互联网甚至可以把边际成本压低到零。比如，在网上把一首歌多卖给一个人，显然不会带来什么额外的成本。而对那些实物产品来说，虽然生产成本可能难以改变，但营销费用却可以利用互联网来压低。成本的降低意味着厂商能够服务的客户数量大幅增加。在供需图上，表现为供给曲线的大幅下移。这样一来，供给曲线与需求曲线的交点就大幅外推。这个远离原点的新位置就是需求曲线的"远尾"，以便与传统供给曲线对应的"近尾"区域做区分。从"近尾"到"远尾"虽然只有一字之差，但在客户特性以及商业模式上却有着根本性的差别。这正是互联网思维和传统商业思维之间的差异所在。

---

[1]　《互联网思维的经济学逻辑》，载于《华尔街日报》，2014年4月11日。

3. 市场的两极分化性

所谓两极分化性也叫马太效应,或者达维多定律[1]。达维多定律认为,进入市场的第一代产品能够自动获得50%的市场份额,所以任何企业必须第一个淘汰自己的产品,尽管可能当时的产品还不尽完善。比如英特尔公司的微处理器并不总是性能最好、速度最快的,但是英特尔公司始终是新一代产品的开发者和倡导者。英特尔公司在1995年为了避开IBM公司的PowerPCRISC系列产品的挑战,曾经故意缩短了当时极其成功的486处理器的技术生命。1995年4月26日,许多新闻媒体都报道了英特尔公司牺牲486,支撑奔腾586的战略。英特尔公司的微处理器并不是最优的,但它几乎是所有新产品第一代的推出者。微软公司的操作系统,通过和IBM的战略联盟,成为市场的主流产品,无人能及。在网络经济中,由于马太效应,消费者的心理反应和行为惯性,在一定条件下,优势劣势一旦出现,就会不断进行自我强化,出现滚动的累积效应,造成优劣强烈的反差,造成强者愈强、弱者愈弱的格局,甚至出现赢者通吃现象。这种消费者惯性产生的黏性在所有的网络产品中都存在。同梅夫卡特法则一样,其描述的都是产品特性对消费者行为的影响。这种情形在我国的网络经济中也不例外。

---

[1] 达维多定律是由英特尔公司高级行销主管和副总裁威廉·H·达维多(William H Davidow)1992年提出的。一家企业如果要在市场上占据主导地位,就必须第一个开发出新一代产品。

第六章　互联网流变风向标

工业革命把人变成机器，信息革命把机器变成人。

——刘锋《互联网进化论》

互联网领域以及被互联网"感染"的领域，变化可以说是日新月异。但是一个基本的规律是人们不断运用技术创新的成果，千方百计去适应和满足消费者永不知足的胃口。

一、阵地：从PC互联转向MI互联

随着移动互联网的出现，人们开始重新连接，在宽阔的世界里与更多各种各样的人们相连，受其影响就会改变想法，改变想法就会改变行为。

——利物格罗斯曼美国（《时代周刊》首席编辑）

世界上最遥远的距离，莫过于我们坐在一起你却在玩手机。

——移动互联网时代网友的哀叹

这里MI是Mobile Internet的简写，是指我们的工作和生活因移动互联网而改变，而不是Minute Internet，即所谓"微时代"（微信、微店、微支付、微博、微活动、微推送、微服务、微创新）。"互联网+"主要是"MI+"。今天这个趋势的形成，大致经历了三个阶段，分别是个人计算机互联网（Personal computer，简称PC）、移动互联网（Mobile Internet，简称MI）和物联网（Internet Of Things 简称IOT）。而当前毫无疑问正处于PC互联网全面向移动互联网过渡的时期。

我们来看一看互联网发展的几个历史逗点。

1981年8月12日，IBM正式发布IBM个人电脑，并在一年之后公开和形成了个人电脑的"开放标准"，使不同厂商的标准部件可以互换，形成个人电脑产业链，也正式宣布人类进入个人电脑（PC）时代。

1995年8月9日，网景浏览器上市。互联网时代的主要产品形态就是浏览器。浏

览器大战（主要是网景浏览器与微软IE浏览器的战争）的结果是在1998年年底，IE全面获胜。

2004年8月，谷歌上市，一年后，更懂中文的百度上市。谷歌的出现，部分上解决了人们如何在海量信息中寻找自己需要信息的难题。搜索引擎成为互联网时代杀手级的生产力应用。

2006年，Facebook成为互联网时代里的杀手级沟通产品，让不同的人"连接"在一起，标志着进入互联网社交时代。

2007年1月，乔布斯发布第一款iPhone，第一次定义了移动时代的产品形态：智能手机。多点触控、高速互联网连接加上APP Store，标志着人类开始进入移动时代。

有一句流传的网络语言说，如果书籍是人类进步的阶梯，那么移动互联网就是人类进步的电梯。如果说PC是无所不能大而全的产品，互联网是无所不知的知识库，那么移动设备就是无处不在的计算与连接。借助移动设备，尤其是智能手机，人类社会通过设备连接，人与人之间的关系第一次变得如此紧密。这也决定了移动时代杀手级的生产力应用应该是沟通人类线上线下两个世界的产品。社交媒介由桌面转移到移动端，带来了更具平民化的普及。比如微信群体里有很大一类人虽然不会用PC上网，甚至不会聊QQ，但他们玩微信是行家。互联网通过移动互联网，普及率迅速上升，网民数量大大增加。（见图6-1）

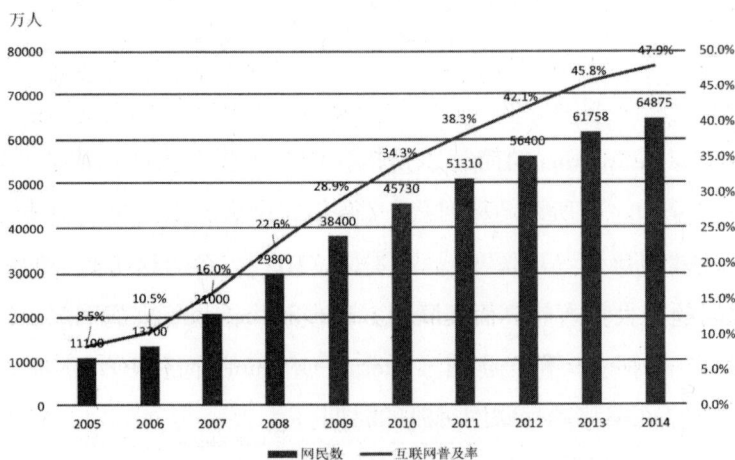

图6-1　中国网民规模、互联网普及率与城镇化进程
（来源：《2013中国互联网络发展状况统计调查》）

2011年智能手机出货量达到1.06亿台，标志着移动互联网时代正式到来。前瞻产业研究院发布的《中国移动互联网行业市场前瞻与投资战略规划分析报告前瞻》数据

显示，截至2013年年底，中国手机网民超过5亿，占比达81%。互联网发展至今，PC互联网已日趋饱和，移动互联网却呈现井喷式发展。

2014年，随着4G的普及应用，人类互联网历史上最大的迁移趋势基本定格，后移动时代的大幕就在2015年徐徐拉开。根据中国互联网信息中心（CNNIC）报告显示，截至2014年6月，中国网民规模达6.32亿，其中手机网民达5.27亿，网民中使用手机上网的人群占比提升至83.4%，第一次超越80.9%的传统PC上网比例。第35次中国互联网络发展状况统计报告显示，截至2014年12月，我国手机网民规模达5.57亿，网民中使用手机上网的人群占比由2013年的81.0%提升至85.8%。网民在手机电子商务类、休闲娱乐类、信息获取类、交通沟流类等应用的使用率都在快速增长，移动互联网带动了整体互联网各类应用发展。在具体业务中，相比2013年，2014年手机购物、手机团购和手机旅行预订网民规模增长率分别达到42.0%、25.5%、65.4%。根据Analysys易观智库产业数据库发布的《中国移动互联网数据盘点&预测专题报告2015》数据显示，2014年中国移动互联网用户规模增速走低，用户数达到7.3亿人，与2013年相比增长11.8%，继续保持着超越PC端用户量的态势。互联网发展重心从"广泛"向"深入"转换，各项网络应用深刻改变网民生活。移动金融、移动医疗等新兴领域的移动应用多方位满足了用户上网需求，推动网民生活迈向全面"网络化"。

从个人到企业，移动互联网的影响正在深化。目前移动智能终端已经完全突破通信、游戏、获取信息、移动支付的范围，被越来越多的用于推进企业信息化方面。未来几年内，国内企业在移动信息化应用方面的投入会以50%以上的速度增长。图搜天下CEO刘学臣表示："如果你今天已经接受IBM、Oracle、SAP、用友、金蝶这些企业用PC帮助解决企业信息化的问题，那么你今天就应该接受用移动智能终端来帮助企业解决销售管理信息化的问题。"移动智能时代已然来临，用智能终端解决企业销售管理的信息化问题是大势所趋。而实际上，仅仅解决销售管理的问题，已经不再是企业的终极目标。在首届中国移动生产力大会上，中国信息经济学会副理事长吕廷杰表示："曾经互联网发展和传统新技术成长路径一致，多从军方运用转向产业应用，逐渐进入消费领域；而现在移动互联网的发展路径则出现了应用形态的不同，先从消费娱乐工具发展，下一步转变成产业命运，从消费到生产，从价值转移到价值创造。"移动信息化解决方案的一大特点就是，打破了企业管理的旧框架，延伸到企业的所有成员。在企业外部，员工在随时随地任意访问数据的需求急剧上升，并对数据使用的灵活性和高效性有很高期待。在企业内部，IT经理需要保障高效的业务运营并确保基

础架构不会宕机，这其中包括提升应用程序的性能和响应速度并确保设备的可管理性。随着越来越多的中国企业认识到移动信息化的价值，并开始期待将移动应用引入到自身日常运营、市场营销等各个环节之中，各种不同的行业尤其是传统产业，也开始因为与移动互联的融合产生新的变化，成为它们转型的有利契机。其中，移动金融、移动医疗、移动教育，更是成为行业内关注的焦点。

移动互联网相比于PC互联网，使用人群分布不一样、消费心理不一样、消费行为不一样，更大程度上改变着人类社会的生活习惯，引领着未来商业的发展趋势。移动互联网的核心是实现了"五位一体"：人、机器、时间、地点、支付，五位一体。五件事合在一起，就把社会的剩余资源释放出来了。比如滴滴打车、美国的Uber，它们的估值为什么那么高?滴滴打车把闲置的出租车司机的时间更高效地释放出来，同时消费者的需求也被精准地释放。两个闲置资源一叠加，就会产生巨大的价值。因此，移动互联正以前所未有的力度改变着传统企业的商业模式、运营模式和管理模式。移动互联网主要呈现出以下特征。

(1) 随时在线化：以手机为代表的移动端正在成为人们的一个"电子器官"。手机使用时间长，几乎除了睡觉，人们都和移动设备在一起，比PC端多出数倍的时间。长时段的在线化加快了信息流动的速度和频率，信息量更大，时效性更强。全天候、全地点不受时空约束的在线常态化，使消费需求、消费决策、消费交易的形态和传统模式发生了决裂。未来的商业竞争，不再是传统的空间之争（卖场和渠道），而是时间之争，看谁离消费者更近，更能全天候服务，能更快速响应用户需求。传统卖场的触角是解决消费者的空间半径，按照二八原则一个卖场的绝大多数消费者来自卖场3千米的辐射半径。移动互联网时代的商业模式正在由空间半径转换为时间半径。

(2) 行为碎片化：随着"50后"的谢幕，"60后"的衰老，在数字语言环境成长起来的年轻人正在成为消费主流。传统的"一批一批的消费者"时代正在黯然退场，"一个一个的新型消费者"的时代正在大踏步走来。与第一个特征相连的是消费行为的碎片化，主要是因为时间的碎片化、信息的碎片化和需求的碎片共同作用的结果，消费者随时随地都可以在微信、微博上接收和生产信息，随时随地挤出时间在网站上购物。传统企业的渠道、PC互联网的流量都被移动互联网肢解得支离破碎，社群营销悄然兴起，更为细分的市场出现。

(3) 应用场景化：从2011年时提出O2O的概念到现在，O2O已经历了一个从概念到完整落地的过程。O2O不仅是线上支付、线下消费，而且可以衍生出各种各样的新商业模式。比如线上传播，线下购买（传统门店零售）；线上购买，线下消费（服务性产品的门店消费);线上购买,线上供应(邮购的变种);线下聚客(体验),线上购买(定制化产品);线上购买,线上消费(上门服务)。O2O的核心就是场景化,实现人的需求的即时呈现。2013年的移动起势为O2O夯实了基础。由于生活消费的移动互联网化,O2O将直接改变我们每个人作为消费者对生活服务类商品的消费行为,从而使作为消费者的每个人的生活理念从"为产品而消费"改变至"为生活而消费"。可以说,移动互联时代是场景的时代。移动互联网时代,随着各类新型应用和体验的爆炸性增长,面对各类移动互联网的应用,用户经常会感觉目不暇接,无所适从。在快速的变化中,用户只关注当下场景的状态。"应用场景化",就是把看起来无关的应用跟具体的场景连接在一起,以用户场景为出发点,把用户的需求改进成"应用场景化"的合理有效的组合,这可以说是未来针对用户体验"一体化"服务的方向。从用户角度出发,要在缤纷复杂的各类应用中找到最为关注和喜欢的业务;从互联网应用供应商的角度出发,要把新型的应用进行推广,推送给真正的目标客户。应用的"场景化"能够在碎片的时间里整合各类服务和应用,提供一体化服务,按照差异化的场景管理,把精彩的业务推送给用户,对用户来说,从感知的角度关注应用的价值远大于产品层面提供的选择感知。通过移动"应用场景化"的整合服务,未来的用户能够在享受互联网应用的同时,更好地选择符合自己使用习惯和要求的应用。"应用场景化"现在已经运用到电信、金融、零售、服务等各个行业。比如"百度天眼"是一款用全新视角发现更真实世界的产品。从飞机起飞之后,到飞机降落之前,这段时间内的飞行动态,人们往往无法随时随地获知,总带着或多或少的神秘色彩。2014年12月上线的这款APP却改变了这一境况,它像开了"天眼"一般,用大数据的方式揭开了航班飞行动态的神秘面纱,你可以通过这个应用,随时随地看到全中国在途飞机的实时飞行动态、航班详情,享受和塔台工作人员一样的检测飞机的体验。

(4)需求个性化:马斯洛的需求层次理论将人的基本需求划分为五个层次,即生理的需求、安全的需求、社交的需求、尊重的需求、自我实现的需求。自我实现的需求,是人基本需求的最高层次。当今社会是一个物质丰饶的时代,人们的基本需求总体上得到了满足,于是越来越渴望得到更高层次的满足,新的需求随之便诞生了。人们通过个性化需求的满足来实现自我。个性化需求就是人的需求的最高形式的一种体现。移动互联网给个性化需求提供了前所未有的可能,尤其是"80后"及其以后的一代,他们更加趋向于需求的个性化,展现自我个性,体现出自我价值。于是,各种各样的个性化需求便应运而生,从穿着、用品、食物,到网站、家电、婚礼、旅游、礼品等全面个性化。人的个性化需求催生出一个个性化世界和一个全新的消费市场,个

性化定制大行其道，世界变成了五彩缤纷的世界，谁能在个性化需求市场中赢得消费者青睐，谁就能成为移动互联网时代的赢家。

（5）商业去中心化：互联网改变人类社会的，首先是连接方式的改变。更快、更广的范围、更方便的连接，形成人的连接、物的连接、组织与人的连接。在传统经济时代，互联网对经济活动信息的组织，主要是对"物"的集成（网页的搜索和门户平台以产品/服务为核心），移动时代则转移到以"人"的"行为"为核心——随时、随地以场景为背景的行为。这种"人的行为数据"比先前的物理数据更加精确、直接和相关。同时在移动互联网时代，"连接"有了质的进化：连接的物、连接的方式、连接的速度、连接的地理范围、连接的时间长度，以及连接的生活情境都大大扩展。移动互联网把分散的用户通过快速、实时的网络，连接成为一个整体，从而形成消费者主权时代，使原来居于优势地位的企业组织成为相对弱势的一方。原来以PC连接为基础的传统互联网，其网络结构其实也是一个"中心"。比如，门户网站就是传统网络的"中心"；电商平台是电子商务的"中心"，在这个虚拟商城，商家和用户在一个虚拟商业中心交易消费。在移动时代，信息的聚合变得随时随地随心，网络连接的端口，从物理走向无线，从单一走向多元，于是，去中心化不可避免地出现了。

（6）链条去中介化：阿尔文托夫勒在《第三次浪潮》中首先提出这个概念，是指由于企业降低成本的压力和电子商务的发展使得传统意义上的中间商人失去机会，或者批发商将消亡。互联网"去中介化"带动了企业交易链条的变革。PC互联网时代产生了很多"中介"商，携程是典型的传统网络"中介"，它通过用户的数量聚合，基于对酒店、航空公司的强大议价能力，为用户提供旅游出行相关的服务。但随着移动社交网络的发展，当酒店、航空公司可以直接与消费者沟通的时候，携程一类公司也就变成了被OTT（Over The Top）的对象；随着用户使用移动工具上"大众点评"等一类的软件应用，沟通更便捷、更低廉，必然减少对OTA（Online Travel Agent在线旅行社）中介平台的依赖。传统媒介也面临着同样的窘境，企业的广告信息原本需要通过它们传达给消费者，但现在企业则通过近乎零成本的社交网络来实现。虽然传统的中介消亡，但是新的中介形式又出现了，也就是电子商务网站的出现，它的本质还是中介，是一种再中介。在B2C商务模式中，生产商绕过批发商和零售商，直接将产品出售给消费者，或者批发商绕过零售商等中间环节，将产品直接销售给消费者，这两种情况都使许多中介企业失去生存空间。出租车行业的"去中介化"，滴滴、快的、Uber等打车软件的相继出现给传统出租车公司带来巨大的冲击和颠覆，58同城的58

到家、e家洁等家政软件也随着市场需求应运而生，安居客、搜房网等软件在房地产交易中大显身手，现在二手车市场也已开启了"去中介化"模式。

（7）用户部落化：未来的网络购物将由"交易性质"转变为"社交性质"。麦克卢汉认为人类社会经历了"部落化—非部落化—重新部落化"三种社会形态。在口语传播时代，人们处于部落化的状态。印刷技术带来的知识中心而形成"去部落化"时代，互联网技术的发展让人类沉浸在无穷的网络链接中，重新形成自己的小部落，部落之间是平行的关系，无限延伸，没有中心。网络社会成了一个具有部落深度和共鸣的社会。美国学者乔尔·科特金在《全球族：新全球经济中的种族、宗教与文化认同》一书中提出"全球族"的概念，人类社会地域的联系正日趋淡化，宗教、族裔及其文化特性成为连接人类的纽带。移动互联网时代部落化是未来的主流趋势，传统意义上的程序员已经不能驾驭像Facebook这样拥有10亿人的互联网王国。网络社群已经成为线下人与人之间沟通的补充和支撑。网络把一个符号和一个真实的人对接起来，实现社交活动的"O2O"，这就是互联网的社群化时代。海外咨询公司Forrester从网络社群行为下手来分类，将社群分为：创造者、评论者、收集者、参与者、观看者、不活跃分子。中国电子商务协会网络整合营销研究中心专家委员唐兴通的观察是，一个典型的社群成员成长轨迹是：发现注册成为一个网络社群成员，潜水一段时间学习；学会社群江湖的风格，习惯开始积极参与社群活动；经过一段时间的参与和奉献，网络社群生活变成常态化；如果极度专注，有可能成为网络社群的领导，获得网络上的地位；因时间、兴趣或其他原因逐渐远离某个社群，"迁徙"到其他社群部落。互联网上的社群发展趋势，越来越向着兴趣图谱在靠拢。社交网络中兴趣图谱对社交图谱的补充会变得越来越重要。他在微博里有一个观点："每一个有梦想的企业，在互联网都得建立好一个家。""社群"是人与人之间因为互联网连接而形成的某种关联，在移动互联网时代，网络与用户已经高度融合统一，人在网中，网在人际，人与人之间，社群与社群之间，每天会花大量时间与网络好友利用社交工具和其他网络工具产生信息交互行为，造就了Facebook、微博、微信等工具的普及。2014年"乐视网"举办了一场基于O2O思维的汪峰在线演唱会，在线付费观看人群达到7.5万人，即在网络上卖出去7.5万张线上电子门票，开启了"视频社群化"的先河。在社群化时代，人们在互联网的连接下形成了某种共同的心理诉求，因而聚集到一起，共同完成和参与一个事件。社群化就是在某个特定群体中形成某种共同的存在感和认同感，其意义就是要验证："我不是一个人，而是一个群体。"

由于上述特征的存在，移动互联网创造价值的规则就发生改变，出现了以下几组关系。一是时间和空间的关系，传统经济主要价值在空间尺度上，而移动互联网时代，是注意力经济，注意力是稀缺资源，谁能够拥有用户更多的注意力，谁就是赢家。二是线上与线下的关系。由于空间价值尺度的缩小，因此在虚拟世界线上的价值尺度会越来越大，形成线上线下的闭环，实现虚拟世界和现实世界的互联互通，就会形成创造企业价值的洼地。三是关系链和价值链的关系。PC互联网时代，"在互联网上，没有人知道你是一条狗"，而进入移动互联网时代，每个人都必须是以真实身份进入互联网，每个人的行为、关系、情感、需求都被详细记录，互联网实现了一次历史性的巨大跨越——从工具层面上升到社会关系层面，这个历史性的跨越的结果是形成了互联网上真实社会的网络化，虚拟和现实之间的关系日益模糊。因此，移动互联网连接的是真实的人和人的关系，关系链的广度、长度、温度和紧密度就是企业生存发展的空间维度，衡量指标是粉丝活跃度、用户体验满足度，价值链的顺序必须是先有用户再有产品和服务，和传统经济大相径庭。四是硬件和软件的关系。今后硬件的毛利率会越来越薄，趋近于零，比如小米手机，赢利模式更多来自于增值服务、软性服务，因此移动互联网时代的生存之道必须是硬件更硬，软件更软，互联网没有让世界变得简单，而是更加复杂，因为日益发达的技术释放了更为复杂的人性欲望，要满足人性欲望的无底洞，商业模式也彻底走上了一条没有终点、没有成法、不断变换的不归路。

（扫描二维码，精彩继续）

（扫描二维码阅读《"摇一摇+电视"：全新的传播体系》）

二、模式：从B2C转向C2B

所有的生产者和消费者，已经开始融合，你可以很容易地从一个消费者和观众转变为一个生产者，从而成为整个生产体系的一部分。

——伊藤穰一（美国麻省理工学院媒体实验室）

通过互联网实现的商业模式，也叫电子商务模式，主要有B2B、B2C、C2B、C2C、O2O等几种。一是B2B（Business to Business）模式，是指商家与商家建立的商业关系，是电子商务中历史最长、发展最完善的商业模式，能迅速地带来利润和回报，典型代表是阿里巴巴，严格说来应该是B2B2C。二是B2C（Business to Consumer）模式，就是供应商直接把商品卖给用户，直接面向消费者销售产品和服务。三是 C2C（Customer to Consumer）模式，客户之间自己把东西放上网去卖，是个人与个人之间的电子商务。四是 O2O（Online To Offline）模式，即将线下商务的机会与互联网结合在了一起，让互联网成为线下交易的前台。五是 C2B（Customer to Business）模式，由客户发布自己要些什么东西，要求的价格是什么，然后由商家来决定是否接受客户的需求订单。

前面四种电子商务模式，本质上都是以厂商、商家为主体，消费者为客体的商业模式，实质上都是 B2C。这 4 种电子商务对传统行业也产生 4 种程度不同冲击：第一种，如果产品或者服务能够被彻底地数字化，冲击最为彻底，比如胶卷、传统书店等；第二种，如果产品能够标准化，冲击最为严重，比如家电、服装零售；第三种，产品的标准化程度低，单品数量极多，需要通过 O2O 在线下开展体验的行业，受到的冲击相对较小，比如房地产；第四种，产品和服务没有办法从网上提供的，受到冲击的程度最小，比如餐饮业、理发美容业等。

传统企业转型为"互联网+"的最大变化在于，传统企业是经营产品，"互联网+"是经营用户。没有完成"互联网+"，企业与用户之间是断裂的，转型为"互联网+"后，厂商和用户都在线，保持充分实时沟通，厂商既要经营产品也要经营用户。本章我们在讲互联网世界观的时候，提到质能公式 $E=MC^2$，现在我们从互联网时代的经济角度来理解会有新的含义，其中的 C（用户、消费者、人）的二次方是让商业的原子弹爆炸的关键，换算过来就是"经济=商品×顾客^2"。如果我们只会经营商品，而不会经营用户，传统企业的转型就是一句空话，这也是当下众多传统企业困惑的地方和难题。

淘宝、天猫、京东等这类综合性平台电商模式，依靠垄断流量、批发流量的支撑，也许很快会走到了模式红利的尽头，未来将向微信电商、垂直品类电商、品牌电商、社区电商（LEC）、C2B、众筹电商等模式迁移。但是其中 C2B 会大行其道。这几种趋势性电商，本质上都是以 C（Customer）端为导向的。

我们之所以认为对于传统企业转型，C2B 是未来的主流模式，主要是基于互联网技术和互联网精神，尤其是进入移动互联网时代，消费者主权形成和消费者行为模式发生的变化。麦克卢汉在《理解媒介》的序言中指出："今天，经过一个世纪的电子技术的发展之后，我们的中枢神经又得到了延伸，以至于拥抱地球。""我们正在逼近人类延伸的最后一个阶段，即从技术上模拟意识的阶段。"在智能时代到来后，这个预言正在成为现实。工业时代形成的机械里程碑正在远离我们而逐渐退出历史舞台。信息技术正在彻底把人和机器融合到生产过程中。智能时代来临后，机器不再是机

械，而是具有可以记录、响应、反馈、分析、判断能力以及像人类一样的视觉、听觉、触觉等感知能力，于是制造商从一般的工业自动化向智能制造、精益制造、敏捷制造、柔性制造、网络协同制造等人机交互的方向进化和发展。当互联网发展到移动互联网、云计算、大数据、物联网等阶段后，普适计算成为常态，全球的设备和人都可以互联互通。于是在工业时代"生产决定消费"的法则下，衍生了一条并行的法则："消费决定生产"，也就是C2B成为现实。因为人机交互的法则，企业可以自动获取消费者数据和信息，企业为用户生产小批量、个性化、定制化的产品和服务的边际成本大大降低，于是制造商把消费者的信息和数据变成和设备、厂房一样重要的生产要素，并通过自动化、智能化的信息和数据分析处理，迅速满足消费者的需求。这样的结果是，因为互联网的存在，决定权转移到消费者手中，原来以企业为中心的大生产大销售格局转变为以消费者为中心的格局，商业生态系统进入了以互联网入口为王的时代，电子商务大行其道，就成为必然逻辑。商业范式或者商业模式正如英国演化经济学家卡萝塔·佩蕾丝在《技术革命与金融资本》一书中所论述的：技术-经济范式是一个最佳实践模式，它由一套通用的、同类型的技术和组织原则所构成，这些原则代表着一场特定的技术革命得以运用的最有效方式。

工业社会的生产方式是标准化、大批量生产，企业追求的是规模效益，与之相匹配的也只能是标准化、大规模消费，消费者的个性化需求被漠视，"无论客户需要什么颜色的汽车，福特只有黑色的"。网络社会崛起后，把消费者从标准化、大规模消费传统模式中迁移出来的条件就水到渠成，"以消费者为中心"的时代到来了。在这个新时代，消费者不但能够真正成为"上帝"，还拥有通过互动向厂商表达自己的真实意愿并满足自己意愿的权利。这是因为工业化大生产创造了充裕的产品和需求，市场早已由卖方市场逆转为买方市场，互联网又通过"长尾"把具有共同生活方式和相似需求的消费者组织起来，形成市场需求群体，从而对厂商形成有吸引力的"市场订单"，厂商对其需求及时响应，就可以完成一个C2B的闭环。不俗网创始人陈伟提出C^2B，聚合了N个共同需求的C，向工厂一起定制生产，而不是单个定制生产，既满足了个性需求，又降低了消费成本，对厂商来讲，可以做到无库存的生产销售，降低了生产风险，提高了生产利润。在原材料价格普遍上扬的情况下，采用电子商务C2B模式，不仅可以降低中小企业成本，而且可以打通虚拟市场扩大交易份额，进行企业结构性转变，使中小企业向半虚拟企业发展。

商业逻辑一旦形成，这种从工业社会到网络社会的变革就必然发生。

阿里研究院游五洋撰文[1]认为，从 B2C 到 C2B 的巨大转变，C2B 不应该仅仅被理解为个性化定制或大规模个性化定制，甚至不应局限于商品消费-生产领域，而应被理解为：一种由互联网与实体产业深入融合所驱动的技术-经济模式的转换。C2B 所代表的新范式涵盖消费、生产制造、物流、IT、金融等所有经济领域，既包括一整套通用技术、消费方式、商业模式，又包括企业组织方式、管理制度和劳动者本身，还涉及产业政策、管理制度、社会文化、教育和人的意识等方方面面。

在工业经济时代，技术-经济的模式是 B2C，即以厂商为中心，以商业资源的供给来创造需求、驱动需求的模式。通用的技术是能源&机械动力相关的技术，以驱动大规模生产、大规模部署商业资源的模式得以持续。B2C 典型的特征是标准化大生产、大众营销、大众消费、大流通。B2C 的模式不仅集中在工业生产领域，也体现在商业、农业、文化、社会生活各个方面。譬如，连锁经营实际上是工业大生产标准化、规模经济效应在流通领域的体现。

于是，互联网经济深刻地改写了传统的商业领域。在需求这一头，消费者首先被信息高度赋能，导致价值链上各环节权力发生转移，最大的转移是消费者站到了经济活动的中心；供应这一头，互联网提高了信息的流动性和透明性，减少交易费用，促进形成了新的社会分工和协作，根据市场需求，快速集聚资源，通过在线协作的方式重塑供应链，具体表现为长尾经济、创客、众包、维基、分享经济等新型模式。我们把这些模式统统概括为 C2B 模式，即以市场需求为原动力驱动商业资源聚合的模式。这里商业资源扩展到制造、营销、原料、物流、仓储、人力、IT、数据、金融服务等各个相关要素。这里的市场需求不仅仅是最终消费需求，也包括厂商需求，（厂商需求最终也是由消费需求驱动），产业会呈现出 C2B、C2B2B 的形态。例如，服装消费需求的个性化、社群化力量会让服装加工商采取柔性化生产，从而将需求信息传递到上游辅料商，进一步上传到再上一个环节的上游，比如印花厂等，使整个供应链条形成联动效应。尤其是在工业 4.0 这个概念从理论走向实践后，把智能工厂、智能生产、智能物流有机结合，未来制造业的商业模式就是以解决顾客问题为主，未来制造企业将不仅仅进行硬件的销售，而且通过提供售后服务和其他后续服务，来获取更多的附加价值，实现柔性制造，这就意味着个性化需求、批量定制造将成为潮流。这种趋势、实例和未来的路径、场景，我们会在后面制造业这一章，结合中国版工业 4.0 的认识，做进一步的展开。

---

[1] 游五洋：《从 B2C 到 C2B——互联网驱动的商业范式转换》，中国电子商务研究中心，2015 年 4 月 30 日。

【链接】天猫购物节预售模式助商家精准锁定消费者

2012年11月14日，天猫CEO张勇在"新旧零售的交锋"论坛上表示，"10月15日启动天猫双十一预售活动，预售模式对商家、对产业的震动，远远超过对消费者的震动"。

天猫提供的数据显示，仅仅一天，东北有机大米卖出14万斤，新疆阿克苏有机苹果卖出2.5万斤，家具建材卖出58万件，数码家电类10万件，整车卖出2100辆。天猫原创品牌茵曼是首次参与双十一预售的商家，应用了C2B（消费者驱动商家）模式，提前向消费者展示300个款式的双十一活动服装，根据消费者的需求和市场反应，最终筛选出180个款式进行生产，用于双十一销售，其中有2款预售超过2万件，效果惊人。预售模式的推出将有助于商家更加精准地锁定消费者、提前备货，更有效地管理上下游供应链。这被业界视作对C2B电商模式的新探索，也打响了天猫"双11购物狂欢节"的第一炮。"原来我认为超过一百亿都是有难度的"，张勇在会上列出了一连串的数字：2009年，淘宝商城销售额为5200万，2010年为19个亿，2011为52个亿，2012年为191个亿。与此相比，2012年国庆黄金周上海395家商业企业、5000多家网店的销售额也不过64个亿。张勇说，这个数字远远超出了自己的预期。他表示，预售模式是天猫看好的未来电子商务战略发展的方向。未来的电子商务一定不是B2B或者B2C，而是C2B，预售模式就符合这一点，这考验的是商家高效的供应链。

（来源：中外玩具网）

三、工具：从IT转向DT

互联网时代的悖论，一方面，互联网给了我们巨大的自由，任何人都能够畅所欲言，并被全世界知道，我们获得比历史上任何时候更大的自由，同时数字技术的进步，也同样意味着万事万物都能被追踪，经过追踪，个人信息和行为将显露无遗。

——大卫·温伯格（美国哈佛大学互联网研究中心高级研究员）

美国人对上帝的追求，是诚信友好的社会风气得以形成的根本原因之一；他们对数据的尊重，则彰显了理性的成熟。上帝能与数据共舞，是因为他们求的是诚、求的是真。真和诚，是人类内心最自然、最根本的需要。我相信，这也是中国社会当今最迫切的需要。

——涂子沛（《数据之巅》作者）

古希腊哲学家毕达哥拉斯认为数是万物本原，数据论即本体论，数据构成世界的本质。

数据可以量化一切。说出这个结论的是应用信息经济学创始人，国际上著名的测量师、决策分析师和风险管理专家道格拉斯·W.哈伯德。他提倡的应用信息经济学方法是一种量化的方法论，其成果已经广泛应用在跨国公司。他认为数据不仅可以描述客观世界，而且可以描绘精神世界和人类社会，形成数据化世界。这个全新的世界观，将进一步改变人类认知和理解世界的方式，也将改变人类的生产方式、生活方式和思维模式。它超越因果性，通过挖掘海量数据来形成知识、发现规律，从而对传统科学认识论带来了新发展，并由此可能形成大数据认识论这一科学认识新范式。吕乃基[1]认为，大数据认识论就是把非结构化的大数据（复杂世界的存在方式，就是非结构化中包含着结构化，混沌中包含着有序），按不同主体的不同目的转变为特定的结构化数据，使之对于特定的认识主体显得简约有序。由传统的认知科学到认知计算，"统计+分类−推理分析=决策"，大数据用事实向人类宣告："知其然不知其所以然。"《信号与噪音》作者奈特·西尔弗写道："不再强调意义的真实来源，而是强调意义如何被生产。"他的经典案例之一是，2012年预测奥巴马的直接得票与实际统计数值的差距在千分之一以内。

大数据有以下四个基本特征，简称4V。一是体量（Volume）大。截至2012年，数据量已经从TB（1024GB=1TB）升级到PB（1024TB=1PB）、EB（1024PB=1EB）乃至ZB（1024EB=1ZB）级别。而到2012年为止，人类生产的印刷材料的数据量总和是200PB。这个量级的数据已经超出任何单部计算机乃至大型机的处理能力。IBM的研究称，整个人类文明所获得的全部数据中，有90%是过去两年内产生的。二是多样（Variety）化。数据类型多，不同来源、不同结构，时效差异大，数据处理难度大，技术复杂。三是速度（Velocity）快。数据产生和变化很快，往往旧的数据还没有来得及加以处理，新的数据又蜂拥而至。四是价值（Value）密度低。平均到每个数据上的价值很低，但是整体商业价值大。

如今一个大规模生产、分享、应用大数据的时代正在到来。最早提出"大数据"时代到来的是麦肯锡公司："数据，已经渗透到当今每一个行业和业务职能领域，成为重要的生产因素。人们对于海量数据的挖掘和运用，预示着新一波生产率增长和消费者盈余浪潮的到来。"麦肯锡认为，大数据将是一个生产力的来源。IBM从数据本

---

[1] 吕乃基：《大数据与认识论之二：认识过程》，载于科学网，2015年4月29日。

身给大数据定义的四个关键词是"4个V"：数量（Volume）很大；形态（Variety）是结构化数据与非结构化数据的混合数据；价值（Value）上由传统的目标导向数据改变为记录导向数据；数据速度（Velocity）变成随时生成记录和随时调用，因为是网络化在线汇聚和储存。

在互联网时代尤其是移动互联网时代，海量的结构性和非结构性数据被产生。结构化数据，如SQL（结构化查询语言）数据，更多的是非结构化的数据，如音频、视频、图片和地理位置等数据。传统的数据，从测量到可用，耗时而且困难，美国统计学家赫尔曼·霍尔瑞斯在统计1890年人口普查数据时，即使发明了读卡机，也用了1年的时间才完成了原本耗时8年的人口普查活动。但是今天由于有了云计算，这些海量的数据被征服，信息的储存、分享、挖掘成为常态化。量变导致质变，一秒钟播放24幅画面就让画面变成视频或者电影。当我们增加所利用的数据量时，我们就可以做很多在小数据量上无法完成的事情。这就是大数据的科学价值和社会价值。"大数据时代的预言家"、《大数据时代》作者维克托·迈尔·舍恩伯格指出，大数据作为人工智能的一部分，核心价值是预测，在不久的将来，世界许多现在单纯依靠人类判断力的领域都会被计算机系统所改变甚至取代。大数据的精髓在于我们分析信息时的三个转变：第一个转变是，在大数据时代，我们可分析更多的数据，有时候甚至可以处理和某个特别现象相关的所有数据，而不再依赖于随机采样；第二个改变就是，当我们拥有海量数据时，绝对的精准不再是我们追求的目标，不是放弃精确度，而是适当忽略微观层面的精确度，会让人们在宏观层面拥有更好的洞察力；第三，因果关系是重要的，但是在大数据时代，应该更多地寻找事物之间的相关关系，我们不必知道现象后面的原因，只需要知道"是什么"，而不必知道"为什么"，只要让数据自己发声，就会注意和判断许多以前从来没有意识到的联系的存在。概括起来，小数据时代的特征是：随机样本、精准性和因果关系。大数据时代的特征是：不是随机样本，而是全体数据；不是精准性，而是混杂性；不是因果关系，而是相关关系。这几个改变带来的商业变革是，一切都可以数据化，文字、方位、沟通、世间万物都可以用数据量化，数据的开放、分享、重组、扩展，通过互联网信息技术挖掘和大数据思维，就可以成为公司的竞争力。

当然，我们今天强调相关性，并不是要否定因果性，同样大数据也可以证明因果性。2014年，美国国防高级研究计划局启动"大机理"项目，目的是发展可以发现隐藏在大数据中因果的模型。DARPA项目经理保罗·科恩说："拥有复杂经济、生物、神经和大气的大数据，不等于可以理解因果之间的深度关联网。这些系统中因果之间的深度关联网，我们称为大机理。""大机理的每一方面将与支撑或相反的数据建立起联系。""通过强调因果模型和解释，大机理将成为科学的未来。"[1]

"一花一世界"成为经验时代的写照，每个人都是盲人摸象。由于数据采样的随机性，每个人的经验不同，逻辑思维的方式不同，得出的结果也出现偏差，人们不得不尽量精确计算，以便于找出事物的因果联系。大数据时代，数据变成了全样本，信息量从样本信息变成全息信息，人们可以看见整个海洋的面貌。传统认识论的主体是人，大数据兴起后更注重机器认知和机器学习。人的认识对象改变为计算机呈现的间接客观存在——网络空间。于是，IT（Information Technology）作为一种普遍的信息技术正在让位于 DT（Data Technology）数据处理技术。马云2014年在一次演讲中说道："人类正从 IT 时代走向 DT 时代。"IT 时代的工具集中体现为"硬件+软件"，均为拥有者独享，其既是竞争优势，又是资产包袱，企业以自我控制、自我管理为主，实力雄厚的大企业是经济的主导者，坐拥 IT 资源垄断形成的丰厚利润，抑制创新和牺牲社会福利。而进入 DT 时代的工具则是"云计算+大数据"，它是以服务大众、激发生产力为主的技术，使用灵活，升级速度快，使用门槛低，共享性"接入"是核心，真正体现了互联网开放、分享、互动、共赢的精神，拥有创新性创意的中小企业和个人成为经济中的活跃因素。（见图6-2）这两者之间看起来似乎是一种技术的差异，但实际上是思维观念层面的差异。因此，马云强调说，未来的世界不是属于 IT 的，而是 DT，信息是对过去的判断，而数据是对未来的反映，谁掌握了数据，谁就掌握了未来。比如医疗，如果哪里的肝药销售量上来了，说明当地的水可能出现了问题；如果哪里的肺癌药销售量提高了，说明当地的空气出现了问题。这些才是数据的价值，通过数据反映出未来的趋势，谁能够完整地掌握这些数据，也就掌握了未来。"未来的竞争将不再按照电力等能源拥有量对区域竞争进行划分，今后拼的是人才和创新价值的能力，拼的是你的数据能够给社会创造多少价值，用数据挣钱才是未来真正核心所在。靠控制成本做生意，我估计以后这样的生意做不好，做不大。"因此，阿里巴巴的未来是做一个数据公司。

[1]　王鹏：《"大数据"需要一个大机理》，载于中国国防科技信息网，2014年8月20日。

IT (information Technology)	DT (Data technology)
信息	数据
我	无我
控制	去中心化
大而全	个性化
管理	服务
被动	预测
会过时	不断升级（迭代）
单点	多点聚合
产品	体验

图6-2　IT与DT对比图

维克托·迈尔·舍恩伯格指出，如今数据已经成为一种商业资本，一项重要的经济投入，可以创造新的经济利益。事实上，一旦思维转变过来，数据就能被巧妙地用来激发新产品和新型服务。数据的奥妙只为谦逊、愿意聆听且掌握了聆听手段的人所知。

2008年年初，阿里巴巴平台上整个买家询盘数急剧下滑，欧美对中国采购在下滑。海关是卖了货，出去以后再获得数据；而阿里巴巴提前半年时间从询盘上推断出世界贸易发生变化了。因为所有买家、卖家的询价和成交的数据，可以在统计上形成询盘指数和成交指数。这两个指数是强相关的。询盘指数是前兆性的。询盘指数异常下降，就可以预测未来成交量的萎缩。这就是大数据技术力量。这次事件，马云的提前预警，帮助成千上万的中小制造商打好提前量，赢得了影响和声誉。

未来的不确定性，是人类产生焦虑的根源之一，也是各类组织最为头痛的问题。索尼公司创始人出井伸之解释索尼衰落的根本原因时说："新一代基于互联网DNA的企业，其核心能力在于利用新模式和新技术更加贴近消费者、深刻理解需求、高效分析信息并做出预判，所有传统的产品公司都只能沦为这种新型用户平台级公司的附庸，其衰落不是管理能扭转的。"

由上述案例，我们可以看到，大数据是历史上首个可以预测人类短期行为的技术。将传统的市场调研智慧与大数据结合起来，定性分析和定量分析的嫁接会产生巨大的威力。一个大数据的时代降临了！

大数据是一个宽泛的概念，见仁见智。《大数据时代的历史机遇》一书的作者认为：大数据是"在多样的或者大量数据中，迅速获取信息的能力"。

麦肯锡于2011年5月发布的《大数据：创新、竞争和生产力的下一个前沿领域》报告将大数据概念从技术圈引入企业界，提出了5种可以广泛适用的利用大数据的方法：创造透明度，使利益相关者更容易及时获取大数据将产生的巨大价值；启用实验来发现需求，呈现可变性，提高性能；细分人群，采取灵活行动，通过更精确的服务满足客户需求；使用自动化算法代替或辅助人类决策，基于大数据的深入分析可以大幅降低决策风险，提高决策水平；大数据使各类企业拥有了改善和创新现有的产品和服务的机会，创新商业、产品和服务，甚至建立全新的商业模式。

对于产业来讲，一是利用算法来分析来自生产线的传感数据，优化管理；二是集成包括外部供应商和客户多种系统的数据来共同制造产品，提高高透明化和广泛可获取性的能力；三是利用可控实验，验证假设，分析结果，以指导投资决策及运作改变，提高决策准确性；四是利用数据来细分和定位用户，改变用户的体验，实现用户定制，使得实时个性化成为可能；五是帮助企业建立基于数据的产业链商业模型，形成信息驱动的商业模型。

围绕数据和最终用户，我们可以得出几个重要的趋势。

（1）数据行业产业化。《大数据时代》作者维克托说："未来数据将会像土地、石油和资本一样，成为经济运行中的根本性资源。"美国人是一个"上帝与数据共舞"的国家："我们信仰上帝，除了上帝，其他任何人都必须用数据说话。"上帝代表极大、极虚的神；数据是最小、最真的逻辑单元。既信奉上帝，又推崇数据，两者貌似对立，却在美国的大众价值观中自然融洽在一起。数据是一种新的生产要素，大数据的利用可以改变资本、劳动等传统要素在经济中的权重，涉及某一个行业和企业，是带全局

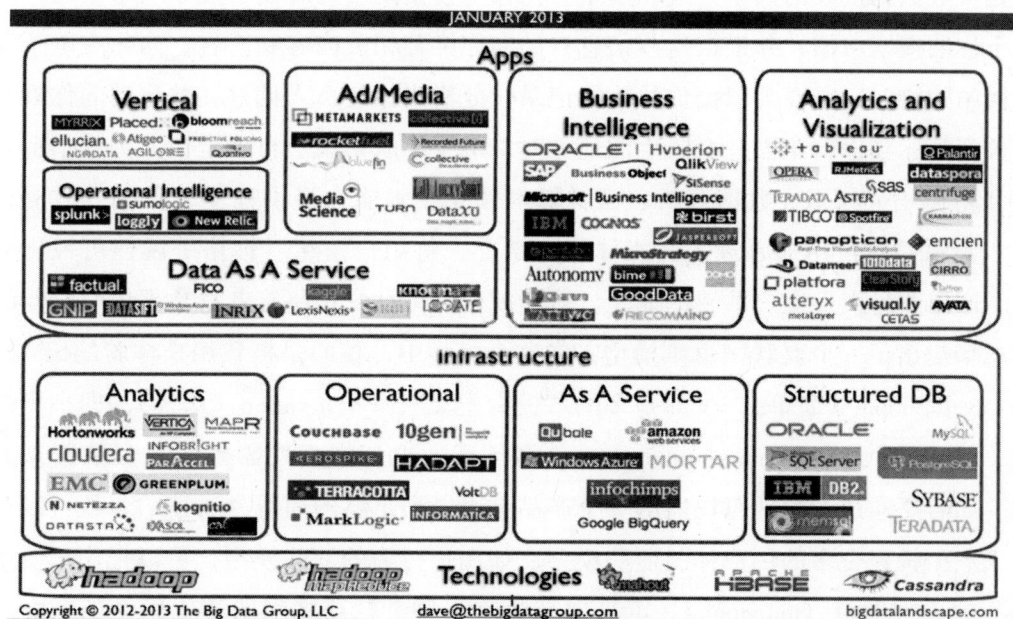

图6-3　大数据生态地图

（来源：《大数据产业生态地图2013版出炉》，载于IT经理网，Cashcow。）

性和战略性的信息化技术，因此数据产业化成为重要趋势。目前，全球IT行业以5.5%的速度不断增长，而大数据产业却以40%的增幅快速成长。IDC2013年发布《全球大数据技术及服务市场2012~2016年预测报告》显示，全球大数据技术及服务市场复合年增长率（CAGR）将达31.7%，2016年收入将达238亿美元，其增速约为信息通信技术（ICT）市场整体增速的7倍之多。数据产业包括数据采集、数据存储、数据管理、数据处理、数据挖掘、数据分析、数据展示，以及数据产品评价和交易。2012年，FirstMark资本的MattTurck绘制了大数据生态地图2.0版本，涵盖了大数据的38种商业模式，被业界奉为大数据创业投资的清明上河图。2013年Turck推出了大数据生态地图3.0版本，划分为大数据应用、大数据基础设施和大数据技术三个层次。（见图6-3）

（2）数据体验感性化。大数据时代是一个体验至上的时代。沃尔玛电子商务总监拉詹曼说："我们如果能够通过社交网络的大数据掌握消费者行为，我们就能以此重新定义消费方式。"实际上"大数据"早已很具象地来到我们的身边。当你只是无意间浏览过一个广告，或者曾对某个产品有兴趣留下惊鸿一瞥后，你会发现这个广告或类似产品会在你意想不到的页面出现，为了不引发你对广告的反感，你的手机和PAD可能加起来不会看到这个广告超过几次，在这含情脉脉的个性化服务背后其实就是大数据和复杂的数学公式和模型。当你上搜索网站的时候，搜索引擎公司会记录下你的搜索习惯，并根据这些信息自动向你推荐相关内容和广告；当你在电子商务网站购物时，电商会依据你的购物记录，分析出你的个人偏好，并自动向你推荐有关产品；当你驾车去一个陌生的地方时，电子导航系统会自动定位并为你指示方向和路径……利用大数据分析、云计算等领先技术能力提供社交、移动等数据分析，跟踪并解析用户心理，与媒体紧密结合，将用户情绪、性格等属性可视化呈现，产出更易引发用户共鸣的体验。曾经就任腾讯社交网络事业群数据中心总监的傅志华提出了一个互联网思维模型，在这个模型中，核心是极致用户体验的SIM原则：S指Simple（简单），少即是多的"极少主义"；I指iteration（迭代），即小步快跑，快速迭代；M指micro-innovation，微创新。这三方面均需要通过大数据来支撑。如若想通过大数据可以监测一个产品是否做到足够的简单（simple），就可以基于大数据构建很多的用户体验监测模型。如用户行为的漏斗模型，可以把用户使用产品的关键触点（touchpoint）定义出来，监测每个触点之间的转化率。如电商购物，用户进入首页、查看商品产品详情、把产品放到购物车、购买以及支付等是关键用户关键触点，通过监控各环节之间转化率以及从最开始的接触点到最终的接触点的转化率来衡量产品的体验是否做得足够好，足够简单。用户完成一个产品操作任务，用的步骤越少，转化率相对就越高。通过利用大数据进行有针对性的用户画像，并通过用户画像数据、用户行为和偏好数据，结合个性化推荐算法实现根据用户不同的兴趣和需求推荐不同的商品或者产品，通过算法真正地实现"投其所好"，以实现推广资源效率和效果最大化。

（3）数据价值资产化。维克托·迈尔·舍恩伯格说："虽然数据还没有被列入企业的资产负债表，但这只是一个时间问题。"这是一种新的价值主张和商业模式的基础。最近一项IT创新研究显示，大数据正在将客户置于公司战略的中心位置，45%以上的公司在过去两年中已采取了商业智能或者大数据相关的举措，90%以上的全球500强企业在一年之内会开展至少一个大数据项目。从大数据中得出的洞察成果已经使客户关系、产品创新和企业运营这三个领域出现了赢利和可持续性的增长。所有数据的价值与其说在于所获得的信息，不如说是在于如何从客户的角度看待这些信息，考虑顾客偏好的改变如何影响市场局面。数据要成为资产，一是数据被企业拥有和控制，二是数据能够用货币来计量，三是能为企业带来经济利益。虽然从拥有和控制的角度来看，多数企业的数据都符合资产要素要求，但是如何用货币对这些数据进行计量则存在技术问题。一般可以参照无形资产的计量规则，这样处理的好处是，考虑到研发因素，很多高科技企业都具有较长的投入产出期，通过对递延资产的摊销可以为企业形成有效税盾，降低企业实际税负。

企业IT 1.0时代	企业IT 2.0时代
管理数字化、IT资产化	产品数字化、数据资产化

图6-4 企业在不同IT阶段的不同聚焦点

互联网时代的大数据，80%以上都是非结构化数据，只有非结构数据才有价值。张瑞敏说："如果能够把它变得有价值就是大数据，否则就是大数字。"数字只是"僵尸"而已，"大数据"的实质在于"流动"，是在线化的数据。

工业时代企业的估值核心指标是现金流，互联网时代企业的核心估值应该是数据流。软件定义世界，数据驱动未来。肖风在《投资革命——移动互联网时代的资产管理》一书中，提出了企业数据流评估模型的四个维度：一是数据频度，是指数据必须来自与消费者的互动过程，包括点赞、评价、讨论以及搜索记录、购买历史等；二是数据速度，是实时数据、现场数据，具有时效性，企业处理数据做到了即时反馈和快

扫描二维码
精彩继续

速回应；三是数据维度，是全样本数据、多维度数据、非结构化数据；四是数据温度，必须是与用户相关的数据，是记录了人的行为、情感、思想、偏好、需求的数据，是粉丝"发烧"的数据。

（扫描二维码阅读《BAT互联网大数据应用》）

第七章　互联网催生新思维

在中国，任何超脱飞扬的思想都会砰然坠地——现实引力实在是太沉重了。

——刘慈欣《三体》

欧洲工商管理学院的 W. 钱·金（W. Chan Kim）和勒妮·莫博涅（Renée Maubor-gne）在《蓝海战略》一书中提出了两个概念。一个是红海市场——产业边界十分清晰确定，游戏规则清晰，市场空间拥挤，恶性竞争使得红海领域的竞争非常血腥。另一个是蓝海市场——是指没有开发的市场空间，意味着有创造需求和高利润增长的机会，有的是产业边界扩展出来的，竞争游戏规则还没有建立。基于这两个市场的不同特性，处于不同市场的企业应该采取不同的策略。红海战略因为是在成熟市场开展竞争，要遵循价值和成本互相替代规律，根据差异化或者低成本的战略，只能二选其一，是一种和竞争对手针锋相对的竞争。而蓝海战略因为是非竞争性市场，避开了和现有企业的竞争，就打破了价值和成本互相替换的定律，可以同时追求差异化和低成本，是一种通过市场细分和发掘用户需求进行的创新，也是一种用户和企业的价值都得到最大化的战略。要超越现有需求，使蓝海规模扩大化，企业的视野里不能只有顾客，还应该关注非顾客，并且要把非顾客的共通性需求放在个性化、细分市场之前来考量。在战略步骤上要遵循买方效用、价格、成本、接受四个顺序。寓执行于战略，让执行成为战略的一部分，为此要塑造忠诚奉献的企业文化。

互联网经济的快速发展，不仅很好地阐释了蓝海战略，而且对于互联网经济领域的进一步创新具有极好的启发价值。

这两年最热的词就是互联网思维，因为这个词已经超出了一种思维方式的范畴，而更像一种融汇了时代特征的现象。人们对这个词的认同和否认、褒扬和贬低都达到了一个很高的量级。企业家视角的互联网思维就是互联网炼金术，普通人视角的互联网思维就是使用互联网和BAT这类互联网大佬，反对者视角的互联网思维就是一群骗子的忽悠。

从前面有关互联网发展的历程中，我们知道互联网构建初期就是为了共享计算资源，分散风险。共享就意味着各种资源和信息在网络上传输和复制，自由地共享、分享成为互联网的天然基因，这种禀赋特征激发了商业上的免费思维和模式，即使收费也会随着用户量的巨大而极其低廉，使得所有进入互联网领域的商业组织都要考虑如何在免费的情况下实现赢利。共享和分享也形成了一种普惠精神。这些技术后面的精神文化不是肇始于互联网技术，却被互联网技术强化和传播，从而参与了互联网特质的塑造。

因此，互联网思维的产生水到渠成。

最早提出互联网思维的是百度公司创始人李彦宏。他说，我们这些企业家们今后要有互联网思维，可能你做的事情不是互联网，但你的思维方式要逐渐像互联网。中国宽带资本基金董事长田溯宁说："未来的企业要互联网化，每家企业都要有互联网的思维，在未来不用互联网方式来思考问题，就没办法在社会上展开竞争。"

360公司董事长周鸿祎提出四条互联网思维原则。第一，用户至上。用户不是客户，客户是一锤子买卖，买卖交易结束关系就结束。在互联网上聚集越多的用户，就会产生越大的化学反应。第二，体验为王。在传统经济里，很多时候给用户提供的产品，够用就好，能卖就成。但在互联网思维看来，用户选择成本很低，必须让用户感受超出预期，产生交易之外的感情上的认同，产生粉丝效应和口碑效应。第三，免费模式。很多人认为免费不是骗子就是不可能，因为"天下没有免费的午餐"，但互联网实践证明了这一点。免费服务能汇聚巨大的用户量，然后构建一种新的商业模式。第四，颠覆式创新。颠覆式创新刚出生时可能不一定是完美和先进的，但是可以在一个点上做到极致。[1]小米科技CEO雷军把互联网思维概括为七字诀"专注、极致、口碑、快"。

比较系统阐述互联网思维的是和君集团赵大伟[2]，他总结提炼了九大互联网思维：用户思维、简约思维、极致思维、迭代思维、流量思维、社会化思维、大数据思维、平台思维、跨界思维。赵大伟还依托波特的价值链模型，梳理形成了一个较为全面的互联网思维体系。（见图7-1）

---

[1] 周鸿祎著：《周鸿祎自述：我的互联网方法论》，中信出版社，2014年。
[2] 赵大伟主编：《互联网思维"独孤九剑"》，机械工业出版社，2014年3月。

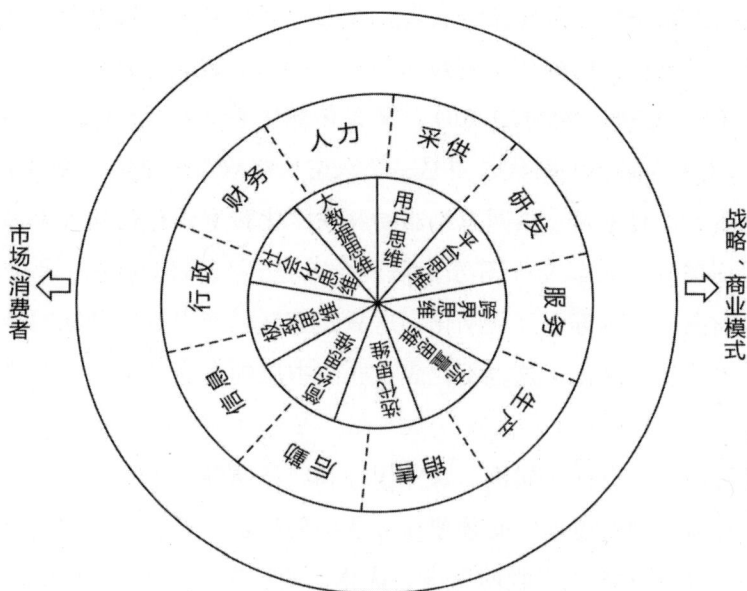

图7-1　互联网思维体系图

赵大伟指出，传统企业互联网化大致经过以下四个阶段：首先是传播层面的互联网化，即狭义的网络营销，通过互联网工具实现品牌展示、产品宣传等功能；其次是渠道层面的互联网化，即狭义的电子商务，通过互联网实现产品销售；然后是供应链层面的互联网化，通过C2B模式，消费者参与到产品设计和研发环节；最后是用互联网思维重新架构企业。

刘慈欣在《三体》里假设远古宇宙是七维的，但是因为频繁的高等生物间的战争，自我毁灭，从七维降低到六维，一直到三维、二维。有一种攻击武器叫二向箔，能够在一个三维的空间里，把三维空间变成二维空间，生存在原来三维空间的生物就会被杀伤。三维空间里面物体的分子原来分布在三维的空间里，有 XYZ 三个轴，变成二维了以后，原有的分子原子都不会减少，但是会平铺在二维的结构上，只有 XY 两个轴。可能一个杯子就会被铺的非常长，一个小鸟所有的五脏六腑都会以平面的方式展现在一个平面上，就像一幅画一样，但是会铺得非常大，每一个细节都展现出来，这就是降维攻击。

互联网竞争就是降维攻击。科幻小说本质上必须是哲学小说。因为科幻的想象力让你能够在时间、空间上来回变化，这就会涉及人类终极问题：生命从哪来？到哪去？意义是什么？科幻必须关心存在于内心深处的人性。科幻思维没有疆界，时空横亘全宇宙。这一点互联网跟科幻里的宇宙是相似的。

因此，传统企业转型，实现互联网化，思维转型是关键。阿里巴巴副总裁高红冰说："'互联网+'是在与传统产业重叠的部分产生一个增量，不是简单相加，而是在具备互联网思想、方法、能力的同时，又对传统的商业、经济、产业有很深的理解。"现在是一个跨界融合的时代，更是一个双重人格双重思维的"精神分离"时代。

在现实生活中，对于由互联网思维驱动互联网化转型还存在几种常识性误区，有必要画线区隔。第一，信息化不等于互联网化，这还只是停留在一个手段和工具阶段。第二，微信微博化不等于互联网化，这只是把互联网当成一种新的传播渠道。第三，电商化不等于互联网化，这也不代表互联网本质的东西。第四，互联网企业不等于互联网化。

互联网经济活动具有社会属性、媒体属性和经济属性三重属性。传统企业要互联网化，是一个痛苦的蜕变过程，必须要让互联网的技术、思维、运用渗透到企业运营的整个链条中，尤其是需要用联网思维去优化、改造整个企业经营活动的价值链条，至少要有三个方面思想维度的嬗变。第一，互联网首先是互—联—网，如何连接？连接后有什么样的化学反应？第二，连接不是目的，而是为了借助互联网化完成产品（服务）与用户之间的交割，在互联网思维里，这与传统模式有什么质的变化？第三，为了实现产品（服务）在互联网情况下的交割，创造价值的商业模式DNA应该完成怎样的进化？

一、互联：是连接，更是联结

我们镶嵌在巨大的社会网络上：人类连接在一个巨大的社会网络上，我们的相互连接关系不仅仅是我们生命中与生俱来的、必不可少的一个组成部分，更是一种永恒的力量。正像大脑能够做单个神经元所不能做的事情一样，社会网络能够做的事情，仅靠一个人是无法胜任的。

—— （美）尼古拉斯·克里斯塔基斯/詹姆斯·富勒《大连接》

腾讯的优势在通信与社交平台上，现在整个战略是回归本质，做互联网的连接器，不仅把人连接起来，还要把服务和设备连接起来。

——马化腾（腾讯公司董事局主席兼CEO）

张瑞敏认为，互联网思维是零距离和网络化的思维。

传统行业在互联网时代的融合与转型，首要任务是融入互联网，打通企业与社会、企业与员工、企业与市场的连接和联结，实现互联互通。

《大连接》[1]指出，在我们人类社会，人与人之间本来就是相互连接的，根据量子物理学最新研究成果"量子纠缠"的原理，人与人之间的连接其实早已存在于精神和意识层面，只是人们以往没有认识到而已。随着互联网时代、移动互联网时代的到来，手机、手表等智能随身设备，将人与人之间的连接发展到可感应、可量化、可应用。借助现代移动互联网技术，不仅人与人之间可以连接，人与物之间，人与信息之间，人与自然之间，都可以形成连接，从而形成一个大连接时代的到来。

《大连接》作者在六度分隔理论基础上发现：相距三度之内是强连接，强连接可以引发行为；相聚超过三度是弱连接，弱连接只能传递信息。个别人的理性行为可以导致整个社会的非理性行为，在社会网络的作用下，群体智慧能迅速引发愚蠢行为。"我们镶嵌在社会网络上"，我们之所以希望形成连接关系，最根本的原因是我们的生理基因和文化基因在起作用，连接行为本身就是自然选择和社会选择的结果。我们必须与他人合作，判断他们的意图，影响他们或者被他们所影响，自利并不总是有利可图的，与那些只关心自己的人相比，乐意帮助他人的人生存下来的可能性更大。借助于互联网的理论，人类就可以收到"总体大于部分之和"的功效，互联网作为连接方式的出现，赋予人类全新的信息能量。

系统化连接时代是相对于我们之前所经历的几百年以专业化分工为主的时代的下一个阶段。工业革命以来，基于劳动分工、专业化生产的时代经历了两百多年。这个期间人类社会、经济、政治的各方面，都围绕功能以及实现的能力、资源进行了广泛的社会化分工，其中基于专业化分工的科层制组织形式更是覆盖了我们生活的各个方面。对于满足人类相对简单的产品、服务来说，专业化分工通过效率杠杆实现了快速生产，但也形成了我们目前感受到的产品、服务同质化竞争的弊端，并进一步造成了很多行业的价格竞争。而这些问题将在系统化、泛在化连接时代得到纠偏。如果说工业革命是发轫于人类对专业化分工的认识和应用的话，那么我们即将进入或业已进入的互联网革命，则会因为无所不在的连接而加速。

连接一切，随时连接：连接思维是最重要的互联网思维。互联网的核心是突破时间和空间的连接。40多年前，自计算机第一次连接以来，互联网迅猛地发展，全世界

---

[1] 尼古拉斯·克里斯塔基斯（Nicholas A. Christakis），詹姆斯·富勒（James H. Fowler）著：《大连接：社会网络是如何形成的以及对人类现实行为的影响》，中国人民大学出版社，2012年。

所有的计算机连接了起来，我们从此面对着一个全新的世界。进入移动互联网时代，智能手机变成人体一个延伸的器官，手机的摄像头、感应器，把人的器官延伸增强了，而且通过互联网连在一起。一是人与媒体的连接，互联网改变了人们通过媒体获取新闻的习惯，大大缩短了人与媒体之间的连接路径，使人们获取新闻的行为由被动收看变成了主动点击。二是人与信息的连接，搜索引擎大大改变了人们连接信息的习惯，降低了人们获取信息的成本，人类与信息之间的连接从未如此快捷。三是人与人的连接，MSN类网络即时通信工具改变了人们的通信方式，而在移动互联网时代，微信类软件再次颠覆了人类的通信方式，人们几乎可以在任何地点与其他人通信、聊天。互联网也同时改变了人们对于社交的体验，人与人之间的社交从虚拟走向现实，从现实走向虚拟，互联网让人与人之间基于社交的连接更为便捷。四是人与商品之间的连接，通过网购，大大降低了人们购买商品的路程成本和时间成本，人类与商品之间的连接从未如此便利。

连接的直接效应：因联结而成网路。互联网最根本的功能和价值是连接、P2P，点对点、端对端连接。因连接而成网，互联互通，功能交互。互联网把一切连接在一起时，也把一切变成了节点。联结是神经元的功能，建立样本与丘觉[1]意义对应关系。丘觉是先天遗传的，先天不与客观事物相关联，或者说不与样本相关联，需要通过联结建立与样本的生理联系。初生婴儿在样本的建立过程中，同时建立样本与丘觉意义对应的联结，当联结形成后，样本就能点亮丘觉产生对客观事物的意识。这是联结的机制。联结性和遗传性一样都是人类的本质特性，人的联结性进化得极为彻底，是人与动物的本质区别所在。马克思在《关于费尔巴哈的提纲》中指出："人的本质不是单个人所固有的抽象物，在其现实性上，它是一切社会关系的总和。"这句话包含的意思是，每个人的成长过程就是被"社会化过程"，每个人都是另外人的亲人、朋友、同事等不同角色。那么连接自然是建立在关系上的连接，连接的不是纯粹物理性质存在的"个体"，而在基于关系性质的联结。可以说关系是互联网最本质的属性，一切互联网的性质、活动和功能都是基于两点之间连接形成的关系属性。因为联结产生的关联性和关系属性，社会就变成了一张巨大的网络。互联网的连接，使每个

---

[1] 丘脑是产生意识的核心器官，丘脑由神经元构成，每个丘脑神经元都通过遗传烙上特定痕迹，不同的神经元痕迹不同，数个神经元或者说数个痕迹集合能够表示一个意思，这个意思即为丘觉。丘觉是丘脑的功能，是先天遗传的，是脑中产生"知道"、"明白"的内核。丘脑中遗传了什么样的丘觉，就具有了感知相关客观事物的能力。我们所谓的"看"、"听"，实质上是丘脑在"看"、在"听"，我们脑中看到了什么事物，就点亮了相关丘觉。

人都在这网络里成为一个节点，不断地与他人互动，在关联地影响着他人的同时，也在影响着自己。马化腾在2014年世界互联网大会上的演讲中说：微信首次创新性地引入了公众账号和服务号的体系，这是过去在PC年代想象不到的。通过这个服务号连接了很多服务的商家，包括媒体、自媒体人、运营商的营业厅，甚至银行。通过这个连接，不需要网站甚至不需要APP就可以很轻易把人连接起来，而且很多的资讯、很多的服务可以碎片化地转发、分享给一个人、一个群甚至给所有的人。信息和服务在社交网络里可以快速地流转，这个完全不需要域名、网站，也不需要很复杂的东西，就可以产生这么神奇的效果，而且大家流通得很快，这是过去没有过的，这是连接服务的一个雏形，还有很多很多的情况可以演变。

连接升维为联结：改变商业模式，开启新的时代。互联网上的每一个节点都是关系，当信息传输时，两个节点形成共生关系，二者合二为一。当节点数量发展到一定阶段的时候，关系发生突变，演变成了特定的关系组合，形成新组织结构，形成可以承载特定功能的平台，平台再通过制定规则来规范关系，以便更好地实现功能。于是，我们看到，连接本身不是目的，而是一种战略思维和商业操作，我们将连接升维为联结，实现更大广度和更深程度的融合和交互价值，实现互联网化的转型。企业的商业模式从单纯的一次性买卖，变成实时与互联网相连，变成互联网服务。因为通过连接而产生联结效应，使我们通过信息网络将众多的市场主体相联结，建立新型的竞争协作关系，创造出既不同于规模经济又不同于范围经济的新经济效应，这种效应能带来低成本和乘数效应。大数据时代，我们可以清晰地记录和观察到消费者与各种需求之间发生的联结，比如消费者和品牌的联结，就是在消费者大脑里面把关键信息和品牌关联起来，联结起来。如果消费者去网上看你的内容，是与你内容的联结；如果去寻求你，搜索你，是一种需求的联结；如果想购买你，是行动的联结；如果想反馈意见，是互动的联结。如果把所有的联结整合起来，就会变成一个品牌在数字时代的新资产。把这些信息整合在一起就能构建出一个品牌在互联网上生存的状态和价值的状态。品牌联结资产全面覆盖品牌数字触点，包括官方论坛、垂直网站、问答网站、百科类、搜索引擎、问答网站搜索、垂直电商搜索、综合电商搜索、社交类网站、好感度、推荐度。连接和联结的共同作用还会催生一个新的时代："IOT"时代（Internet Of Things），即万物互联的时代。物联网时代到来后，不仅人和人之间连接，人和设备、设备和设备、人和服务之间都将产生连接。万物互联一定会催化"互联网+"的化学反应功能，尤其是将为制造业带来第四次工业革命。IOT会使全世界几十亿人都用智能设备，无时无刻不在

连接互联网。而"互联网+"，就是利用互联网这种万事万物的连接，对现有行业进行改造，要么建立新的连接关系，要么加强原来连接的效果，要么压缩原来连接的层次。

在工业时代，消费者和产品的联结是通过大众媒介、实体商店等中介介质来完成的。但是在互联网时代，这个链条关系被解构了。比如，消费者和品牌之间的联结，是依靠大众媒体的传播，让消费者在头脑中将品牌关键信息联结，累积效应的结果是这些消费者头脑中的重复联结变成厂商的品牌资产。而在互联网时代，互联网帮助消费者直接联结品牌的数字触点，让用户变成无所不知，用户直接和品牌沟通，互联网成为人脑决策的重要组成部分。消费者直接利用移动互联网等各种工艺的数字媒体与品牌发生关系：由数字化广告激发兴趣，阅读数字化的品牌内容，通过搜索获得解决方案，在线直接购买，在互联网上建立与品牌的直接关联，发表自己的感受和体验，这些消费者与品牌联结的数字关系正在成为厂商品牌的新资产——品牌联结资产（Brand Connection Equity Brand CQ）（见图7-2）。品牌联结资产全面覆盖品牌数字主要触点：官网、官方论坛、垂直网站、问答网站、百科类、搜索引擎、垂直电商搜

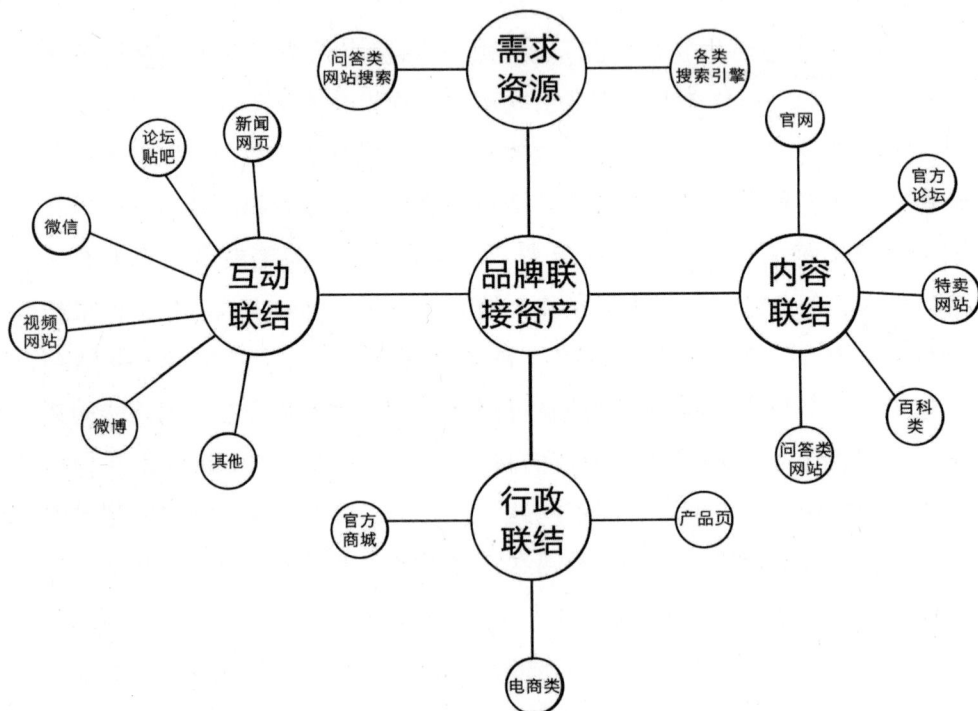

图7-2 品牌联结资产模型图

索、官方旗舰店、官方商城、综合电商搜索、社交类网站等。通过对浏览次数的分析，利用全景大数据提炼出测量品牌联结资产几个关键的指数——内容联结指数：消费者与品牌相关内容的平均每月每万人联结数；需求联结指数：消费者对品牌的每月每万人主动搜索联结数；行动联结指数：消费者相关购买行为的每月每万人联结数；互动联结指数：消费者主动表达在社交类网站内的每月每万人联结数。品牌联结资产：反映的是每月每万人与品牌的联结次数，是前四项指标根据重要性加权之和。这个模型的意义在于帮助厂商完成对消费者与品牌联结的完整测量，有效测量各种营销活动的ROI（投资回报率）。数字联结不仅仅是互联网上的品牌表现，也是测量现实世界品牌资产的有效指标，能帮助企业实现品牌敏捷管理。在工业化时代，厂商因为是通过大众媒介和消费者发生间接联结，无法数据化、数字化、精准化。在广告界有一个著名的难题，就像"哥德巴赫猜想"一样长期困扰着广告人。著名广告大师约翰·沃纳梅克提出："我知道我的广告费有一半浪费了，但遗憾的是，我不知道是哪一半被浪费了。"互联网时代通过连接和联结，把这个问题解决了。这就是连接的力量！

【链接】滴滴和Uber——实现人与服务连接的典型

滴滴打车是一款免费打车软件，2012年在北京中关村诞生，是深受用户喜爱的"打车"应用，荣登2013年日常助手类应用榜单冠军。它改变了传统打车方式，培养出移动互联网时代下用户的出行方式，将线上与线下相融合，从打车初始阶段到下车使用线上支付车费，画出一个乘客与司机紧密相连的O2O闭环，优化乘客打车体验，改变传统出租车司机等客方式，让司机根据乘客目的地按意愿"接单"，节约司机与乘客沟通成本，降低空驶率，最大化节省司乘双方的资源与时间。滴滴打车每天为全国超过1亿的用户提供便捷的召车服务。2013年4月，腾讯入股嘀嘀打车，看中的就是人和出租车司机的连接。

（扫描二维码阅读《深度剖析Uber营销与运营策略》）

二、产品：是小众产品，更是社群产品

互联网的本质不是以用户为中心么？用户只是推动信息流动的一个因子，互联网企业在讲用户体验，只是诱使用户成为推动信息流动的一个轿夫而已。没有企业可以占有用户，都是在利用用户。利用用户的前提是，让用户觉得很爽。仅此而已。

——新浪微博 咬声大叔

在物资匮乏的年代，有生产就能实现销售。在这个商品经济阶段，企业竞争的是产品质量和价格。

进入经济丰饶时代后，工业时代的经济变成一种规模经济，可以通过提高生产专业化水平等手段，使厂商的单位成本下降，从而形成企业的长期平均成本随着产量的增加而递减的经济。因此又称"规模效益"，指在一定科技水平下随着生产能力的扩大，长期费用曲线呈下降趋势。"规模经济"的概念与波士顿咨询公司（BCG）的"经验曲线"在20世纪60年代之后的数十年间大行其道，对很多行业而言，产量每增加一倍，生产成本即随之下降约15%，这个现象也被BCG形象地诠释为"85%经验曲线"。从产品角度，是标准化的、规模化的产品；从企业运营角度，是大规模生产、大规模销售；从企业与顾客的关系，是先有产品后有顾客。于是造就了一个大众化消费时代，在这个时代，企业以生产制造为核心，通常说来只要企业能生产出物美价廉的产品，就能够在竞争中取胜。企业往往不关心产品卖到哪里，不会关心用户的具体感受，销售结束就是交易完成。企业追求的上规模、降成本，也成为企业在竞争中制胜的关键。企业营销工作重点就是提高企业和产品的知名度、美誉度和忠诚度，通过大众传媒把品牌打造成家喻户晓的名牌。大众化消费时代也可以说是"明星时代"（厂家习惯用明星代言就是这种思维的表现），这个产品经济阶段，企业竞争的是产品的差异化，是产品创新能力。

小众化消费时代是随着收入水平提高后开始大量涌现的，"多元化"是这个阶段的显著特征。因为市场上存在着纵横交错的小众群体，"只为部分人服务"的现代营销理念开始深入人心。不管是目标市场的细分，还是目标客户的消费者行为分析，以及产品定位、品牌的差异化，都是基于为小众服务理念的产物。在小众化消费时代，消费者已经不再满足于生活的基本需求，而是把品质、品位、时尚、身份、归属感等因素放到重要位置。企业的产品和服务就是要能给客户带来独到的价值，客户满意度是这个阶段最重要的考量标准，因此也被称为"服务经济"时代。后来在小众时代基础上又升级出一个"个人化消费时代","长尾理论"应运而生，这时候企业面对的不再是小众，不再用同样的产品来服务一个小众，而是将小众"个体化"。在这个阶段，客户最关心的是个人的体验和消费的过程，于是体验经济时代到来。

中国正处于后面三个时代并存的时代，但是在互联网兴起后，尤其是新生代成为消费主流后，一个多元化、个性化、体验化时代正式到来了，也就是一个"不规模经济"时代到来了，催生分解出一个个愈发精确和有利可图的细分市场、利基市场，再没有哪一个企业可以仅仅因为"有规模"而高枕无忧地无视竞争对手对其市场份额的蚕食。《21世纪商业评论》主编吴伯凡说："这是一个'小时代'盛行的'大时代'。"

这也是一个社群化、部落化的时代。

麦克卢汉认为拼音文字的出现尤其是印刷技术的发展，导致了人类从部落社会走向非部落社会，但是电力媒介的趋向，是在一切社会制度中造成一种有机的相互依赖性，它所产生的瞬息和有机的联系有助于消除分割肢解局面，促成世界重新回归到部落的整体性时代。因此，勒维斯在《非摩擦经济——网络时代的经济模式》一书中指出，"每个人心中都有原始的农业时代的部落情结"，《湿营销》作者汤姆·海斯和迈克尔·马隆声称："互联网已经深刻地改变了人类的群体构成方式。"

社群部落时代，用户对产品（服务）的需求是什么呢？营销大师菲利普·科特勒认为："顾客购买的不是钻头，而是墙上的洞。"对此，福特的名言是："如果你问消费者需要什么，他们会告诉你，我只要一架跑得更快的马车。"因此，产品的第一境界是引导消费需求，第二是满足产品层面和心理（情感）层面的需求。概括起来主要有三个维度。

（1）产品性能要过硬。过硬的产品永远是王道。过硬产品的第一属性是功能、性能和质量，过硬产品的第二属性是优秀的人文情怀、情感属性、精神价值。特斯拉CEO埃隆·马斯克说："我不喜欢营销这个概念，我觉得营销就是好像要骗人买东西一样。"在互联网时代，很多CEO都把自己定义为一个产品经理，产品经理日益成为一个重要的角色。乔布斯说："我一贯认为，我们必须首先从用户体验出发，再回头考虑技术上的可行性。""我对创新没有兴趣，我只关心伟大的产品。如果你关心的是创新的话，那么你最后只会列出我们做了哪些创新，一、二、三、四、五，好像把这些东西堆起来就做成了好产品。"《乔布斯传》里写到一件事，乔布斯被抛弃后，收养他的养父会做木匠活，他父亲会把靠墙的板也用好木头。乔布斯问他父亲说："爸爸，后面的木头我们根本看不见，你为什么还要用好木头呢？"他父亲说："乔布斯，当你

知道咱们家这个柜子后面的板是好木头，和当你知道咱们家柜子后面的板是坏木头时，你对这个柜子的感觉是不一样的。"这句话影响了乔布斯一生。雷军在发布会的时候经常会讲："小米对待产品的态度，就是对细节的极致追求，就是愿意不厌其烦地改来改去。我们小米没有 KPI，如果有，我们只有两个 KPI。第一，用户用了我们的产品之后是否尖叫。第二，你用了我们的产品之后，是否会推荐给你的朋友。"其实这就是一个标准，都是关于"产品"的标准。同仁堂那副有名的对联成为后世做产品的镜子："炮制虽繁必不敢省人工，品味虽贵必不敢减物力。"基业长青的同仁堂做到这一点的后面，是基于对产品的价值观和企业的经营哲学，即"修合无人见，存心有天知"。在浮躁的当下，追求"短、平、快"（投资少、周期短、见效快）带来的即时利益，从而忽略了产品的品质灵魂，是比较普遍的现象，因此企业特别需要精益求精、一丝不苟、耐心专注、专业敬业的"工匠精神"。2014 年 5 月 20 日，罗永浩发布锤子手机，在发布会上，他用的一张台灯下伏案精雕细琢的照片感动了很多人："我不是为了输赢，我就是认真。"他的粉丝说："你负责认真，我们帮你赢。"伟大的产品和伟大的企业，都有一个共同的特点，就是用做人的态度做产品和经营企业。当一个企业和产品具有了备受称赞的独特魅力，在市场上就几乎没有任何阻力。

（扫描二维码阅读《没有工匠精神的互联网思维都是耍流氓》）

（2）产品价格要诱人。在互联网领域，免费模式大行其道，"羊毛出在猪身上"成为金科玉律，"天下没有免费的午餐"这一传统商业理念被颠覆了。经济学上最重要的假设之一，就是消费者都有"经济人"理性，自利性是不二法则。互联网时代，电商都是价格屠夫，价格优势是第一竞争力，网络团购竞争比的就是价格和服务。互联网颠覆传统行业重要的手段是去中介化，消灭中间环节，改变成本结构，实现成本领先战略。小米提出成本结构的"三个趋近于零"的模型：零广告费+零库存占用费+零渠道费。"零"当然是夸张的说法，但是最大量减少中间成本是它的战略。零广告费是通过论坛、微信、微博等社会化媒体来实现，微博就是客服，客服就是营销。在生产上，小米是代工模式，是 C2B 的预售模式，因此可以说是零库存。小米在渠道上因为是电商模式，是轻资产模式，删除了中间环节的所有渠道，所以说渠道成本接近于零。小米的规则是毛利率一旦超过 15%就降价，不给竞争对手跟进的空间。如果用传统思维来看小米的商业模式是一头雾水，或者认为不靠谱。小米的秘密是用成本武器进行第一波打击，是用免费模式和增值服务实现价值链的递延形成第二波打击，也就是说，小米的硬件不赚钱，赚钱在软件和服务。雷军在微博上透露："小米重视手机内在的各种互联网服务，小米云、免费网路短信、消息推送服务等。手机体验的不仅仅是硬件，还有软件和互联网服务的整合。"

（扫描二维码阅读《小米手机战略成本管理案例分析》）

（3）产品体验要来电。企业从来不会因为产品功能而赢得用户，但用户会因为体验慕名而来。只有基于这样的原则进行产品设计和定义用户体验，去吸引目标用户并驱使他们行动起来，才能保证锁定、维持和增加你的客户群。丹尼尔·平克[1]说未来世界属于"高感性族群"，"这个世界原本属于一群高喊知识就是力量、重视理性分析的特定族群——会写程序的计算机工程师、专搞诉状的律师和玩弄数字的MBA。但现在，世界将属于具有高感性能力的另一族群——有创造力、具同理心、能观察趋势，以及为事物赋予意义的人。我们正从一个讲求逻辑与计算器效能的信息时代，转化为一个重视创新、同理心与整合力的感性时代"。"有六种攸关最近的未来有无前途的关键能力，它们分别是：①不只有功能，还重设计；②不只有论点，还说故事。③不只谈专业，还需整合；④不只讲逻辑，还给关怀；⑤不只能正经，还会玩乐；⑥不只顾赚钱，还重意义。这六种关键能力又来自两种感知：高感性与高体会。高感性——指的是观察趋势和机会，以创造优美或感动人心的作品，编织引人入胜的故事，以及结合看似不相干的概念，转化为新事物的能力。高体会——则是体察他人情感，熟悉人与人之间微妙互动，懂得为自己与他人寻找喜乐，以及在烦琐俗务间发掘意义与目的的能力。" 人们习惯把互联网经济称为"粉丝经济"。张蔷[2]把粉丝经济定义为："以情绪资本为核心，以粉丝社区为营销手段增值情绪资本。粉丝经济以消费者为主角，由消费者主导营销手段，从消费者的情感出发，企业借力使力，达到为品牌与偶像增值情绪资本的目的。"因此互联网思维里对产品的理想和追求是简约、简洁、简单，爽胜过功能，酷是重要元素。泡否科技创始人兼CEO马佳佳说："今天的'90后'，不曾在温饱线挣扎，不再关注商品的本质功能，而是在乎消费过程能给我什么样的感觉。肉身终究玩不出新的花样，当产品不再是产品，将迎来一场持久的精神征战。他们向往的是价值层面的契合和精神引领。" 因此，互联网时代的赶超机会，只在于是

---

[1] 引自《未来世界属于"高感性族群"》一文，丹尼尔·平克是美国前副总统戈尔及白宫行政部门演讲稿撰写人、《哈佛商业评论》和《连线》杂志撰稿人。
[2] 张嫱著：《粉丝力量大》，中国人民大学出版社，2010年。

否能够最终赢得用户的欢心，最准确地抓住用户的痛点，让用户用过之后感叹尖叫"这就是我要的产品"。

因此，当时代由大众产品升维为小众产品和社群产品后，有几样很重要的事情是转型必须做的功课。

第一，重视客户，拥抱用户。"用户战略"是"客户战略"在数字化时代的演变。用户可能是客户、员工、商务伙伴、供应商以及其他通过数字技术媒介同厂商发生联系的人。让用户满意，客户便会随之而来。周鸿祎说："客户是一次交易，用户是频繁交易，用户至上，在互联网时代怎么说都不为过。"传统企业获取用户的核心在于不断地创造与用户的交互点。用户不一定意味着免费，而是如何让一个人与企业长期发生联系。在现实的产业链中，离用户越来越远，价值就会越来越小。在这个层面上，也就很容易理解：雷军做的不是手机生意，而是通过手机与用户产生联系；嘀嘀打车与快的打车的价格大战，不是为了获取客户，而是获取用户。美国数字营销公司HUGE首席执行官亚伦·夏皮罗，在对财富1000强企业的组织架构、管理模式、策略等进行研究，并结合一系列实际咨询案例后发现，当前全球最成功的公司都在实施"用户战略"。在以数字技术应用为核心的商业环境中，"用户"是企业最有力的增长引擎——所有通过数字媒体和技术与公司发生关联的人，都是你的用户，哪怕他们还没有为你的产品或服务付过一分钱，比如Facebook和谷歌，他们甚至在开始赚钱之前，就已开始拓展用户基础。"用户战略"的精髓，就是在处理企业一切业务时，都把用户作为第一考量。无论是传统企业还是现代互联网企业，当前要务是将线下产品与线上资源结合起来，打造一个数字平台，使其品牌与其用户之间建立起长久的联系。

第二，发展粉丝，经营社群。雷军在发布会上常喊"因为米粉，所以小米"。在线社群是一群有着共同爱好、需求、目标的人在网络上聚集而成的群体，是去中心化后的自组织形态，是通过移动社交工具聚合而成的关系链。在同一个社群内部聚合的都是企业的真实用户和潜在用户。粉丝是跟随在你身后的人，粉丝之间很少互动；而社群成员之间有互动交流，有共同利益，有相似文化等特征。粉丝和社群的共同点是个体之间有一个共同的爱好或者偶像，把粉丝变成朋友，这样的社群质量就变成了有共同规范、共同价值观、共同权益的集体行为，形成社区认同。社群会自我进化，因此比粉丝更有影响力和生命力。社群是粉丝的高级形态。比如郭敬明和他的《小时代》是粉丝经济，"罗辑思维"是社群经济。移动浪潮和社会化媒体，把消费者紧紧地联系在一起，分享对事件的意见，分享各自体会，分享对产品的评价，甚至要求参与产品的设计制造过程。消费者已经不满足于企业提供的单向选择，希望能够与企业进行互动，与企业共同创造价值。而这些社群关系的行为方式就像是我们的祖先一样，大家一起围在一个火塘边，每一个人都受着相同的影响。社群部落的行为方式改变着产品的传播方式和营销方式，产生网络价值放大效应。社群成为企业品牌竞争力中重要的组成部分，粉丝用户成为企业重要的表外资产。在对话和参与创造的新模式下，社群经济把一个从单纯卖产品和服务的企业变成一个拥有粉丝的新型组织。得粉丝者得天下。

第三，产品即媒介，传播即营销。德国的现代社会学缔造者斐迪南·滕尼斯说，在传统社会，人们在社会中都有自己的情感归属和身份认定，每个人都是在社会分工体系中扮演一个角色，人与人之间的关系弱化为商品买卖关系。在互联网时代，一个成功的企业一定是三个中心的叠加和集合：平台中心+产品（服务）中心+社群中心。互联网为重构人与人之间的关系提供了条件，因此互联网时代的企业必须要深化企业和用户两个主体之间的关系，而不是简单地延续传统的产品买卖关系。由于人们足不出户就可以接触到各种商品和服务，因此，经营用户主要是提高用户的关注度，主要竞争形式由空间资源竞争转为时间资源竞争。查理·马丁在《决胜移动终端》中说，消费者拥有指尖上的权利，戳到谁就是谁，"不是去购物，而是在购物"，在家里，在车上，在任何地点，体验不好，马上"坏事传千里"。由于消费者行为在线化、个性化、社交化、娱乐化，因此产品必须适应这种移动化、碎片化、场景化、社群化的营销环境。用户在决定何时何地购买产品的时候，会权衡四个要素：信誉、便利度、价格和趣味性。要么让产品在这四个方面面面俱到，要么强调某一方面，专门吸引某一类用户。因此要让产品本身就是媒介，产生口碑效应。2011年，美国IT风险投资人约翰·杜尔（John Doerr）提出"SoLoMo"的概念（Social，社交；Local，本地位置；Mobile，移动网络）。SoLoMo是基于移动互联网的整合营销模式，将社交网络和移动媒体结合，为受众提供精准的基于本地的信息，整合受众关系网，将潜在的受众细分，根据受众的兴趣和受众地理位置的变动，以及受众的身份和影响力，受众对信息的二次传播和受众传播信息的能力，将相关的营销信息推送给受众。SoLoMo营销模式将虚拟的网络和现实的商业营销结合在一起，为受众需求提供精确的商业信息，打通线上与线下，促使传统营销模式走向O2O（Online to Offline）模式。

三、价值链：是供应链，更是生态链

移动互联网时代的环境突变，企业要生存下来，就需要成为一个生态型而非机械

型的新型组织，进行物竞天择的进化。而这种进化并非自上而下、自内而外，往往来自于边界、跨界的巨大力量。企业从基因上的进化，是传统企业最需要的，也是最艰难和痛苦的，但这种进化也为传统产业发展提供了无限的空间。进化会不断地从内重造自身，因此其增长不可能被追赶上或陷入停滞。

        ——王吉斌，彭盾《传统企业自我颠覆、组织重构、管理进化与互联网转型》

    迈克尔·波特在《竞争优势》一书中提出的价值链理论揭示，企业与企业的竞争，不只是某个环节的竞争，而是整个价值链的竞争，而整个价值链的综合竞争力决定企业的竞争力。价值链是企业的价值生成机制，也是建立和增强竞争优势的系统方法。价值链并不是孤立地存在于一个企业内部，而是向外延伸或连接形成供应链。价值链和供应链涉及的活动范围相同，但价值链集中在价值的创造，供应链注重产品的供应。但供应链也是一条价值链，供应链和价值链共同存在于企业的价值系统中，二者都强调以客户为中心，以市场为导向。价值链的发展大致经历了三个阶段：一是大产业概念阶段，分为上游、中游、下游产业；二是企业价值链外化阶段，细分产业形成，产业之间是线性关系；三是细分产业内的模块化阶段，各个模块的形成是由技术规则、大企业、产业盟主主导决定的。不同阶段的价值链运动带来供应链管理的变革。在互联网时代的市场竞争，越来越多的企业认识到企业之间的竞争是价值链的竞争，价值链作为一种战略管理方法和决策方法，要赢得竞争的胜利，必须在供应链管理上找到切入点和突破点。

    供应链的概念是从扩大生产概念发展而来的，它先后经过了早期的物流管理阶段、20世纪90年代的价值增值阶段和信息化技术条件下的网链阶段。它将企业的生产活动进行了前伸和后延，运用系统思想原理，从采购原材料开始，制成中间产品以及最终产品，最后由销售网络把产品送到消费者手中，是一个将供应商、制造商、分销商、零售商、最终用户连成一个整体的功能网链结构。通过价值生成机制，供应链变成一个由相互作用、相互依赖的若干组成部分结合而成的具有特定功能的有机整体和系统。

    进入互联网时代，特别是移动互联网时代，价值链生成机制发生变化，在ICT（Information Communication Technology）产业快速发展的驱动下，客户完整的数字消费体验需要大大提高整个价值链各环节之间的耦合程度，价值链构成不仅复杂，而且呈现出各种各样的合作、竞争、汇聚关系。供应链必须相应进化和重构。

    中和正道CEO吴玉光认为，波特的价值链理论来源于30年前的企业管理实践，曾经指导过许多企业走向成功。今天中国企业要从战略的高度重新审视外部环境和企业内部管理，回归商业本质，培育系统能力，将要素和职能结合起来重构企业价值链。在移动互联时代，"战略定成败，管理分盈亏"，必须转变四种观念：要从竞争导向转变为客户导向，要从技术导向转变为价值导向，要从制造导向转变为营销导向，要从销量导向转变为服务导向。

事实上，迈克尔·波特的竞争理论也在不断与时俱进中。他在2014年11月《哈佛商业评论》上发表的《智能互联产品如何改变竞争》中指出，互联网转入物联网时代后，在很多产业，竞争的五种力量驱动依然没有改变：买家的议价能力、现有竞争者之间竞争的本质和强度、产业新入者带来的威胁、替代产品或服务带来的威胁、供应商的议价能力。这五种力量的结构和强度共同决定产业竞争的本质和产业现有竞争者的平均收益。但是，当以互联网为代表的新技术、新客户需求或其他因素改变这五种力量的时候，产业结构也随之改变。他认为物联网时代的产品是智能互联产品，产品具有三个属性：物理属性、智能属性、互联属性，这将对很多产业的结果产生巨大影响，其中对制造业的影响是最大的。他以买家的议价能力为例，智能互联产品大幅度增加产品差异化的可能性，使竞争不再局限于价格。制造商知道了客户实际上是如何

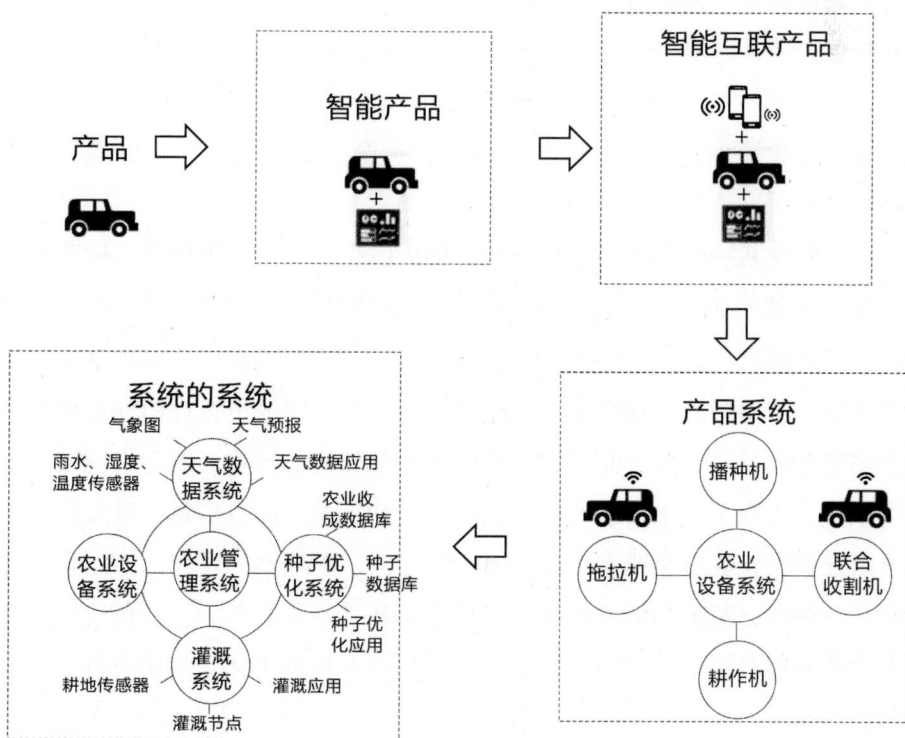

图7-3　智能互联重新定义产业边界图

使用产品的，就可以提高公司客户分类、产品定制、根据价值定价和增加附加价值服务的能力。同时，智能互联产品帮助公司拉近与客户的关系，因为如果公司获得大量产品在当前和历史上的使用数据，买家转换新供应商的成本就将增加。另外，智能互联产品帮助公司减少对分销或提供服务的合作伙伴的依赖，甚至可以完全取消这些合作，从而获得更多利润。上述这些都将削弱买家的议价能力。他得出的结论是："智能互联产品的强大功能布局重塑产业内的竞争，而且还拓宽了产业本身的定义，将某个产业的竞争边界拓宽到把相关产品也纳入其中，共同满足更广泛的潜在需求。"例如：把智能互联的农业设备（如拖拉机、耕作机和播种机）整合起来，可以获得更好的总体设备性能。（见图7-3）

媒体上的任正非是不承认互联网思维的，但华为在一份报告中指出[1]，互联网不仅仅是基础设施，更是全新的思维模式，是突破时间和空间的连接，人和人之间、企业和客户之间、商业伙伴之间，都是全连接和零距离的。复杂的商业过程概括起来实际上就是价值创造和价值传递两大环节。在价值传递环节，就是信息流、资金流和物流，而电子商务的蓬勃发展，则打通了物流、信息流和资金流，互联网已经全面渗透并改造了价值传递环节，实现了数字世界和物理世界的融合，减少甚至消灭了中间环节，重构了商业链条。因此，要重构商业模式、营销模式、服务模式等外在形态，并以此驱动管理模式、研发模式、运作模式等内在形态的重构，从而重构整个企业的观念、组织和流程。

我们认为，要全面适应这个时代的变革，关键是需要从以下几个方面协同和聚焦、改进和变革。

供应链要管理系统信息化，这是基础。供应链是一个包含供应商、制造商、运输商、零售商以及客户等多个主体的系统，企业要能够在正确的时间，按照正确的数量、质量和状态将产品送到正确的地点，并使这一过程所耗费的总成本最小，这就要求必须形成整合与协调的管理模式，使组成供应链系统的成员企业协同运作，共同应对外部市场复杂多变的形势。完成这个协同的手段就是信息化。对于供应链中的一个节点企业来说，它很关心来自于上游的供应信息和下游的需求信息。通过信息化，使信息流互联互通，让成员企业有序均衡地组织生产、运输和销售等，而不是像传统的单企业信息化那样，只能形成掌控本企业中某个环节信息的能力，使供应链电子商务化，借助互联网服务平台，实现供应链交易过程的全程电子化，把供应链上下游的供

---

[1]《用趋势赢未来，数字化重构新商业》，载于新浪科技，2014年。

应商、企业、经销商、客户等进行全面的业务协同管理，提高供应链业务协同效率。在企业内部则实现了人、财、物、产、供、销各个环节的统一管理，在外部实现电子商务与企业内部ERP系统的无缝集成，实现商务过程的全程贯通。这样也促进企业从传统的经营方式向互联网时代的经营方式转变。随着移动网络的发展，供应链也进入了移动时代，将原有供应链系统上的客户关系管理功能迁移到移动端，使业务摆脱时空局限，随时随地与公司进行业务平台沟通，有效提高管理效率，推动企业效益增长。

供应链要契合用户中心化，这是核心。价值链形成的基础是产品和服务，核心是用户。PC互联网时代是通过入口获得用户，控制网络流量，通过流量变现来实现赢利。而移动互联网时代是通过极致的产品和服务，为用户提供超值超预期的体验，提高用户ARPU值（Average Revenue Per User即每用户平均收入），形成用户黏性后，创造出全新的价值链或商业模式。一种最有效和典型的模式是"电商+产品（服务）+社群"，用户因找到需求点而聚合，通过参与互动以及共同的爱好、价值观，进而形成社群，然后通过C2B的定制方式，完成需求满足和交易行为。在这种模式中，首先是要以用户为中心进行组织变革。德鲁克在《管理》一书中指出："信息革命改变着人类社会，同时也改变着企业的组织和机制。"企业内部组织的人与人、部门与部门之间的分工和协作，必须服从于战略的变化，一切以响应用户需求为准则。传统的金字塔式组织结构、线性控制、中央集权必须让位于互联网时代的去中心化、社会分工协同和分布式决策，让企业和社会之间、各个利益链条之间、组织内部各个价值创造体之间形成彼此独立、互动、依存的有机协作关系。特别是要利用互联网消除信息不对称、零距离、全接触的特点，让企业组织更加开放化、扁平化、灵活化、网络化、生态化。"蜂群组织效应"表明，蜂群的高效率并不是来自一个中心的卓越管理者，而是单个蜜蜂之间自由的竞争关系，形成了整体蜂群效益的最大化。海尔"人单合一"模式建立后，每个员工都是CEO，倒三角组织倒逼团队转型，核心是真正以用户为中心，把人和市场结合起来了。

供应链要升级实现生态化，这是方向。互联网思维强调互联网的效应有三个：指数效应、去中心化效应和生态化效应。能够建立互联网生态的企业，市场的估值方式和对传统企业的估值方式有很大的不同。因为网络的放大效应，使得连接点彼此连接和协同后，网络的整体价值远远大于部分之和。我们可以借用在互联网世界观那一章里讲到的爱因斯坦质能方程式来表述互联网时代企业的市场估值。互联网生态企业市值（B）=企业（产品）联结所创造价值（W）×生态系统连接系数（R）的平方，即 $B = W \times R^2$。互联网经济的一个法则是，当完成数量级增长后会进入指数级增长，也就

是所谓的"荷塘效应"：假设第一天，池塘里有一片荷叶，一天后新长出两片，一直到第47天，池塘里只有不到1/4的地方长有荷叶，但是到第48天荷叶就覆盖了半个池塘，再过一天，荷叶就覆盖满整个池塘。滴滴打车等企业在拼命烧钱的时候，就是在为47天的到来寻找引爆点。因此，在投行界有一个说法，应用型企业的市场空间是10亿级，平台型企业的市场空间是100亿级，而像苹果、BAT这样的生态型公司的市场空间是1000亿级。互联网技术背景下供应链生态化是一种内在禀赋和逻辑自洽。企业之间的竞争不再是单一的产品、渠道、营销以及供应链某个环节的竞争，而是整个系统价值链之间的竞争。但是随着生产链条的延伸和扩大，产业内或产业间、企业间的供应链信息孤岛问题越来越严重，企业资源计划（ERP）无法满足形势的变化。马云和阿里巴巴的成功，是互联网新经济的成功，也是生态系统规则的成功。阿里巴巴三大高管董事长马云、副董事长蔡崇信、首席执行官陆兆禧，在上市前与媒体对话的关键词都是生态系统，一致用"生态系统"来描述阿里巴巴的真正价值，它整合了B2B、B2C、C2C、网络支付、网络贷款等多个重要垂直市场，同时进军云计算和大数据（阿里云）、物流（菜鸟）、搜索（UC）、地图（高德）、娱乐、医疗健康、文化、体育（足球）等。马云说他的生态系统由五部分构成：一是信用体系，二是金融体系，三是社会化大物流体系，四是小企业工作平台，五是大数据系统。

格拉斯·M.兰伯特提出的供应链系统的生态模型图[1]，某种程度上回答了发展中的供应链理论问题。（见图7-4）

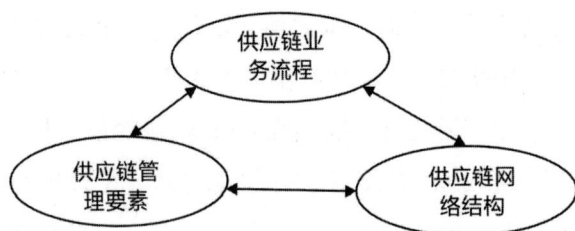

图7-4 供应链系统的生态模型图

该模型突出强调了供应链上各节点企业之间相互关联的三个问题。一是供应链网络结构问题。要明确供应链上的关键成员企业之间的关系，明确各企业在网络结构中的纵向和横向结构中的位置。横向结构是指供应链的价值链体系结构，而纵向结构是

[1] 道格拉斯·M.兰伯特（Douglas M.Lambert）等人在前人研究和对90多家实施供应链管理的企业进行调查的基础上，提出新型供应链模型图。《供应链管理：流程、伙伴、业绩》，北京大学出版社，2007年。

指单个企业和其供应商、客户的关系。通过弄清供应链的起始位置，分析供应链价值体系中存在的问题及其根源，同时找出企业在纵向结构中的位置，确定单个企业的供应链流程的需求、顾客价值的实现情况，分析企业内流程中存在的问题和根源。二是供应链业务流程问题，主要包括客户关系管理流程、客户服务流程、需求流程、生产流程、采购流程、产品研发流程、信息流流程、资金流流程等。企业分析供应链业务流程要从核心能力出发，定义自己的核心流程，而将非核心流程转让。三是供应链管理要素问题。供应链管理和集成的效果取决于供应链上企业边界处流程接口的管理和集成的程度。

市场是消费者的天下，当市场发生微小变化时，越往上游走，发生的变化越大，尤其是在互联网时代C2B模式成为主流的情况下，"牛鞭效应"会非常明显，来自消费端的鞭子稍微一甩，供应链上"尾尖"那个节点的波动就会很明显。按照供应链网络化的发展方向，有必要引入和深化三个策略。

一是跨边界策略。也叫企业扩展策略，即超越传统线性供应链的边界，创建一个实现合作伙伴或价值链之间集成的网络，通过ICT实现这个网络范围内的信息共享。这个网络可以由一个企业或一个被视为产品所有者的大客户发起创建，当一个客户的需求适合这个网络时，则组建一个基于这个网络的核心竞争力的虚拟企业，共同为客户创造完成产品（或解决方案）。其本质是以市场和客户需求为导向，在核心企业协调下，本着共赢原则，以协同商务、协同竞争为商业运作模式，综合集成运用现代企业管理技术和信息技术，有效规划和控制整个供应链上的信息流、物流、资金流、业务流和价值流，从而将客户、供应商、制造商、销售商、服务商等合作伙伴连成一个完整的网状结构，形成战略联盟。

二是跨国界策略，也就是供应链的全球化。随着经济的全球化和国际市场格局的深刻变动，以华为为代表的中国企业，立足于全球生产、全球经营、全球销售，出现在国际舞台上。互联网、电子商务、现代物流共同作用，改变着全球供应链的层次结构和联通速率。全球化的供应链强调在全面迅速地了解世界各地消费者需求的同时，在供应链中的核心企业与其供应商以及供应商的供应商、核心企业与其销售商乃至最终消费者之间，依靠现代网络信息技术支撑，实现供应链的一体化和快速反应，达到商流、物流、资金流和信息流的协调通畅，以满足全球消费者的需求。全球化供应链管理离散的因素很多，包括客户满意度、全球采购、全球物流、全球内部制造、全球工程、业务转型、信息技术以及所有硬件制造部门的供应需求和存货管理。由于是跨国运作，涉及运输和仓储等主要物流环节和基本业务的全球化，采购、外包、供应链

流程的全球化，决策变量除了需要考虑关税、汇率、消费税等因素，还要考虑有多国家、多城市之间的地域、语言、时差、文化、政治等因素的影响。跨国界的全球化供应链是我们中国企业的一道坎，也是早晚都要面对的课题。必须改变传统公司的以国家或地区为出发点的观点，建立全球运作的经营观，找到适合本企业情况的供应链管理策略。尤其要认识到，在互联网时代，多层的全球供应链结构，正在转变为基于互联网技术的全球开放式的网络供应链格局，同时，使生产的组织超越了空间和时间的概念和限制，可以以网络信息为依托，在更广阔的范围内选择合作伙伴，采用灵活有效的管理组合模式，更加方便有效地实现多种企业的资源优势互补。

三是跨业界策略。互联网技术的发展，以及一些领域管制的放松，使得价值链的生成机制又有了交叉、融合、跨界的趋势，在产业边界和交叉处的产品、业务、技术、市场出现跨界融合的机会，供应链随之发生深刻变化。互联网技术为跨业界提供了可能。越来越多的行业意识到真正的竞争对手来自另外的看似不相关的行业。跨界整合资源实现价值链多元化是大势，虽然这是一种复杂的价值链整合方式，需要依托企业存量为基础，但这并不妨碍跨界会成为互联网时代的景观和常态，也会演化成为一种新的商业模式甚至战略。从产品跨界到营销跨界，无边界的网络化思维已使企业全面踏入跨界时代。传统企业通过"互联网+"实现转型，互联网企业也千方百计去挖传统产业的围墙。在互联网思维下，企业跨界融合发展，无论在传统产业还是新兴互联网产业都渐成趋势。企业跨界融合发展，重构产业价值链，产业边界也日渐模糊，跨界使企业进入了新整合时代。

第三部分 |

融　合

RONG HE

一切稳固的东西都烟消云散，一切神圣的东西都将被亵渎。

——马克思《共产党宣言》

技术对组织和经济的适应性，经过进化，有的物种（企业）以变应变，提前应变，更加适应环境；有些物种（企业），循规蹈矩，保守停滞，随时处于灭绝边缘。

——经济学家布莱恩·阿瑟

一些传统企业并非会消失，而充满活力的互联网企业也未必能存活，一种全新的企业会出现——传统企业与互联网企业交融，即传统企业的互联网化。

——普拉哈拉德《消费者王朝：与顾客共创价值》

第八章 互联网广泛融合化（农业）

就物质生活而言，我的村庄就是世界；就精神生活而言，世界就是我的村庄。

——甘地

在互联网已经广泛普及的今天，农村的广阔天地还显得"空气稀薄"。这里面有经济发展水平的原因，有农民受教育程度的原因，也有互联网技术培训在农村欠缺等原因。但是在互联网发展的大趋势下，农村只是滞后一步，而不会形成新的"互联网城乡二元结构"。中国互联网络信息中心发布的《2013年中国农村互联网发展调查报告》显示，截至2013年12月底，农村网民规模已达1.77亿，占整体网民的28.6%，是近年来占比最高的一次。较上年提升了近4个百分点，与城镇62%的互联网普及率差距较去年同期下降了近1个百分点，降至34.5%，城乡互联网普及差距进一步缩减。电脑在农村不够普及，主要是依靠手机上网，大部分分布在"80后"、"90后"人群中，农村网民使用手机上网的比例已达到84.6%，高出城镇5个百分点。这是缘于手机上网成本低、易操作，便于农村地区居民接入互联网，因而手机成为农村居民上网的主流设备。电子商务类应用在农村网民中的渗透则不断扩大，各商务类应用的使用率均有所上升。其中，2013年旅行预订和团购的使用率相比2012年年底分别增长了11.3和7.9个百分点，农村电子商务未来存在较大发展潜力。农村网民已经成为中国互联网的重要增长动力。

一、农业困局

谁来养活中国？

——布朗《谁能养活中国》（美国地球政策研究所所长）

在中国现代化过程中，农业问题始终是一个焦点话题。

中国作为一个农业大国，改革始于农村。因为农民活不下去了，所以有了以"小岗村"为典型的星星之火，18位农民冒着坐牢的危险冲破枷锁，以"托孤"的方式，在土地承包责任书上按下鲜红手印，实行"大包干"，催生了中国包产到户的农业大发展的政策红利。活不下去的一个原因，是由于"城乡二元结构"以及"剪刀差"[1]的制度设计。在历史形成的二元社会中，城市不断现代化，第二、第三产业不断发展，城市居民不断殷实，而农村的进步、农业的发展、农民的小康却严重滞后。"三农"问题（农村、农业、农民）成为中国从农业文明向工业文明过渡的一道必须翻越的坎。随着时间的推移一些问题越来越突出。一是中国农民数量多，解决起来规模大；二是中国的工业化进程单方面独进，"三农"问题积攒的时间长，解决起来难度大；三是中国城市政策设计带来的负面影响和比较效益短时间内凸显，解决起来更加复杂。2011年中国内地城市化率首次突破50%，达到了51.3%。这意味着中国城镇人口首次超过农村人口，中国城市化进入关键发展阶段，但是即使达到发达国家70%的城市化率，中国农村人口依然有5亿之多。刘亚洲[2]说："中国自古至今一直以农业立国，农民人口非常庞大，对社会的稳定性极其重要。历史经验告诉我们：农民问题解决得好，农民是顺民；农民问题解决得糟，农民变流民。中国的历代王朝都毁于流民之手。""今天，中国的农民问题依然很严重。进入21世纪后，中国面临无数的困扰、焦虑和难题，而最大的世纪性难题是农民问题。我在同一位中央首长谈话时曾提到过'农民危机'这个词，我不知道有什么词能比它更准确。读不懂农民，就读不懂中国。失去了农民，就失去了中国。"2000年3月，中国民间"三农"问题研究者、湖北省监利县棋盘乡前党委书记李昌平上书朱镕基总理："农民真苦，农村真穷，农业真危险。"[3]引起中央对"三农"问题的关注和重视。这些年"三农问题"一直处于"基础地位"，"全党工作的重中之重"。

从现实来看，表面问题和矛盾主要集中体现在以下两个方面。

---

[1] 剪刀差是指工农业产品交换时，工业品价格高于价值，农产品价格低于价值所出现的差额。苏联在1921年初走上和平建设轨道后，国家为加快积累工业化资金，人为地压低农产品收购价格，使得农民收入在工农业产品交换过程中转入政府支持发展的工业部门，随后这个概念被引入中国。剪刀差在新中国成立前就已经存在。1949年新中国建立后，由于恢复发展工业所需资金和人力资源（工农劳动力分布结构中80%以上的劳动力滞留在落后的农业上）的短缺，使得工农业产品的比价人为扩大，农产流通始终处于小生产者的水平和阶段。据有关专家测算，1952年的农产品价值低于价值22.6%，同期工业品价格高于价值42%，全国剪刀差额为141亿元；1977年农产品价格低于价值14%，而工业品价格高于价值28.5%，全国剪刀差额为934.8亿元。"1953年到1985年，全国预算内的固定资产投资共7878亿元，平均每年240亿元左右，大体相当于每年的剪刀差绝对额。可以说国家30多年工业化的投资主要是通过剪刀差取得的，是剪刀差奠定了中国现代工业化的初步基础。"（严瑞珍等《中国工农业剪刀差的状况、发展趋势及对策》）

[2] 刘亚洲：《农民问题》，载于博客中国，2006年8月9日。

[3] 对中国"三农问题"描绘最为翔实、真实的是《中国农民调查》（2004年1月，人民文学出版社出版，作者陈桂棣、春桃）一书，该书是披露中国农村种种黑暗现象以及农民沉重负担的纪实文学，是一本无所隐讳地把"三农"问题的全部复杂性、迫切性、严峻性和危险性和盘托出的书，反映了当前农民的生存状态，披露了曾惊动中央的几起重大涉农案件，揭示了农民负担过重的种种原因，展现了农村费税改革的艰难曲折过程。读书在20个国家出版，并获德国尤利西斯国际报告文学大奖。该书2004年12月在网络上解禁，2011年4月，国务院前总理朱镕基返回其母校清华大学，与学生交流时，向同学赠送《中国农民调查》等书。

一是粮食安全问题：数量和质量的双重忧患。民以食为天，粮食安全事关国家稳定。手中有粮，心中不慌，稳定地解决13亿人口的吃饭问题始终是治国安邦重中之重的大事。习近平在其著作《摆脱贫困》[1]中强调"粮食生产的发展将带动整个农村产业结构的调整。一个最基本的事实是林、牧、副、渔业的发展有赖于粮食的供给。"莱斯特·布朗（Lester Brown）1994年的报告《谁来养活中国》震动了中国和世界，这么多年也成为中国人头顶上的一顶紧箍咒。2001年，他的《生态经济》一书又对中国的经济发展模式提出质疑，认为中国水资源短缺、农田减少、环境恶化等问题变得越来越现实。一直到2008年，他到中国接受媒体采访时依然坚持这个观点。为了避免世界性的粮食危机，中国乃至整个世界，必须考虑四个建议：（1）坚持计划生育政策，减少人口数量，争取不突破现在预测的人口峰值16.6亿；（2）大力增加对农业基础设施的投资，集中力量开发国家特别需要的农业新技术；（3）实行保护耕地的国家战略，将交通系统从以轿车为重点，转为以公共交通为重点，发展城市铁路，提倡近途交通使用自行车；（4）推广全国性的节水计划。如果中国无法做到这几点，继续大量进口粮食，那么将会造成灾难性的后果。这就是布朗报告的主要观点。很多人质疑布朗的观点，经济学家张五常就说过："只要粮价足够高，在公路上都可以种出大米。"事实上这20年，中国粮食产量也一直在大幅增加，新世纪后中国粮食实现"十连增"。1994年总产量4.5亿吨，2013年达6亿吨，增加了1/3。人均粮食产量则从370公斤，增加到440公斤，相当于每人每天1.2公斤粮（不包含蔬菜、水果、肉类、禽蛋等其他农产品）。（见图8-1）

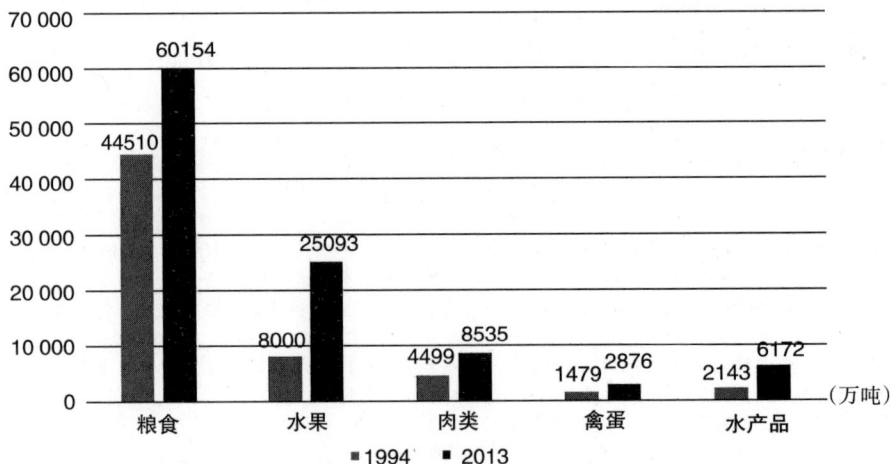

图8-1　1994和2013年主要农产品产量
（数据来源：《谈议粮食安全兼答莱斯特·布朗之问》，徐建国/文）

---

[1] 初版于1992年的《摆脱贫困》一书，2014年8月由福建人民出版社重印发行。

但是中国的耕地减少、粮食产量下降的趋势很难逆转。随着人口增加（每年新增人口约650万人）、城镇化进程（每年新增城市化人口2100万人），每年需要新增粮食50亿公斤。以大豆为例，以前我们还是出口国，现在每年需要进口约500亿公斤。人无远虑，必有近忧。眼下粮食够吃了，并不能说就可以高枕无忧了。全世界70亿人，正常年份每年的谷物是25亿吨左右，进入国际贸易的只有3亿吨左右，每年全球的粮食贸易在3000亿公斤左右，是我国粮食需求量的一半，其中大米贸易量是350亿公斤，相当于我国大米消费量的25%。因此中国政府一直严防死守18亿亩土地红线。从"南粮北运"到"北粮南运"，中国农业经千年形成的粮食分布格局在最近的30年间被改变。李国祥的研究结果显示，1990年~2010年，中国粮食的供求格局已大致形成：当前粮食供给有余的主要是东北区（黑龙江、吉林和辽宁）、冀鲁豫区（河北、河南、山东），长江区（安徽、湖北、湖南、江西）和西北区（甘肃、内蒙古、宁夏、山西、陕西、新疆）供给平衡略有余，供给不足的主要有东南区（福建、广东、海南、江苏、上海、浙江）、京津区（北京、天津）、青藏区（青海、西藏）和西南区（广西、贵州、四川、云南、重庆）。《中国经济周刊》的统计结果显示，2012年，广东省的粮食自给率不足33%。广义的粮食安全，包括粮食的质量和食品的安全。这几年社会抱怨的，不是吃不饱的问题，而是食品质量的问题。毒奶粉、地沟油、镉大米、毒生姜等食品质量问题层出不穷，消费者防不胜防，已经成为严重的社会问题。进一步改善粮食安全，需要改善生产组织形式，合理利用国际贸易，激励生产者、销售者提供安全、高质量的食品，这也是一组需要系统考虑和设计的改革问题。

二是谁来种地的问题：城镇化和农村空心化。由于种粮比较效益的低下，安心务农的人越来越少，在城市化的大潮下，年轻人纷纷涌入城市，留在农村的几乎都是"386199部队"，尤其是中国老年社会到来后，农业劳动力老龄化速度很快。根据专家测算，2013年农业从业人员比例中50岁以上的人员已经超过50%，而且文化程度以低文化程度和女性为主。中国快速老龄化时期已经来临，在农村，老龄化问题更为突出。2010年第六次人口普查显示，60岁以上的人口比例已经达到13.26%，农村老年抚养比为4.22∶1。在老年人口总数、老龄化水平和老年抚养比三项指标中，农村都超过了城市。其中农村老年人口的总数已经达到1.05亿，是城市的1.69倍；农村老龄化水平达到18.3%，是城市的2.3倍。据不完全统计，农村空巢老人的数量已接近一亿，多数是无劳动能力、生活来源微薄者，求医看病比较难，甚至出现病死无人问津的现象。

耕地撂荒和利用效率低的现象十分突出。随着城乡统筹的推进，各种生产要素加

快流动，国家虽然出台了不少补贴政策，但农资价格和劳动力价格的猛涨，种粮效益日趋低下，农业增收依然困难。据统计，农民自己种植一亩水稻不计算劳动力成本，每亩可以赚300~400元，如果全部靠雇佣劳动力耕种的，每亩就要亏400~500元，因此，现在很多农民即便是勉强种植，也仅种点饱肚粮而不愿多种，部分农民在有更好的赚钱门路的情况下，宁可花钱买粮食，而不愿意自己种粮，干脆弃耕弃农。

进城务工的农民尤其是年轻人，已经习惯了城市生活，即使回到农村，也不会种粮种田了。中国一个紧迫的现实问题是：谁来种地？用什么样的机制来处理好"走出去"和"留下来"的关系？中国粮食脆弱的供求平衡会在那个时间点被打破？

"比萨斜塔不会倒，非常重要的原因是它不会长高。"经济学家赵晓这样表达了自己对中国发展的忧虑。这句话很适合形容农村的情况。

二、农业变局

重要的是给农民选择权，而不是规定农民怎么做，怎么做是农民自己的事情。

——李昌平（中国乡村建设研究中心）

1. 土地"三权"之变

2005年年底，中国政府正式公布废止农业税条例的决定。全部免征农业税彻底改变了2000多年来农民缴纳"皇粮国税"的历史。全国免除的税额大约为520亿元，平均在8亿农民身上，每人减轻税负65元，和农村人均纯年收入2936元（2004年数据）比，占2.2%。如果每个农户有4口人，则每户可减轻税负260元。

不管怎么说，对于农民，这都是一个历史性的进步。

习近平这位有很强"黄土情结"的总书记的一个鲜明的政治观点是：中国要富，农民必须富。党的十八大以来，习近平围绕"三农"问题，无论是在调研走访期间还是在重要会议上都发表过一系列重要讲话。2012年年底，他在河北调研时强调，要扎实抓好农村扶贫工作，全面推进农村小康建设；2013年7月在湖北调研时，对深化农村改革、完善农村基本经营制度做了深刻阐述；同年11月在山东调研时，他提出了"三个导向"，强调要保障粮食安全、推进农业科技进步、深化农村改革。

2013年，《中共中央关于全面深化改革若干重大问题的决定》（以下简称《决定》）为中国农村土地改革拉开序幕。该《决定》指出，允许农村集体经营性建设用地出让、租赁、入股，实行与国有土地同等入市、同权同价，赋予农民对承包土地占有、使用、收益、流转以及承包经营权抵押、担保权能，允许农民以承包经营权入股发展农业产业化经营。

被喻为"新一轮土地改革"的核心，是打破土地二元结构限制，推进农村土地的改革。农村集体经营性建设用地可以出让、租赁、入股，实际上是默认了广大农村集体经济组织自发进行的土地改革，将农村经营性建设用地直接视为可转让用地，由农村集体经济组织在符合规划和用途管制的前提下实行市场化开发，今后政府不再大规模征收农村集体经济组织的土地从事房地产开发，农村集体经济组织可以像政府那样，在符合国家城乡规划法所规定的情况下，将自己的经营性建设用地直接面向市场组织拍卖，以合同的方式出让土地使用权，以土地出让的方式获取更多的财富。这是一次前所未有的革命，在中国农村土地改革历史上具有划时代意义。

2014年9月，中央全面深化改革领导小组会议审议通过了《关于引导农村土地承包经营权有序流转发展农业适度规模经营的意见》《积极发展农民股份合作赋予集体资产股份权能改革试点方案》，在坚持农村土地集体所有的前提下，促使承包权和经营权分离，形成所有权、承包权、经营权三权分置，经营权流转的格局。三权分置既不触动集体所有制的内核，又使土地流转规模、范围、速度得到大幅度提升。同时划定了土地流转、规模经营"六不一严"的底线：不损害农民权益，不改变土地用途，不破坏农业综合生产能力，不能搞强迫命令，不能搞行政瞎指挥，不能片面追求快和大；对工商企业租赁农户承包地，要有严格的门槛，建立资格审查、项目审核、风险保障金制度，对准入和监管制度做出明确规定。承包地所有权、承包权、经营权"三权分离"正式提上农村土地制度和产权法治建设层面，将再一次推动农村生产力的大释放。中央农村工作领导小组办公室主任陈锡文表示：农民通过农村土地的转让承包获得租金，就是因为转让了经营权；经营权就是收益，抵押经营权就是抵押土地的预期收益，即使抵押失败了，也只涉及抵押的农民与银行约定的3年或者5年经营权，不会改变土地的集体所有制性质，这种探索是可行的[1]。

2. 发展方式之变

2014年中央经济工作会议指出，要坚定不移加快转变农业发展方式，尽快转到数量质量效益并重、注重提高竞争力、注重农业技术创新、注重可持续的集约发展上来，走产出高效、产品安全、资源节约、环境友好的现代农业发展道路。

农业部农村经济研究中心主任宋洪远[2]指出，我国农业发展面临诸多挑战，必须

[1]《河南商报》，2014年1月20日。
[2]《转变农业发展方式　加快推进农业现代化》，中国发展观察杂志社，2015年3月2日。

加快转变农业发展方式。一是农业资源偏紧和农业环境恶化的制约日益突出，二是农村劳动力就业结构变化的挑战日益突出，三是农业生产结构性失衡的问题日益突出，四是农业比较效益低与国内外农产品价格倒挂的矛盾日益突出。近些年来，我国农业虽然保持了增粮增收的好势头，但是数量与质量、总量与结构、投入与产出、成本与效益、生产与环境、当前与长期等方面的矛盾也日益突显，因此，提高农业发展质量和效益，迫切需要加快转变农业发展方式。

转变农业发展方式涉及方方面面，要促进农产品供给由注重数量增长向总量平衡、结构优化和质量安全并重转变，促进农业发展由主要依靠资源消耗向资源节约型、环境友好型转变，促进农业生产条件由主要"靠天吃饭"向提高物质技术装备水平转变，促进农业劳动者由传统农民向新型农民转变，促进农业经营方式由分散经营向规模化转变等。

转变发展方式要和现代农业结合起来。现代农业首先是质量安全的农业，要让消费者吃饱吃好、吃得安全放心，要坚持"产出来"与"管出来"两手抓。现代农业也是高产高效的农业，要通过多种途径提高农产品产量，提高农业效益，增加农民收入。除了推进农业科技创新外，要构建新型农业经营体系。坚持家庭经营的基础性地位，推进家庭经营、集体经营、合作经营、企业经营等多种经营方式共同发展，培育种养大户、家庭农场、合作社、龙头企业等新型经营主体，建立健全农业社会化服务体系。要抓住"一带一路"建设的重大战略机遇，扩大农业对外投资和农产品贸易，培育一批跨国经营的大型农业企业，积极参与农业国际竞争与合作。

农民是转变农业发展方式的主体，要尊重他们的意愿和经营自主权，坚持农民的主体地位，尊重农民的意愿，坚持市场导向，尊重经济规律。2013年中央"一号文件"首次三提尊重农民。其一，在"创新农业生产经营体制，稳步提高农民组织化程度"中提出："要尊重和保障农户生产经营的主体地位，培育和壮大新型农业生产经营组织，充分激发农村生产要素潜能"；其二，在"完善乡村治理机制，切实加强以党组织为核心的农村基层组织建设"中提出："尊重农民首创精神，鼓励各地积极探索、勇于改革、大胆创新，做好农村改革试验区工作，及时总结推广各地成功经验"；其三，在"改进农村公共服务机制，积极推进城乡公共资源均衡配置"中提出："农村居民点迁建和村庄撤并，必须尊重农民意愿，经村民会议同意"。2013年10月，国务院总理李克强对全国改善农村人居环境工作会议专门做出批示强调，改善农村人居环

扫描二维码
精彩继续

境承载了亿万农民的新期待，各地区、有关部门要从实际出发，统筹规划，因地制宜，量力而行，坚持农民主体地位，尊重农民意愿。

（扫描二维码观看视频《中国梦：现代农业》）

三、农业新局

喜看稻菽千重浪，遍地英雄下夕烟。

——毛泽东《七律·到韶山》

农业可谓是最传统的行业，但是一旦拥抱互联网，一样焕发出新的生机和活力，成为真正希望的田野。资金、技术等生产要素流入农业领域，不仅改变了农产品价值链模式，催生了农产品电商的发展，促进了新型农民群体的诞生和成长，也使我们看到了现代农业未来的曙光

1. 农产品流通渠道革新

解决"小农户"与"大市场"之间的矛盾是"互联网+农业"的核心任务。目前存在的问题主要集中在流通渠道上，必须重塑供应链和价值链问题。

第一，流通渠道主要问题：三个不对称。

以蔬菜为例，一种蔬菜产品要从田间地头走到市民餐桌，最长的环节要走完"生产者—经纪人—产地批发商—销地批发商—零售商—消费者"的六级流通环节，存在的主要问题是权力不对称性、结构不对称性、信息不对称性。各环节获利在5%~10%不等，贩销环节获利高于生产环节，各环节加起来约占流通总成本的20%。其他的农产品如粮食、牛奶、猪肉等都存在类似问题，如图8-2所示。

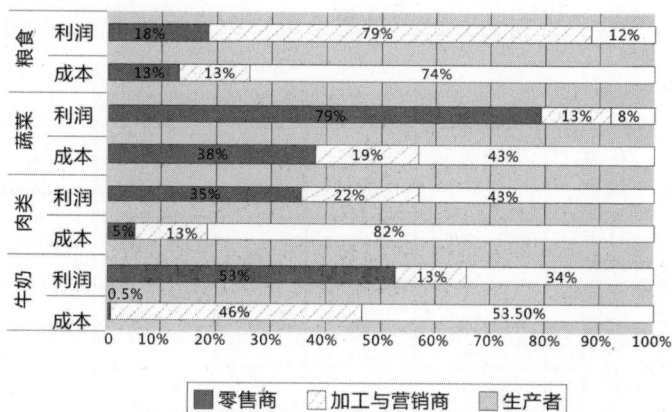

图8-2　中国主要农产品价值链成本和利润分布调查

（数据来源：《领导决策信息》，2008年第18期）

在整个产业链和价值链中，由于渠道权力严重向龙头企业倾斜，农户谈判能力弱，利益受不到保障，结果流通成本高、流通效率低、服务体系不完善、农民产业地位低，农民和消费者都没有得到实惠。加上长期以来我们都是"重生产、轻流通"，流通体制不适应农产品大生产、大流通的新形势，没有下功夫解决农产品订单处理（商流）与实物处理（物流）的问题，没有去推广"商物分离"的农产品直销和配送模式，一直沿用传统的"对手交易、现场交易、多次交易、商物同步"的流通方式，未能形成价格发现机制和流通主导生产的局面，未能完成从"产销对接"到"城乡对接"的体制转变，从而形成了现在的农产品流通困局。

我国目前现存的农产品流通渠道模式主要有"农户+批发商"模式、"农户+龙头企业"模式、"农户+合作社+龙头企业"模式、"农户+供应商+超市"模式。在这些模式下，农产品流通不畅，小生产与大市场脱节，买难卖难的反复交替，渠道结构呈现出"纺锤形"的不对称性，农户和零售终端规模小，中间销售环节复杂，因而销售不畅，效率低下。对比我国与世界农业发达国家和地区的农产品销售模式，我国农产品流通体系亟待完善。（见表8-1，表8-2）

表8-1　我国农产品流通渠道模式类型与特点

模式＼特点	流通成本	渠道关系	参与主体力量	流通业态	流通技术	支持政策	流通效率
农户+批发商	很高	极不稳定	极不平衡	非常单一	极不发达	弱	很低
农户+龙头企业	高	相对稳定	不平衡	单一	不发达	较弱	较低
农户+合作社+龙头企业	较高	较稳定	较平衡	较单一	不发达	一般	一般
农户+供应商+超市	较低	较稳定	较平衡	相对单一	较发达	一般	较高

表8-2　世界农产品流通渠道模式类型与特点

模式＼特点	代表国家	流通主体	流通成本	流通效率	渠道结构	法制规范	产品特点
东亚模式	日本 韩国	批发市场	较高	高	中心型	健全规范	非标准化
西欧模式	法国 德国 英国	合作社	低	高	上游型	健全规范	标准化
北美模式	美国 加拿大 澳洲	超市+连锁店	低	高	两端型	健全规范	非标准化

（来源：《我国农产品流通渠道模式创新研究》，载于《商业经济与管理》，赵晓飞、田野，2009年）

赵晓飞、田野认为，我国农产品流通模式创新应该针对我国农产品流通渠道存在的诸多弊端，从以下5个方面来进行：渠道关系层面、参与主体层面、流通业态层面、流通技术/手段层面、政府政策支撑体系层面。一是渠道关系创新主要是从关系层面建立农产品渠道联盟；二是渠道参与主体创新应该从农户、龙头企业和经销商三方面进行：农户组织化、龙头企业规模化、经销商品牌化；三是流通业态创新要经营连锁化、销售超市化、配送集中化；四是流通技术/手段创新，要围绕着建立能够降低物流成本和提高物流效率的现代物流体系来进行，推进信息化、标准化、全程化、一体化的服务，积极运用第三方物流，同时农产品交易方式要在农产品领域逐渐采用拍卖、仓单、远程合约、期货等交易方式，积极实施农产品电子商务，将农业生产的产前、产中、产后诸环节有机地结合到一起，解决生产与市场信息不对称的问题，帮助农产品经营者科学决策，利用电子商务技术改造传统经济下的流通过程，形成由信息流、资金流、物流、商流组成的并以信息流为核心的全新的流通流程。五是，政府应该转变职能，变"管理者"为"服务者"，为农产品流通提供服务平台和政策保障。

第二，消除三个"不对称性"的主要路径："互联网+"。

根据阿里研究院测算，网络零售的流通效率较实体零售提高了3倍。由于新型农产品流通模式在流通效率上比传统模式有巨大的优势，放大到全社会，有望实现社会资源的巨大节约。我国农产品流通产业规模目前约为10万亿元，如果电子商务能够广泛采用到农产品流通的各个环节，可以节约相当可观的社会资源，更主要的贡献在于改变不对称性的突出问题。

一是通过信息化手段加强信息透明度。通多网络媒介、虚拟产品社区提供信息中介服务来帮助农产品生产者和企业获得相关农产品信息，消除信息垄断，为整个价值链或价值链系统增加信息交换量。同时也用它为其他商业模式（电子商店、第三方交易场所、价值链整合商）提供辅助功能。比如宁夏的万齐农业集团给农产品建立溯源系统，消费者通过扫描二维码，就能查询产品从地里到餐桌上的全过程。

（扫描二维码观看视频《万立军：用科技知识创新农业发展》）

二是以去中介化为手段发展电子商务。近年来政府对农村电商大力支持，2015年中央"一号文件"提出支持电商、物流、商贸、金融等企业参与涉农电商平台建设；国务院及相关部委相继发布了《关于协同推进农村物流健康发展、加快服务农业现代化的若干意见》《关于大力发展电子商务加快培育经济新动力的意见》《"互联网+"

流通行动计划》《关于大力发展电子商务加快培育经济新动力的意见》，对农村电商发展提供物流、流通、资金上的政策支持。

电子商务依赖互联网的交易网络，使企业冲破条块分割的市场格局，摆脱区域性市场的限制，电商企业将分散开的千家万户农民组织起来进行规模生产和经营，或进行一种点对点的针对性生产。这种新型的企业组织形式既使各个农户自主经营的权利得到了最充分的保证，又由于承担了一定的信息功能似乎具有某种实体性。包括电子商店模式、电子采购模式、价值链整合模式。农产品电商模式的驱动者一般是卖方或买方单方，整个模式的发展受宏观网络环境和客户对网络采购偏好的影响很大，需要中介方、金融、物流、保险、税务等交易各方的协同配合来实现交易。难度比较大的因素是需要增加投入，完成企业的供应链系统和物流配送系统。

互联网技术和大平台的出现，使农民直接面对消费者成为可能，这就改变了农民在流通体系中的角色和地位，部分农民一跃成为市场交易主体。比如，通过淘宝网等平台，农民转型为卖家，可以直接与消费者进行沟通和交易，从而极大地增强了议价权，提升了收入水平。截至2012年12月底，淘宝和天猫平台上，注册地址在农村（含县城）的网店数量为163万个，其中村镇级（不含县城）的为59万个，农民网商群体开始形成。

阿里研究院发布的《中国农村淘宝研究报告（2014）》显示，最早的一批淘宝村出现在2009年，主要包括江苏睢宁县沙集镇东风村、河北清河县东高庄、浙江义乌市青岩刘村。截至2013年年底，这样的淘宝村数量增长到20个。而到了2014年，全国淘宝村的数量达到了212个。阿里认定淘宝村的标准是：经营场所在农村地区，以行政村为单元；电子商务年交易额达到1000万元以上；村活跃网店数量达到100家以上，或活跃网店数量达到当地家庭户数的10%以上。在212个淘宝村中，活跃卖家数量超过7万家，根据农村网商的家庭经营特点，按每个网店约4个从业者计算，淘宝村整体带来直接就业达28万人以上。而除了拉动农村就业，使得农村人口"离土不离乡"之外，淘宝村的生活消费水平与普通农村相比也得到了提升。以江苏沙集镇为例，根据阿里研究院统计，2013年发往沙集镇的淘宝订单达7.8万笔，总额1322万元，其中卖家最为集中的东风村，全年收到1.6万笔订单，总额550万元。据当地政府统计，东风村2013年人均年收入达2.98万元，超出全省农村人均年收入119%。

农村电子商务区域生态正在以点带面的态势涌现，"农户+公司+网络"的模式开始广泛蔓延，改变着传统农业经济和产业，改变着当地人的生产生活方式，正在成为引领农民，特别是引导农村农副产品走向市场、走向全国，甚至走向世界的一个新的增长点。

【链接】三只松鼠销售模式

三只松鼠电子商务公司是一家以坚果、干果、茶叶等森林食品的研发、分装及网络自有B2C品牌销售的现代化新型企业，主要是以互联网技术为依托，利用B2C平台实行线上销售。凭借这种销售模式，"三只松鼠"迅速开创了一个快速、新鲜的新型食品零售模式。这种特有的商业模式缩短了商家与客户的距离，确保让客户享受到新鲜、完美的食品，开创了中国食品利用互联网进行线上销售的先河。它以其独特的销售模式，在2012年"双11"当天的销售额在淘宝网络坚果行业跃居第一名，日销售近800万，发展速度创造了中国电商史上的一个记录。三只松鼠2013年销量突破3亿。

三是大力发展第三方市场模式。大力发展综合性第三方电子市场、专业性第三方电子市场、B2B电子市场、（B+C）2B电子市场模式，加快信息设施建设，建立高效的农产品物流体系和安全可靠的支付体制等保证措施。第三方市场模式除了降低交易成本外，相对于一般电商模式而言，主要优势体现在四个方面：价格优势——加入或参与第三方市场模式网站的电子商务平台所需费用很少；信息优势——由第三方专业化运作、专业化推广、专业化服务；技术优势——第三方交易市场有较大的交易规模和配套的管理技术力量；集聚优势——可以吸引一大批企业加盟，积聚企业大数据，聚合效应形成价值示范效应。2015年以来，在"互联网+"浪潮的驱动下，政策层面扶持利好密集出台，其鼓励物流、仓储、资金和渠道更高效地下沉到农村市场，阿里、京东、苏宁等电商企业开始了更大规模的电商下乡进村。根据阿里研究院的预计，到2016年全国农村电商市场的规模将达到4600亿元。这个巨大市场的吸引力加上淘宝村模式的逐渐成形正在成为电商巨头们下乡进村的动力。阿里巴巴将农村战略作为三大核心战略之一，计划在未来3~5年内投入100亿元发展千县万村计划，即建立1000个县级运营中心和10万个村级服务站，带动农村创业机会，让"淘宝村"模式在全国范围推广。2015年1月，京东的县级服务中心在江苏宿迁市、湖南长沙县、四川仪陇县、山东平度市等全国多个县市正式开业，该中心将承担起配送、客户体验、乡村推广员培训、宣传和产品实物展示等业务功能。2015年京东县级服务中心将

在全国区县铺开，预计年内开业数目将超过500家。通过县级服务中心，京东将招募数万名乡村推广员，给农民提供售后、金融服务，真正让"工业品进村、农产品进城"。2015年1月，苏宁易购首家自营服务站落户宿迁市洋河镇，同一天盐城市龙冈镇的服务站也开门迎客。两家自营服务站的开业加上原本的1000多家加盟服务站，表明苏宁农村电商发展采取自营和加盟两种模式。

【链接】生鲜行业的互联网创新

国家政策大力支持创新农产品流通方式，探索建立生产与消费有效链接、灵活多样的农产品产销模式，减少流通环节，降低流通成本。互联网在家用电器、消费电子、服装百货等领域已显示了强大的竞争力，而生鲜电商作为新兴的农产品流通方式，利用互联网技术和经营理念积极创新。2012年是中国生鲜食品电商发展的重要年份，多家电商公司开始涉足几年前并不被看好的生鲜食品领域，其中有大型网购平台，如淘宝天猫、京东、苏宁易购、亚马逊、易迅；有自营平台如中粮我买网、1号生鲜等；有快递跨界进入电商领域的顺丰优选，传媒跨界进入的有本来生活；还有传统零售商，如沃尔玛；有专注于做小而美的本地电商，如正大美味七七、莆田网、鲜码头、摘鲜网等；也有专门做垂直电商的沱沱工社（见表8-3）。据统计，2013年食品电商总交易金额达到324亿元，同比增长47.9%，其中，生鲜食品的网购交易金额达到21.8亿元。

（来源：中国产业信息《2014年我国生鲜电商行业投资前景展望》）

表8-3　国内生鲜电商情况

商业模式	电商	上线时间	主营业务
平台电商	天猫鲜生	2011.1	进口海鲜产品、水果、肉类
	淘宝农业	2012.6	有机蔬菜水果、肉禽蛋类、粮油等
	亚马逊	2012.6	主要商家为区域海鲜电商
	京东	2012.7	蔬菜、水果、海鲜水产、禽蛋肉类
	易迅	2012	蔬菜水果、海鲜水产
	苏宁易购	2013.7	海鲜、水果、鲜肉

续表

商业模式	电商	上线时间	主营业务
自营+平台	1号生鲜	2013.3	水果、海鲜、鲜肉类、肉类加工
自营电商	中粮我买网	2011.8	食品类，包含各种生鲜类产品
	顺丰优选	2012.5	水果、蔬菜、禽蛋、海鲜、肉类
传媒跨界	本来生活	2012.7	水果、肉类禽蛋、水产海鲜、粮油
垂直电商	沱沱工社	2010.4	有机食品网上超市，蔬菜水果、鲜肉禽蛋、鲜奶乳品、海鲜水产等
传统零售商电商	山姆会员网上商店	2013.4	沃尔玛旗下网上超市，生鲜类包括蔬果、肉类、海鲜
专业化本地电商	摘鲜网	2013.4	高档水果、蔬菜
	正大美味七七	2011.2	蔬果、肉禽蛋奶、海鲜水产、休闲食品、酒水饮料、粮油调味
	鲜码头	2012	海鲜类，依托亚马逊平台

（来源：中国产业信息网）

2. 农民主体知识技能革新

从宽带进村、信息入户到农业综合服务、政务信息平台的建设，再到"智慧农业"、农村电商，我国农业农村的信息化一直在路上。但是，城乡数字鸿沟、农村信息孤岛仍普遍存在。如何让"三农"发展搭上"互联网+"的信息化班车？要在加速硬件配置实现"互联网+农村"和加快软件升级实现"互联网+农业"的同时，下大力气培育人才支撑，实现"互联网+农民"，这是当务之急，也是长远之道。

农村劳动力向城镇和第二、第三产业转移，是伴随我国现代化进程的必然趋势。目前我国农业劳动力供求关系已进入总量过剩与结构性、区域性短缺并存的新阶段，关键农时缺人手、现代农业缺人才、新农村建设缺人力问题日显普遍。

2012年农业部在《新型职业农民培育试点工作方案》中，把新技能型职业农民定义为，以农业为职业、具有一定的专业技能、收入主要来自农业的现代农业从业者，主要包括生产经营型、专业技能型和社会服务型职业农民。生产经营型职业农民，是指以农业为职业、占有一定的资源、具有一定的专业技能、有一定的资金投入能力、收入主要来自农业的农业劳动力，主要是专业大户、家庭农场主、农民合作社带头人等；专业技能型职业农民，是指在农民合作社、家庭农场、专业大户、农业

企业等新型生产经营主体中较为稳定地从事农业劳动作业，并以此为主要收入来源，具有一定专业技能的农业劳动力，主要是农业工人、农业雇员等；社会服务型职业农民，是指在社会化服务组织中或个体直接从事农业产前、产中、产后服务，并以此为主要收入来源，具有相应服务能力的农业社会化服务人员，主要是农村信息员、农村经纪人、农机服务人员、统防统治植保员、村级动物防疫员等农业社会化服务人员。（见图8-3）

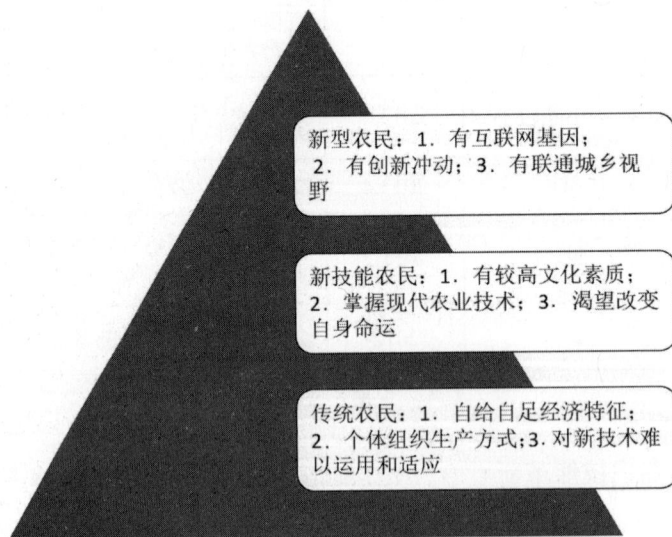

图8-3　中国农民群体划分以及演进方向

　　如果从互联网时代的要求来看，新型职业农民，必须在新技能职业农民的基础上，懂得互联网知识，熟悉互联网工具运用，从网络上获取信息，打破传统信息不对称的局面，同时能够运用互联网工具开展农产品的营销和销售。因此，培育新型职业农民是一项关系"三农"发展的基础性、长期性工作，是一个复杂的系统工程，要统筹各类教育培训资源，加快构建和完善以农业广播电视学校、农民科技教育培训中心等农民教育培训专门机构为主体，中高等农业职业院校、农技推广服务机构、农业科研院所、农业大学、农业企业和农民合作社广泛参与的新型职业农民教育培训体系，满足新型职业农民多层次、多形式、广覆盖、经常性、制度化的教育培训需求，要以"让更多的农民成为新型职业农民"为目标，以"生产更多更好更安全的农产品供给社会"为方向，针对重点对象开展系统教育培训，结合认定和扶持，加快培养一批从事现代农业生产经营的新型职业农民。

据阿里研究院数据，截至2014年，"新农人"已突破100万人，他们多为白领、大学生，兼具互联网思维，投身"三农"服务，未来在政策的持续催化下，这一群体将日趋壮大，创造更为多样新鲜的"新农业"。比如，我们曾提及的宁夏万齐集团，从2011年到2014年，先后培养了36名"大学生科技特派员"，他们全部从业于水稻种植、畜牧养殖、果蔬种植、种苗培育、农产品冷链物流及设施休闲农业等与农业息息相关的技术行业。他们作为新农民的典型和代表，农忙时奔忙在乡村的田间地头，农闲时又站在农业科技培训的讲堂上。万齐集团目前已带动5000多户农户，直接服务于2000多农户。

丁磊养猪、刘强东种大米、李治国养鸡、九城盖有机农场、联想酿酒……企业大佬们也改行进入农业，利用互联网固有的优势改变小规模化、小作坊化的生产模式，实现农业的信息渠道、流通渠道顺畅合理，使农业的产、供、销形成一条龙的整体，借助互联网行销，缩短产销距离，促进多方合作，实现信息共享。由于有更多的资金要素的进入和驱使，在农业生产中应用物联网技术，可以通过各种无线传感器实时采集农业生产现场的光照、温度、湿度等参数及农产品生长状况等信息，再将采集的参数信息汇总整合，最后通过智能系统进行定时、定量、定位处理，及时精确地遥控指定农业设备的开启或是关闭，实现"智能化农业"，使农业生产标准化成为可能。在互联网农业营销上，细分市场理念可以得到良好运用，大数据可以精准定位目标客户，避免泛化营销；同时可以与客户密切互动，不断改进产品质量。从食品安全上，可以通过互联网、物联网、网络视频以及云计算等技术，创造透明的供应链体系，通过二维码建立可追溯系统。

2015年3月，央视新闻联播播出"互联网+农业，打开创业新空间"，报道了农业"触电"，利用大数据提升生产效率，融合农业信息化与农业互联网，快速推动产业发展，吸引越来越多的年轻人积极投身农业创业。报道指出，物联网、大数据、网购、电商这些互联网催生的新名词，正在与传统的农业和农村更紧密地结合，带动农业升级、农民生活改善。大数据的应用，让农场的管理更像一家工厂。"互联网+农业"，打开的不仅仅是城里人的想象空间，越来越多的"农二代"也纷纷选择告别城市留在家乡创业。有证券分析师表示，2015年将是二级市场布局中国大种植业板块股权投资的元年，并有望开启5~10年的黄金增长新时代。

【链接】"互联网+农业"：一个农民的典型案例

湖北钟祥的一名普通农民李明华，他领头的农民合作社搞出的"上种水稻、下养老鳖"的香稻嘉鱼种养模式，是当地政府确立的典型，并在全省推广。他不仅是湖北省生态农业种养模式的一个典型，而且在2014年11月就开始尝试探索"移动'互联网+'农业"。李明华为实现香稻嘉鱼大米与移动互联网连接，并没有自建系统开发团队，也没有购买服务器、开发APP客户端，而是采用了与外部移动互联网平台资源进行合作的"借力"方式。其实很简单，只要贴上决不食品联盟免费提供的"决不食品"标志，香稻嘉鱼大米的"互联网+农业"就自动实现了。因为"决不食品"标志内含有二维码，手机一扫，就会进入香稻嘉鱼大米的互联网页面，页面上有食品安全公开承诺视频、7×24小时种养基地实时监控视频、食品安全责任险保单图片、食品安全有奖监督基金的公开信息等。（来源：中国网 2015-03-10）

（扫描二维码阅读《一人浇3000亩地才是"互联网+三农"》）

第九章　互联网广泛融合化（制造业）

制造业是将原材料制造为新产品以迎合新需求的艺术和科学。在新时代，最重要的事情就是准确识别已有的生产制造模式将会如何变化，掌握如何从这些变化中获取最大的利益。

——（英）彼得·马什（Peter Marsh）《新工业革命》

制造业是衡量一个国家生产力水平的主要标准，是区别发展中国家和发达国家的分水岭。制造业在世界发达国家的国民经济中占有重要份额。增强制造业竞争力特别是核心竞争力，是强国目标的必由之路。新中国成立后尤其是改革开放以来，我国制造业持续快速发展，建成了门类齐全、独立完整的产业体系，支撑了我国世界大国地位。但是与世界先进水平相比，我国制造业仍然大而不强，差距明显，转型升级和跨越发展的任务紧迫而艰巨。

一、大脑格式化：从"中国制造"到"中国智造"

物质是精致的能量，能量是运动的物质，生命是连接物质与能量的桥梁；智慧是生命的形态，智能是智慧的简化，计算机是智慧的元素，当人与计算机产生交集时，我们会发现它们的生命是相通的。

——李庆诚（《奇点临近》译者）

1. 历史螺旋与现实考量

从人类社会的历史进程上看，每一次工业革命的发生和发展，都集中体现在制造业生产方式的深刻变革上。人类至今已经经过了三轮工业革命，目前正在进入第四次革命，每一个时代的主要特征不一样。

工业革命1.0开创了机械规模化。18世纪末从英国发起的第一次工业革命，到19世纪末结束，它开创了以机器代替手工劳动的时代。此次革命以工作机的诞生为开始，以蒸汽机作为动力机被广泛使用为标志。经济社会从以农业、手工业为基础转型

到了以工业以及机械制造带动经济发展的模式，人类进入了"机械化时代"。

工业革命2.0的核心是电气自动化。19世纪末在欧洲国家和美国、日本等国家发起的第二次工业革命，到20世纪70年代结束，它开创了产品批量生产的新模式。此次革命强调电力驱动产品的大规模生产，通过将零部件生产与产品装配成功分离，形成生产线生产的阶段，人类进入了"电气化时代"。

工业3.0实现了电子信息化。第二次工业革命在生产过程中产生的高度自动化，引发了第三次工业革命。第三次工业革命始于20世纪70年代并一直持续到现在。通过电子与信息技术的广泛应用，制造过程不断实现自动化，机械设备开始代替人类作业，人类逐步进入"自动化时代"。

工业4.0的主要驱动力量是智能网络化。被称为第四次工业革命的工业4.0战略于2011年诞生于德国，是指将互联网、大数据、云计算、物联网等新技术与工业生产相结合，整合制造机器、仓储系统和生产设施等，最终实现工厂柔性化智能生产，让工厂直接与消费需求对接。工业4.0描绘了制造业的未来愿景，人类将迎来以信息物理融合系统（Cyber-Physical System，CPS）为基础，以生产高度数字化、网络化、机器自组织为标志，以定制化智能制造为目标的第四次工业革命。相对德国工业4.0战略，美国提出了工业互联网战略，我国提出了中国制造2025战略，其本质都是发展基于互联网的智能制造产业。随着工业4.0的推进，未来将进入"智能化时代"。（见图9-1）

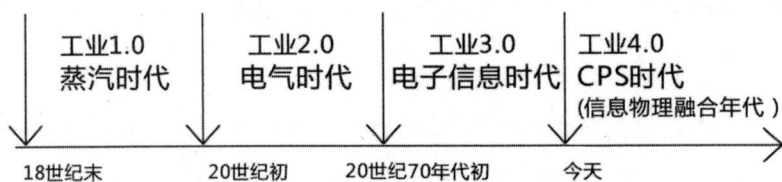

图9-1　人类经历的四次工业革命主要特征

"农业时代是东方文明的时代，工业时代是西方文明的时代，知识时代将是全球文明时代。如果没有东方文明的复兴，就不可能有全球文明的时代。"[1]把工业革命放到大历史视野下来查看文明走向，可以更清晰地看清中国的坐标位置。在人类文明史上，唯独西欧古典文明永久湮没，而被现代性文明所覆盖。以罗马帝国为标志的古典文明灭亡，出现了世界历史的重要转折点——西方古典文明大规模的消亡为技术革命

[1] 何传启著：《东方复兴：现代化的三条道路》，商务印书馆，2003年。

扫清了道路，拉开了现代性的序幕。中世纪结束后，西方开始了强烈的海外扩张，与世隔绝的传统的地区自治开始让位于全球统一。中国遭遇到"三千年未有之大变局"（李鸿章语），使得"中国不是走出中世纪而是被轰出中世纪的"[1]。历史崎岖地碾过了这100多年的岁月，中国重新回到世界主流的航道上。中国社会现代化的路径图是中国社会现代化的战略目标和运河路径的一种集成，基本思路是：采用综合社会现代化原理，协调推进两次社会现代化，加速从农业社会向工业社会和知识社会的转型，迎头赶上发达国家第二次社会现代化水平；在2010年前启动新型城市化等五个战略，到2050年达到世界中等发达国家水平，基本实现社会现代化[2]；21世纪末达到世界先进水平，全面实现社会现代化。现代化不是美国化和欧洲化，现代化是各个国家自身的现代化。现代化也不是全盘西化，而是全世界脱离物质贫穷，脱离思想困境，脱离低下的生产力，是整个人类从农耕文明走向工业文明的进程。城市化与工业化互为因果而螺旋式上升的关系已为工业革命以来的世界历史发展所证实。以制造业为主体的工业革命的重要内容之一就是对农业的改造，也就是以农业为主的经济转移到工业经济上来。（见图9-2）

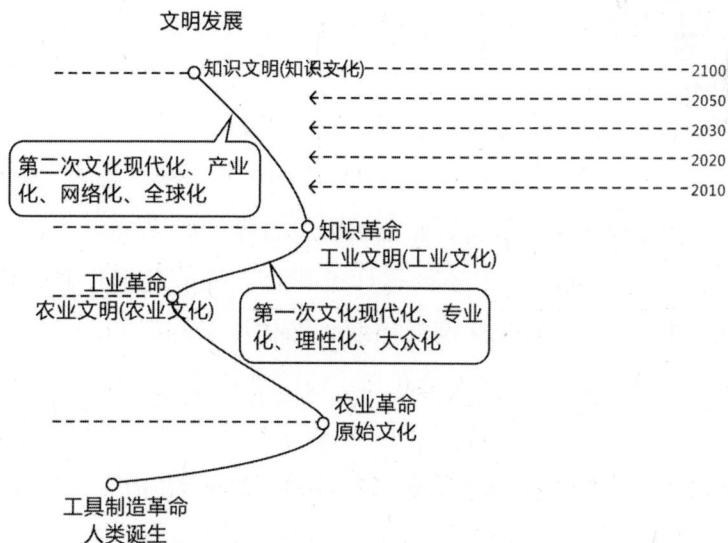

图9-2　人类文明进化史螺旋趋势图

[1] 陈旭麓著：《陈旭麓学术文存》，上海人民出版社，1990年。
[2] 中国科学院中国现代化研究中心中国现代化战略研究课题组《中国现代化报告2005》。

历史上中国曾是制造业第一大国，但在1850年左右，中国失去了制造业第一大国的位置，一直到2010年，中国再次成为全球制造业第一大国。2013年，中国制造业产出占世界比重达到20.8%，连续四年保持世界第一大国地位。历史螺旋式上升的扭力，托举着一个复兴的梦想。不过，一个不容回避的严峻现实是，尽管我国重新回到制造业第一大国的位置，但"大而不强"的矛盾突出，制造业自主创新能力不足，关键核心技术受制于人，品牌质量水平不够高，产业结构不尽合理等问题亟待解决。

曾经一度中国挟劳动力成本优势和牺牲环境等资源要素为代价换来"世界工厂"地位，但如今中国制造却遭遇"前后夹击"，面临着低成本优势递减和新竞争优势尚未形成的两难局面：一方面，2014年我国劳动年龄人口比2011年下降了560万，直接导致用工成本上升，制造业工资普遍达到3000元~4000元，远高于东南亚等国，东南亚国家借机在中低端制造业上发力，吸引外资投资的转移；另一方面，原本在华生产的外资高端制造业回流发达国家，据波士顿报告，中国制造业对美国的成本优势已经由2004年的14%下降到2014年的4%，表明在美国生产只比在中国生产成本高4%。在移动互联网大潮的裹挟下，随着"80后"、"90后"触屏一代成为消费主体，越来越多的传统制造业和零售业都在恐慌地发现，消费者消费倾向和行为正在深刻变化，他们原来所熟悉的市场不见了，原来所熟悉的成本控制换利润的模式走不通了。

同时，中国经济在经历30多年高速增长后：一方面，综合国力不断提升，经济总量位居世界第二，站在了更高起点上；但另一方面，不平衡、不协调、不可持续问题凸显，部分行业产能过剩问题突出，企业投资效益低下，新兴产业尚未形成真正的增长动力，经济增长的内生动力还没有真正开启。目前我国经济发展已经进入新常态，呈现"三期叠加"（增长速度换挡期、结构调整阵痛期、前期刺激政策消化期）的阶段性特征和"九个趋势性变化"，经济增速呈现新的变化，新旧经济增长点接续不够，工业作为支撑经济增长的主动力不强。一个特别的国情是，中国制造业是一个1.0、2.0、3.0并存的不平衡格局。通缩阴影就蹲踞在前方，中国制造业转型的路在何方？

2. 中国制造2025 VS 德国工业4.0

新世纪以来，全球科技变革呈现出新的发展态势和特征，核心是信息技术与制造业的深度融合。以制造业数字化、网络化、智能化为核心，建立在物联网和务（服务）联网基础上，同时叠加新能源、新材料等方面的突破而引发的新一轮变革，将给世界范围内的制造业带来深刻影响。

我国对制造业信息化一直十分重视。从十六大提出"以信息化带动工业化，以工业化促进信息化"，到十七大提出"大力推进信息化与工业化融合"，到十七届五中全会、十八大进一步明确要求"推动信息化和工业化深度融合"，再到2013年9月制定的《信息化和工业化深度融合专项行动计划（2013—2018年）》，我国一直将"两化融合"作为促进工业由大变强的战略路径。

2015年5月8日国务院公布《中国制造2025》，这个规划提出了中国制造强国建设三个十年的"三步走"战略，第一个十年的行动纲领是迈入制造强国阶段；第二步是2025年~2035年，达到制造强国阵营中等水平；第三步是2035年~2049年，迈入世界制造强国前列，建成全球领先的技术体系和产业体系。规划强调指出，重要任务和重点是要加快推动新一代信息技术与制造技术融合发展，把智能制造作为两化深度融合的主攻方向；着力发展智能装备和智能产品，推进生产过程智能化，培育新型生产方式，全面提升企业研发、生产、管理和服务的智能化水平，促进工业互联网、云计算、大数据在企业研发设计、生产制造、经营管理、销售服务等全流程和全产业链的综合集成应用，推进制造过程智能化，深化互联网在制造领域的应用，发展基于互联网的个性化定制、众包设计、云制造等新型制造模式，推动基于消费需求动态感知的研发、制造和产业组织方式。

《中国制造2025》是"两化深度融合"的进一步升华和系统化、纲领化，被媒体和社会各界喻为是中国版的"工业4.0"规划。

2014年11月，信产部苗圩部长在接受《人民日报》专访时说，我国提出的两化深度融合战略与德国提出的工业4.0战略如出一辙、异曲同工。

工信部电子信息司安筱鹏对德国工业4.0做过一个深入的阐述。他认为，德国工业4.0战略旨在通过充分利用信息通信技术和信息物理系统（CPS）相结合的手段，推动制造业向智能化转型。工业4.0的核心是连接，要把设备、生产线、工厂、供应商、产品、客户紧密地连接在一起。工业4.0适应了万物互联的发展趋势，将无处不在的传感器、嵌入式终端系统、智能控制系统、通信设施通过信息物理系统（CPS）形成一个智能网络，使得产品与生产设备之间、不同的生产设备之间以及数字世界和物理世界之间能够互联，使得机器、工作部件、系统以及人类会通过网络持续地保持数字信息的交流。在互联基础上，实现横向、纵向和端对端的高度集成。信息物理系统（CPS）的推广、智能装备和终端的普及以及各种各样传感器的使用，将会带来无所不在的感知和无所不在的连接，所有的生产装备、感知设备、联网终端，包括生产者本身都在源源不断地产生数据，这些数据将会渗透到企业运营、价值链乃至产品的

整个生命周期，是工业4.0和制造革命的基石。在工业4.0时代，物联网和（服）务联网将渗透到工业的各个环节，形成高度灵活、个性化、智能化的产品与服务的生产模式，推动生产方式向大规模定制、服务型制造、创新驱动转变。

（扫描二维码阅读《中国应该如何认识和迎接工业4.0?》）

3. 从"制造"到"智造"

这几年ICT和人工智能两大新技术的汇流，使得制造业智能化出现了快速的发展。基于CPS的智能工厂极大降低了对劳动力的依赖，提升了制造个性化和总体生产效率。同时，机器人、无人机、可穿戴设备等新兴智能终端产业，以及无处不在的物联网和大数据云平台，引领制造业升级为智造，从自动化过渡到信息物理融合生产系统，从而提高制造业长期竞争力。

智能制造是两化深度融合、德国工业4.0、美国产业互联网的共同交集点。《中国制造2015》就是要把智能制造作为"两化融合"的主攻方向。智能制造是利用CPS技术系统，依托于传感器、工业软件、网络通信系统、新型人机交互方式，实现人、设备、产品等制造要素和资源的相互识别、实时联通、有效交流，促进制造业研发、生产、管理、服务与互联网紧密结合，推动生产方式的定制化、柔性化、绿色化、网络化。安筱鹏认为智能制造要实现以下五个方面的智能化。

一是产品的智能化。即是把传感器、处理器、存储器、通信模块、传输系统融入各种产品中，使得产品具备动态存储、感知和通信能力，实现产品的可追溯、可识别、可定位。二是装备的智能化。通过先进制造、人工智能等技术的集成融合，形成具有感知、决策、执行、自主学习及维护等自组织、自适应功能的智能生产系统以及网络化、协同化的生产设施。三是生产的智能化。当在一个产品的生产过程中的每一个环节都传感无所不在、连接无所不在、数据无所不在、计算无所不在、服务无所不在的时候，就意味着生产组织方式全面变革时代的来临，来自不同国家、不同行业、不同规模的企业都在不断探索个性化定制、极少量生产、服务型制造以及云制造等新业态新模式，其本质是在重组客户、供应商、销售商以及企业内部组织的关系，重构生产体系中信息流、产品流、资金流的运行模式，重建新的产业价值链、生态系统和竞争格局。它带给人们的启示是，企业需要不断思考我是谁、我在哪里、我的边界在哪里、我的竞争优势的来源在哪里、我的价值在哪里等这样一些基本问题。四是管理的智能化。要将通过实践积淀形成的两化融合管理体系标准，将信息技术与现代管理理念融入企业管理，实现企业流程再造、信息集成、智能管控、组织优化，形成数据驱动型的企业。五是服务的智能化。既要体现企业如何高效、准确、及时挖掘客户的潜在需求并实时响应，也要体现产品交付后对产品实现线上线下（O2O）服务，实现产品的全生命周期管理。

（扫描二维码观看视频《海尔冰箱智能互联工厂》）

在中国能够被多数人知晓的智能制造案例就是海尔。上面的视频中，我们看到的也许仅仅是他们明亮的厂房和先进的设备，但在后面隐含的是工业4.0的两个基本特征：智能化和网络化。除了内部基于CPS的智能化外，主要是通过C2B传导的整个供应链的网络化。用户在网络上与海尔进行交互，产生丰富的个性化需求和市场订单，海尔通过灵活高效、有个性化定制能力的供应链和工厂，去满足用户需求。在价值链完成过程中，智能互联工厂通过与用户、供应商、企业之间的资源链接，实现了内外互联、信息互联、虚实（O2O）互联。与传统制造和商业模式相比，海尔的智能互联工厂至少发生了三个重要转变：产品评价从内部评价转变为用户评价，供应链管理从零部件采购转变为模块供货方参与设计的模块采购，产业链关系从各方博弈转变为利益共同体的共创共享。海尔2014年收入2007亿元，同比增长11%，利润150亿元，同比增长39%，利润增幅是收入增幅的3倍。其中，线上交易额实现548亿元，同比增长2391%。这个数字已经足以说明问题，也足以启示传统行业了。

二、模式多元化：从"大规模生产"到"大规模定制"

成功的制造商应该具备的素质正在被重新定义。在21世纪初，人们越来越意识到生产环节仅仅是公司价值链的一部分。现在，价值链的环节被逐步拆分给不同国家的不同公司，对这一切实物进行管理的技能被视为极有价值的技能。

——（英）彼得·马什（Peter Marsh）《新工业革命》

每一次工业革命都会推动制造业生产模式的发展演化。英国《金融时报》记者彼得·马什通过对人类制造业发展历史的梳理分析，将人类的制造业划分为5个阶段：少量定制—少量标准化生产—大批量标准化生产—大批量定制—个性化量产。这五个阶段的划分是基于定制化与标准化之间的平衡以及产品生产规模的大小，而这些都是源于人类对廉价多样化商品的强烈需求以及经济实惠性选择的长期演变。第一阶段是少量定制。这个阶段出现在玻璃制造的早期直至1500年左右，延续了近3000年，涉及用木材、黏土及金属等材料制造装饰品、烹饪用具、箭头及刀剑等。第二阶段是少量

标准化生产。第一次工业革命后，机械化生产水平得到了改进。由于军工武器制造对生产速度和效率的需求，迫使制造业采用全新生产系统生产可互换零件，这些可互换部件被按照相同的标准而分成不同的部件族进行模式化、标准化生产。第三阶段是大批量标准化生产。这个阶段从1900年持续到1980年，代表行业是汽车行业。在大量机床和其他新型机械生产系统的支撑下，大批量标准化生产得以实现。第四阶段是大批量定制。这个阶段始于1980年。大批量标准化生产的单一性只适合生产相同规格的产品，生产灵活性不够。大批量定制开始出现在汽车制造行业。丰田汽车公司采用了新的生产制造系统，它将供需联系起来，根据用户需求调整产品类型。第五阶段是个性化量产。这个阶段始于2000年。个性化量产推动产品多样化从定制化量产继续向前发展。个性化量产方式和16世纪前普遍采用的少量定制方式的工艺流程有许多相似之处，不同之处在于个性化量产采用了一些自动化流程以降低成本、保证精确度，这是500年前的制造业无法比拟的。

科学技术提高了制造业的生产水平，信息技术引领着制造者的发展未来。从定制到标准化，从少量到量产，再到批量定制和个性化量产，这是一个交融返璞的过程，在深层次上改变了制造业的生态模式。在智能化+网络化的工业4.0阶段，互联网技术将被应用到制造业生产的各个环节，数字信息与物理现实之间将线上线下一体化，生产工艺与管理流程将全面融合。人类已经经历了制造业演化的四个显著阶段，目前正处于个性化量产阶段。发展物联网络，通过信息物理系统（CPS）连接人、机、物，打造智能工厂，生产智能产品，将有力推进制造业的个性化量产。工业时代的大制造、大流通、大传播模式在互联网时代不得不让位于用户中心化趋势，在C2B主导下再造价值链和生态圈，以适应去规模化生产的时代潮流。产品不再是原来厂商主导的预测、计划、决策、执行（管理、生产、销售）的线性结果，而是反向来自市场需求和订单的满足，总体来讲是一种"规模化定制"，是个性化定制，甚至是小批量定制。

最早试水定制服务的是海尔。2000年8月，海尔在全球开展了"我的冰箱我设计"冰箱B2C和F2C产品个性化定制活动。某用户因房间摆放需要，想要一台左开门冰箱，他在海尔网站按需求下订单后，海尔冰箱公司立即组织技术人员进行技术攻关，克服了一系列技术难题，4天后终于生产出了完全符合质量标准的左开门海尔冰箱。2013年，在海尔商城举办的"我'型'我'塑'我定制，空调炫彩变装秀"定制活动中，有10款个性面板吸引了不少"脱俗的生活定制者"。海尔个性化定制（F2C）过程流程图如图9-3所示。

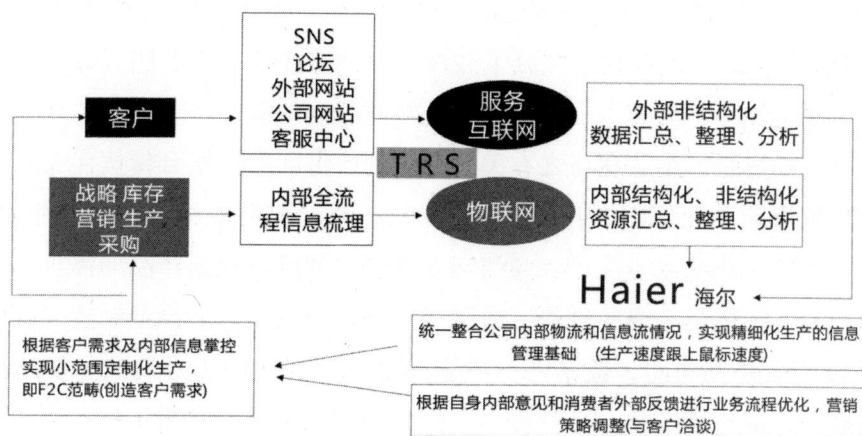

图9-3　海尔个性化定制（F2C）过程流程图

（扫描二维码阅读《红领破题工业化效率　制造个性化产品》）

当下，互联网正在向制造业各环节渗透，随着互联网和工业的深度融合，从一线销售到生产车间，再到源头的研发设计，互联网正在全方位重塑制造业。它会打破传统工业生产的全生命周期，构成产品新的设计、研发、生产制造、营销、服务的闭环。互联网通过连接一切形成的网络，互联互通，功能交互，演化为社会关系网络，不同的关系组合就可以打造一个平台，平台上的交易关系就变成了市场，就形成了不同的商业模式。重塑制造模式，再造制造业价值链和生态圈，从要素驱动转向创新驱动，从而在工业4.0、产业互联网和两化深度融合背景下，实现"生产型制造业"向"生产服务型制造业"的迈进。这里的服务显然不是一般意义上的售后服务或者服务态度，而是基于互联网思维的简洁、在线、感性、增值等思维特质催生出来的产品、技术、规则、互动、价值方面的服务，虽然只是多了服务二字，但已经是天壤之别。我们列举几种融合了互联网基因尤其是以用户为中心满足定制需求的制造模式。

1. 动态联盟制造

市场供给过剩带来的丰饶经济，顾客对产品个性化、多样化需求，迫使企业加速新产品开发，并以尽可能低的成本、尽可能短的周期回应和满足市场，以适应快速多变的市场竞争。由于产品的多样性、复杂性，企业难以在短时间内经济快速独立地开发生产某一产品的全部，而必须与相应企业联合开发，以尽快完成定制任务，于是企业动态联盟制造产生了。

动态联盟制造产生的主要背景，是因为"世界变平"后全球化的竞争加剧，催生了批量客户化生产模式。它主要是区分了共性和个性的区别。打个比方，我们去中医那里看病，是个性药方的满足，而中成药是共性药方的满足。近年来，全世界范围内的一个明显趋势是，企业和与之有关的企业创建稳固的协作合作伙伴关系而构成动态联盟，能够使企业稳固提升其核心竞争力，降低交易成本，细化产业分工，在激烈的市场竞争中获取竞争优势。参与动态联盟成员可以根据产品的需求进行优化组合，以充分发挥成员企业的优势，协同成员进行异地设计、异地制造以降低产品成本，缩短产品开发周期，提高产品质量。这种动态联盟正是适应了制造全球化、制造敏捷化、制造虚拟化、个性需求定制化的发展趋势，适应了批量客户化生产模式。把传统上两个不同生产类型的管理有机联系起来，核心企业通过网络平台收集订单，使客户批量化，生产出来的产品，让客户在一个很大的品种范围内，可以选择自己特定需要的产品。由于采取的是大量生产方式，因此成本得到降低。这种批量客户化生产与供应链管理一体化后，形成了新型的客户供应链管理模式，这种管理模式的核心是以客户的个性需求为输入，以客户的个性化需求满足和价值最大化为输出。

联盟制造技术上的主要支撑，是新一代信息技术的集成整合运用。通过信息网络技术将各个企业的核心能力和资源集成到一起，形成一个临时的开放的组织。从客户角度来说，采用云计算系统基础之上的大数据处理能够为客户提供比较全面、强大的信息检索功能，从而结合用户的个体差异性以及个性需求等特点来采取海量的搜索，并能够确保高准确率。从制造厂商来说，利用云计算可以在较短的时间里针对海量的数据进行收集、存储以及分析处理，从而增强了企业的数据处理与信息分析的能力，使得企业能够实时精确地挖掘相关数据，并对其进行深入的数据分析，及时进行业务决策，核心是可以找到批量化的用户订单。

联盟制造企业组织的主要特征，是突破了原来企业的组织边界。这种基于网络的分布计算技术形成的制造模式，是在成员企业资源共享、信息集成的基础上，基于共同利益驱动的制造组织与控制机制，通过Multi-agent[1]的智能化管理体制，实现了成员企业间的动态优化组合与互利协作。以科斯为代表的交易费用学派认为，企业是作为价格机制的替代物出现的，企业在"内部市场交易"的同时产生了额外的管理费

---

[1] Multi-Agent 系统（MAS）是多个 Agent 组成的集合，其多个 Agent 成员之间相互协调，相互服务，共同完成一个任务。各 Agent 成员之间的活动是自治独立的，不受其他 Agent 成员的限制，它们通过竞争和磋商等手段协商和解决相互之间的矛盾和冲突。

用，当管理费用的增加与市场交易费用节省的数量相等时，企业的边界就定格于此。所以，传统企业与市场之间的界限是清晰的。而新型企业组织模式的动态联盟，不具备独立的法人资格和法律意义上的完整的经济实体，但它打破了传统的企业组织界限，使单个企业通过协同的动态的联盟方式，将不属于自己的外部资源纳入自我发展的轨道，不受诸如办公大楼、生产场地等生产经营重资产的约束，核心企业保留核心功能，实现功能虚拟化管理，通过信息网络、契约网络和物流网络迅速地将分散于世界各地的资源整合起来，而不受空间的限制，所有的产品要素都在市场上通过交易获取，而不必通过自己亲自组织生产出来，只需要把核心价值活动掌控在自己手中，其余的外包到参与协同制造的动态联盟成员企业。

【链接】开放手机联盟 OHA（open handset alliance）

　　OHA 成立于 2007 年 11 月，是由谷歌发起的，联合了智能手机生态链上的所有重要环节。目前 OHA 在全球有 86 家成员，由 5 类成员组成：移动运营商、手机制造商、芯片制造商、软件厂商、应用和服务提供商。除谷歌之外，OHA 的创始成员有中国移动、Intel、Nvidia、高通、HTC、Motolola、三星、LG 等。后期陆续加入的成员有中国联通、中国电信、华为、中兴、联想、OPPO、海尔、TCL（阿尔卡特）、宏碁、联发科、华硕、沃达丰、索爱、NEC、夏普、东芝。谷歌对参与者的资格要求较高，OHA 联盟中，全球手机制造商的成员数量仅为 23 家。中国国内的只有几家一线品牌加入，魅族、小米、天语等火热的手机厂商都不是 OHA 联盟的成员。谷歌发起 OHA 的目标就是与苹果竞争。从路径来说，谷歌通过 OHA 把更多的手机厂商团结在一起，可以采用安卓系统低成本的进入智能手机领域，这对手机厂商也不异于是一块天大的馅饼。在安卓的发展过程中，谷歌的贡献毋庸置疑，而手机厂商的贡献也同样巨大，比如降低硬件成本推动智能手机普及，打通直面消费者的销售环节。

（来源：泡泡网，2012 年 09 月 27 日）

2. 协同制造

　　协同制造是利用信息网络技术，将线性流程工作变为并行工程，实现供应链内及跨供应链间的企业产品设计、制造、管理和商务等方面合作的生产模式。协同制造是一种基于敏捷制造、虚拟制造、网络制造、全球制造的生产模式，它打破时空约束，

通过互联网与供应链上的企业和合作伙伴共享客户、设计、生产经营信息，最大限度地缩短新品上市的时间，缩短生产周期，快速响应客户需求，提高设计、生产的柔性，通过面向工艺的设计、面向生产的设计、面向成本的设计、供应商参与设计，大大提高产品设计水平和可制造性、成本的可控性，提高产品质量，提高客户满意度。它也是敏捷制造、协同商务、智能制造、云制造的核心内容，都强调企业间的协同。[1]

参与协同的创新体之间强调的是一种竞争优势的互补互动，是一种以创新为基础的知识管理。它的意义在于改变过去受控的、封闭的、渐进的创新体系，变成一种非渐进的、开放的、复杂的、自适应系统的生态体系，是一个多元主体参与的创造过程。它包含的不仅是技术，还是社会网络加数字网络、实体组织加虚拟组织共同完成的协同服务型制造。

协同制造主要涉及以下三个环节：一是协同设计，协同成员利用信息网络技术，不受时间空间约束，聚焦共同任务，在共享环境下协同工作、分工合作。二是协同生产，在企业技术信息系统 CAD、CAM、CAPP、PLM 的支撑下，通过物料需求计划 MRP 将生产任务分配到各个制造部门，再经过制造执行系统 MES 完成生产任务。所有这一切活动必须因客户的需求进行变更，建立起相应的设计修改、工艺修改、上下游物料的供应、仓储物流各个方面的动态协同机制，以快速响应需求与资源的动态变化。三是协同服务，产品的生产变成大批量定制后，利润空间受到挤压，因此增值性服务成为制造厂商主要的利润来源。（见图 9-4）

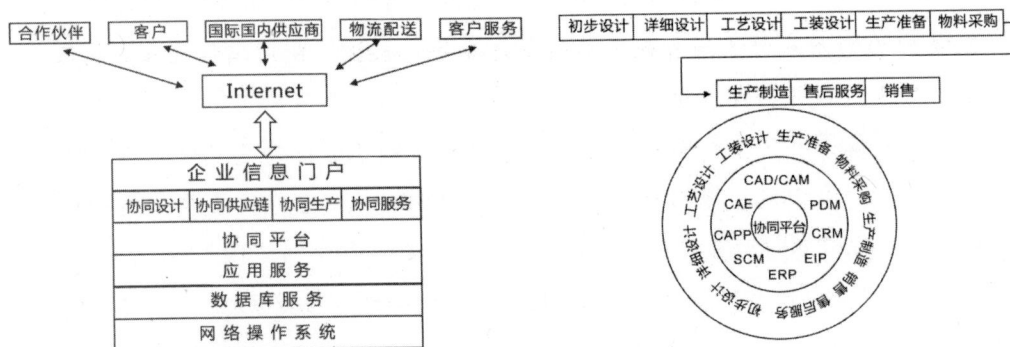

图9-4　协同制造框架和串行工作变为并行工程示意图

---

[1] 本节参考蒋明炜：《协同制造——21世纪的现代制造模式》，载于数字化企业网，2015年3月15日。

【链接】世界上最大的协同制造创新案例——JSF

2006年7月，美国洛克希德·马丁公司F-35的首架系统发展演示飞机正式亮相并被正式命名为"闪电Ⅱ"。为了"适应信息化战争"的作战需求而牵引研发的F-35型第五代战斗机在项目开始阶段被命名为联合攻击机，简称JSF。为了适应信息化战争的需要，用户对新一代高性能的军用战斗机提出"最好之中最好"的要求，包括：最好的隐身技术、短距离起飞、垂直降落、精益制造、适应舰载性能和先进装配技术等。

洛克希德·马丁航空公司在赢得JSF项目后，提出的战略是创建一套价格合理但具有不同版本的通用设计方案，以便满足不同服务的个性要求。具体的策略包括：一是按照美国国防部对JSF"一个型号，三种版本"的要求，与美国及国际航空领袖联合，外加1000多家供应商，组成三级联合团队共同开展此项目。（1）主承包商：洛克希德·马丁、诺斯罗普·格鲁门（Northrop Grumman）、英国宇航系统（BAE）公司；（2）二级转包商：罗尔思·罗依斯、普惠、霍尼韦尔；（3）三级转包商：约24个国家的供应商。二是建立一个公共的数字化平台。集合和充分利用所有的变形数据和共性数据，降低成本和节省设计制造时间，并利用这个公共的数字化平台建立一个客户化的系统，去满足那些打算选用JSF的各个国家和地区的不同要求，包括美国、英国、北约等。三是开展全球协同。利用上述数字平台创建可靠的、可扩展的以及安全的数字化协同解决方案，将合作伙伴与供应商联系起来；改进全球OEM、运营方、后勤方和维护方之间的知识使用或重复利用的方式；使用可视化功能创建数字化模型；使用工作流程功能来管理开发过程并实现自动化。

参与JSF项目和生产F-35的单位地处30多个国家，跨越17个时区。在使用不同开发环境的扩展型企业里协调他们各自的努力，并培育协作的工作模式，对洛克希德·马丁而言是一项至关重要的挑战。同时，管理项目中多种多样格式的设计数据也极其关键。预计该项目要生产多达5000架飞机，其使用寿命高达30年。每一种飞机配置的所有设计与制造数据必须得到管理，而且在使用过程中支持飞机所需的数据也应得到管理。这意味着每一项设计变更需要在所有可能的配置上得到验证。在保证JSF项目实现前所未有地缩短设计与制造周期时间的同时，要达到上述管理要求的PLM系统便成为JSF项目成功的基本要素。

洛克希德·马丁采用了Teamcenter软件作为基础建立全球协同网络，以支持JSF项目。信息化系统的总体架构包括两大部分：产品全生命周期管理和商务支持功能。一是产品全生命周期管理（PLM），在该系统中包括了10个来自不同软件供应商的独立信息管理系统和1个统一的PLM系统，包括需求管理、可视化技术、标准件管理、设计工具、制造资源规划、车间管理、工艺计划、材料管理、后勤保障。上述的各项功能模块若独立使用是肯定无法完成其使命，只有将它们集成到Teamcenter的PLM系统中，保证从用户需求、详细设计、数字样机、生产计划、工艺规程、加工仿真和维修服务等阶段的产品数据都存放在一个公共的数据平台上，统一管理设计BOM、制造BOM、建造BOM和维修BOM，才能实现JSF项目降低成本、缩短周期、易于维修的目标。

二是异地协同网络环境，核心部分是建立在洛克希德·马丁的虚拟处理中心。整个网络系统中核心的关系型数据库Oracle设在虚拟处理中心，统一管理全球各地产生的每一个数据。洛克希德·马丁（LM）、诺斯罗普·格鲁门（NGC）、英国宇航系统（BAE）、澳大利亚宇航（GKN）等合作伙伴各自有自己的工作组服务器，可以存放当前正在使用的数据。每天全球各地产生的新数据分别按照指定的时间统一汇总到虚拟处理中心。诺斯罗普·格鲁门内部及外部的合作伙伴通过VPN建立独立安全保障的DMZ区域。内部和外部之间设有防火墙。各个项目成员通过局域网、广域网和互联网经过防火墙关联到虚拟处理中心。

因为采取以上策略和措施，洛克希德·马丁称在F-35设计的周期上缩短了35%的时间，为该项目节省了上亿美元资金。在制造时间上缩短的幅度高达66%，在刀具设计方面节省的时间最为显著，所需的备件将会大大少于其他机群所需的数量。由于在整体项目效率方面呈现了数量级的改进，因此JSF项目不仅承诺要生产出21世纪全新的战斗喷气式飞机，而且还要成为世界上最成功的PLM项目，实现跨越大洋、时区与公司，在超过30年的期间里开发、建造并维护产品。经过十年的开发，在首架F-35战斗机试飞成功时，洛克希德·马丁回顾已经走过的历程认为，"数字化技术是JSF成功实施的核心问题。没有它，洛克希德·马丁团队不可能完成它所承担的目标。它的制造和支持系统也不可能被精确地调整，必须经过更多次的反复和权衡"。

（来源：Reed Elsevier集团《制造业信息管理》）

3. 利基制造

利基是长尾理论的家族成员。利基市场是那些被市场中有规模优势的企业忽略的细分市场。长尾市场就是由若干利基市场组成的，它们是整体和部分的关系。利基是小众市场，相对大众市场来说，这个市场份额不大，而且没有得到令人满意的服务和满足。这部分市场虽然规模不大，但由于传统营销无法满足此类需求，因此蕴含丰富的市场机遇，若能有效地将小众市场资源聚合起来，也能产生可观的利润，其核心思想是"在市场中找到一个利基，然后在利基中做大市场"。利基战略是一种适用于中小企业，针对领先企业避实击虚、凸显优势、集中聚焦的企业策略。德国著名管理学家沃尔夫冈·梅韦斯说过："如果一家公司把全部有限的资源用于解决精心挑选的一个客户群的问题，那么该公司就能兴旺发达。"3M公司总裁力维奥·德西蒙说："最有意思的产品是那些人们需要的产品，而又不完全是迎合人们需求的产品。"如果消费者的偏好的多样性太强，标准化的产品难以完全满足，或现有市场的产品或服务的大提供商难以完全满足，那么，独特的价值就将会得到最大体现。利基企业适合制造业和服务业，而有13亿人口的中国，离不开制造业和服务业的利基化转型。

在互联网时代，越来越多的企业意识到利基市场的重要性。当产品展示面足够广、渠道足够宽时，看似需求量很小的产品都会有足够的购买人群，形成可观的市场总量。互联网正好为企业提供了广阔的渠道，挖掘全世界范围内的潜在用户。利基市场战略能依托互联网获得足够的用户资源空间，通过开放、共享、互动、公平、协作的互联网思维，面向广阔的市场。同时由于业务领域竞争对手减少，避开红海市场激烈的竞争，通过差异化战略进入蓝海领域，从而提供了相对宽松的成长空间。由于是一个细分再细分的缝隙市场，深入了解掌握用户的个性需求就尤为重要，要利用互联网社交媒体等渠道和用户进行深入、频繁、适时的互动沟通，保证产品有良好的用户体验，积累和形成市场规模。长尾理论告诉我们，在互联网时代，主流商业模式已经不是传统需求曲线上那个代表"规模产品"的头部，而是那条代表被大企业忽略的"小额订单"的那个长尾。在"短头规模"经济中，20%的热门产品，带来80%的收入，并且带来100%的利润。而在这条"长尾"中，这20%的热门产品，将集中为10%的更热门产品，其进一步"长尾化"为2%的大热门产品和8%的次热门产品。在"长尾"的进一步细分中，2%的大"短头"产品，将带来50%的收入和33%的利润；8%的"次短头"产品，带来25%的收入和33%的利润。剩下的90%长尾产品，将带来25%的收入和33%的利润。从利润上看，出现了3个33%。这在互联网时代特别是工业4.0到来后，将是利基时代的一个普遍现象。小批量、多品种和个

性化定制的市场满足，是制造业必须抓住的"长尾"，只有这样才能超越行业平均，才能行走在未来。

【链接】英国企业家在华打造快速原型制造利基

中国是世界闻名的低成本、批量制造工厂，但英国的一名企业家认为，在制造业的另一端，即专用产品开发和快速原型制造上，中国也蕴藏着未来的潜力。英国工程师 Gordon Styles 在英国曾开设了多家原型制造公司，后在 2005 年来到中国创办了一家类似的公司，他认为自己发现了一项把中国的低成本与西方在塑料和其他材料方面的快速制造技术相结合的利基。这个利基就是生产原型件和小批量的定制化产品，而不是目前充斥中国出口市场的大批量产品。比如，该公司对聚碳酸酯进行蒸汽抛光，生产出一种销售点终端用的原型件，供应给南非的一家客户。在 7 年时间里，他的公司员工数扩大至 120 人，年销售额约为 1000 万美元。他说："中国将向高科技领域迈进，专门发展某些技术领域。他们正在寻找全球市场上存在的利基，并且十分渴望来填补现有的空白。身在中国，你很快就会变得全球化。"

（来源：中国行业研究网，2012 年 11 月 28 日）

（扫描二维码阅读《日本制造业风光不再，利基型公司逆势崛起》）

三、虚实一体化：从"硬实力"到"软实力"

原子经济把世界变硬，比特经济把世界变软。

——肖风《投资革命》

本章前面着重讨论了制造业为应对激烈的市场竞争，厂商如何通过提供定制产品和服务来满足顾客个性化需求，并借此取得竞争优势。但是这些方法、技术和策略都很容易被竞争对手模仿和改进，甚至超越。美国密歇根大学商学院公司战略与国际企业管理教授、"核心竞争力"理论创始人之一的 C. K. 普拉哈拉德在《消费者王朝》中强调，消费者与企业共同努力扩展的企业网络和消费者社区，正日益成为共同创造价值的核心要素，在这种新的范式下，企业不能再单边思考和采取单边行动，只有将顾客自身融入需求满足过程中，才能确保持续竞争优势，这就需要企业与顾客共同创造价值。企业和顾客共创价值正是未来市场竞争的焦点。

1. 产品=功能硬度+情感温度

美国斯坦福研究所的研究成果表明，"在一个国家里，当基本物质需要用生产能力的3/4甚至1/2就可以满足时，就必须进行根本性的调整，使经济健康发展"。现在世界已经进入了物质丰饶的时代，我们相应地应该进行怎样的思维转变？工业时代强调产品的功能属性和技术先进性，而互联网时代强调情感属性。工业时代的产品是冰冷的理性的功能，而互联网时代的产品是理解和顺应人性特点的过程体验。

互联网时代转入物联网时代的产品的重要特点是智能互联产品[1]。智能互联产品有三个核心要素：物理要素、智能要素和互联要素。智能要素帮助物理要素发挥最大的功能和价值，而互联要素让智能要素得以实现，让产品的功能和价值最终超越物理要素本身，形成良性的价值提升循环。物理要素由产品的机械和电动零件组成。智能要素由传感器、微处理器、数据库、控制系统、软件和内置操作系统以及增强的用户界面组成。互联要素由设备接口、天线和产品有线或无线连接协议组成。

未来学家托夫勒1970年提出经济发展的产品制造业、服务业和体验业三段论的观点。农业经济是自然经济，生产者与消费者同一；工业经济是异化经济，生产者与消费者对立，崇尚经济人理性；体验经济是人性复归经济，生产者与消费者统一。他在《未来的冲击》一书提出，体验是有形商品和无形服务心理化的产物。按照《哈佛商业评论》的权威定义，"体验经济就是企业以服务为舞台，以商品为道具，以消费者为中心，创造能够使消费者参与的值得记忆的活动。其中的商品是有形的，服务是无形的，而创造出的体验是令人难忘的。"体验经济是一种变被动为主动，变主动为互动的新型经济形态。相对于产品经济和服务经济，它更强调顾客的参与和亲身体验，通过体验获得美妙而深刻的印象，并达到马斯洛需求层次论说的自我实现的高层境界。攀登珠穆朗玛的过程是充满危险和挑战的，但体验的极致性也是无以复加的。

在过去工业时代的100多年里，我们非常牢固的观念是以产品和效率为中心的价值观，企业主要着眼于是否合乎成本效益，效率和效益被放在首要位置，而消费者对于产品及服务的要求通常在于体验与感受，企业常常忽略了从消费者体验的角度去考虑产品或服务的价值。段永朝在《工业思维批判》中说："今天工业社会证明自己正当性的最大理由，就是丰饶社会，它的技术轴线是速度革命，是对自然的大肆掠夺、猎杀和逼索（海德格尔的术语），它是以占有为目的的。""按照工业化的预制罐装的方式所生产出来的文本、意义，弥散着塑料、机器的味道，其实是通向威权、集权之

---

[1] 迈克尔·波特、詹姆斯·赫佩尔曼：《智能互联产品如何改变竞争》，载于《哈佛商业评论》，2014年11月。

路的定制品。"互联网时代消费者主权回归，企业不得不在价值创造上重新定位，对消费者的体验感做出有效的响应。约瑟夫·派恩（B. Joseph Pine II）和詹姆斯·吉尔摩（James H. Gilmore）著的《体验经济》在21世纪初出版以来，在全球掀起了体验经济的热潮。体验经济被其称为继农业经济、工业经济和服务经济阶段之后的第四个人类的经济生活发展阶段，或称为服务经济的延伸。

托夫勒预言道，某些行业的革命会扩展，使得它们的独家产品不是粗制滥造的商品，甚至也不是一般性的服务，而是预先安排好了的"体验"。今天的体验是作为某种比较传统的服务业的附属品出售给顾客的，但是当我们进入未来社会后，体验就越来越多地按其本身的价值出售，好像它们也是物品一样。

在互联网时代，衡量一个产品的指标：一是功能，功能和性能成为标准配置，是应该的、必须的；二是情感，是和产品关联的，是有"体温"的，有参与性的，有高度认同的。《21世纪商业评论》主编吴伯凡提出的观点是：产品等级决定了竞争的层次。他借用了佛教"六度"的概念。由人修炼成佛的六个阶梯是布施、持戒、忍辱、精进、禅定、般若（智慧）。这六个阶梯次序不能颠倒，也不能跨越，往上走一个台阶，看似一步之遥，但常常比登天还难。产品竞争也是如此，"在一个信息相对封闭、市场相对区域化的时代，大量平庸产品的制造者也能找到苟延残喘的空间，随着信息透明化和市场全球化日益显现，产品生产者不得不面对三个严峻的挑战：一是产品选择呈现出空前的多样性，二是产品的价格、性能、体验对比的难度和成本趋近于零，三是用户抱怨并传播抱怨的成本，连同用户对厂商报复的成本都趋近于零"。

当代管理大师亚德里安.斯莱沃斯基指出，产品中比基础更重要的是情感契合度。他总结出一个关于产品魔力的方程式：$M=F \times E$。其中，M（Magic）代表魔力，F（Function）代表功能，E（Emotion）代表情感契合度。如是E是1，那么魔力值等于功能；如果情感契合度是零，魔力就是零，意味着用户完全无感。他由此得出的结论是，产品的终极竞争是诸多体验、微体验、隐性体验等情感契合度的竞争。专注于功能和一般性能的产品竞争，只能是苦役般的残忍游戏。对此，吴伯凡评论说，99分、100分和101分之间，从量上看相差微小，在质上看何止天渊。100分实际值是0分，101分实际值是1分。用户体验是一个0和1的世界，两个世界之外，还有"第三世界"，即-1的世界，这是一个可以称之为"市场黑洞"的世界，你的产品一旦坠入这个黑洞，自然就会万劫不复。

如果说产品是1的话，情感就是1后面的0。因此，产品的竞争力必须要由"硬"

变"软"，"软硬兼施"。在苹果的鼎盛时期，苹果公司把产品的使命明确地设定为"客户尖叫度"，而不是"客户满意度"，因此在中国有"爱疯"、"肾六"的绰号，这就是产品情感体验的完胜典型。除了iPhone，微信、小米也产生了类似的效应，专家把这种现象归结为"口碑营销"、"病毒式传播"的结果。其实"口碑"只是结果，不是原因。真正的原因存在于产品本身。产品的产生过程被分成了两个阶段：一是融合顾客参与的设计阶段，二是把原材料进行加工生产的阶段。小米成为这样的经典案例。厂商主动将用户（粉丝）作为价值创造中不可分割的一部分，借助互联网手段，加强厂商与用户（粉丝）从产品生产到消费各个环节的互动，这种企业与顾客共同创造和拥有产品的经历将给予用户独特的体验，成为共创价值的伙伴，用户（粉丝）参与价值创造成为新的竞争优势的来源：一方面使产品更好地满足顾客需求，提升了顾客价值，有利于顾客满意；另一方面企业通过顾客的互动与参与，能够使企业和用户建立起一种持续的关系，并且有利于获得顾客满意与忠诚，从而实现了企业与顾客共创价值。这一切正如《第三次浪潮》中托夫勒预言的，消费者将对消费品的生产过程施加更多的影响，从而演变成"生产消费者"。

体验的创造有着广阔的空间。体验与商品和服务一样，需要经过创造性、创新性的发觉、设计、编导。有学者归纳出设计体验的五个基本原则：确定明确的主题，塑造鲜明难忘的印象，减除削弱转移主题的负面线索，设计出精致的体验环节让消费者愿意花钱买纪念品来回味体验，增强感官刺激以强化主题。

【链接】惠普率先拥抱体验经济

在2000年以前，和其他IT厂商一样，惠普公司执行的是一种以产品经济为中心的商业模式，其主要任务是制造销售产品获取利润。在2001年，惠普公司看到体验经济代表了个性化，代表了人性的本质，是必然的发展趋势，看到了它对未来经济生活的影响，在业界率先提出并实践体验经济战略。这是惠普在体验经济繁忙的创新。

2001年，围绕体验经济思想，惠普提出了为客户创造价值的市场定位，及"全面客户体验"的商业模式，通过提供服务体验、购买体验、应用体验及使用体验，让客户感受到一种个性化的完全不同的体验。惠普的很多机构，都是围绕以客户为中心、为客户提供全面体验的思想设计出来的。惠普对公司员工结构进行了战略性调整，增加了6100个服务方面的工程师，使客户服务的力量得到加强。例如，在客户销售经理、八大区

域总部、企业咨询顾问、惠普商学院、系统集成中心、28个惠普支持服务中心、惠普在全国范围内的近百个授权支持服务中心等方面增加了相应的人员，使他们为客户创造更多的价值，使客户享受到全面的服务体验。正是由于惠普公司目光超前，及时拥抱体验经济。在2001年全球经济下滑、IT市场低迷、许多公司都受到重创的情况下，惠普公司依然取得不凡的业绩。

（来源：亚马逊《更人性的经济——评〈体验经济〉》）

2. 营销=以产品体验为基础+以用户关系为中心

作为企业的经营者和决策者，你的衰老不是从脸上的皱纹开始，而是从求知欲、好奇心、新事物兴趣度衰减开始的。美国著名和最多产的原始派画家之一的安娜·玛丽·摩西"奶奶"（1860—1961）大器晚成，76岁才开始学习绘画，80岁时在纽约举办个展引起轰动，100岁以后还画了6副作品。她的名言是：人生永远没有太晚的开始。我们要用这种心态来接受互联网时代和我们的下一代——消费者的行为和理念。因为"80后"、"90后"、"00后"正在成为消费主流，他们主张的价值观也正在给全社会带来显著的冲击。如果不懂得他们，只能说明你老了，你老的不仅是日渐僵直的躯体，还有不再灵动的思维和思想。移动互联网时代的消费者，科技是王道，个性是潮流。"80后"、"90后"是伴随着社会快速成长起来的，衣食无忧是这两代人的特点，因此基本的生活消费需求对他们来说并不能引起更大的兴趣，他们瞩目的是"新奇"、"原创"、"独特"，消费主义从"基本需求"转向"愿望满足"，凡是能满足他们好奇感、新鲜感、体验感的产品就会得到粉丝拥戴。他们的口号界限分明："你若端着，我就无感。"他们取舍的标准直接明了："这是（不是）我的菜。"这些新生代现在追求的第一位不是功能和功效，甚至不是商业逻辑上的合理性，而可能只是一句简单的"我乐意"。

隐藏在后面的是这一代消费者的消费理念和行为的变迁。移动互联网时代的消费者，是物质丰富时代的新人类，消费变成情感表达，追求个性化时代"我"的诉求，奉行无娱乐不商业，信息不对称造成的鸿沟正在被填平，规模性工业时代的基础商业逻辑，与现代消费者的心理诉求出现了明显的裂谷，物质财富的填充与积累，已经越来越不足以支持现代人的快乐，物质时代的距离感与阶层感，反而极大地催生了现代人的社群精神。

因此，我们会发现营销理论正在发生深刻的演变。20世纪著名的营销学大师杰罗

218

姆·麦卡锡（Jerome McCarthy）于1960年在《基础营销学》中，第一次提出了著名的"4P"营销组合经典模型，即产品（Product）、价格（Price）、通路（Place）、促销（Promotion）。这是工业时代在定位理论支撑下的营销阐释。

1990年，美国北卡罗来纳大学教授劳特鹏在《广告时代》杂志撰文提出，用4C取代传统的4P理论，即顾客需求（customer needs wants）、成本（cost）、便利（convenience）、沟通（communication），从此营销工作开始从以产品为中心的重点转向以消费者为中心。

进入新世纪，美国整合营销传播理论的鼻祖唐·舒尔茨（Don E. Schuhz）在4C营销理论的基础上提出的新营销理论4R，即Relevance（关联）、Reaction（反应）、Relationship（关系）和Reward（回报）。4R营销理论认为，随着市场的发展，企业需要从更高层次上以更有效的方式在企业与顾客之间建立起有别于传统的新型的主动性关系，实质是关系营销的思想，强调企业与顾客在市场变化的动态中应建立长久互动的关系，以防止顾客流失，赢得长期而稳定的市场；面对迅速变化的顾客需求，企业应学会倾听顾客的意见，及时寻找、发现和挖掘顾客的渴望与不满及其可能发生的演变，同时建立快速反应机制以对市场变化，快速做出反应；企业与顾客之间应建立长期而稳定的朋友关系，从实现销售转变为实现对顾客的责任与承诺，以维持顾客再次购买和顾客忠诚；企业应追求市场回报，并将市场回报当作企业进一步发展和保持与市场关系的动力与源泉。

在移动互联网时代，消费者主权形成，信息从传统的自上而下的单向线性流动，转变为"集市式"的信息多向、互动式流动，因此4I理论又从4R衍生出来，合成网络整合营销4I原则：趣味原则（Interesting）、利益原则（Interests）、互动原则（Interaction）、个性原则（Individuality）。

但是，万变不离其宗，从4P、4C到4R、4I，都存在着实质上的关联，就是要始终从顾客需求的角度设计和研发产品，从顾客成本的角度制定最合理的价格，从与顾客实现沟通的角度思考促销和推广的方式，从客户购买的便利性的角度来确定企业通路的选择。我们实质要进行的是一种营销策略组合。

本章节着重从关系网络营销角度强调移动互联网时代营销方式的转变。移动互联网时代，消费者通常因为共同兴趣、爱好、经验汇聚在一起，形成"自组织"性质的社群部落，而互联网恰恰能够为素未谋面的陌生人提供便捷畅通的沟通渠道，消费者可超越地理环境、时间空间以及文化差异的限制，彼此交流分享心得，畅谈切身体验，而非企业认为他们该有的预设体验。这种消费文化的崛起，通过网络完全颠覆了

传统由企业控制的市场推广及广告宣传手法，但同时也成为企业了解消费者想法的平台。2011年2月由著名风投公司合伙人约翰·杜尔首先提出移动互联网时代的三个关键词：Social（社交）、Local（本地位置）和Mobile（移动），SoLoMo的概念很快风靡全球。随着SoLoMo消费群的兴起，互联网不再是一个虚拟的世界，而是一条条充满消费者气息和声音的大街，他们不再受商家的主导，而是更相信自己社交圈子里的好友、同事、亲友、专家、同行、网友在线留下的消费建议、体验评论。一个可以明确的结论是，渠道为王的时代已经开始迈向消费者王朝的时代，品牌制造商需要从以自己为中心的单渠道、多渠道或跨渠道思维彻底转向以消费者为中心的全渠道营销，通过包括网站、实体店、服务终端、呼叫中心、社交媒体、移动设备、游戏机、电视、网络家电、上门服务等多种渠道与消费者进行互动，实现整合营销，汇聚全方位的营销力量。核心要点如下：

第一，打通O2O闭环。在基于人与人、人与物、人与媒体高度互联互通的移动互联网时代，消费者的决策路径发生质的改变，在线、移动、社交媒体已经加入传统的实体店，成为接触消费者的入口；同时消费者还会使用各种多样化的连接终端，通过不同的接触点，完成一件商品的购买行为。线下线上不再是独立、分割的渠道。管理咨询公司埃森哲2015年发布的最新调查发现，消费者中出现了"重返实体店"的迹象，未来计划更多通过实体店购物的消费者比例从18%攀升至26%。这一新的现象在中国有体现，在美国等成熟市场愈加明显。打通线上线下的闭环，就是要完整地缝合用户对产品的知晓、体验、预订、交易、支付、配送、服务等全链条的生态闭环，核心是以用户为中心，将O2O模式贯穿到生产、管理、物流、营销、服务价值链全过程中，通过整合实体渠道、电子商务渠道和移动电子商务渠道等全渠道的营销服务，运用O2O生态闭环满足消费者任何时候、任何地点、任何方式的消费需求，提供给用户无差别的、极致的、便捷的消费体验。

第二，抢占网络空间制高点。科幻小说《神经漫游者》[1]描写了反叛者兼网络独行侠凯斯受雇于某跨国公司，被派往全球电脑网络构成的空间里去执行任务，他在大脑神经中接通电极，电脑网络便被他感知，网络与人的思想意识合而为一。在这个广袤"赛伯空间"（Cyberspace）里，没有人间烟火，只有庞大的三维信息库和各种信息在高速流动，也就是我们现在所说的"网络空间"。小说塑造了多重意象，超越了一

---

[1] 《神经漫游者》（上海科技教育出版社，1999）是美国科幻作家威廉·吉布森（William Gibson）1984年移居加拿大后写的长篇离奇故事，是第一本同时获得"雨果奖"、"星云奖"与"菲利普·狄克奖"三大科幻小说大奖的著作，此纪录至今无人能破。

般科幻作品的界限，把大众文化、信息文明、后现代跨国资本主义等元素融合起来，构建了似非而是的未来世界——一个现实与虚拟混乱模糊的世界，具有强烈的批判性隐喻。电影《黑客帝国》可以说就是吉布森所描绘的网络空间的视觉呈现而已。几十年过去了，这部小说具有了某种预言性质。吉布森借用网络空间里主人翁的口吻说："工业世界的政府，你们这些肉体和钢铁的巨人，令人厌倦，我来自网络空间，思维的新家园。以未来的名义，我要求属于过去的你们，不要干涉我们的自由。我们不欢迎你们，我们聚集的地方，你们不享有主权。"他说出了互联网精神的核心内涵，网络空间由交易、关系和思想意识构成，在现实与虚拟的交互空间上分布着。互联网思维是从意识到产品，而传统思维则是从产品到意识；互联网思维下产品是某种概念的附属物，用户是产品的一部分，而传统思维下产品是产品，用户是用户。从哲学层面更多的人认为是现实世界塑造了人们的意识，但在某件具体的消费活动中一定存在着意识决定行动。凯恩斯说："世界就是用头脑倒立着。"经济学家与政治学家的思想，其力量之大，往往出乎常人意料，许多实行者自以为不受任何学理之影响，却往往当了某个已故经济学家之奴隶。实际上，统治世界的不过就是这些思想。这就是我们平时说的，意识是行动的先导。如何抢占网络空间意识的制高点，通过赢得用户的首肯，来形成C2B的价值链流程呢？V众投发起人李智勇以小米为例——通过产品开发的参与感、粉丝饥饿营销等手段左右人们意识，先让消费者在互联网上信任厂商的产品，那么在现实里他必然会选择你的产品。抢占意识空间的制高点的运作模式是先选定一个可以鲜明标识自己产品的概念，然后把这个概念分解成具体的行动来累积粉丝，用产品或行动来呼应前面的概念，最后是放大前面三种策略组合累积形成的爆发效应。酷6网创始人、中欧国际工商学院创业学兼职教授李善友借用《三体》里的语汇，把这种模式称为"高维文明攻击低维文明"，是一种"降维攻击"，传统行业和传统思维几乎没有反抗余地。其通过信息交互手段的变革，改变原有行业的成本结构，完成"颠覆式创新"，实质是利用互联网进行"跨界打劫"，是在厂商主导下完成的产品和粉丝之间的一场"合谋"。于是，厂商利用互联网营造的独立意识空间催生出了一种新的商业模式：先尝试营销策划，用能够契合消费者需求的概念去引导人们的意识，在意识空间胜出后，再用非常低廉的成本达成用户集合，一旦这个目标完成了，在现实世界的实体操作中自然会呈现同样的结果。

在这里要特别强调指出，抢占网络空间制高点，需要明白营销和传播是并列的两个概念。营销必须取信于人，传播是一种信息扩散；营销是利益驱动，传播是兴趣驱动。移动互联网时代的营销必须借助网络化媒体的整合传播提升注意力、影响力和公

信力。新闻事件属于注意力，持续性有限，影响力来自消费者对企业和品牌文化的认同，而公信力属于具有持续竞争优势的力量，是融合了互联网基因并叠加了生产力和生产关系双重属性的核心竞争力，是网络世界的制高点。这三种力量是层层递进的逻辑关系。目前很多企业的理解、操作都还停留在注意力——眼球经济这个层级和高度，追求一炮走红、一鸣惊人。这是远远不够的。

【链接】"我是江小白"——用户中心思维下的O2O营销实践

在现在这个"用户为王"的时代，好的用户体验，需要关注用户体验过程中的每一个细节，让用户真实地感知并超出用户的心理预期，这种感知如果能够贯穿品牌与消费者沟通的整个链条，这样的用户体验就能够达到客户的价值最大化，获得最高的满意度。针对"80后"、"90后"消费群体、定位时尚消费的"我是江小白"并不只是单纯制造话题，炒作概念，而是很系统地利用了最经典的品牌营销的Who-What-How模型，使用户思维体系涵盖了这三个重要的因素：第一，Who，目标用户——"屌丝"；第二，What，用户需求——兜售参与感；第三，How，如何实现——全程用户体验至上。

互联网用户思维要求企业在更高层面上来实现"以客户为中心"，不是简单地听取客户需求、解决客户的问题，更重要的是采用互联网这样能够迅速互动的载体让客户参与到商业链条的每一个环节，从需求收集、产品构思到产品设计、研发、测试、生产、营销和服务等，关注用户的诉求、重视用户的参与、整合用户的智慧，企业才能和用户共同赢得未来。

思维1：得"屌丝"者得天下

目前成功的互联网产品大多都抓住了"屌丝群体"的需求。这是一个人人自称"屌丝"而骨子里认为自己是"高富帅"和"白富美"的时代。"大众脸、屌丝型、文艺心，既不是高富帅也不是纯屌丝——我是江小白，生活很简单。"这是它的台词，是很多"80后"的生活写照。作为重庆地区2012年推出的45度小瓶白酒"江小白"，它的名字带有鲜明的"80后"、"90后"印记，简单通俗而又非常亲切，十分符合"江小白"目标消费群。

思维2：从群众中来到群众中去

任何单方面强加给消费者的宣传，无论企业怎样去付出资金和人力，都不可能产生太好的效果。"江小白"通过社交媒体集思广益，提出了"生活者品牌”的概念。不同于以往的企业宣传，它不是单方面地告诉消费者"我想给你什么样的产品"，而是强调消费者自己参与其中，让消费者做主，决定自己想要什么。比如纸套上的语录和小白鸡尾酒的调制方法，很多都来自网友的建议。这就是互联网用户思维。从消费者中来，到消费者中去，与更广大的潜在消费群体进行互动是"我是江小白"另一个区别于传统酒类品牌的显著特点。"江小白"会根据特定的集团或者大客户定制他们想要的产品包装或口味，或是在用户的参与中去优化产品。一个品牌最大的悲哀在于当你出现问题时，没有消费者与你站在一起。能够让用户参与到品牌的传播，便是粉丝经济，未来，没有粉丝的品牌都会消亡。"我是江小白"品牌需要的是粉丝，而不仅仅只是用户，因为用户远远没有粉丝对产品和服务那么忠诚。根据这一思维，"江小白"启动了密集的线上线下活动。其中，以"末日箴言"为例，在2012年12月21号那天，"江小白"汇聚了数千名的消费者举办了大型的聚会，其中男女各占一半。

思维3：时刻与客户保持连接

当今社会最受欢迎最普遍的媒体莫过于各大社交网站、各种论坛和微博等。"江小白"品牌宣传就抓住了这些主流的媒体方式，利用线上线下相结合的方式，面对消费者进行互动宣传。微博上，每天都有几十上百条网上主动上传的与"江小白"品牌有关的内容，触发了很多潜在消费者的互动。时刻与客户保持连接，要的不仅是线上线下与顾客的互动，更重要的是保持好的服务，基于互联网用户思维的服务。

（来源：亿欧网，禹献云/文，2014年8月11日）

（扫描二维码阅读《腾讯架构以用户为中心的互联网运营体系》）

3. 管理=绩效刚性+文化柔性

企业作为一个组织的存在是为了实现组织目标，企业组织管理的目的是通过提高竞争力来提高效率。企业组织的利益属性决定了它必须追求绩效的刚性，但是获得满意绩效的手段却往往需要更加柔性的方式。企业成长取决于三个重要的管理变量：战略、组织和文化。战略不言而喻，难以转型的是组织和文化。

移动互联网时代逼迫厂商要重新思考自己的商业模式和产品。以用户为中心，实质是要商业民主化，尊重用户意愿。O2O打通和融合线上线下的本质是运营数据化，

就是把在线的、互动的、实时的结构化和非结构化数据流打通。用户社群化后，企业组织边界会模糊化，企业内外边界很难界定，企业与用户之间的关系将不再是产品售卖型的交易关系，消费者与生产者之间的边界也不再那么明显，老板与员工之间的关系也不再是简单的雇佣关系，而变成了合伙关系。因此这些变量都倒逼企业进行组织变革与转型。传统企业的金字塔、科层制要逐渐让位于扁平化、无边界、自组织模式。科层制的重要特征是强调自上而下的集中式管理，不管是直线职能制、事业部制还是矩阵式，都是一种集权化、中心化的管理基因，价值链和组织模式都是串型模式，而在互联网时代都必须演变为网状结构模式，组织结构将变得越来越扁平化，围绕产品和用户形成组织生态圈，既竞争又合作，既开放又协作，彼此独立，又相互依存。组织的效率由过去的点和线的效率转向面和系统的效率。与外部的边界正在被打开，内部上下之间和外部与用户之间的沟通，原来的层层传递和中介传递正在被无边界、无距离、无障碍、低成本的互联网工具取代。互联网时代组织的内核是用户，谁离用户最近谁拥有更多的用户，谁就有更多的话语权和资源配置权，谁处于企业价值链变现的位置，谁就有决策权。

因此，正如现代管理学之父德鲁克预言21世纪的管理时说的，管理将从传统的多层次走向更加扁平、更加网络、更加生态的方式。管理大师汤姆·彼得斯在《追求卓越》[1]中提出：你的决策权要交给那些操作机器和整理货架的人，竞争的激烈和创新的步伐意味着，企业再也负担不起设计精细的登记架构和漫不经心的策划部门。要做到组织高度灵活性、容错性，以此来适应高度不确定性，开放、快捷的内部协作和沟通已经成为必备的充要条件；小团队、扁平化、平等、协作，是避免体制僵化和官僚化的基础。他常挂在嘴边的话是："疯狂的时代需要疯狂的组织。"移动互联网时代，信息垄断被完全打破，"失控"将成为常态，一切都变得不确定，迫切地需要一种适应当前时代的组织结构和管理方式。米拉 N. 贝克在《同级管理》[2]中提出，组织结构应该是同级网络社群，其中每个节点和个体都是等能量的，都在不断地接收和发送信息，信息的实时分享和节点的即时反馈协调着整个组织的运行。这样的组织内部，领导者和追随者动态转换，网络本身就是领导者。

互联网时代，企业之间的竞争是用户选择权的竞争，企业组织将是资源和用户之

---

[1] （美）彼得斯汤姆·彼得斯（Tom Peters）和罗伯特·沃特曼（Robert Waterman）著：《追求卓越》，中信出版社，2009年1月。

[2] （美）米拉 N.贝克（Mila N. Baker）著：《同级领导：移动互联网时代的管理变革》，机械工业出版社，2015年1月。

间的双向交互平台，企业只有消除面向用户的各种阻碍，建立同用户最直接的连接，走进用户的生活场景，感知用户的情感，做到同"用户零距离"[1]，才能充分释放出用户选择的权利，最终在竞争中生存下来。实际上，海尔和小米的组织变革实践，探索的是如何做到同用户零距离，如何架构起快速配置资源的平台，并动态释放平台的周边和跨边网络价值。

荷兰思想家伯纳德·曼德维尔在1720年出版的《蜜蜂的寓言》中，发现蜂群的高效率不是因为存在一个卓越的管理者，而是每一只蜜蜂都在追求自己利益的最大化，单个蜜蜂之间的竞争促进了整个蜂群利益的最大化。因此，凯文·凯利总是经常强调"大网络时代的蜂群效应"，他在《失控》中专门拿出一章来讨论"蜂群思维"，认为首要的是在于分布式管理，而不是集中式管理。

Web设计师Manu Cornet在自己的博客上画了一组美国几个具有代表性的科技公司的组织结构图，通过这些"疯狂的组织架构"，我们看到了不同公司、不同组织架构下的组织文化，企业发展也呈现出不同的个性和命运。（见图9-5）

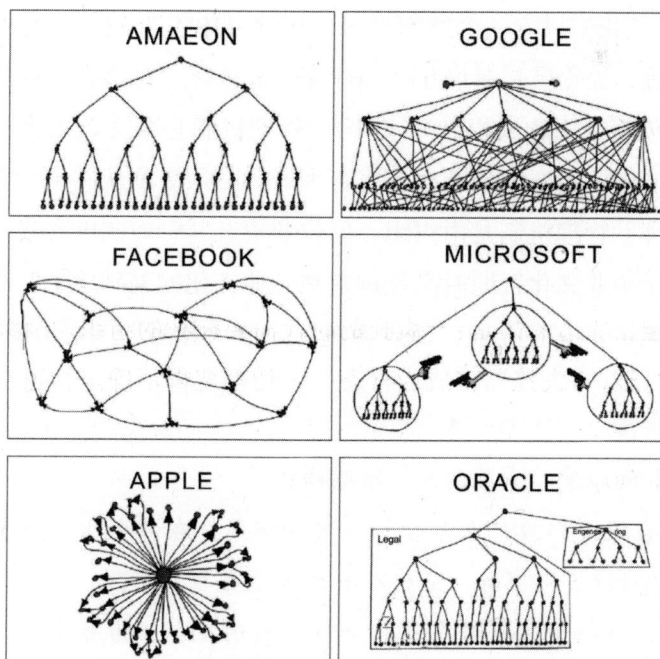

图9-5　美国代表性的科技公司的组织结构图

---

[1] 王钦：《互联网时代组织变革》，载于《哈佛商业评论》，2014年8月。

按照这样的理念，网状结构的互联网是没有中心节点的，每一个节点也许力量不一样、权重不一样、赋能不一样，但是没有某一个节点还存在绝对的权威和权力，而是让位于"平等、开放、协作、分享、共赢"的互联网文化。互联网时代的组织内部文化，一定要为员工搭建一个开放、平等、创新的文化氛围，建立起有效协同、竞争、激励的绩效机制，刚性的绩效考核，要用柔性的文化来驱动，强大的企业一定是将员工和用户的价值深度耦合实现双赢，才能获得长久的发展之道。文化的核心是企业核心价值观的集体认同，需要借助激励机制调动员工的自主意识、内生动力。核心价值观是精神文化，包括原则、信念、准则，在精神文化外层的是制度文化，包括激励机制、行为规范，表层的是视觉识别等符号文化。

华为在这方面可谓做到极致，任正非明确提出将华为员工分为三类：第一类是普通劳动者，第二类是一般奋斗者，第三类是有成效的奋斗者。要将公司的剩余价值与有成效的奋斗者分享，因为他们才是华为事业的中坚力量，于是"以客户为中心，以奋斗者为本"成为驱动华为的核聚变组织能量。在塑造组织文化方面，华为在拜师IBM后，提出了"三化模式"：先僵化、后优化、再固化。僵化就是"削足适履"，任正非曾坚决地说："我们只向一个顾问学习，只学习IBM。"把员工引入企业文化的轨道，优化就是改进，固化就是制度化、程序化、规范化、标准化，他们总结为"僵化式学习，优化式创新，固化式提升"。华为的管理机制是靠文化来推动的，文化是华为公司管理机制产生效力的润滑剂。各级管理者都必须高度认同华为企业文化，并运用文化来改善管理。管理机制是由组织、岗位职责及其管理制度和规范等构成，它具有刚性。它脱胎于企业文化，同时又是构建在企业文化的基础之上，靠企业文化来推动和润滑使其运转的。它使企业"软硬兼施"、"刚柔并济"，收到相辅相成、相得益彰的效果。

【链接】海尔的"人单合一"双赢模式

海尔正在探索实践"人单合一"双赢模式：在"企业平台化、员工创客化、用户个性化"（下称"三化"）的战略主题指导下，搭建开放的平台生态圈体系，并将员工从命令执行者转变为创业者，为员工提供一个实现和提升自我价值的平台。

人单合一

"人"即员工，"单"是用户需求，不是狭义的订单，实质是"人单酬合一"，即让员工与用户融为一体，以及与自己的薪酬绑定。而"双赢"则体现为员工在为用户创造价值的过程中实现自身价值。"人单合一"双赢模式适应了互联网时代的要求，它与传统管理模式最本质的区别是：传统管理模式是以企业为中心制定的，"人单合一"双赢模式是以用户为中心制定的。在互联网时代，信息不对称的主动权转移到用户手中，用户可以决定企业的生存，企业唯一的选择就是跟上用户点击鼠标的速度。要做到这一点，就要给一线员工最大的自主权和决策权，第一时间对用户的需求做出反应，让员工成为自主创新的主体。"人单合一"双赢模式的本质是：我的用户我创造，我的增值我分享。也就是说，员工有权根据市场的变化自主决策，员工有权根据为用户创造的价值自己决定收入。

组织创新

传统组织是一个正三角的组织，最下面是员工，上面是领导。上级对下级下达命令，下级服从上级。海尔在推进"人单合一"双赢模式过程中，把组织扁平化了，变成动态的网状组织，涌现出一个个自主创业的小微团队。目前，海尔平台上一共有三类小微组织：创业小微、转型小微和生态小微。创业小微是由内部从无到有的项目孵化出来的。转型小微主要是成长、成熟的产业模式的创新转型。生态小微，例如9万辆服务车的车小微、商圈小微等，都是在海尔生态圈平台上共同创造用户价值，能够在平台上变现价值分享。这样，海尔逐步变为一个平台型的组织。平台型组织体现为资源的按单聚散。在这一组织体系下，员工真正变为创新者、创业者，他们可以自己去发现机会，自创意、自组织。

（来源：东方财富网，甄妮/文，2014年12月12日）

第十章 互联网广泛融合化（服务业）

每一个商务时代，都会锻造一大批富翁。而每一批富翁的锻造，都是当人们不明白时，他明白自己在做什么；当人们不理解时，他理解自己在做什么。所以，当人们明白时，他已经成功了；当人们理解时，他已经富有。在这个更新模式飞快的时代，不是外行干掉内行，是趋势干掉规模！先进的取代落后的。

——李嘉诚

第三产业即服务业，是一个庞杂的混合产业群，是除农业、工业之外所有不生产物质产品的行业，具有非实物性、不可储存性和生产与消费同时性等特征。根据国家2003年印发的《三次产业划分规定》及《国民经济行业分类》，我国将服务业划分为15类：农林牧渔服务业、交通运输以及仓储和邮政业、信息传输以及计算机服务和软件业、批发和零售业、住宿和餐饮业、金融业（银行业、证券业、保险业、其他金融活动）、房地产业、租赁和商务服务业、科学研究以及技术服务和地质勘查业、水利以及环境和公共设施管理业、居民服务和其他服务业、教育、卫生以及社会保障和社会福利业、文化以及体育和娱乐业、公共管理以及社会组织和国际组织。

中国宽带资本基金董事长田溯宁认为，过去20年，互联网是改变社会、商业最重要的技术及应用。随着移动终端的多样化、智能终端的普及以及拥有了后台云计算及大数据的能力，互联网将创造从改变消费者个体的行为到改变各个行业、政府乃至社会的新时代，那就是"产业互联网时代"。产业互联网时代的到来，意味着各行业如制造、医疗、农业、交通、运输、教育都将在未来20年被互联网化。产业互联网化体现为互联网的基础技术、商业模式、组织方法将成为各个行业的标准配置，通过在研发、生产、交易、流通、融资等各个环节的网络渗透，重塑整个产业链。

我们正在从数字化生活，迈向数字化生产。我们已经迎来了消费互联网的时代，正在拉开产业互联网的序幕。消费互联网的代表是百度、阿里巴巴和腾讯（BAT）这样的互联网巨头。他们通过互联网满足的各种消费需求已达到顶峰状态，消费互联网市场目前的态势是趋于稳定与饱和。

也就是说,互联网正在从消费互联网主导时代向产业互联网主导时代转移,但这并不是说消费互联网衰落了,而是互联网的力量已经从消费领域扩展到生产领域,从用户领域扩展到企业领域。

服务业相对于制造业更接近消费者,互联网企业相对于传统企业更接近消费者,因此互联网最先覆盖的是服务业。但是不管是服务业还是制造业,消费者都处于产业势能的制高点,一个相通相同的路径就是必须以商品为道具,以服务为舞台,以消费者为中心,为消费者创造个性化体验。我们试着选择几个常见的服务业业态进行讨论,希望可以以管窥豹、举一反三。

一、零售

"六年前我刚搞出淘宝网的时候,我告诉一位做皮具的老板,把你的生意放到网上来做吧。"他说:"我先看看。"四年前我再次告诉他同样的话。他说:"有时间再说吧。"两年前他找我说:"我的生意都让网上那些小孩抢走了。"我还能说什么呢?我用两只手握住他的手说:"一只手是机会,一只手是方法,机会是网络,方法是网络营销。"传统行业是论资排辈的很难赶得上,网络时代没有把握也马上要过去,移动电商已经来临。

——马云

零售是将商品及相关服务提供给消费者作为最终消费之用的活动。20世纪90年代以前,零售几乎是百货商店的代名词。随着消费者需求的变化和零售市场竞争的加剧,大型超市、便利店、专卖店等新型零售业态快速发展。在互联网时代来临后,零售业从业者是最先感受到冬天寒意的先知先觉者,又是路径依赖严重的普罗大众群。零售业不仅受目标消费者的人群构成、支付能力、购买愿望、消费心理、消费习惯等因素的制约,也受到零售企业经营理念、管理水平、竞争能力、企业资源等因素的影响,还要受到一个国家或者区域经济水平、信息技术、物流配送、城市发展、法律法规、消费文化等环境因素的约束。

1. 四次零售变革

2012年"双11",淘宝系交易额达到191亿元,同比增长267.3%,交易额创历史新高。这是一个里程碑式的事件。根据中华全国商业信息中心公开数据显示,2012年中秋、国庆黄金周期间,全国百家大型零售企业零售额同比增长8.49%,是近些年十

一黄金周销售增速首次低于10%。在被调查的100家大型零售企业中，66家大型零售企业销售增速低于整体8.49%的增长水平，其中39家大型零售企业销售不及上年同期，同比呈现负增长。而网络购物用户规模及其人均消费额进一步增长：2012年中国网络购物用户约2.3亿人，全年人均消费额将超过5000元，而2011年全年网络购物用户近1.9亿元，全年人均消费额4099元。相比于全国传统零售市场增长放缓态势，网络购物市场一枝独秀，传统企业全面电商化时代即将到来，网络购物在社会零售总额中份额将进一步提高。这个"双11"事件，引起了全国社会各界的高度关注，尤其是引起零售行业的全面正视和审视，他们开始重新寻找自己在历史经纬坐标中的位置。

零售业在过去的150年经历了三次变革。第一次是（1850—1950）是生产驱动需求的、生产商大权在握的卖方时代。商品短缺，供不应求，缺少竞争，消费者需求难以满足，福特公司的黑色T型车是一个典型标记。第二次（1950—2000）是营销驱动和创造需求的大众营销时代，供过于求，渠道为王，市场主导权由卖方转向买方。第三次（2000年至今）是商品过剩和信息革命夹击下形成的彻底的买方市场时代，消费者拥有绝对的选择权。我们看到在这三次浪潮的裹挟下，零售业进行了适者生存的进化。梳理起来，在这大的三次变革时代中，零售经历了相应的四次形态演绎和变化。

一是百货商店。传统零售主要有肩挑小贩、摊贩、集市、自制、自售、乡村杂货等形态。零售业第一次重大变革是以具有现代意义的百货商店的诞生为标志的，学界称为"现代商业的第一次革命"。它是在一个大建筑物内，根据不同商品部门设销售区，采取柜台销售和开架面售方式，注重服务功能，满足目标顾客追求生活时尚和品位需求的零售业态。百货商店是工业革命的伴生物，是零售商业对工业化大生产和城市化进程加快，尤其是大城市加快发展的直接反应。世界上最早的百货商店出现于1852年的法国巴黎，由法国人阿里斯蒂德·布西哥创造，叫"邦·马尔谢"商店，其对商品大量陈列，顾客可以自由自在地进出商店挑选商品，所销售商品采取薄利多销的原则，全部实行明码标价。1848年~1870年，法国工业革命完成后，资本主义工业化和社会化生产的发展，客观地要求相关交通、通信、供水、供电等生活服务设施的共享性和完善性，从而促进各类企业向城市集中。随着城市人口数量的迅速增加，各种新的服务业不断催生。到1881年，巴黎市的人口已达220万人。由于城市居民人数总量大、构成复杂、收入差别大，出现了前所未有的规模化、复杂化和货币化的消费需求特征，以前的各种小型零售店等根本无法满足全新的城市化后的消费需求。于是，以营业面积大、商品种类多、明码标价、购物环境好等为主要特征的大型百货商场业态在法国的产生就水到渠成了。"邦·马尔谢"产生强烈的示范效应，巴黎相继出现了卢浮百货商店（1855年）、市府百货商店（1856年）、春天百货商店（1865年）、撒马利业百货商店（1869年）、拉法耶特百货商店（1894年）。在1850年~1870年，英国国内工业总产值和贸易额在世界上占据首位，伦敦城市人口达到了250万左右。1866年，一个名叫威廉·怀特利的人，在伦敦也创办了英国第一家大型百货商场。法国巴黎和英国伦敦两个城市的大型百货商场产生的时间只相差14年。百货商店的出现是一个工业革命时代的必然产物。世界上最大的百货商店是美国的希尔顿百货商店。美、日、法等国的大型百货公司，销售的商品品种多在25万种以上，最高的达到50万种。百货商店结束了作坊式的店铺时代，成为零售业的霸主和一个城市的中心标志，是工业化和城市化的产物，又进一步推动了城市化的发展和进程，为流水线生产的工业化提供了最后一个流程和终端，成为完成产品到商品跨越的靓丽场所。

　　二是连锁经营。连锁经营指经营同类商品、使用统一商号的若干门店，在同一总部的管理下，采取统一采购或授予特许权等方式，实现规模效益的经营组织形式。它们具有统一的经营理念、统一的企业识别系统及经营商标、统一的商品与服务和统一的经营管理。学术界公认的连锁经营方式是1859年产生于美国的太平洋和大西洋茶叶公司，创始人叫乔治·杰尔曼和乔治亨廷顿·哈特福德，他们直接从中国和日本进口茶叶，售价相当于其他零售店的1/3，结果大获成功。1860年他们又开了第二家店，到1865年发展到25家分店，全部在纽约华尔街、百老汇一带，经营范围扩展为咖啡、面包、奶油等，到1880年发展到100家，1900年店面布局已经横跨整个北美大陆，1937年达到15 737家，迄今为止再无哪家连锁店超过一万家以上。连锁经营方式在美国产生，是市场环境和人们商品文化观念两个相互关联因素交织的结果。当时美国工业化和市场化经济的快速发展、城市化水平的快速提高、城市居民消费方式的商品化货币化，为商业发展与扩张提供了合适的市场土壤。同时，商标保护法规的初步建立，使得消费者品牌意识开始形成，规范化、专业化的连锁经营为广大消费者认知、接受和拥戴。连锁经营作为一种商业组织形式和经营制度，是在整体规划下进行专业化分工，并在分工基础上实施集中化管理，把独立的经营活动组合成整体的规模经营，从而实现规模效益，主要有直营连锁、特许经营和自由连锁三种形式。连锁店的经营适应了社会化大生产的需要，把现代化的大生产和流通渠道的规模化经营、消费者的自由购买及个性化购买有机结合起来。1865年，美国胜家缝纫机公司，首创连锁经营式分销网络。20世纪50年代，麦当劳、肯德基引入连锁经营体系，公司得到迅速发展，同时也完善了连锁经营业态。20世纪60~70年代，连锁经营从美国走向全

球。在中国内地，连锁经营起步的标志是皮尔·卡丹专卖店于1984年落户北京。连锁经营作为一种企业组织形式在我国发展迅猛，主要领域是食品、零售、餐饮业等行业。新世纪初的几年是我国连锁业发展最快的几年，2001~2005年全国连锁百强企业的平均年店铺增长率达51%，年销售增长率达38%。全国前30家连锁企业2006年上半年销售额达2751亿元（其中，直营店的销售额为2363.4亿元，占销售总额的86.1%），比2005年同期增长25%；店铺总数为15 563个，比2005年同期增长17.1%。百联集团有限公司（商业连锁部分）以383.7亿元销售额、6451家店铺的业绩稳居第一，销售额与店铺数分别比2005年同期增长5.2%和9.4%。紧随其后的是国美电器有限公司、苏宁电器集团，销售额分别达到303亿元、289亿元。

三是超级市场。学术界公认的"超级市场"业态是1930年在美国产生的，爆发的导火线是经济危机。1929~1933年，在西方经济大危机时期，美国工业生产下降了46.3%，倒闭的企业超过13万家，失业人口超过1200万人，占劳动人口的25%，工人工资下降约25%。在这种情况下，消费者日常必需商品的销售价格敏感度大大提高，零售业如何降低营运成本，便成为竞争中的首要因素。于是专门经营日常生活必需消费品、销售价格低廉、开架自选的经营模式诞生了。1930年8月，美国纽约州的迈克尔·库仑的"King Kullen"食品超市诞生了，开业的海报就很吸引眼球："我们要做世界最大的价格粉碎者。"迈克尔·库仑的金库仑联合商店，采取大批量进货方式压低进价，并以连锁的方式开设分号，建立起保证大量进货的销售系统，同时首创了自助式销售方式，以自助式服务、低毛利、低价格为竞争武器，采取一次性集中结算。他的超级市场平均毛利率只有9%，这和当时美国一般商店25%~40%的毛利率形成强烈反差。市场学权威菲利普·科特勒博士对超级市场定义是："一种相对规模大、低成本、高销售量、自助服务式，为满足消费者对食品、洗衣和家庭日常用品的种种需求服务的零售组织。超级市场的经营利润仅占其销售额的1%，占其资本净值的10%。"这种企业经营模式相对于百货商场业态，大大降低了营业人员的使用数量，若采用连锁经营方式扩大经营规模，还会大大降低营运和管理成本，保证了超级市场可以依靠规模销售来获取利润。它集中了食品商店、杂货商店、小百货商店、粮店、南北货商店等传统商店各自的单一功能。现在的大型综合超级市场是标准食品超级市场与折扣店的结合体，衣、食、用品齐全，可以全方位地满足消费者对基本生活需要的一次性购买需求。美国一些大型超级市场中出售超过10万种的商品，仅仅有关婴儿湿纸巾的商品就有100多个品牌。超市行业是一个发挥规模优势的行业，规模优势的支撑点在于物流网络发达程度。规模优势通过良好的物流管理能力转化为采购成本优势和质量控制优势，从而转化为良好的信誉和品牌形象。一般顾客对食品、日用杂品的价格十分敏感，特别是消耗量大、购买频繁的食品、杂品，由于超级市场主要销售此类商品，所以在竞争中占有很大优势。自助服务销售方式提高了劳动效率、稳定了销售质量、保护了消费者对商品的选择权，同时实现了超级市场商品销售的低价位优势。在出口处集中收银的方式，不仅节约了顾客的购物时间和成本，同时减少了超市服务人员的数量，控制了超级市场的经营成本。传统超级市场以美国为代表，至今它还在美国食品服务中占有主要地位，超级市场销售额中食品和日用杂品的比例维持在70%左右。到了20世纪90年代，美国又细分形成了仓储超市、大型购物中心的风潮。在日本，超级市场分为综合超级市场、专业超级市场等。综合超级市场是日本超级市场企业的代表业态，占主要地位。比如伊藤洋华堂，1980年该公司共有112家分店，其中综合超级市场占了92家。中国内地是在20世纪80年代初期才开始引进超市经营模式。1981年，广州友谊商店首先开办了我国内地第一家超级市场。超级市场在我国经历了兴起、萎缩、停滞、复苏等阶段，直到1991年，真正意义上的超级市场在上海成立——上海联华超市。超级市场已经走过70多个春秋，对生产和流通领域产生十分深远的影响。美国超市的店数占总零售商店数的比例不到20%，但是营业额却占零售商店总营业额的80%。超级市场之所以能蓬勃发展，是因为与百货店等其他零售业态相比较，有其鲜明特点与优势：实行低成本、低毛利、廉价销售策略。超市这种零售业态的不利之处是服务不充分，经营的盈亏平衡点不易把握，对管理的水平要求较高。但是审视全球的零售业，超级市场由小店铺转向大市场，服务由单一走向多元化，后来又演化出仓储式销售、大型购物中心、专卖店和折扣店等形态，在风头上就大大盖过了百货业。在全世界零售业50强中，大型超市和连锁店占据了绝对统治地位，销售额占到50强销售额的35%以上，如果加上折扣店等衍生业态，比重会超过40%，而百货商场的销售额只有50强销售额的15%左右。

　　四是网络购物。第四次零售业革命是无店铺形式，包括邮政销售、电话销售、自动售货机等，可以说是对有形的门店销售的一次革命。当然最彻底的就是电子商务这种形式。消费者在网上虚拟的购物环境中浏览、搜索相关信息，从而为购买决策提供所需的必要信息，通过电子订购单发出购物请求，然后填上私人支票账号或信用卡的号码，厂商通过邮购的方式发货，或是通过快递公司送货上门。电子商务的特征是全天候、跨地域、速度快、准确性高、成本低，客商双方互动交流，及时反馈意见，满足个性需求。成立于1995年的亚马逊（Amazon）公司是网络上最早开始经营电子商务的公司之一，初期只经营书籍销售业务（现在已经确立了全球最大书店的地位），

而今已成为全球商品品种最多的网上零售商，到2000年的时候亚马逊的宣传口号已经改为"最大的网络零售商"。亚马逊中国公司为消费者提供32个大类、上千万种的产品。2014年8月亚马逊宣布，将在上海自贸区设立国际贸易总部，通过"跨境通"平台，实现美国货物直邮中国。网络购物进入中国市场短短十年来，从边缘人群消费边缘商品，发展到现在的主流人群消费主流商品，中国的网络市场逐渐成熟，并且呈现一种高速发展的态势。自1991年起，中国先后在海关、外贸、交通航运的部门开展了EDI（电子数据交换）的应用，启动了金卡、金关、金税工程。1996年，外贸部成立中国国际电子商务中心。1997年网上购物及中国商品订货系统开始出现。1998年7月，中国商品交易与市场网站正式运行，北京、上海启动了电子商务工程。1998年3月6日下午3：30，国内第一笔互联网上电子商务交易成功。1999年，国内诞生了300多家从事B2C的网络公司。非典开辟了中国网上购物的新纪元，人们在那个特殊时期想足不出户购物就只能依赖网络，许多安全防范意识很强的人也试着网上购物。2003年非典过后，网络购物开始大行其道。2005年，当当网实现全年销售4.4亿，成为当时"中国的亚马逊"。2006年开始，中国的网购市场开始进入第二阶段，网民数量比2001年时增长了十多倍，整个电子商务环境中的交易可信度、物流配送和支付等方面的瓶颈也正被逐步打破。2007年是中国网络购物市场快速发展的一年，无论是C2C电子商务还是B2C电子商务市场的交易规模都分别实现了125.2%和92.3%的快速增长。中国互联网络信息中心（CNNIC）《第29次中国互联网络发展状况统计报告》显示：截至2011年12月底，中国网民规模达到5.13亿，全年新增网民5580万；互联网普及率较上年底提升4个百分点，达到38.3%。中国手机网民规模达到3.56亿，同比增长17.5%。与前几年相比，中国的整体网民规模增长进入平台期。目前，我国电子商务零售额占社零总额比重已超过美国，预计到2015年，我国电子商务市场交易额有望达到2万亿元以上。2008~2011年，国内电商零售额占社会消费品零售总额的比重每年保持1%以上的增速，2011年我国电商零售额占社零总额比率为4.3%，已超过同期美国水平，说明网络购物已经成为居民消费的重要形式。艾瑞咨询公司预测到2015年，我国网络购物交易规模很有可能突破2万亿。

史贤龙在《未来商业形态的格局与趋势》一文中认为电商与店商的战争焦点是五大力量的消长：快递消灭渠道、网银支付消灭终端、SNS（社交化媒体）消灭传统媒体、SEO（搜索引擎优化）消灭广告、客户端消灭逛街。淘宝、天猫、京东、易迅等是进攻方力量的代表。

从上述简要的零售业发展历程回顾中，我们看见了零售业艰难的进化，但是真正称得上革命性的，其实是最后这一次，网络购物的巨大威力和深远影响，已经由"数据说话"。在移动互联网时代到来后，这种情形，只会加剧，不可能逆转。这后面的逻辑是什么？我们认为主要是三股力量的合流。

第一，时代环境变迁。在移动互联网时代，消费者具有随心所欲的决定权和选择权，买方完全主导权的形成，改变了消费行为。亚当·斯密在《国富论》中对消费者主权的定义是：消费者根据自己的意愿和偏好在市场上选择购买自己需要的商品，以此通过市场将意愿和偏好的信息传递给生产者，生产者按照消费者意愿进行生产，提供消费者需要的产品。在现在这个经济十分丰饶的时代，互联网工具的运用，使技术元素为消费者赋能，消费者主权全形成，消费者和生产者之间重构形成了一种全新的产、销、消关系。传统的客户关系是基于顾客单项的大众关系，现在成为基于粉丝的双向互动的关系。

第二，消费行为变化。一是实现了时空的自由。在移动互联网时代，消费者实现了在时间、地点、心情上的解放，不再需要定期不定期到固定的商业地点购买物品，而是全天候的自由购物者。二是实现了消费的民主。由于每一次零售浪潮的变革都给消费者带来了更多的商品和消费选择，渠道为王的时代结束，消费者王朝形成，所有零售商和生产商都必须倾听消费者的意愿，得到消费者的许可和授权，"我消费，我做主"。同时消费者开始参与到供应链的关键环节，从被动参与到主动参与，从个人购物到社交购物，从个人到"众包"。通过建立社群关系，采取众包方式，消费者不仅参与到供应链的设计等环节，而且通过参与打破了产、销、消之间的界限，消费者成为厂商和零售商的选民。三是实现了信息的对称。"买家不如买家精"，说的是信息不对称的情形。互联网开放透明的禀赋特征，改变了消费者信息弱势的地位，零售业依靠垄断交易过程信息的时代结束了，而且消费者由原来的信息接受者变成了信息的生产者。

第三，商业模式变革。罗宾·刘易斯和迈克尔·达特在全面分析了这种变革背后的驱动因素后，得出了决定零售业生死的三个关键法则：神经连接、先占式分销以及价值链控制。神经连接就是要和消费者建立全天候的连接和联结，并占领意识制高点；先占式分销是针对过度竞争的市场，在指尖下（网络上）、街区或家门口，消费者面临成百上千个同样诱人的选择，那些最先、最快、最多接触消费者的零售商，相较于无数其他竞争者，能够抢占先机，赢得市场份额，这项策略要求商家严格按消费者希望获取商品或服务的地点、时间和方式进行分销；价值链控制就是为了满足和超越客户的需要和欲望，达成链条中成员的充分的无缝整合集成，以更准确的信息、更快的

客户反应速度和更好的服务创造价值。因此商业模式必须进行相应的变革。传统的B2C模式应该让位于C2B模式，甚至C2M（Customer to Manufactory）模式。C2B模式是以个性化定制和柔性化生产来实现消费者驱动的商业模式。在以自我为中心的Me时代，每一个消费者都在被数字化，每个人的生活状态是生活碎片、消费碎片、时间碎片，每个人都活在自我的消费世界里，商品和商店的同质化，已经无法吸引消费者的注意力，你让我消费，你得给我一个足够的理由。因此，C2M就是在这样的背景下，基于社区SNS平台以及B2C平台模式上产生一种新的电子商务模式。用户可以在社交购物平台建立自己的社交关系网络，使得规模巨大但同时相互之间割裂的、零散的消费需求整合在一起，使其"以需定产、量体裁衣"，使得个性化需求得到满足。对于零售业来说，商圈革命也随之来临，原来的物理商圈被互联网商圈取代，移动互联网时代到来后，作为本地的、社交的、移动的、个性化的SoLoMoMe消费群兴起后，社交商圈正式来临。社交网站是大商圈，每个消费者是小商圈。于是零售业态也不得不从实体店转向网店，或者实体店走向线上与线下的融合。零售作为渠道终端，必须由坐商变为行商，渠道由原来的单渠道变为多渠道甚至全渠道，采取实体渠道、电子商务渠道和移动电子商务渠道整合的方式销售商品或服务，提供给顾客无差别的购买体验，以满足消费者任何时候、任何地点、任何方式购买的需求。

【链接】互联网行业与传统行业两个代表"煮酒论英雄"

——马云、王健林2012年12月在中国企业家主题沙龙对话摘录

马云开场白：世界在变，天已经变了。两天前，我去淘宝数据库公司"云计算"那里听了半个小时，之后自己都感到毛骨悚然。这批"80后"、"90后"设计的东西、想的事，真的很令人恐惧。……我想跟大家讲的是，这1万亿（作者注：淘宝和天猫2012年交易总额超过1万亿元，占全国社会消费品零售总额近5%，相当于2011年中国GDP的2%）只是刚刚开始，零售行业将会面临致命的打击。

马云：传统零售行业与互联网的竞争，说难听点，就像在机枪面前，太极拳、少林拳是没有区别的，一枪就把你崩了。不是我厉害，是互联网厉害。如果你增加2万名会员，你可能要买100亩地、建商场，你要建巨大的仓库，我只要一台电脑就够了。所以我们的成本会越来越低，而效益会越来越强。淘宝实际上建立了一个新的生态体系，这个生态体系由5个部分组成。

第一是信用体系。线上的信用体系比线下的信用体系要好太多。因为我不认识你，你也不认识我，所以大家必须要凭信用体系。

第二，我们建了一套新的金融体系。支付体系是我们8年前建的，8年下来，我没有对外公布数据，支付宝现在有8亿注册用户。大家知道"双11"光棍节那天销售了191亿元，但最吃惊的是它的交易笔数达到了1.05亿笔，其中第1分钟最难处理，就是1分钟冲进来1000多万人。你们知道1天1亿笔交易是什么概念？铁道部去年春节卖票，1天40万笔交易，全瘫痪了。这跟设备、钱一点关系都没有，完全是用技术、用软件解决问题。

第三是社会化大物流体系正在逐步成型。5年前我去见中国邮政总局马局长，当时中国快递包裹是6亿个，美国是60亿个，我跟马局长讲，大概四五年或者五六年的时间中国就会靠拢，甚至超越美国。今年，中国的快递包裹是57亿，其中37亿是我们做的。"双11"那天，191亿销售额是一个奇迹，1天1亿笔交易是个奇迹，但最大的奇迹是1天7800万个包裹居然给运出去了，而且没瘫痪！

第四，我们正在建设小企业的工作平台。我们用最便宜的共享平台为所有小企业服务，用互联网技术去武装他们。以前只是大企业有IT，包括设备、设施、工程师、CRM。今天我们免费帮小企业把这些东西全部建立起来，这套系统使得很多小企业的"根"留在我们这里。

第五是大数据系统。当我们还没搞清楚信息时代是怎么回事的时候，已经进入了数据时代。信息时代和数据时代是有很大变化的，是完全不同的概念。信息的出发点是我认为我比别人聪明，数据的出发点是认为别人比我聪明；信息是你拿到数据编辑以后给别人，而数据是你搜集数据以后交给比你更聪明的人去处理。

王健林：说传统产业要消亡的，这400年来你是第三个。第一个是造蒸汽机的瓦特。蒸汽机出现后十几年，就有人做了断言，除了蒸汽机新兴产业，其他传统产业都将消亡。后来经过30年的发展，大家最终发现，其他产业没有消亡。第二位是美国在线的老板，他断言除了互联网之外的传统产业都要消亡。2001年互联网特别火，有人跟我讲展览公司活不下去了。展览是最容易受互联网冲击的，因为都不用来了，在网上看看就行了。马云算是第三个最有名的人，今天断言除了电商以外，零售行业要死掉。

马云：我是说死掉一大半。我绝不是在危言耸听：世界在变，天已经

变了。这个变革是一个连锁反应，不是单独的反应，不仅是对零售的冲击。这10年来我们做的是消费流通领域，未来3年数据化以后进入生产制造，然后再由生产制造到生活方式的变革，这是循环的。零售行业的好日子将不会回来。什么道理？你们想过没有，淘宝、天猫这1万亿对于广东所有制造业意味着什么改变？例如在广东造电视机的人，原先生产100台电视机，脑子里首先想到的是95台卖到了国美，5台补充一下电子商务。今天倒过来了，他们认为100台电视机当中有50~60台要被放到网上，20~30台放到线下店里。这是什么概念？制造行业的行为发生了变化。我可以保证二三十年后，我们的孩子是不可能拉着手去逛商场的，不可能！我都不去！但是他们会去看电影、吃饭、看戏、交流，这是所谓的体验。但是反过来看，另外一个行业好得要命，淘宝上每天女装卖4个亿，男装卖2.8个亿，1天衣服卖到6.8个亿，请问，到底是服装不行了还是你不行了？天变了。零售行业的改变必定导致生产制造行业的变革，沃尔玛最伟大之处不是1年卖2.7万亿人民币，而是通过零售改变了整个生产制造。由于沃尔玛大规模的采购导致这个世界出现了集装箱、规模化、标准化、低成本。沃尔玛带来了B2C。今天倒过来了，互联网带来了C2B，消费者数据引导生产制造的变革，这个变革是巨大的。

王健林：我不这么悲观。中国缺乏大的零售企业，这给马云制造了机会。美国电商发展了30多年，现在占美国零售总额9%左右。现在中国电商的比例还很小，1.5万亿跟20万亿相比，还差得远。为什么美国没有马云出来？因为美国办电商的公司都是前十大零售企业。中国物流配送不健全，加上大的零售企业没有出现，所以淘宝出来之后确实把大家打得稀里哗啦，对于一般的零售企业的冲击是非常大的。

其次，电商永远不可能完全取代零售。人的消费行为学中有一个非常重要的理论，叫作"炫耀心理"，就是人超过80%的消费不是为了自己，而是为了向别人炫耀，为了体验。宅在家里上电商，这肯定是相当一部分人的行为模式，但人的社会属性才是第一位的。电商发展会很快，但最终一定会和零售实体形成一种"竞争共存"的局面。

再次，中国的电商现在起步太晚，占的比重太小。在起步期间你的空间是非常大的，但当电商市场份额达到10%左右的时候就会逐步减缓速度，出现瓶颈。我也在好几年前就开始思考电商，做了预备，防备你（指

238

电商)把我干掉。你的冲击不是对我,而是我的客户,间接就会影响我的租金。传统的零售行业已经有2000年的历史了,各种变化都经历过,为什么还能活下来呢?他一定会有法子。

马云:问题在于,你们不会再有机会了。改变成功者是最困难的,因为每个成功者都有一大堆理由。为什么传统行业做不了互联网?因为要革自己的命,是非常难的。很多人输就输在,对于新兴事物第一看不见,第二看不起,第三看不懂,第四跟不上。"电子商务不可能灭掉传统行业",这句话一定是对的。2000多年来,人们还是喜欢寄信,尽管有了传真机,有了电话,但是邮寄的东西成为一种乐趣,成为一个补充,未必会成为主流。

王健林:今天我说了半天,不是反驳马云不行,而是针对他说他的发展会使传统零售渠道消亡。我是基于过去2000年的历史。十年二十年后电商肯定不会成为主流。2022年电商在中国零售市场份额超过50%,我就败了。我敢跟你赌1个亿。

(来源:豆瓣网,2013年3月30日)

2. 四种演进理论

由美国哈佛学派主导的SCP范式(market Structure-Conduct-Performance paradigm)是产业组织理论的主流学派,形成了完整的市场结构(Structure)-市场行为(Conduct)-市场绩效(Performance)的分析框架。市场结构是指某一市场中各种要素之间的内在联系及其特征,包括市场供给者之间、需求者之间、供给和需求者之间以及市场上现有的供给者、需求者与正在进入该市场的供给者、需求者之间的关系,衡量的主要指标包括行业的市场集中度、产品差异化程度、新进者进入市场壁垒、固定成本高低、需求成长幅度等。市场行为是指企业在充分考虑市场的供求条件和其他企业关系的基础上采取的各种决策行为,包括产品定价行为和产品决策、广告策略、排挤竞争对手等非价格行为,投资扩张、并购重组等策略。市场绩效是指企业在一定的市场结构下,通过一定的市场行为使某一产业在价格、成本、产量、利润、产品质量、品种及技术进步等方面实现的最终经济成果,评价指标主要有资源配置效率、利润率水平、销售费用规模、技术进步水平、产品质量水准等。我国学者面对复杂的零售业变迁与成长问题,一般都是借助上述产业组织理论中"结构-行为-绩效"(SCP)的分析范式,去分析零售业规模扩大、零售技术进步和零售产业组织演进的规律。在西方零售学中,零售业结构演变的有关理论是发展最早,也较为完善的理论之一。零

售组织变迁的理论可以分成许多种类，但是广义上可以分为四大类，即循环论、环境论、冲突论和混合论[1]。本书更多倾向和采信循环论的主要思想。

一是环境论。该理论认为零售业态的发展变化是由经济、人口、社会、文化、法律及技术等环境条件的变化决定的。环境理论的主要代表人物是瓦蒂南比拉奇，他提出了"零售业态的革新只发生在经济高度发达的国家，其他国家则只能移植这种革新，而能否移植成功则与经济发展水平直接相关"，以及"零售业态是近期环境的函数，而零售业的经营方法与技术则是周围环境的函数"等命题。杰斯特将达尔文的"生物进化论"移植到流通领域，提出"调整理论"，强调环境变化在零售组织结构演变中所起的作用，提出零售业中的自然选择理论：一种零售业态越能适应消费者的特性（民主性、社会性、经济性、文化性）、技术、竞争等主要环境的变化，其生存的可能性就越高。马金和邓肯提出了"生态零售理论"，该理论认为，一种业态的存在要依赖于其他业态。不同零售业态之间既有竞争关系又相互依赖。

二是冲突论。冲突理论的主要代表人物是吉斯特和布莱恩。该理论发展运用了黑格尔关于正、反、合的辩证法，认为零售组织之间的冲突具有地方色彩，无论是百货商店、直接邮购、合作社，还是连锁店、超级市场、折扣店，都受到过诋毁、制裁和不公平竞争的指责。新业态的产生过程中面临着来自于传统业态的冲突，零售新业态必然是对旧业态的扬弃，就是对传统经营形式的合理成分加以保留和发展，在此基础上容纳和吸收新的成分，从而形成一种全新的流通经营形式。

三是混合论。上述各种理论，特别是环境理论揭示了为什么从一个地区到另一个地区，产品的生命周期、不同国家之间或者一个国家内部零售体系甚至零售分类如此相似的原因所在。但是，单独的任何一种理论都不可能对零售业的组织变化提供完全令人满意的解释。因此，一些学者尝试把其中的某些理论结合起来。目前，主要有以下几种综合：周期理论与环境理论的综合，周期理论与冲突理论的综合，环境理论与冲突理论的综合，周期理论、环境理论与冲突理论的综合。

四是循环论。事实上，人们感受最明显的是以成本与技术驱动的"零售车轮"理论为主的循环论。零售业之所以被不断颠覆和创新，是零售行业为了适应消费者愿意支付的成本所驱动的。这种理论被称作零售车轮理论，是美国哈佛商学院零售专家M.麦克尔教授于1958年提出的。他认为，零售组织变革有着一个周期性的像一个旋转的车轮一样的发展趋势。新的零售组织最初都采取低成本、低毛利、低价格的经营

---

[1] 赵萍：《零售组织演进理论四大流派述评》，载于人民网，2005年11月10。

政策。它的成功示范效应，必然会引来同业的效法和复制，市场会出现新一轮的白热化竞争，使先行者不得不采取价格以外的竞争策略，诸如增加服务、改善店内环境。但是这些吸引消费者或者留住消费者的竞争策略改进，比如增加费用支出，使原来的低成本、低毛利、低价格优势不复存在，原来这种零售业态的生命周期曲线进入下滑阶段。这时新的革新者，又以其他方式和业态形成新的低成本、低毛利、低价格的零售组织，于是轮子又重新转动（见图10-1）。超级市场、折扣商店、仓储式商店都是沿着这一规律发展起来的。根据"零售车轮理论"，成本领先战略是新兴零售业态企业后来居上的杀伤性武器。波特竞争理论认为，在与五种竞争力量（包括同行业竞争者、供应商的议价能力、购买者的议价能力、潜在进入者威胁、替代品威胁）的抗争中，蕴涵着三类成功型战略思想：总成本领先战略、差异化战略、专一化战略。因此只要是成功的成本战略，几乎可以无往而不胜。成本领先战略的实施涵盖了零售业商品购、存、销流转过程所有环节上的成本和费用控制，只有降低商品的进价成本和物流成本、降低商品的经营管理费用，才能实现商品流转的全过程的成本费用的控制。沃尔玛是零售业成本领先战略最彻底的实施者和经营典范。

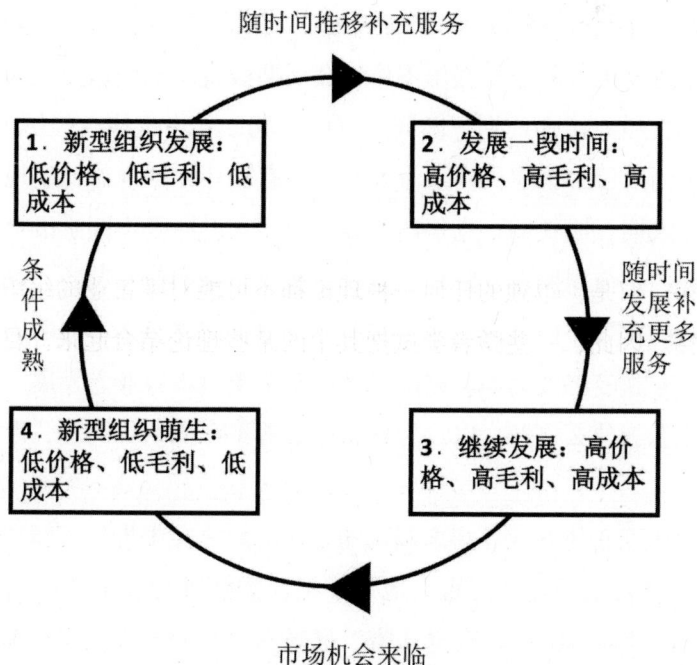

图10-1 零售车轮示意图

"零售车轮"理论较好地解释了零售业态进化的原理，但是理论界对此也提出其他理论解释。1957年奥尔德森提出"核心与周边市场"理论，核心市场指的是零售企业主要利益来源、市场控制力渗透能力很强的市场，周边市场是指市场渗透程度较低、在市场上相对的竞争地位处于较弱势的市场，这两种市场都可以导致新的零售业态出现。

1963年布兰德和1966年赫兰德提出"零售手风琴假说"。赫兰德借助手风琴在演奏过程中重复地被张开和合起，描述了零售组织结构的演变过程：零售网点提供的商品组合由宽变窄，再逐渐由窄变宽，就像拉手风琴一样。"在整个零售业发展历史中，似乎具有主导地位的经营方法存在着交替现象。一方面是向单个商号经营商品的专业化发展，另一方面是从这一专业化向单个商号经营商品的多元化发展。"手风琴理论说明商品组合的变化比价格更能说明业态的演化，而百货店、专业店、购物中心的出现都符合了该理论。

1966年尼尔森于提出"真空地带"理论，认为新零售业态是在既有零售业态未能涵盖的市场真空地带之中出现的，是由于消费者对零售商的服务、价格水平存在着偏好空隙而产生的，它解释了"零售车轮"假说无法解释的高价店也可能是新型业态的事实，从消费者偏好分布的角度，解释了高价格、高服务的新业态产生的原理。

1976年戴韦森、伯茨和巴斯提出零售生命周期假说。他们认为，如同产品生命周期一样，零售机构也有生命周期。随同时代的发展，零售机构也经历了创新、发展、成熟、衰退的不同阶段。零售机构生命周期还具有循环性的规律，呈现周期性交叉循环。零售业在导入期、成长期、竞争期、成熟期、衰退期等不同阶段会表现出不同的特征。零售业态的生命周期理论解释了现有零售业态是如何发展的，以及该零售业态为什么会这样向前发展。该理论把变化的动力归之于许许多多不同的因素，如价格周期、市场环境、宏观经济波动等。该假说没有明确指出零售业态发展、变迁的决定因素，即对零售业态为什么变迁，以及为什么存在着生命周期等问题，没有进行明确的说明。

1996年日本中西正雄在《零售之圈真的在转吗》一文中提出了新"零售之圈"观点，对传统的"零售之圈"及"真空地带"理论重新进行了论证。他认为"真空地带"的形成并非必然。第一，"真空地带"区域狭小，进化为主要业态的概率很小，如果不拥有在信息、管理、物流等方面的革新，就难以获取对原有业态的竞争优势。像仓储式购物中心等零售企业仍然会选择留在最初加入时的区域，而不会向成本更高的中心城区转移。第二，受技术边界线的约束，任何时期的零售业，在当地管理水平、信息技术、物流水平等因素的约束下，零售服务水平与零售价格水平的组合都会形成天花板效应，新业态由于受业态内竞争的压力，即使要提高服务水平（或降低价格），也仍然是在这一曲线上移动，其他企业试图加入竞争，必须具有对过时技术进行革新的能力。因此，仅仅是低价格、低服务的组合不是新业态的特征，加入了技术特征的零售竞争，从而导致某一个层次上、环节上实质性的变革，才是产生新业态的根本动力。仅仅靠追求业态形式的改变，新业态依然缺乏竞争乏力。新"零售之圈"理论让人们可以有效避免零售业传统单一的价格竞争行为导致的恶性循环。

【链接】沃尔玛的成本领先战略

美国沃尔玛连锁店公司是美国最大的也是世界上最大的连锁零售商。2002年、2007年两度荣登世界500强的冠军宝座，是成功运用了成本领先战略的典型。

沃尔玛的经营理念就是"天天平价，始终如一"，在节约开支的经营理念支配下，将流通成本降至行业最低，把商品价格保持在最低价格线上。沃尔玛将涉及采购、存货、运输等物流循环链条的各个环节的成本进行集中管理，把整个链条中各个点的成本降至行业最低。

一是直接向工厂统一购货和辅助供应商减少成本，以降低购货成本。对于货款结算采取固定时间（沃尔玛的平均"应付期"为29天，竞争对手凯玛特则需45天）的做法，激发供应商与沃尔玛建立业务的积极性和友好融洽的合作关系，从而保证沃尔玛的最优惠进价。沃尔玛实行向生产厂家直接购货的策略，使得采购成本降低了2%~6%。

二是建立高效运转的配送中心，由配送中心集中进行商品配送，以保持低成本存货。为提高效率，配送中心内部实行完全自动化，所有货物都在激光传送带上运入和运出，平均每个配送中心可同时为30辆卡车装货，并可为送货的供应商提供135个车位。建立配送中心提高了库存周转率，缩短了商品储存时间，降低了仓储和库存成本。在沃尔玛各店铺销售的商品中，87%左右的商品由配送中心提供，库存成本比正常情况下降低了50%。

三是运用高科技信息处理系统保障成本战略。各个流程之间无缝对接，降低衔接成本，这只有高科技信息处理系统才能完成。沃尔玛的信息处理系统不仅包括发达的计算机网络体系，还包括全美最大的私人卫星通信系统和世界上最大的民用数据库。在先进的高科技信息处理系统的支持

下，各店铺、配送中心、供应商和运输车队利用空中信息轨道及时联络，使快速移动的物流循环链条上的各个点实现了光滑、平稳、顺畅的低成本衔接。沃尔玛的分销成本因此降至销售额的3%以下，流通费用比竞争对手降低60%以上。另外，资金周转速度也得到大幅度提高。有人做过统计，当沃尔玛店铺数达到一定规模时，其信息处理系统和计算机网络辅助的成本管理，可提高月平均资金周转次数5~6次，使其平均利润提高一到两个百分点，而这一两个百分点就是核心竞争力。

（来源：作者综述）

3. 四类零售电商

电子商务作为零售业一种先进的零售业态，对传统零售业的观念和行为方式产生了巨大的影响和冲击。主要体现在六个改变上：一是销售方式的改变，零售电商利用信息技术和网络优势，从传统的同质化、大规模营销到异质化、集中式营销，使销售行为发生颠覆，传统分销模式一般按地域进行，制造商—总代理—区域总代理—地方代理—零售商，经过层层环节后，产品最终流向消费者，网上分销不仅突破了地域限制，而且消灭了中间环节，大大减少了人力、物力、财力的投入和成本；二是订单获取的改变，传统零售很难有效预测市场变化，只能根据经验积累或者库存情况进行预订，然后再进行销售，但在实施电子商务后，决策流程发生逆转，是在先实现订单获取后，再提供商品，从而大大减少了库存压力和资金压力；三是销售场所的改变，传统零售的第一要素是地理位置，地理位置的人流量决定了零售业的顾客来源，而电商可以在不需要销售经营场所下完成销售，无须支付昂贵的店铺租金；四是电商零售对物流体系的改变，物流是传统零售业的源头和上游，电子商务为物流创造了一个虚拟的运作空间，通过网络上的信息流动，有效地实现对物流的实时控制，实现物流的科学化，也打破了传统物流分散的状况，形成了专业的第三方物流行业；五是交易方式的改变，传统零售是现金交易模式，是面对面交易方式，在零售电商这里，电子货币逐渐取代传统货币成为普遍接受的支付方式；六是决策和运营系统的改变，电子商务形成了零售业全新的商务模式，建立了以数据库为核心的决策支持及运营系统，使整个系统由产品管理为中心转向以顾客需求管理为中心。由于互联网的实时互动性，消费者以更简便的方式表达了对产品或服务的评价，这种即时互动式沟通不仅改善和促进了买卖双方之间的关系，使零售企业可以更深入了解用户需求，更重要的是形成了消费者购买信息的数据，包括行为数据、偏好数据等。

在这些共同规律的作用下，电商演化出各种各样的模式，目前主流的模式主要有以下四种。

一是B2C模式。B2C是企业对消费者直接开展商业活动的一种电子商务模式，卖方是企业商家，买方是个人消费者，类似于百货店或者专卖店，更注重商品的品质和服务，是我国最早的电子商务模式，以8848网上商城正式运营为标志，它通过互联网为消费者提供了一个新型的购物环境——网上商店，消费者通过网络在网上购物、在网上支付，这种模式节省了客户和企业的时间和空间，大大提高了交易效率。B2C模式又细分为综合型B2C，如亚马逊、当当、卓越、淘宝商城、银泰等，以规模最大化取胜，以最终上市为终极目标；垂直型B2C，走专业性的品牌化经营之路，集中全部力量打造专业性信息平台，包括以行业为特色或以国际服务为特色，比如男装"凡客"、女装"千寻"、图书"中国图书网"；传统生产网络直销型B2C，如百丽淘秀网、李宁网上商城；平台型B2C，一切的运营工作都是围绕以品牌为核心开展，重视品牌塑造，如红孩子、好乐买、麦包包、我买网、京东等。

二是C2C模式。是指个人与个人之间的电子商务，卖方是个人商家，买方是个人消费者，是线上的大型集贸市场。2011年我国C2C交易规模约6000亿元，占中国整体网络购物市场交易规模的77%。最典型的就是淘宝网。淘宝在C2C领域的领先地位暂时还没有人能够撼动，淘宝在中国的市场份额超过60%。目前的市场格局是淘宝、易趣、拍拍、有啊四足鼎立，另外新秀D客商城、鹏程万里商城、德酷网入场，让C2C领域有了新变革。

三是ABC模式。ABC模式是由代理商（Agents）、商家（Business）和消费者（Consumer）共同搭建的集生产、经营、消费为一体的电子商务平台，相互之间可以转化。大家都是这个平台的主人，生产者、消费者、经营者、合作者、管理者，大家相互服务，相互支持，你中有我，我中有你，真正形成一个利益共同体和生态圈，被誉为继阿里巴巴B2B模式、京东商B2C模式、淘宝C2C模式之后电子商务界的第四大模式。目前较为著名的ABC模式网站有淘众福，它具有"代消商"的经营理念，是一个将代理商、消费者和商家有效串联起来，以"代消商"为主体共同搭建的产销合一的新型电子商务平台，以"网店+服务店+营销服务系统+消费联盟"的复合型营销模式为手段，把网络营销、连锁经营、传统渠道、服务和消费链等相整合，把顾客的需求导向具体以信息为中心管理，它在价值上是从一方提供给另一方或多方的过程中体现双方或多方的价值以实现多方共赢，从而建立一条交互式、立体式、全方位的无限流通管道。

四是O2O模式。也称为线上线下（Online To Offline）电子商务，就是将线下商务的机会与互联网结合在一起，让互联网成为线下交易的前台，把线上的消费者带到实体商店中去，在线支付线下（或预订）商品、服务，再到线下去接受服务。这是电子商务本地化的发展结果，它使得信息和实物之间、线上与线下之间的联系变得更加紧密，把电子商务推进到一个新阶段。O2O模式早期始于团购网站的兴起，需具备四大要素：独立网上商城、权威行业可信网站认证、在线网络广告营销推广、全面社交媒体与客户在线互动。二维码和移动互联网成为推动O2O电子商务的两大推手。零售业态的O2O模式需要充分整合门店的体验、服务优势，以及互联网集客、便利和大数据的优势，形成贯穿线上线下、完全打通、充分协同的消费和服务闭环。

【链接】苏宁祭起O2O大旗开启电商新纪元

继2013年初转型"苏宁云商"后，双线同价、开放云台、首批互联网1.0版本"云店"亮相等一系列举措的出台，使得苏宁在转型互联网零售的道路上迈出了坚实的步伐。2013年1~6月份，苏宁云商实现营业收入555.33亿元，比上年同期增长17.68%。基于对中国零售业未来发展方向的把握，苏宁提出"一体两翼"的发展线路图，转型互联网零售之际，苏宁欲用O2O领衔电商的革新。

首批互联网1.0版本"云店"亮相。移动互联网的井喷式发展不仅给零售业带来巨大的发展契机，也带来零售业变革的第三次浪潮。苏宁云商董事长张近东预测，未来零售业变革第三次浪潮是O2O。依托双线同价及O2O模式，苏宁的第一批互联网1.0版本的"云店"已在北上广深等一线城市陆续亮相，"双线同价"为苏宁拓展O2O融合扫清了最后的障碍。O2O模式下的苏宁实体店不再是只有销售功能的门店，而是一个集展示、体验、物流、售后服务、休闲社交、市场推广为一体的新型门店——云店，店内将开通免费WIFI、实行全产品的电子价签、布设多媒体的电子货架，利用互联网、物联网技术收集分析各种消费行为，推进实体零售进入大数据时代。

打造互联网企业。苏宁的互联网零售战略，既不是舍弃店商、发展电商，也不是要保护店商、遏制电商，而是"店商+电商=苏宁云商"，苏宁要建立自己的互联网零售模式。免年费、免平台使用费、免保证金，商家入驻苏宁云台的成本很低。但为避免过度竞争，苏宁将对商户精选，同一商品每个地区只选择5家商户，并将协助商家设计方案进行推广。"互联网本质上是一种工具，在掌握、运用这个工具的过程中，苏宁还是要回归零售的本质。"董事长张近东说。苏宁打造双线同价、双线融合，这种覆盖全渠道、提供全品类的O2O零售模式，不仅颠覆了苏宁本身，也将颠覆整个电商行业。

（来源：《现代快报》，刘德杰/文，2013年10月15日）

4. 四大发展趋势[1]

进入2013年后，随着经济进入"新常态"，消费品市场发展、消费心理、消费方式发生了转折性、趋势性变化，我国零售业也随之进入以消费者为中心的全面转型创新阶段，除了在本土竞争，也把触角延伸到全球，跨境电商正在国家政策鼓励下，大力走向海外。值得注意的重要趋势是商业模式将由LDF转向SSS。

一是网络购物增速进入平稳态。随着网络购物消费者基数的扩大，网络购物增速已经由2008年的128.8%，逐年降低到2013年的42%，比2012年增速降低24个百分点。但是一个基本的判断是，网络购物增速虽然渐趋平稳，但一定时期内网购增长速度仍会高于社会消费品零售总额的增长速度。就零售市场总体规模而言，仍然是实体零售企业的天下，从宏观层面来看，电子商务短期内全面占领实体零售的阵地尚不现实。2013年电商占社会消费品零售总额的比例达到7.4%，"十二五"末网络零售额占比将超9%，即使如此这也还没有达到2012年连锁百强企业占社会消费品零售总额9.3%的水平。

二是线上线下竞争进入胶织态。2014年，国庆、"双11"、圣诞节等节日促销收到了较好的效果，顾客开始回归实体店，线下零售有小幅回暖，提振了实体零售企业的信心。进入2015年，线下零售在以消费者为中心开展体验服务方面不遗余力，加大造景、造节、造势力度，线下零售的调整转型会纵深推进，各种多元化跨界、特色化经营、更多形式的触网、更多形态的O2O、全渠道会陆续涌现。同时，实体零售企业也开始学会使用互联网工具，在会员管理、自媒体营运、微信微博营销、便捷的支付与服务等多个方面下足功夫。永辉全程自助体验超市、乐城"未来超市"、顺丰"嘿店"、苏宁超市等零售创新给其他实体零售带来了更多的启发。线下实体企业除了运用电商的低价策略外，还会针对假货情况、价格欺诈、假降实涨、配送迟缓等线上暴露出来的软肋进行反攻，进行品质、价格、信誉、服务、体验的组合营销，突出商品与餐饮、娱乐、儿童等结合的体验业态。顾客回归实体店的同时，也不会放弃网上购

---

[1] 本节参考了《2015年零售行业发展的四大趋势》（2014-11-30青年创业网）、《2014年零售业发展趋势深度分析》（2014-4-21品途网）、《2014年中国零售业发展情况分析预测》（2013-11-22中国行业研究网）等。

物，线上线下同时消费会成为很多人的选择。线下实体店与线上电商之间的顾客争夺是一场持久战和拉锯战。

三是关店开店成为新常态。中国已开业的购物中心有3100家左右，2015年将达到4000家。根据中国购物中心产业咨询中心预测，从现在到2025年，还会有7000家建成开业，届时购物中心将超10 000家。我国目前有320多个地级市，有2860多个县，平均每个地级市的购物中心在10多年后将达到30多家，换算到县，每个县也将在4家以上——这还不包括其他商业业态。一线城市购物中心的空置率达到了8.4%，二线城市达到了10.5%。业态组合千篇一律的"主题百货+大卖场+专卖店+餐饮店"，购物中心同质化率已达60%。因此关店潮不可避免。沃尔玛曾在一周内闭店4家，2014年关店25家店。Tesco乐购从2012年开始，陆续关闭了数家门店，家乐福也一度陷入关店风波。以"黑马"著称的永辉超市在上市后的扩张风过后，也迈入了关店的行列。国美、苏宁等家电连锁企业关店现象也很严重。今后一个时期，购物中心、社区超市、便利店可能仍然是线下零售企业外延扩张的重点，渠道下沉将成为众多企业的选择。未来几年，很多零售企业的门店将迎来物业到期，续租将是一个风险不可控的因素，如果租金继续上涨，零售企业很难承受，尤其是市区内的门店，这意味着关店现象将成为常态。对百货店、大卖场来说，往日的辉煌不可能重现，销售下滑、赢利下降，甚至是因为亏损关店。那些租赁经营、创新乏力、聚客无方、扩销无门、成本费用控制不力的实体店有可能因持续亏损而黯然退市，一些优秀的连锁企业也会借机并购重组，逆势扩张，行业的集中度有望提升。

四是O2O模式呈现加速态。对实体零售来说，社区商业将是下一个十年的增长亮点，但是需要有规划和商家的合力协作，体现集群效应，餐馆、超市、娱乐、休闲等业态要能够相互融合。社区商业一定是O2O的天下。在零售连锁百强企业中，有近70家开展了线上业务，苏宁易购、银泰网等少数企业已经成为示范企业，其他企业的电商业务紧跟其后。而无论是购物体验，还是经营管理，固有模式都渐显疲态，零售业已经进入了一个全面的技术商业时代，大数据、WiFi、电子标签、智能货架、自动收银、自动打包、移动互联、线上APP，所有的新技术都在推动传统商业的革新，其中一个技术的聚合点就是O2O。传统零售业未来将向便捷化、网络化转变，要想不成为时代的弃儿，就必须贴近消费者，拥抱移动互联网，满足消费者的多样化需求。

更远的未来态势是什么？博纳睿成咨询公司创始人史贤龙认为，传统零售业的秘诀是LDF：Location（位置）、Detail（细节）、Franchise（连锁化）。而在移动互联网时代零售业的秘诀是SSS：Social（社群化）、Service（服务化）、Supply-chain（供应链）。也就是说，企业与顾客不只是交易关系，还是社群化的生活伙伴关系，传统零售的服务仅限于卖场内的便利，未来零售的服务需要服务到家。同时渠道为王的时代结束了，未来的供应链由渠道为中心向上游逆向转移，会形成对优质供应资源的争夺与供应链关系维护双重并重的格局。因为互联网改变了时间、空间、媒体和人际关系。

【链接】2014年零售O2O热门企业

苏宁：用小而美的嗨店突围。2014年，苏宁推出首个O2O体验店——苏宁嗨店。苏宁嗨店旨在打通线上与线下交易、游戏互动、服务休息三大核心体验。苏宁O2O关注的重点不仅仅只是体验，在大数据上，嗨店还要担负起打通苏宁广场、苏宁易购、苏宁电器、红孩子、PPTV等各平台会员体系的重要任务。

京东：IPO上市再次加速京东便利店。2014年3月，京东联合了多家便利店和系统厂商，以"线上流量＋物流配送＋信息技术"为切入口，采取O2O模式获取线下流量，和线下门店合作分成实现渠道下沉。同月京东宣布与上海、北京、广州等15余座城市上万家便利店进行O2O合作。京东通过自营配送体系和"网格式"管理，为合作商家就近提供部分商品"一小时"标准物流配送服务、定时达服务和"15分钟"极速达服务。2014年5月，京东O2O协同北京、上海等6地多家便利店和超市，开展饮料全品类的促销，这也是与万家便利店O2O战略合作的初步成果。刘强东曾表示，渠道下沉将让京东获得更大的市场。

国美：以O2M拉动线上与线下。2014年3月，国美对外披露了未来的战略发展方向，即"线下实体店＋线上电商＋移动终端"的组合式运营模式，又称O2M。该模式的核心在于进一步掌握和拥有开放式的供应链平台，并全面实施渠道开放。国美围绕O2M战略开展了一系列布局：在线下与超市、百货、地方连锁等业态进行合作，如北京物美、浙江联华、广州摩登百货等；在线上，除了国美在线的自营业务和平台业务之外，还将与社会化电商平台展开广泛合作，如天猫旗舰店，加强线上、线下的紧密融合。2014年9月，国美在线召开战略发布会，正式宣布国美在线开放第三方平台，并且发力物流端，提出一日三达的配送标准。

万达：万百腾的雄心壮志。万达在2014年8月与百度以及腾讯签署战略合作，成立万达电商，计划一期投资人民币50亿元，万达集团持有70%股

权,百度、腾讯各持15%股权。在万达电商规划上,万达将所有网上资源全部给电商公司,并要求电商公司尽快推出一种更便捷有效的一卡通,来实现万达电商的O2O业务,要在未来一两年内,让万达成为O2O的最佳模式。

银泰:与阿里共建O2O大数据。2014年3月,阿里集团将以53.7亿元港币对银泰商业进行战略投资,双方将打通线上线下的商业基础体系,并将组建合资公司。交易完成后,阿里集团将持有银泰商业9.9%股份及价值约37.1亿元港币的可转换债券。双方将实现线上线下的商品交易、会员营销以及会员服务的无缝衔接。除此之外,这套基础体系将对全社会开放,为线下所有的各大商业集团、零售品牌及零售商服务。阿里巴巴集团COO张勇表示,在大数据以及云计算方面,都需在实体企业里进行;银泰商业集团CEO陈晓东表示,新银泰应该是在所有实体门店的基础上,结合互联网,提供大数据分析的新商业形态。

顺丰:"嘿客"承载万众瞩目。2014年5月,顺丰正式推出新一代便利店"嘿客",首批开业的顺丰"嘿客"总计518家,除青海、西藏以外,在全国各省市自治区均有覆盖。"嘿客"除可以提供快递物流业务、虚拟购物外,还会在未来融合ATM、冷链物流、团购预售、试衣间、洗衣、家电维修等多项业务。顺丰"嘿客"截至2014年全国门店数量已经达到2975家。2014年11月,"嘿客"线上平台正式上线,与线下"嘿客"店协同O2O平台全面启动,至此,快递+冷运+电商优选直供+优选国际跨境+落地配收购+顺银金融+"嘿客"门店+"嘿客"O2O平台等,已接近全面打通。

(来源:摘编自亿欧网,张乐/文,2014年12月27日)

二、餐饮

食色性也。

——《孟子·告子上》

空有一颗想减肥的心,偏偏生了一条吃货的命;吃货不是在吃,就是在去吃的路上;对吃货来说,这世上唯一不能吃的就是亏。

——网友语录

民以食为天。国家统计局等相关数据表明,1978~2013年,中国餐饮年增长均超过10%以上，35年增长了470倍。2014年，中国餐饮消费市场达3万亿元规模，原材料供应食材达8000亿元规模，餐饮产业链上下游从业人员超过1亿人，餐饮已成为房地产、汽车之后中国产业规模最大的产业。

这个市场还会继续扩大，城市化与流动化推动餐饮业发展。1978年中国城市人口1.7亿，2007年到5.9亿，30年增长了4.2亿人；2008~2020年，中国达到城市化的关键时期，新农村建设实际上就是城镇化，预计到2020年，全国人口总量将控制在15亿之内，其中城市人口将达到8.7亿，比2007年又增加2.7亿，全国流动人口超过1.2亿。但是目前餐饮业发展拐点出现，增速放缓，除了政策因素，最主要是市场因素，市场结构的"二八定律"在餐饮行业出现逆转，消费比例由原来的家庭消费占40%、商务消费占60%调整为家庭消费占80%、商务消费占20%。

因此如何借力互联网转型，成为餐饮行业的痛痒。餐饮行业产业链拉得很长，从原材料、店址、产品、服务以及店面装修、厨具等环节很多，不仅是一个重行业，而且由于餐饮是以场景体验为主的消费服务，互联网跨越时空的特性很难在这个行业充分展现，与其他服务行业的互联网化有很大的不同。餐饮的业态已经存在了上千年，它可以被改写，不可能被颠覆。但是互联网依然顽强地改变了人们吃饭的方式：从依赖大众点评、美团找餐馆，跟着下厨房、豆果美食上的菜谱做饭，随着移动互联网的兴起和最后一千米物流服务的实现以及触屏一代消费者成为主流，餐饮业在变化中起舞。

1. 互联网餐饮的几只蝴蝶

移动互联网能够利用微博和微信等自媒体的力量迅速地放大餐饮企业的品牌影响力，推广成本非常低，还能产生巨大的"蝴蝶效应"。这种互联网餐饮企业的共同特点：第一是从单品切入，做爆品，主要是学习日本和韩国的经验，如日本的拉面馆、寿司店，韩国的参鸡汤店、八爪鱼餐厅、鸭汤专营店等，80%餐馆是单品专营店，未来大众餐饮其中一个走向就是单品细分；第二采取多品类扩散，建立品牌矩阵，黄太吉有"大黄疯小火锅"和"牛炖先生"(炖菜及盖饭)两个旗下品牌、外卖品牌"叫个鸭子"，雕爷牛腩的旗下品牌有自创的精油品牌"阿芙精油"、美甲品牌"河狸家"、薛蟠烤串、皮娜鲍什甜品店及切克闹煎饼果子；第三通过自媒体在短期内打造品牌知名度，利用社会化媒体平台营销，包括微博、微信、视频分享，并与新老媒体联合发布消息，通过这些渠道来进行品牌宣传："在黄太吉吃煎饼，喝豆腐脑，思考人生"，"叫个鸭子，满足你对鸭子的一切幻想"，"等轰来，只卖给长得好看的人"等；第四，构建电商系统，打造店内店外信息化，比如黄太吉、叫个鸭子、等轰来原本毫无关系的三个餐饮企业，却因为共同与一家软件服务公司合作而有了联系，他们

251

借助互联网企业的力量将网络技术融入业务运营和企业管理中，不但提高运营效率还能为用户带来更便捷的就餐体验。高逼格的文案内容+吊炸天的照片视频+意见领袖粉丝社群+新老媒体联合发酵+构建电商系统，是他们"互联网+"的主要公式。雕爷牛腩、黄太吉、叫个鸭子、等轰来、西少爷、叫了个鸡、伏牛堂、鹅滴神、孟非小面等都是在互联网上迅速成长起来的餐饮品牌，而且它们都是得益于互联网产品的爆发规则，即使在餐饮业整体发展缓慢的情况下也能迅速崛起。这些餐饮企业经历了从门庭若市到稀松平常甚至门可罗雀，有媒体希望雕爷牛腩这一类互联网餐饮企业要少一点噱头多一点甜头。对此，哗啦啦网联合创始人王济民评论说，存在即合理，互联网时代下餐饮行业的游戏规则发生了变化，大家不妨顺应潮流，在产品和服务过硬的前提下，遵循互联网产品爆发规则。至于黄太吉能不能做成功，西少爷分家之后怎么办？这跟他们本身成为一个标志性的事件是两回事，必须分开来看。即便是黄太吉、西少爷没有成功，也不影响他们当前对餐饮行业的影响。因为他们在移动互联网时代，用最先进的方式进行推广，对行业启发的意义是不容否定的。

【链接】北京人气餐厅——雕爷牛腩

雕爷牛腩被称为中国第一家"轻奢餐"餐饮品牌——介于快餐和正餐之间的用餐感受，比低价位的快餐要美味和优雅，又比豪华正餐节省时间和金钱。据创始人微博爆料，其烹饪牛腩的秘方，是向周星驰电影《食神》中的原型人物——香港食神戴龙——以500万元购买而得。戴龙经常为李嘉诚、何鸿燊等港澳名流提供家宴料理，他还是1997年香港回归当晚的国宴行政总厨，他的代表作是"咖喱牛腩饭"和"金汤牛腩面"。雕爷牛腩餐厅在开业前进行了半年的"封测期"，京城各界很多美食达人、影视明星均前来试菜、参与封测、听取意见，这在无形中给了粉丝参与感和认同感，是典型的互联网思维。雕爷牛腩餐厅还有一独特岗位——CTO（首席体验官），以顾客的角度去感知餐厅服务，不断反馈顾客的意见和改进服务，并有权为顾客喜爱的甜点和小菜免单。邀请用户参与菜品研发，并在研发过程中听取他们的意见以打造符合用户需求的菜品，菜品研发过程和整个餐厅氛围设计都制造超出消费者预期的体验，消费者会自动传播，这种口碑传播的力量大过传统媒体的效应。这就是移动互联网给餐饮业带来的变革。其在服务上采取的创新也别出心裁，特制的碗筷、蒙面女郎的神秘性，加上邀请苍井空进店与食客共享晚餐，在互联网中产生了超强的自传播效果。雕爷牛腩开展了

自己富有独特创意的组合营销：餐厅定位新名称——轻奢餐；产品包装定位
——把产品和明星连起来；神秘营销——未开业就制造神秘；特设新岗位制
造新话题——餐厅CTO（首席体验官）；产品营销——好好讲故事（食神咖
喱牛腩：我的咖喱牛腩饭，才真的是黯然销魂饭）；茶水——免费高档茶水
无限续杯；米饭——高档米无限量免费续添；筷子——鸡翅木筷子用完可以
带回家；菜刀——定制世界上最昂贵的刀做菜；碗——制造一只与众不同的
专利碗（上方很厚重粗糙手感好，对着嘴喝汤的1/3很薄很光滑）；锅——炖
牛腩的锅是申请的专利发明锅，起了个"铁扇公主"的外号。

(作者综述)

2. 互联网入侵的几条路径

2006年是中国网络餐饮元年，一批企业的成功融资，使得网络餐饮市场被迅速催
化，企业数量爆发式地增长至数百家。互联网覆盖餐饮企业大致会经过三个阶段：第
一个阶段是以信息化工具辅助餐饮企业转型，如点菜宝、收银软件的应用；第二阶段
是互联网系统的应用，如互联网自助餐厅；第三阶段是运用互联网思维来提升企业战
略体系，推进企业转型。目前餐饮企业处于由第一阶段向第二阶段的过渡期间。互联
网影响和改进餐饮业业态和运营的模式主要有四种：门户网站模式、网络订餐（包括
网络团购和网络外卖）模式、餐饮资讯模式和餐饮点评模式。以下列举两种：

（1）网络订餐。网络订餐模式简单说来就是"传统餐饮业＋互联网"，依附于传
统餐饮业，以互联网为载体为用户提供服务。现阶段多数餐店基本上还停留在传统电
话预定模式。餐饮业的赢利能力和上座率成正相关性，当目标客户无法在自己方便的
时间内通过电话预定餐桌时，餐馆就错失客户。于是互联网借助跨越时空的特性，催
生了实时在线服务的网络订餐。网上订餐的主要特点是直观、便捷、低成本、互动性
强。顾客可以及时了解快餐店最新推出的新菜式，并根据网络推介的菜式和标价自由
搭配，产品图片和说明可以让消费者看到实物的品相，消费者可以随时订餐，随时查
询所定套餐是在排队中、制作中还是已送出的状态，能够直观地了解送餐过程。网络
订餐服务最先诞生在美国，成立于1998年的OpenTable网上订餐平台，于2009年上
市，它提供网上餐厅预订餐车和电脑化的预订服务，目前有超过15 000餐厅，超过
175万个餐车遍布世界各地，服务范围主要覆盖服美国、加拿大、德国、日本、墨西
哥和英国。这种网络服务的模式是，餐厅加入Opentable的订餐网络，每月支付199美
元的系统租用费，外加每位成功订餐者1美元的抽成。一般互联网营收模式主要是吸

引大量用户，销售广告赚钱。虽然OpenTable也经营自己的免费订位网站，供消费者依据自己需求订位，但OpenTable商业模糊的核心是向餐厅销售一套订位软件，实现与OpenTable的网站连线，通过网路传输客人的订位资讯。这种商业模式主要的服务对象是独立餐馆，因为连锁餐厅已经形成比较完善的订餐系统和固定的用户群，习惯于使用网络订餐的顾客对象主要是年轻白领一族、宅男宅女。在美国网络订餐比例已经达到10%~25%，是一个想象空间很大的市场。公司上市以来，合作餐馆的数量逐年大幅度增加。网络订餐作为中间平台商把消费者和餐饮生产者高效连接起来，消费者根据自己的需求对餐馆进行筛选，输入目标餐馆，预定用餐时间、价格、菜品、座位或者是否送餐，而作为餐馆可以提高订座率，特别是通过外卖方式，提高了餐馆营业面积单位的产出效率。根据消费者的消费情况，餐饮企业也建立起消费者数据库，进行数据挖掘，留住有价值的客户，对目标客户进行有效管理。中国市场的特点是除了重大的活动，比如婚庆和商务酒会，很少有人去预定餐厅，网络订餐主要市场是通过网络订餐进行外卖服务。易观智库发布了《中国互联网餐饮外卖市场专题研究报告2015》显示，2014年中国互联网餐饮外卖市场交易规模持续攀升，已突破150亿元，订单规模达到3.7亿单，未来餐饮外卖将是万亿元以上规模的市场。目前，中国网络订餐中的外卖市场，已经形成了寡头竞争格局，饿了么、美团外卖、淘点点、百度外卖四家占据了近80%的市场份额。

【链接】中国最大的餐饮O2O平台之一——饿了么

饿了么公司创立于2009年，到2015年初公司在线订餐服务已覆盖全国近200个城市，用户量1000万，加盟餐厅近18万家，日均订单超过100万单，最高的日订单量峰值其实超过了200万。饿了么整合了线下餐饮品牌和线上网络资源，用户可以方便地通过手机、电脑搜索周边餐厅，在线订餐。出行和外卖是中国O2O大战的起点，网络订餐的外卖市场竞争已经加速进入了"下半场"：比拼的是深耕细作、现金为王和线下运营。虽然饿了么占据市场份额的60%，但是不得不面对向美团等这样的强劲对手。互联网公司对于线上的生意是强项，但是对于线下运营、执行力和控制力，特别是物流将成为餐饮O2O的短板。对于饿了么也不例外。饿了么创始人张旭豪透露，2015年起公司战略是"拿高校，拿白领，自配送"，联合腾讯、京东与美团一决生死，还将搭建以自有物流为核心，社会化物流为辅助的智能化物流平台。

（作者综述）

（2）点评网站。传统纸质的餐饮点评媒介在法国有《米其林餐厅指南》，在美国有《查氏餐馆评鉴》。其中《米其林餐厅指南》第一版诞生于1900年的法国，高峰时出版方发行涉及22个国家的27本指南。《米其林餐厅指南》历史上有两个重要的里程碑，第一个是标价出售，第二个是星级评鉴制度的建立，将优秀餐厅分为一星、二星和三星，星级评鉴制度开创了餐厅评鉴标准化的先河。对于餐厅和主厨而言，获得米其林星级，不仅是荣誉的光环，而且意味着商业利益。据估计，一颗星可以带来20%~25%的营业额，反之亦然。《米其林餐厅指南》来源于专家点评，《查氏餐馆评鉴》的信息来源于问卷调查。权威专家和消费者的评价指数成为不少订餐者的重要参考指数，对餐厅的影响同样显而易见。哈佛商学院的Michael Luca通过研究数据证实了这个假设。该研究显示在2003年~2009年期间，美国西雅图独立餐厅在美国最大的点评网站Yelp上的评级每增加一星，该餐厅营业额平均上涨5%~9%，并且评论数越多，评级对餐厅的影响也越大。在中国餐饮市场，10年前的餐饮业评价除了消费者的口碑外，就是美食评论家在报刊上的评论，餐馆过去只能坐等当地美食家光顾点评，并且只有少量的餐馆能有幸赢来赞誉，但大多数人的点评个人偏见是明显的。因此，点评网的独立性、中立性就显得十分重要。第三方网络订餐平台应取得电信管理部门颁发的《增值电信业务经营许可证》，入网餐饮单位应取得食品药品监管部门颁发的《餐饮服务许可证》。第三方网络订餐平台应在网上公示餐饮单位的许可证照、具体经营地址、送餐活动、食品安全要求、餐饮单位食品安全量化分级等监管信息。第三方平台应公布网站投诉电话、邮箱等消费者投诉方式，建立消费者和入网餐饮单位纠纷处理机制。在移动互联网时代，餐馆将迎来一个点评的新时代，每一天都可能会有点评者出现在餐馆里。消费者现在可以在多个平台、随时随地通过社交媒体分享扩散他们的点评，他们通过智能手机传播着无数的评论，美食评论家变得无处不在，这无疑将深刻地影响着餐饮行业。人们都喜欢分享美食的图片，成为餐馆的小广告，服务（产品）成为媒介。如果产品或者服务有问题，消费者可能已经抢在餐馆处理前拍下照片点评去了，变成其他消费者重要的信息渠道，因为消费者更信任他人的评论。这类在线点评网站能够成为在线口碑营销的新方式，主要是基于上述原因：消费者的体验性、信息的对称性、传播的便捷性。因此消费者在选择哪家餐厅的时候会去查看以前消费者的记录和点评，从而在信息充分的情况下做出决定。这种社会和市场监督力量成为推动行业竞争的重要手段。对于消费者来说，互联网技术再一次让餐饮世界变得更透明，有助于形成消费者主权和促进市场竞争。对于餐饮企业，可以以用户点评为主要信息来源，加强

客户关系数据库管理，以消费者意见为镜鉴，改进产品和服务，完善和创新线上线下的商业价值链。

【链接】独立的第三方最大消费点评网站——大众点评

大众点评是中国的一家本地生活信息及交易平台和独立的第三方消费点评网站，服务的价值诉求是在信息不对称环境下提供相对准确客观的餐饮信息，以用户点评作为餐饮信息的主要来源。大众点评不仅为用户提供商户信息、消费点评及消费优惠等信息服务，同时亦提供团购、餐厅预订、外卖及电子会员卡等O2O交易服务。截至2015年年初，大众点评月活跃用户数超过2亿，收录商户数量超过1400万家，覆盖全国2500多个城市及美国、日本、法国等近百个热门旅游国家和地区。大众点评月综合浏览量超过150亿，其中移动客户端的浏览量超过85%。从这一组数字就可以看到，大众点评移动客户端已成为人们本地生活的一部分，也可看出它对于餐饮业的影响。（作者综述）

3. "互联网+"的几样内功

中国饭店协会会长、国际饭店与餐馆协会亚太区主席韩明指出，未来餐饮业不是传统的满足"吃喝"二字，基本的趋势是"餐饮服务的基本功能+主题文化+消费体验"的平台型行业，跨界成为新常态[1]。如今一批没有任何业内经验的外行人，从资本市场、互联网、媒体、设计等所谓外行业来跨界做餐饮，正在改写整个行业传统的经营法则。同时，绿色饭店、生态饭店、节能降耗、健康养生成为新的产业模式。一批餐饮企业以标准化、连锁化为特点，凭借规模和快速发展取胜，致力于大众化、产业化、平台化、多品牌化、互联网化、O2O，以品牌发展和资本市场获利为目标。而另一批餐饮企业以文化和匠人精神为支撑，继续追求产品和服务的极致化。这两种商业模式将成为新方向。而大数据将给餐饮消费提供更精细的服务体验。基于新消费群体倒逼，顾客体验、品牌定位、产品设计、营销策略、经营思维都将面临革命性的改变。无论是小而美还是单品策略，快时尚还是慢经典，进军综合体还是主攻O2O，打文化牌还是精准服务，这些细分化、精益化的产品和业态都离不开对用户大数据的分析。不关注数据收集和分析的餐饮企业将面临更多的困难。基于这些行业新常态，

---

[1] 韩明：《"互联网+"正改写餐饮传统经营法则》，载于《新京报》，2015年4月14日。

"互联网+"将改写这个传统的服务行业，明天的餐饮业将是更多元化、更细分化的市场，在线服务和传统餐饮企业交融为生态圈。这需要更多的餐饮企业和有志于投身餐饮业的人士改变思维，投身和交融于这新一代的餐饮业。

在移动互联网时代餐饮企业的转型上，O2O大行其道。对于消费者来说，O2O是消费者通过APP查找餐馆信息，通过移动终端预定、点菜、支付的便捷方式；对于餐饮企业来说，O2O是通过互联网连接目标消费者的纽带。餐饮企业开发自有品牌APP，第一个方面是建立和完善会员体系、电子菜谱、LBS定位、电子优惠券、社交网络、O2O移动电商等一系列功能。第二是开通社交媒体账号，打通和消费者互动的途径。比如通过微博用来拓展新消费者，通过微信来维护会员，进行个性化服务运营工作。第三是将线下各个流程信息化。O2O的功效在于可以在不增加店铺数量和面积的情况下扩大经营范围，可以让餐馆的新菜品、新活动第一时间让新老顾客知晓，可以更好地管理会员并发挥会员的社交网络影响力，可以增加客流量和人均消费以及消费体验。一句话，O2O是移动互联网时代下，餐饮行业新的消费趋势和新的商业模式。

目前餐饮O2O成功的不多，多数即使想往这个方向转型都还处于探索阶段，没有形成清晰发展路径。哗啦啦网CEO王济民提出餐饮企业完成互联网转型的系统工程主要包括出品为本、用户为王、效率为先、体验为上、数据驱动、创新为魂六大工程。

餐饮行业不同于一般的服务行业，它的服务不能跨越时空，体验是第一位的，互联网化的难度大于其他服务业。本书虽然提出餐饮O2O是未来的主流方向，但我们更强调反向餐饮O2O，也就是不要像其他行业强调从线上到线下，而是要坚持从线下到线上的回归，产品品质、品牌信誉、服务水准始终是第一位的。在夯实线下工作基础上，同时修炼互联网功夫。因为就餐饮产品本身而言，满足顾客的味蕾是绕不过去的刚需。在这方面的经典标本是海底捞。

第一，从传播层面提升营销水平，学会运用互联网工具改变营销方式，接受互联网的冲击、培育和熏陶。餐饮企业向互联网转型当然不是开展网络订餐、开通一个微信公众账号或者跟大众点评网合作就可以被称之为转型，而是在充分理解消费者行为变化趋势，找到合适的话语体系，通过新媒体的整合运用，实现与消费者的泛在连接和实时互动，才能事半功倍。电子消费券、电子积分等方式解决了传统消费券常见的假券问题，融会员管理、会员交易、会员积分、会员折扣、会员营销为一体，为企业增加消费黏性。通过微信、微博、二维码等工具加强与消费者的信息传递和在线联结、交流互动。移动互联网能够快速扩大餐饮企业的品牌影响力，而且推广成本非常低，是传统营销方式不可同日而语的。黄太吉品牌崛起依靠的是微博，西少爷则是依

靠微信。第二，从业务层面提升客户管理水平。互联网思维的一个核心就是降成本，假如营销与产品失调，就会形成泡沫，也就会造成营销成本的浪费和增高，这时互联网思维也将失去意义。在餐饮企业"三高一低"（高物料成本、高人力成本、高房租、低消费）成为新常态后，目前互联网工具开始深入餐饮企业内部管理之中。建立基于云端的CRM系统，与其他餐饮企业软件无缝对接，是餐饮O2O必备的工具，能完整实现线上收银、会员管理等功能。比如借助CRM信息系统进行客户关系管理，提高效率、降低成本，完善线上会员管理系统，了解顾客消费偏好，以对其提供差异化服务。还可以通过移动客户端订餐、移动互联网自助餐厅系统，实现顾客自助预定、点菜、结账、服务、监督，从而让顾客变成"员工"，将顾客从被动的接受服务转变成主动参与到生产经营与管理的过程中，帮助餐饮企业实现由百货模式向超市模式的转变，既可以拓展餐饮服务的时间与空间，让消费者随时随地可以享受餐厅提供的点菜、订座、支付服务，又可以大大节约餐厅的用工成本，还能够提高服务效率和翻台率，增加各种新的业务类型，比如闪吃、外送、自提等业务，达到减员增效目标。另外，对基于移动互联网的网络餐厅，消费者通过登录餐饮企业的网站或者微信公众号就可以浏览餐厅360度全景，浏览菜谱，实现预定，与餐厅的厨师互动等。第三是从供应链层面提升价值链管理水平，重点借助大数据和网络订餐系统等互联网工具，实现与企业内部ERP的无缝对接。餐饮业是一个生产与销售几乎同时进行的业态，而且受消费数量、气候季节、个性偏好等综合因素的制约，如何平衡销售量与控制生产量一直是一个难题。运用互联网工具实现和ERP的对接后，就等于打通了消费者订单和后台的采购、加工等链条上的相关流程，根据市场和消费者的数据来形成采购、加工数据，不仅可以解决成本，也可以更加满足消费者的个性需求。对于连锁餐饮企业，信息化的整体解决方案更是必不可少，要通过信息化来提高标准化、程序化、规范化管理水平，将连锁企业的网上点菜、外卖及微信餐厅等产品与研发、采购、中央厨房、物流配送、门店经营、营业数据汇总分析、会员管理等统一起来，实现连锁企业统一标准、分散经营、异地管理、集中决策。

【链接】"香天下"火锅餐饮的反向O2O

反向O2O，即offline to online，也就是通过线下实体店推广营销的方式，来促进线上销售的进行。对于餐饮行业来说，体验始终是第一位的。餐饮行业的反向O2O核心就是通过对体验场景、产品品质、服务水准、二维码扫码等线下营销推广内容和形式的整合，促进客户形成忠诚度，反过来形成线上的预定和销售。

2013年12月，英国首相卡梅伦访华到蓉，光临成都新会展中心"香天下"火锅店吃了一顿地道的麻辣火锅之后，"香天下"火锅一时名声大震，很多消费者以去首相消费的包间用餐而津津乐道，非要点上一份首相菜单，有的甚至不远千里，乘坐飞机专门赶来成都"过一把瘾"、"一饱口福"。在众多火锅品牌中，一国元首为何会单单选中"香天下"火锅呢？

四川"香天下"餐饮管理公司创建于2003年，致力打造火锅连锁经营，是集火锅产业开发、物流产业开发、火锅原材料配送、火锅文化研究于一体的多元化集团公司。其真正发力加速发展是在2008年之后，在短短数年时间里，发展全国分店和加盟店近500家，年销售额在40亿元左右，平均每年发展加盟店100家，目前已经在开始走向东南亚和美洲市场。在目前餐饮业普遍不景气的情况下，为什么"香天下"却一枝独秀、逆势飘红？"香天下"火锅餐饮成功的核心是坚持从线下到线上的回归，走反向O2O之路，始终把产品品质、品牌信誉、服务水准放在第一位。

看似偶然，其实偶然寓于必然，缘于"一分耕耘，一分收获"。在线下的内功主要是做到"三个坚持"。

第一是坚持做食品本身的味道。公司董事长朱星全是国家特级营养师和一级调料师，打工出身的他经历过火锅行业的所有岗位，以文化和匠人精神为支撑，持续追求产品和服务的极致化。他提出"从产品看人品"的口号，强化"品质第一"的理念，坚持"做食物本身的味道"，让品质理念成为公司员工的共同价值观，在业界成为品质火锅的代名词。他对媒体承诺，一定要做中国最好的、最绿色的、最健康的火锅。为此，在日常经营中，把这种理念细致入微到具体的每一项管理标准和每一个工作环节。比如产品的采购、每一个菜品的摆盘、每一次财务的审核、每一个员工的调配都必须以品质结果为导向。餐饮产品创始人与厨师长就相当于互联网行业的产品经理，做市场调研，搜集需求，确定食材与配料，烹饪出品，小范围测试，搜集反馈意见，反复微调，如此循环直到满意之后再推出市场。朱星全董事长在带领团队不断研发产品的过程中，大胆改革四川以前的全牛油火锅，加入一半的植物油（菜籽油和橄榄油）或者是色拉油，使火锅具备了麻辣鲜香的同时又兼容了东西南北的味型，成为目前最流行的兼香型火锅，为产品走向全国奠定了基础。

第二，坚持以场景体验为依托。人们今天在餐馆的消费，第一诉求不是吃饭，而是为了社交，到达一家与众不同的有独特格调的餐厅，第一个动作肯定是拿出手机拍照，分享到朋友圈，因此消费场景的体验很重要。"香天下"餐馆的装修风格首先是追求文化格调，从外墙到内饰，从包间和楼道，从墙面到屋顶，每一个细节都散发着传统文化的气息和味道，与消费者心理、记忆高度契合。每一家店既有统一的格调，又有独特的创意，也许一个楼梯的拐弯处，就有一个惊喜亮闪你的眼睛。（见图10-2）

第三，坚持以人为本的企业文化。企业对员工好，员工对顾客好，顾客对企业好，这是"香天下"的商业逻辑连环。为了把这种让"品质第一、客户满意"的经营理念和"身心健康、快乐奋斗"核心文化真正植入管理人员和普通员工的思想深处，除了严格的管理和业绩KPI之外，就是通过公司的培训机构——"香天下黄埔军校"进行军旅式文化的打造，全公司4万多员工，都要逐级接受公司文化的熏陶和洗礼，使公司成为"军队"、"家庭"、"学校"三者的融合，实现了人性化管理和标准化管理的有机结合，让企业的核心价值观充分落地。

图10-2 "香天下"火锅旗舰店图

在移动互联网时代到来后，线上的功夫也是竞争的必杀技。

一是强化互联网思维。在朱星全董事长看来，互联网时代的餐饮是多感官的连接时代。在本地化、体验化、个性化特征突出的餐饮行业，O2O模式的互联网化就是要用互联网的思维改造管理、改进营销、满足消费需求的过程，通过互联网多感官地去对待和享受餐饮，包括就餐环境的感觉、菜品视觉的感觉、用餐嗅觉的感觉、订餐支付便捷的感觉等。移动互联网本身不具备颠覆传统餐饮行业的能力，传统行业不会死，传统模式才会死。公司着力在"菜品、环境、服务、位置"四个餐饮属性上，运用O2O思维和工具推进转型。注重产品、服务、环境的组合，让产品有美感（颜值高）、服务有惊喜（可拍照）、餐厅文化有格调，让产品、服务、环境成为内容和媒介，让消费者和意见领袖、传统媒体和自媒体争相报道、自动传播。公司意识到餐饮的本质是社交，现在的消费者到餐厅，不是先用嘴吃，而是先用手机看。

二是开展互联网营销。比如和点评网站合作，全员随时关注点评网站的点评情况，以顾客点评意见为导向，改进管理和服务，分公司之间、片区之间、单店之间，以点评网站上通过改进提高后的星级作为PK标准和目标，形成内部的正向激励能量来源。公司也组建自己的创意团队与文案写作团队，和专业营销团队合作，利用微博等社交媒体，进行事件营销和活动营销，利用二维码、电子优惠券等开展日常促销活动，注重打造有温度、有情感、有人文关怀的品牌。这种品牌的建立和传播既要依靠互联网传播，也要依靠线下的大众口碑传播。比如集团某分公司尝试在一个平台网站发布大量的588元的霸王餐券，通过报名抽取幸运用户来免费用餐，推广"香天下"的品牌，发布了500份霸王餐券，总计报名人数达到了30万，当月营业额较同期提升了40%，整个品牌的知名度也得到明显提升。公司还借助微信工具，策划"带美女就打折"活动，利用客人的朋友圈形成"病毒式传播"效应，客人转发公司的优惠讯息推荐给朋友，就可以获得一份免费的产品，有95%的客人愿意获得这样的优惠，结果超过20万人主动转发该讯息，达到50万人的浏览量。不管是从成本角度还是效果角度，这都是传统广告无法比拟的。

三是推进信息化营运。比如开设网络餐厅，在微信公众账号上就可以预定、点菜和支付，城市的旗舰餐厅在预定时就可以看见预订座位的场景，可以接受微信支付，顾客可以从订餐、用餐、结算实现一条龙的便捷服务。下一步，餐厅内部的摆设结构、服务人员配置、菜单呈现方式等都会进一步进行变革，以方便消费者自由选择、下单、买单。网上订餐系统通过与ERP、CRM的结合能够清楚地看到各个单店整体的运营状况，其中包括单项菜品的消费情况、消费者到店频率等，逐渐累积形成公司的大数据，为公司进一步展开连锁、联盟凸显价值，同时借助大数据的处理，公司也能够更深入地了解掌握消费者。（何波/文）

（扫描二维码关注公众号在全国500多家各门店享受8折优惠）

三、金融

用互联网的思想和技术，让金融回归服务本质。

——马云

互联网金融是一种借助云计算、社交网络、搜索引擎、APP等互联网工具，实现资金融通、支付和信息中介等业务的一种新兴金融。由于金融行业是一个涉猎十分广泛、复杂的行业，很难在有限的篇幅里，把这个问题说清说深说透，我们试图通过化繁为简的方式，把互联网金融的轮廓做一个大致梳理。

1. 崛起与冲击

金融和互联网的基因有天然的匹配性。金融四个核心功能只要嫁接到互联网平台上效率就会大幅度提升（见表10-1）。第一是支付功能。传统支付系统程序多、流程长、速度慢，转账后可能多天后才能达到对方账户。互联网金融极大地提高了资金流动和匹配效率。第二是资源配置功能，即吸存和放贷功能。传统金融在资源匹配上，控制信用风险主要依靠实物资产抵押来缓释风险，而互联网金融依靠大数据完成风险评估，有效筛选出有良好信用记录的客户，从而提高资源配置效力，降低信用风险。第三是财富管理功能。传统金融通过央行规定利率吸引客户储蓄并根据不同的银行产品支付不同利息，客户完成简单的理财活动。互联网金融加入竞争后，让储蓄资金资

表10-1   2015年~2018年不同互联网金融模式趋势

不同业务模式分类	市场规模	主要参与者	发展阶段	行业特点	发展趋势
支付	9.22万亿	电商及电商平台商户	中期	大数据云计算	超过银行支付
P2P	1000亿	P2P机构，投资者和融资者	初期	投融资方直接对接	南非已超过银行规模
众筹	100亿	平台、创业者、投资者	刚起步	创业者的天堂；人人都是天使投资人	推动中国的所有行业追上发达国家
网络小贷	5000亿	电商及商户	中期	依托现金流贷款	电商平台商户发展
基金销售	6000亿	散户及基金	中期	网络渠道	规模更大
金融机构创新	2000亿	机构及投资者	刚开始	平台渠道	市场更广扩
财富管理	100亿	机构及投资者	刚起步	专业化的财富管理	市场无限大

（来源：《2015~2018年中国互联网金融发展趋势研究报告》，互联网金融协会，宏皓）

产化，让储户获得高于储蓄利率的收益，从而改变金融资产结构。第四是信息中介功能。互联网金融在信息中介功能上具有天然优势。

随着互联网技术日新月异的发展并向金融领域渗透，互联网金融蓬勃兴起。2008年以来，我国网络银行、第三方支付及P2P网络借贷等互联网金融模式的交易非常活跃，网络银行的交易额由2008年的285.4万亿元迅速增加到2014年的1549万亿元；第三方支付交易额由2009年的3万亿元快速增长到2014年的23万亿元，P2P网络借贷的交易额则由2008年的1.5亿元快速增长到2014年的3292亿元。2015年2月，中国互联网金融行业协会发布《2015年至2018年中国互联网金融发展趋势研究报告》显示，到2014年年底中国的互联网金融规模突破10万亿，其中P2P网贷平台数量达到1500家，2014年底全年累计成交额超过3000亿元，服务的企业超过200万家，带动的相关行业就业人数有6000万人

几年来，互联网金融虽然有了长足进步，但是总体来说块头还很小（如下图所示）。央行《2014年中国金融市场发展报告》显示，截至2014年末，我国银行业金融机构的本外币资产总额达168.16万亿元，同比增长13.6%；本外币负债总额为155.92万亿元，同比增长13.0%，商业银行累计实现净利润1.55万亿元，较上年同期增长9.65%，非银行金融机构包括信托公司、财务公司、金融资产管理公司、金融租赁公司、汽车金融公司、货币经纪公司、消费金融公司在内的七类非银行金融机构管理的资产总额为22.74万亿元。因此从目前的格局来看，互联网金融与传统金融的关系并

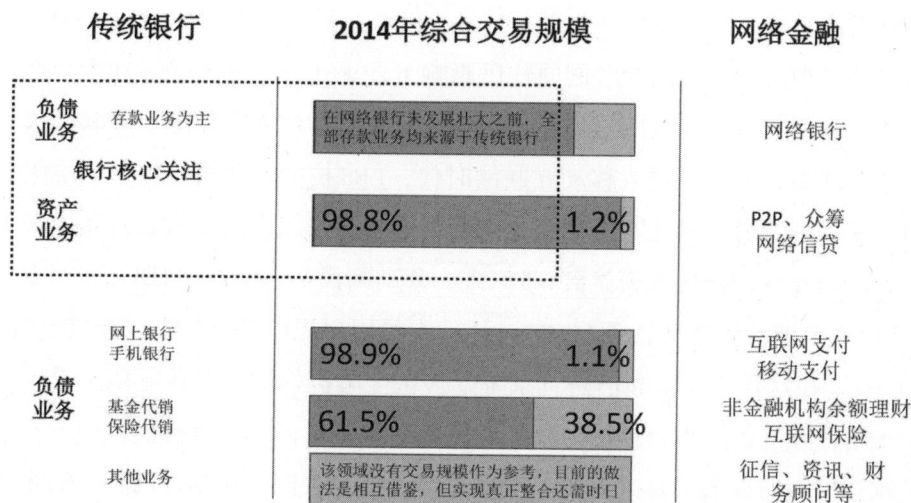

图10-3　互联网金融与传统金融2014市场格局示意图
（数据来源：艾瑞咨询《2015中国互联网金融发展格局研究报告》）

不是颠覆与被颠覆，而是相互融合，相互补充。从数量上看，与几十万亿市场交易量的传统金融相比，互联网金融的蚕食远远不足以威胁到传统金融的王朝地位，但新的趋势正在形成。历史反复证明，一旦趋势确立，再强大的帝国，衰退甚至消亡就只是时间问题。

在普通消费者看来，互联网金融在短短几年内就犹如雨后春笋般，迅猛而没有任何的前兆。其实这后面是经过了长达十多年的力量积蓄和技术的艰难突进。互联网金融崛起主要是受到以下三大力量的驱动。

一是技术驱动。互联网技术越过临界点，突破了垄断金融制度的坚硬城墙，传统金融的支付、信用、监管等支点被互联网全部溶解，并且向所有以消费者为主体的领域蔓延。互联网技术广泛渗透到传统行业，并引发了以融合为特征的产业革命，产业之间的技术、产品和服务相互渗透和交叉，一种产品或者服务往往是多个产业的力量合成，原有的产业界限日益模糊化。金融的本质功能是融通资金，实现供需双方的匹配。在传统融资方式下，供需双方信息不对称，金融机构作为融资中介，站在资金的拥有权和使用权之间，通过信息屏蔽、进入壁垒、专业知识实现垄断收益，完成风险和收益的平衡配置。这种配置方式可以提高资源的有效性，但成本也很高。互联网技术的出现和进步，尤其是社交网络、搜索引擎、大数据技术出现以后，提高了信息对称性水平，找到了降低交易成本的路径，个人和企业的日常行为可以被充分地记录、查找和分析，并以此为基础构建风险定价模型。信息处理成本和交易成本大幅度降低。

二是需求驱动。消费者和创业者尤其是小微企业群体，在"80后"、"90后"等在数字语言环境中成长起来的互联网原住民影响下，正式开始进入经济和社会舞台的中央，依托互联网平台和互联网精神不断突破传统金融的边界和领地。互联网成为大众一种生活方式后，尤其是进入移动互联网时代，LBS技术、移动支付、二维码等技术的应用，使得消费者可以随时随地完成消费行为，越来越多的消费者开始由线下转移至线上。2014年我国网民规模达到6.5亿人，移动网民5.6亿人。同期互联网支付用户规模4.5亿人，网民渗透率达到69.3%。移动支付用户规模3.4亿人，移动网民渗透率达到61.7%。在这样的技术和消费背景下，传统金融机构的主要业务依然是中高额贷款，为中小企业、民间私企提供的产品和服务严重不足，即使有提供，但成本高，而小额贷款在民间的需求量是巨大的。根据阿里巴巴平台调研数据，约89%的企业客户需要融资，53.7%的客户需要无抵押贷款，融资需求在50万以下的企业约占55.3%，200万以下的约占87.3%（见图10-4）。从互联网金融轻应用、碎片化、及时性理财的属性来看，相比传统金融机构和渠道而言，也更易受到中小微企业以及普通用户的青睐，也更符合互联网时代的商业模式和刚性需求。

融资需求	10万	10万~20万	21万~50万	51万~100万	101万~200万	201万~500万	501万~1000万	1000万以上
比例（%）	9.36%	19.35%	26.61%	20.76%	11.26%	6.63%	3.22%	2.83%
50万元以下	55.31%							
100万元以下	76.07%							
200万元以下	87.33%							

银行对小客户服务存在明显的缺失

图10-4　不同数额的融资需求比例
（数据来源：旗讯产业研究院）

以BAT为代表的互联网企业积累的巨大流量，为满足上述需求，在资金需求者、资金供给者和消费者之间找到了价值发现和跨界融合的桥梁。2013年全球独立用户访问量前20名的网站中，中国有5家网站上榜。互联网行业在通过免费、增值服务、广告和游戏等商业模式，完成了数量庞大的用户资源积累后，如何通过发掘冗余流量价值来获取附加利润成为创新动力。互联网金融的出现，使互联网公司的客户资源和资产管理公司的投资机会一拍即合。资金供给者也成为驱动需求的重要力量，一言以蔽之，就是降低成本、提高效率，因为以基金公司为代表的资产管理公司的功能主要聚焦于产品设计和投资研发，自己没有渠道直面客户，客户获取成本高昂，而银行作为主要渠道的优势和议价能力很强，客户风险评估、资产构成结构等关键数据都掌握在银行手中。Wind（万得资讯）统计数据显示，2013年上半年72家基金公司共计提取管理费用138.65亿元，向银行等销售渠道支付了23.97亿元的客户维护费用即尾随佣金，尾随佣金整体比例已经达到了17.29%。如何找到低成本的渠道是资产管理公司强烈的内在需求。互联网企业为资产管理公司提供了获得直面客户的机会，使其可以获取用户的关键数据，通过数据分析客户需求，开发设计相应的产品和服务。

三是政策驱动。国家在宏观层面鼓励民营经济，强化市场在资源配置中的决定作用，其中最大的政策利好是利率市场化松动了资金价格板结的土壤，产业、企业、家庭的资产定价基础发生变化，将带来资本市场结构和产业结构的重新洗牌。利率市场化刚性地挤压了银行存贷差的利润空间，贷款利率和原来变化不大，而吸纳资金的成本却提升了。这就是为什么在资本市场上银行股一直处在低估值区间的重要原因。余额宝这样的各种"宝宝"成为资本市场的"鲶鱼"。于是，金融这个古老的、复杂

扫描二维码
精彩继续

的、精细的金字塔尖行业，被迫拉开了变革的序幕。利率市场化倒逼商业银行优化配置资源，在获得自主定价权后，使得资金价格能有效地反映市场供求关系，促进商业银行之间形成公平的竞争环境，增加了银行主动匹配资产与负债的手段，推动了商业银行经营模式的转变。

（扫描二维码阅读《互联网金融带来的十大冲击和挑战》）

于是我们看到了互联网在金融领域的情形是，互联网金融不断挖传统金融行业的墙角，侵蚀金融领域的深度和速度在加快，同时金融行业自身的互联网化也在加速，尤其是商业银行。二者之间现在看来是相向而行的平行线，不久的将来会是迎头撞上的相交线，也就是金融的互联网化与互联网的金融化。互联网的金融化就是互联网企业为平台上的商户提供更多的投融资服务和增值服务，金融的互联网化就是让金融业务通过互联网来完成。因此，越来越多的商业银行深刻而敏锐地意识到，商业银行资金融通和中介的功能，正在逐步被互联网金融消弭，或者说"去中介化"，这对传统的金融业将产生影响深远的冲击。从支付环节来看，商业银行的支付结算是社会结算，现在第三方支付越来越重要，并且成为线上支付的主流。在新型的交易链条上，银行客户的交易信息和消费信息被隔离开来，对银行而言无异于釜底抽薪。从负债端来看，以余额宝为代表的互联网金融直接打劫商业银行的活期存款，大规模资金流向互联网金融，进一步加速利率市场化进程。从资产端来看，现在互联网金融的借贷平台主要是从事个人消费信贷、小微金融业务，贷款客户主体是传统商业银行不能覆盖的客户，短期不会动摇商业银行的根基，但随着时间推移，网络借贷方式所覆盖的客户与传统银行业覆盖的客户交集的公约数一定会越来越大。从经营理念上看，互联网思维强调的用户为王、产品优先、简约极致等思维理念，可以说是对传统金融服务客户口号的落地化、具体化。特别是通过互联网思维，互联网金融获取客户和流量的能力远在商业银行之上，并且能够形成较强的忠诚度。在这种新的经营理念下，商业银行的纠结和焦虑是，在互联网化过程中，是采取休克式疗法还是渐进式改革，从而实现组织架构、业务流程和管控模式、企业文化的改造和重塑。

【链接】精工"慧生活–TSM"多应用互联网金融平台

精工"慧生活-TSM"多应用平台是四川精工伟达智能技术股份有限公司打造的一款基于智能卡民生应用的互联网金融平台产品。它基于"慧生活-TSM"网络数据应用平台和移动支付应用，通过具备NFC功能的智能手机为金融IC卡（或其它CPU卡片）加载更多各种使用场景的功能模块，实现一卡多用。通过慧生活–TSM平台，使智能卡的空间变得无限大，它可以通过平台对智能卡功能进行下载和删除管理的同时，更让智能卡的使用可以实现跨区域，不再受地域、发行方或者初始功能的影响。慧生活–TSM平台的诞生，集旅游、医疗、交通、智慧社区、积分缴费等"智慧生活"的服务版块功能于一卡，使原来只具备金融功能的一张金融IC卡，同时可以变身为公交卡、医疗卡、旅游卡、园区物业卡、积分缴费通卡等，实现便民服务和智慧生活，让你的卡包从此不再尾大不掉，轻松携带！慧生活–TSM多应用互联网金融平台是智能卡多应用的里程碑。（见图10-5）

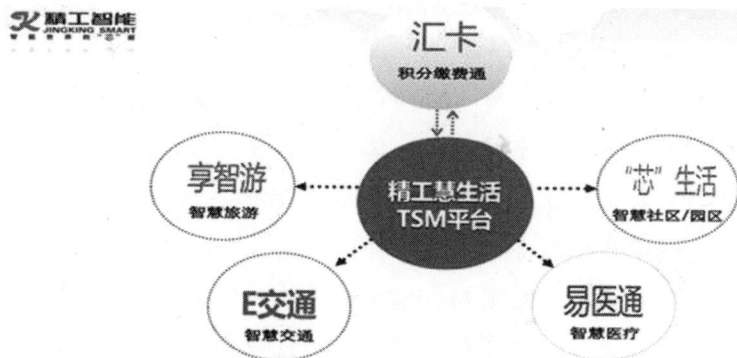

图10-5　"慧生活"应用平台

"慧生活-TSM"多应用平台基于互联网金融产品理念，将网络数据应用平台、具备NFC功能的智能手机、"慧生活"应用APP、金融IC卡融通为一体，打造移动支付智慧生活平台。网络数据应用平台首先与交通、医疗、旅游等各类民生平台打通，在平台系统内对各民生服务功能进行资源整合配置。同时，"慧生活-TSM"多应用平台的金融支付功能与各种支付通道进行打通，实现多个民生应用在该平台上的统一支付、归集、清算等金融行为。用户下载安装"慧生活"应用APP后，选择需要加载的民生应用，将金融IC卡靠近手机背面10几秒钟即可完成功能加载，随后用户即可使用该金融IC卡获取其他民生服务，如医疗就诊卡、公交卡、地铁卡、ETC缴费、门禁卡、停车卡、水电气费缴费卡等。

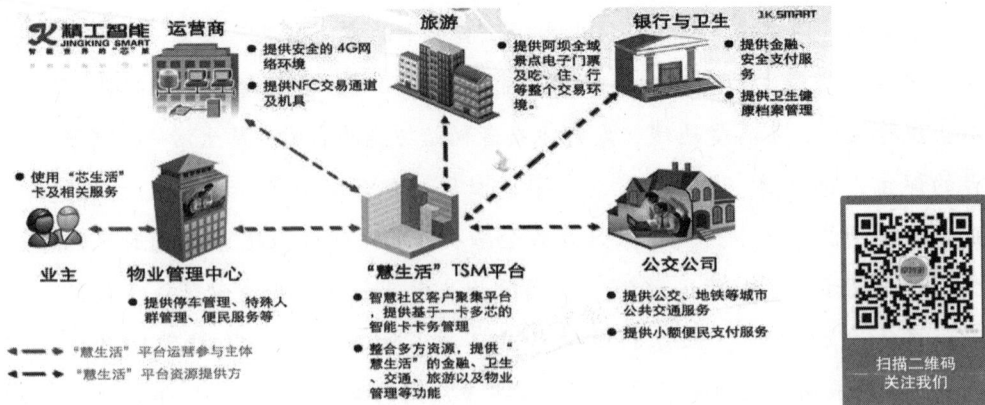

图10-6　"慧生活"应用场景图
（扫描二维码体验智慧之旅）

　　作为智慧旅游的"享智游"产品应用，用户通过精工"慧生活-TSM"多应用平台即可实现旅行中的"吃、住、行、游、购、娱"一条龙移动网络化服务，进行旅游景点门票预订、旅程车船机票预订、住宿餐饮预订、土特产购买和休闲娱乐服务预订等，并同步完成手机便捷支付，同时可以获取景区相应的优惠打折信息和GPS定位的旅游资讯信息。作为智慧医疗的"易医通"产品应用，通过NFC手机与居民健康卡配合使用，用户可以实现远程预约挂号、便捷医疗缴费、医疗信息查询等功能。作为智慧交通的"E交通"产品应用，通过NFC手机与公交卡或高速公路ETC卡配合使用，用户可以实现对卡的随时、随地充值及余额查询等功能。作为智慧园区的"芯生活"产品应用，通过NFC手机与园区物业卡配合使用，用户可以实现门禁卡、停车卡、考勤卡等多卡片一体化集成。作为"积分缴费通（汇卡）"产品应用，通过运用平台的会员积分体系，构建"通用积分"转换和汇兑机制，实现积分多用和积分缴费，用户使用积分即可完成水电气等民生服务的冲抵缴费。（见图10-6）

（扫描二维码观看视频《智能"芯时代"数据和应用引领者》）

2. 结构与模式

　　互联网金融深深地楔入传统金融行业后，必将带来金融结构的调整和转型。金融结构是指金融整体各个组成部分的构成分布、相对规模、相互关系的状态。金融整体主要由银行、证券、保险、信托、租赁等各种金融业态在金融市场上在不同信用方式下的运行活动，具体表现为金融组织、金融工具、金融商品价格、金融业务活动等要素的不同组合。形成金融结构的基础性条件主要包括经济发展的市场化和货币化程度、信用体系建设情况、经济主体行为的规范化水平、消费者行为文化等。经济学家一般从金融体系结构（各种金融机构）、金融工具结构（现金、支票、汇票、股票、债券等在交易活动中的比重）和利率结构（指金融商品价格的构成情况）、金融市场结构（货币市场与资本市场、现货市场与期货市场、一级市场与二级市场、国内金融市场与国际金融市场）四个方面来细分金融结构。

我国金融市场体系和西方发达国家相比，还主要是以融资融通为主体，金融衍生品发展时间短，远期、期货、期权和掉期等衍生产品形态和水平欠发达。银行业的营业收入可概括地分为净利息收入和非利息收入。美国长期坚持0%~0.25%的极低利率，金融行业的主要利润来源是金融衍生品。全球600万亿美元的金融衍生品有超过2/3在美国，利率衍生品作为美国金融衍生品的第一大品种，2012年规模就超过100万亿美元。美国联邦存款公司的数据表明：从19世纪80年代起，非息收入占比从20%开始上升，到20世纪初达到40%。其中，花旗、JP摩根、富国银行的非利息收入占比在2008年金融危机发生前高达60%。我国金融企业的收入主要是利率差额，银行业里非息收入占比最高的是中国银行，在30%左右，其他银行的非息收入占比基本都在20%上下。2011年度，工、农、中、建四大行非利息收入的平均占比为24.03%，这还是在2003年国有银行开始股份制改造之后，部分银行已经成功跻身全球大型银行行列的情况下实现的经营水平[1]。

我国传统的商业银行、保险、基金、信托、担保等金融机构中，银行、保险、基金从业务模式上主要是B2C模式，而信托、担保、小贷等主要是B2B模式。它们之间的关联在于，B2B模式的业务发展，要依赖于B2C模式业务提供的资金方。过去传统金融企业如银行、保险等在许可牌照门槛保护下，并挟渠道优势，在互联网企业进入金融领域前，B2C模式的日子一直过得可以说是无忧无虑。

---

[1] 阿巴斯的黎明：《银行业的收入结构演变过程》，载于新浪博客，2014年8月10日。

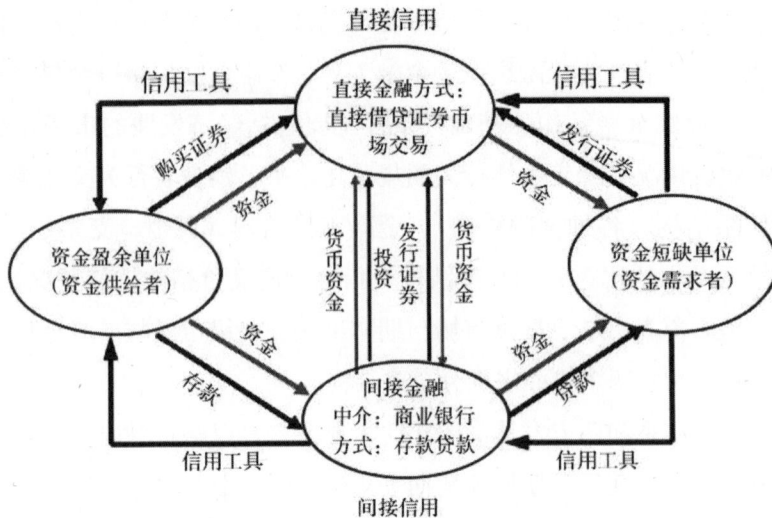

图10-7　传统金融市场资金融通示意图

　　我国社会资金大量沉积，除流入银行存款、保险、理财、信托等领域之外，仍然存在大量剩余。据媒体报道，2013年仅仅温州就有8000亿~1万亿的流动资本沉淀，而民营的中小企业却得不到融资服务，这是互联网金融的主要市场土壤和市场资源要素来源。互联网金融侵蚀的领域主要是资金融通。传统金融资金融通的效率、风控、覆盖面无法满足市场和消费者需求（见图10-7），为互联网金融在资金融通方面提供了可以生长的空间。互联网金融发挥数据基础广、信息优势明显、边际成本低、收益率高、辐射范围广、传播成本低、用户体验好、便利性强等特长，对社会剩余资金聚沙成塔，迅速形成了巨大的规模，和传统商业银行争夺客户资源，侵蚀其赢利基础，削弱其风险定价优势。互联网金融进入传统金融的领地后，和传统金融机构如银行竞争渠道资源和客户资源，并为过去依赖第三方渠道的金融机构如基金、证券、担保、信托等机构提供价格更低的资金渠道（见图10-8）。比如消费者把钱转入余额宝即购买了由天弘基金提供的余额宝货币基金，可获得当期收益，余额宝内的资金还能随时用于网购支付，灵活提取。

　　因此，从整体结构这个意义上讲，互联网金融虽然炒作很热，其实进入的层面却较为浅表，仅仅是"小荷才露尖尖角"。

　　但是，作为一个搅局者出现的互联网金融，它的深远意义在于撬动了整个金融格局。

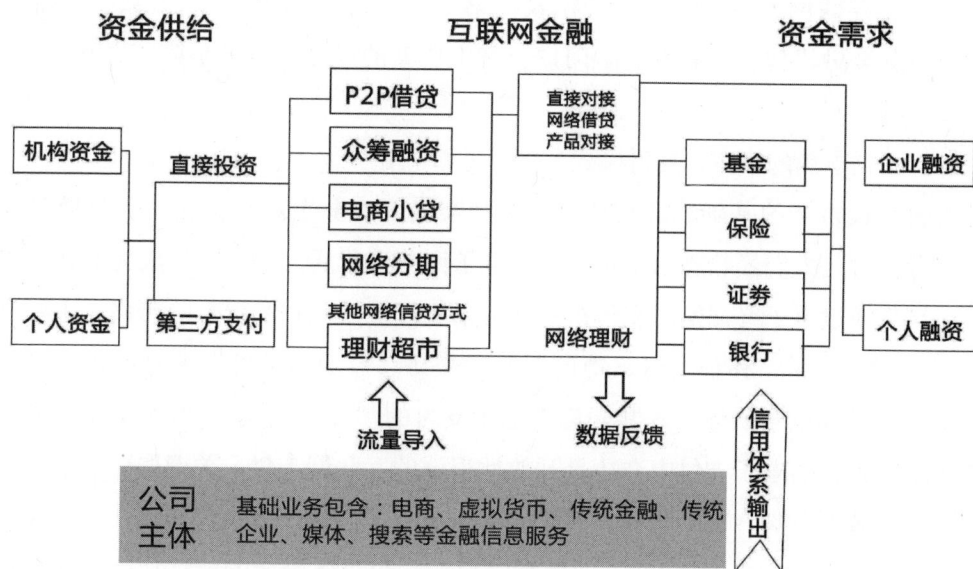

图 10-8　互联网金融资金融通示意图

【链接】互联网金融的先驱——阿里金融

阿里金融经过 10 年多的探索努力，先后走过了数据和信用体系建设、正式掘进和全面深化三个阶段，形成了消费者金融和小微企业金融服务两大板块，统辖了支付宝、阿里小贷、商诚融资担保、众安在线、一达通五大核心业务，涵盖了保险、担保、支付、信托等，搭建了以数据和信用为核心、面向消费者和小微企业的"阿里号"金融平台，形成与电商平台并列的又一大平台系统。其中，阿里小贷主要面向小微企业、个人创业者提供小额信贷等业务，针对面向阿里巴巴 B2B 平台小微企业的阿里贷款业务群体，面向淘宝、天猫平台上小微企业、个人创业者的淘宝贷款业务群体，推出淘宝（天猫）信用贷款、淘宝（天猫）订单贷款、阿里信用贷款等微贷产品。截至 2014 年，阿里金融服务的小微企业已经超过 70 万家。

（作者编辑综述）

互联网工具与金融结合产生的互联网金融，核心是发挥了三种功能：一是渠道功能，把商业银行的网点搬到互联网上，为互联网银行服务客户提供了的渠道；二是信息功能，互联网记录消费者和用户的各种行为以及交易信息，为信贷交易或者是金融交易提供信息来源；三是中介功能，完成借贷双方的匹配，比如网络众筹和网络贷

款。目前，互联网金融主要有六种模式：第三方支付、P2P网贷、大数据金融、众筹、信息化金融机构、互联网金融门户。其中典型的产品和服务是第三方支付、P2P模式和众筹。

（1）羽翼丰满的第三方支付模式

支付是最古老的基础经济活动。人类社会只要有分工就有交换，有交换就有支付。货币支付是人们最熟悉的支付方式。电子商务兴起后，电子支付成为最新的支付方式，客户通过电子终端发出支付指令就可以实现货币支付和资金的转移，主要有网上支付、电话支付、移动支付、销售点终端交易、自动柜员机交易等形式。电子交易、电子货币和电子认证技术共同构成电子支付的"三足鼎立"。市场交易主体是选择传统金融企业的电子支付中介还是开放性很强的互联网支付，关键取决于谁的交易成本更低、效率更高。这个时候，第三方支付出现了。第三方支付是买卖双方在交易过程中的资金"中间平台"。传统的银行支付方式只具备资金的转移功能，而很难对交易双方进行约束和监督，电子商务交易离不开电子支付，在整个交易过程中，如何让货物质量、交易诚信、退换要求等环节得到可靠保证呢？由于物流和资金在时间和空间上是分离的，买家不愿先付款，卖家不愿先发货。于是第三方支付平台应运而生，平台前端直接面对网上客户，平台的后端连接各家商业银行，为买卖双方建立了一个可以信任的公共平台，使交易双方可以放心地进行交易。

2005年被称为中国的电子支付元年，电子支付市场尤其是第三方支付市场，随着支付服务企业在专业化运营上的进步和国家法规的完善，得到商家和消费者的广泛认同和接受，市场出现高速增长。2006年交易额只有468亿元，到2012年增加到6.89万亿元，增加22倍，2008~2010年，交易额连续三年增长率超过100%，艾瑞咨询集团预测2015年就可以达到40万亿元。值得一提的是，2012年第三方支付机构的移动支付交易规模达到1812亿元，成为移动支付的突破元年，依托智能手机的SNS服务和LBS服务，完成了电子支付、网络支付、移动支付的三级跳。2014年中国第三方互联网支付交易规模达到80 767亿元，同比增长50.3%，同期第三方移动支付市场交易规模达到59 924.7亿元，较2013年增长391.3%。

因此，我们看到了一个基于技术力量的逻辑演进情形，就是在互联网技术条件下，以新的货币形态和新的认证技术为基础，由非银行支付机构为电子交易方式提供新的金融生产方式。它的里程碑意义在于成为"撬动地球的支点"：一场"小支付、大金融"的支付革命。人们从此开始告别"一手交钱、一手交货"的时代，出门远行或者购物不再需要钱包，交易过程可以不再需要上银行取钱或者划款，银行不再是交易过程中不可或缺的角色。电子支付按照两条线路进行逻辑演进：一条是银行的电子化线路，标志性事件是2002年中国银联成立并解决各个银行之间支付接口问题，解决了异地和跨行网上支付问题，形成传统的第三方支付机构，主要从事银行卡收单业务、预付卡业务，始终处于金融食物链条的顶端；另一条是交易商电子化线路，金融网络和互联网的支付接口由第三方非银行支付机构承担，提供的支付服务是附加值较低的支付网关模式，以中介的形式连接商家和银行，支撑商家和消费者在网络支付过程中跳转到银行的网银接口，属于创新性第三方支付机构，是互联网和移动互联网催生的新兴力量，主要从线上收单业务发展而来。

至此，电子支付就形成了银行卡支付和互联网支付两种商业模式。我们这里核心讨论的是后面一条：非银行第三方支付机构及其商业模式。因为它是拉开互联网时代互联网金融大幕的主角，再具体细分一点的角色有互联网支付机构、移动支付机构、电子钱包发行机构等。创新型第三方支付机构是从银行视而不见的80%的小微客户的"长尾"中获得第一桶金。第三方支付机构本质上是银行资金的搬运工，充当银行的社会营销渠道，收入来源主要是和银行的二次利润分配，业务附加值低，而且严重同质化，必须通过创新来获得竞争优势和利润来源。一是支付服务费，包括开通手续费、交易手续费；二是金融服务费，包括向客户提供保险理财、信用支付的管理费，基金、保险等产品零售的管理费；三是开展虚拟银行服务，运用自己积累的客户数据和信用体系进行资金匹配。第三方支付机构除了和传统银行开展竞争外，同业之间竞争也十分激烈，为了获得更多的客户资源，减低服务费，甚至大打免费牌也屡见不鲜。为了实现赢利目标，互联网第三方支付机构不断融合线上线下支付手段，拓展支付应用场景。比如，"快钱"打通互联网支付、POS机收单、移动支付等，支付宝在线上打通生活类的大部分场景，特别是开通支付宝手机移动端服务。在这一波互联网金融浪潮中，催生了支付宝、财付通、汇付天下等一大批第三方支付机构。支付领域的马太效应也十分明显，支付宝牢牢地占据半壁河山。(见图10-9)

第三方支付的源头是银行支付结算业务，但其发展和未来趋势均和银行的支付业务有明显的分野。从出生基因上看，第三方支付公司都可以对所有现存银行机构支付结算业务进行横向整合，使用户只需要拥有一个账户即可实现所有金融机构支付业务的基础功能，而银行由于功能上的同质化无法实现跨竞争对手的横向整合，只能向银行内部体系深度垂直发展而非对外扩张。更为本质的不同是第三方支付机构本身并不具备提供金融服务的资质，无法继续纵向伸入，主要是利用便捷性帮助用户完成支付行为，提供的产品主要局限在生活类服务领域，而银行的支付产品的发展方向是资产

管理的工具，可以将银行所有服务全方位地呈现在支付产品中。为了打破这种局面，未来第三方支付机构可能在支付业务的基础上，以数据和信息技术为突破口，通过对客户使用时间、支付金额、支付频次、交易对象、支付位置、支付方式等多个方面的数据挖掘，实现向金融纵向渗透。腾讯的微众银行、阿里的网商银行等网络银行的出现，就是一个明确的开始和信号。也许我们的传统银行还没有做好迎接互联网金融的挑战，在2015年7月31日，央行就《非银行支付机构网络支付业务管理办法》向社会公开征求意见，结果是一石激起千层浪。

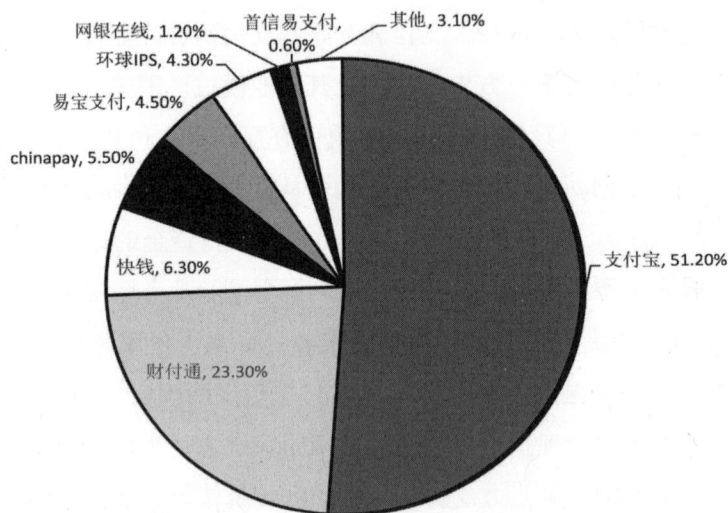

图10-9　2014中国第三方支付市场占有率份额图

【链接】国内领先的第三方支付平台——支付宝对零售业的改变

淘宝是网络零售业，如何解决卖家顾虑货到收不到款、买家担心款到不送货的违约行为，以及退货难、换货难等诚信问题，是降低交易成本、提高交易效率的核心。2003年10月，淘宝网推出支付宝，为零售业的买卖双方提供担保交易服务。2004年正式上线独立运营，由第三方担保平台向第三方支付平台转变，成为零售行业的支付工具，经过8年的发展，支付宝应用于B2B、C2C、G2C等各种电子商务业态。2005~2011年，淘宝与天猫平台的交易总额的增长曲线大致和支付宝注册用户数的增长曲线同步。支付宝自2014年第二季度开始成为当前全球最大的移动支付厂商。2013年"双11"支付宝创造了单日手机支付4518万笔的全球峰值纪录，2014年"双11"支付宝手机支付交易笔数达到1.97亿笔。　　　　　（作者综述）

（2）蓬勃发展的P2P网络借贷模式

P2P借贷模式（Peer-to-Peer）是近年来逐渐兴起的一种个人对个人的直接信贷模式。P2P网络借贷勃兴的主要背景是传统金融机构未能有效解决中小企业融资问题，以互联网为代表的信息技术，大幅降低了信息不对称程度和交易成本，使得个体之间直接金融交易变得非常活跃，以满足普通个体的小微贷款需求。因此P2P网贷先天带来的基因就是"普惠式金融"、"草根金融"。

全球第一家P2P网贷平台是成立于2005年的英国ZOPA公司。但是最为成功的P2P网贷公司是成立于2007年的美国LendingClub公司，作为全球第一家成功上市的P2P公司，其在美国P2P市场占有份额高达75%。它可以向个人提供数额为1 000美元到35 000美元的3年或5年期贷款，2014年开始向小型公司提供10万美元贷款。它的发展经过了三个阶段（见图10-10），2008年采用证券模式后衍生出较多的创新业务，比如发放一种类似证券的凭证，利用这个二级交易平台释放更大的效应，2014年上半年共撮合完成了超过33万笔贷款，交易总额46亿美元。随后还基于数据分析的完整生态系统开展投资咨询服务等。2014年它的贷款利率高达15%~25%，平均利率为13.98%，在利率完全市场化的美国，因为是无抵押借款因而对借款人仍然保持了较大的吸引力。

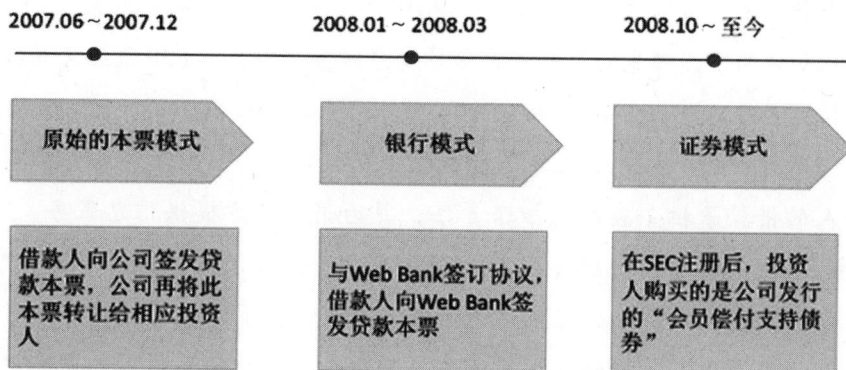

图10-10　美国Lending Club的发展历程和发展模式图

我国P2P网贷在2007年兴起之初模仿和借鉴了Lending Club的模式，但是由于国情不一样，很难复制它的模式。目前我国市场上主要有以下几种模式。一是纯线上模式。这种模式的风险指数高，是欧美市场信用体系完善情况下的常见模式，因为没有抵押和担保，投资人就是根据借款人的信用评价来决定是否借款，平台本身不介入交

易，只负责通过有关资料和数据积累来进行信用审核、展示、招标。二是线上线下结合模式，本质上是一种金融机构模式，线下用实地考察的方式获取和审批项目，在线上用户通过贷款用途、金额和期限条件自行筛选和对比，选择适合自己的金融产品，然后实现资金融通，这种模式中的平台依然一个是中介角色，不参与交易和资金往来。三是线上线下结合的衍生模式。投资人以保本息为基本目标的低风险控制模式，在线上展示和出借富余资金获得利息实现理财目标，在线下的小贷机构、担保机构，推荐投资人实地考察资金借贷人项目情况，由融资性担保机构为借款人按时付息提供担保，最后经过风控审核程序后再推荐给贷款人。

《2013中国网络借贷行业蓝皮书》数据显示，P2P网贷平台的数量以每年4.31倍的速度高速增长，2010年P2P网贷平台数量仅为10家，2011年、2012年和2013年平台数量分别增加至50家、200家和800家。《2015~2018年中国互联网金融发展趋势研究报告》显示，截至2014年底，P2P网贷平台数量达到1500家，全年累计成交金额超过3000亿元人民币。其间代表性的P2P网贷平台有人人贷、拍拍贷、红岭创投、陆金所、宜信网等。

【链接】中国最大的网络投融资平台之———平安陆金所

平安集团旗下成员陆金所是上海陆家嘴国际金融资产交易市场股份有限公司的简称，成立于2011年9月。2014年5月，陆金所被美国最大的P2P研究机构评为中国领先的金融资产交易信息服务平台，其P2P线上交易服务已经位列全球三甲，2014年年底平台注册用户数突破500万。"稳盈-安e"是陆金所推出的个人对个人的借贷型投融资服务，平安旗下的担保公司对借贷人的借款承担全额本息担保责任，并为借贷双方提供信息服务。"稳盈-安e"是一款个人投融资服务，帮助双方快捷方便地完成投资和借贷，通过平安集团旗下担保公司审核的借款方直接向投资方借贷，双方通过平台的电子借贷协议，明确双方的债务与债权关系。该项目通过创新解决了网络借贷行业投资回报与安全性的平衡问题，2015年1月，其被上海市政府授予2014年度上海金融创新奖。（作者综述）

（3）带着社交温度的众筹集资模式

即大众筹资或群众筹资，用于支持各种活动，包含竞选活动、创业募资、艺术创作、自由软件、设计发明、科学研究等。众筹的兴起源于美国网站kickstarter，成立于2009年，支持和鼓励创新性、创造性、创意性的活动，通过网络平台面对公众进行小额筹资，让有创造力的人创业融资的渠道不再局限于风投等机构，而是可以来源于大众。国内第一家众筹网站是"点名时间"，成立于2011年。但是业界公认2014年是中国网络众筹元年，众筹网《2014年中国众筹模式上半年运行统计分析报告》表明当年共发生融资事件1324起。当年有两个重要的事件：第一个事件是众筹网的"轻众筹"上线，项目发布不需要中间审批环节，而且可以随时发布；第二件事情是金东金融旗下的"凑份子"上线。

实现众筹目标的三要素：一是有创造能力但缺乏资金的发起人；二是对筹资者的题材、项目和回报产生认同感的资金提供者；三是连接发起人和支持者的互联网平台和终端。

众筹总体上是以投资和回报为逻辑关联的，因此它遵循一般的经济活动规则（见图10-11）。项目发起人进入众筹平台，众筹平台会要求发起人提供一些必要的资料和数据，并按照程序和标准等进行审核，帮助投资者做出决策参考。众筹模式为风投机构提供了集中展示的平台，通过对公司进行分类整理，并以标准格式进行呈现，可以大大缩短风投机构筛选时间，提高效率，发现商机。能够吸引风投的发起人，必须要具备强大的创意能力、支撑团队和市场价值，才能为风投所青睐。

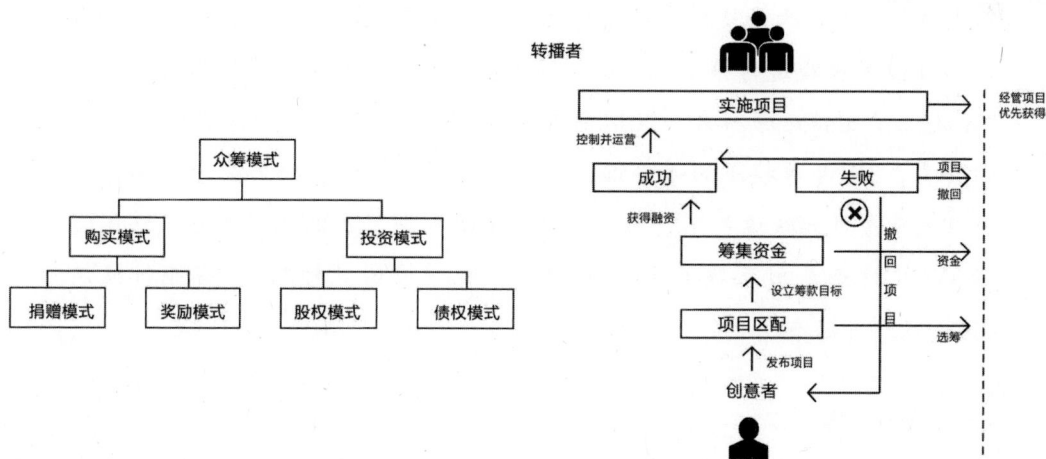

图10-11　众筹的模式细分和实施流程图

本书这里讨论的重点是，众筹模式下的社交属性。众筹的本质在于"人多势众"，是一种典型的长尾模式，它是由朋友、粉丝组成的社交圈，是一种以用户为中心、去中心化的商业模式，产品从创意开始，到产品推出，粉丝都可以参与，是一个

"无中生有"的过程。众筹具有两面性：一面是天使，门槛低，"助你实现梦想"，让消费者为你先掏腰包，你再去生产产品，同时为你树立口碑和打广告；另一面是魔鬼，众筹完成融资后，就得按照规定的时间，完成产品研发制造，实现对参与者的承诺，订单压力是很大的。因此我们从这里看到众筹的过程也是一个营销过程。轰动一时的事件是阿里巴巴数字娱乐事业群推出的"娱乐宝"，网民出资100~1000元就可以投资《小时代》等热门影视作品，是典型的通过网络社交完成的"粉丝电影"。2015年推出的《小时代4》依然保持了热度，票房突破4亿。《小时代》系列电影总票房超过10亿元，成为中国电影史票房最高的系列电影。同时，伴随《小时代3》与郭敬明的是从未间断的褒贬不一的争议声，但这并不影响该系列电影第一部以来"骂声与票房齐飞"的态势。这就是移动互联网时代社交的力量。

【链接】3W咖啡的社交众筹模式

2015年5月7日，李克强总理掏30元在3W咖啡店喝咖啡的消息被刷屏到爆，3W走入全国网民的视野。成立于2010年11月的3W咖啡，采用的就是众筹模式，向社会公众进行资金募集，每个人10股，每股6000元，相当于一个人6万。3W股东招募时，主要是通过微博招募原始股东，结果汇集了180名互联网投资人和企业高管在内的种子资金。通过探索，3W以咖啡为载体，不断扩大社交圈、塑造孵化器和传递创业智慧的运营模式逐渐形成。2012年央视进行报道后，进一步引爆了3W咖啡的行业影响力，助推3W走上了连锁运营模式。2014年起3W尝试从众筹咖啡向跨界O2O企业的转型，3W品牌旗下的咖啡馆、孵化器、创投活动、公关公司、招聘网等相关业务开始快速扩张，形成一个具备互联网基因的生态体系。媒体概括3W的特点是用互联网思维泡咖啡、做科技园"标配"、智能科技体验馆。（作者综述）

3. 征信与风控

金融的本质是资金融通和借贷交易，核心是信用风险管理。金融是风险与收益的平衡，新的服务模式必然孕育着新的金融风险。互联网金融是"互联网"与"金融"的有机结合，风险控制是生命线。在P2P网贷行业，大家都意识到大数据和征信是命脉，没有把住这个命脉互联网金融就没有前途。

从宏观层面看确实存在法律风险和政策风险，比如非法吸储和挪用客户资金问题。媒体不时报道P2P机构倒闭、内部人携款"跑路"等现象,说明在资金流转过程中,由于第三方监管的缺位,网络平台运营者和操作者享有客户资金的实际控制权,存在着较高的道德风险。从微观层面来看,借贷永恒的问题是"借款人是谁,人怎么样,会不会还款",同时网络平台也存在具体运营风险,因为风控不力导致资金链断裂而跳楼的报道也不时见诸媒体。目前一些互联网金融平台,债权人和债务人在构建信用关系时,债权人缺乏严格的法律保护,处于信息不对称的被动状态,特别是对于债务人的真实偿还能力不清楚,甚至出现恶意欺诈行为,导致血本无归引发大规模群体事件。

我国的个人征信工作是从1999年开始试点,2004年开始建立全国集中统一的个人征信系统,2006年1月,企业征信系统和个人征信系统升级为全国统一的系统。2013年3月15日正式实施的《征信业管理条例》,将征信系统明确定位为国家建立的金融信用信息基础数据库。2014年7月,中国互联网金融诚信联盟、11315全国企业征信系统共同搭建的"互联网金融行业征信"模块上线,提供企业征信查询服务渠道,接受社会监督。截至2015年4月底,央行征信系统收录8.6亿自然人、2068万户企业及其他组织,有信贷记录的自然人3.6亿,有贷款卡的企业组织1023万户。个人和企业征信系统服务的机构用户累计分别为1868家和1886家。自2006年以来,企业征信系统累计查询3.4亿次,2013年日均查询约30万次;个人征信系统累计查询13.7亿次,2013年日均查询近100万次。2015年7月,央行牵头十部委制定下发了《关于促进互联网金融健康发展的指导意见》,解决"缺门槛、缺规则、缺监管"的问题。但总体上,有征信的企业和个人比例还很低,这将大大增加互联网金融落地的难度和推进的速度。

互联网金融的巨大优势发挥有赖于法规体系、监管体系、诚信体系的健全,这既是"紧箍咒",也是"信用证"。第一,要进一步加大法规完善和落地力度。《征信业管理条例》要求征信机构在信息安全和信息主体权益保护方面进行原则性规定,但这并不够健全和完善,存在制度漏洞,给不法分子有机可乘,还需要进一步扎紧信用信息安全、应用和权益保护的"制度笼子",在信息开放与数据保护、消费者权益之间找到平衡点。第二,加大监管体系建设力度。互联网金融的技术门槛决定了监管难度,存在"道高一尺,魔高一丈"。交易的虚拟化没有时间和地理位置的限制,交易对象模糊化,交易过程不透明,监管机构难以监管到位。2015年7月,央行等十部委《关于促进互联网金融健康发展的指导意见》将发展普惠金融、鼓励金融创新、完善金融监管协同推进,实行"依法监管、适度监管、分类监管、协同监管、创新监管"

原则，界定了互联网金融各种业态的边界和准入条件，落实了监管的责任，明确了风险底线，打击违法违规。征信监管部门加强对互联网金融征信业务的规范性引导，推出统一信用信息采集标准，明确信息采集的种类和类型，同时借鉴国际通行惯例，发挥好行业协会的自律作用，把行业协会纳入监管体系中，进行自我监管和自律。2014年，国内首家经政府批准成立的省级互联网金融行业协会组织——广东互联网金融协会成立之日就签署发布了《广东互联网金融协会自律公约》，发展了两批共44家会员单位。第三，加强社会信用体系建设力度。运用大数据、云计算等互联技术对海量数据进行精确挖掘和充分利用，建立"网络金融信息共享系统"，消除"信息孤岛"，改进传统信用评定方法，以评级应用激活信用评级市场，形成形象体系、评估体系、管理体系、标准体系等互联网金融生态圈。同时建立黑名单制度，保持高压态势，让不诚信者付出相应的代价。

（扫描二维码阅读《互联网金融模式下的诚信与征信问题》）

互联网金融的征信和风控对平台企业来说，是一个钱币的两面。很多企业的倒闭和跑路，是因为风控能力建设不足，因此加强内部管控体系建设是所有互联网金融企业必须练好的内功。风险控制是互联网金融的立身之本，是企业的核心竞争力。互联网金融运用互联网技术的远程快速处理能力，为客户提供了高效快捷的服务，但是，反过来也会加快支付、清算以及风险扩散的速度，信息安全和网络安全时刻威胁着经营安全。加上互联网金融企业与客户相互深入和交叉，金融机构之间和业务之间的风险关联性日益增强，和传统金融企业在技术性风险、系统性风险、流动性风险、突发性风险、传染性风险、信用风险方面可能形成新的叠加效应，风险会出现集聚和放大。

P2P是风险高发领域。企业和团队不仅要自律、专业、稳健，重要的是要梳理交易结构，清晰管理流程，形成企业标准，规范合同条约，接受客户监督，对风险进行提示、警示管理，设计风险控制和熔断机制，加强技术应急预案制订和演练以及技术容灾备份管理。

当然，信用风险始终是风险控制的首要任务。

美国个人消费信用评估公司推出的个人信用评级法（FICO）是控制风险的主要工具，其核心理念是利用五大因素，即客户的信用偿还历史、信用账户数、使用信用的年限、正在使用的信用类型、新开立的信用账户（见图10-12），将个人信用以分值的形式量化，FICO评分系统得出的信用分数范围在300~850之间：以美国最大的P2P公司为例，LendingClub按照借款人的信用等级将贷款分为从A1~G5共35个级别，并为每个级别制定相应的利率，利率水平从6.03%到26.06%不等。公司每笔贷款利率均由CEO、CFO等成员组成的"利率委员会"制定，并根据整体经济环境、借款数额和贷款数额的平衡情况、每种贷款的违约风险等综合因素进行评估、调整、决策。对借款人有严格的要求，其中一个重点就是要有从三大征信局获得用户的信用报告，包括借款人信用得分、债务收入比率、三年以上的信用记录等。

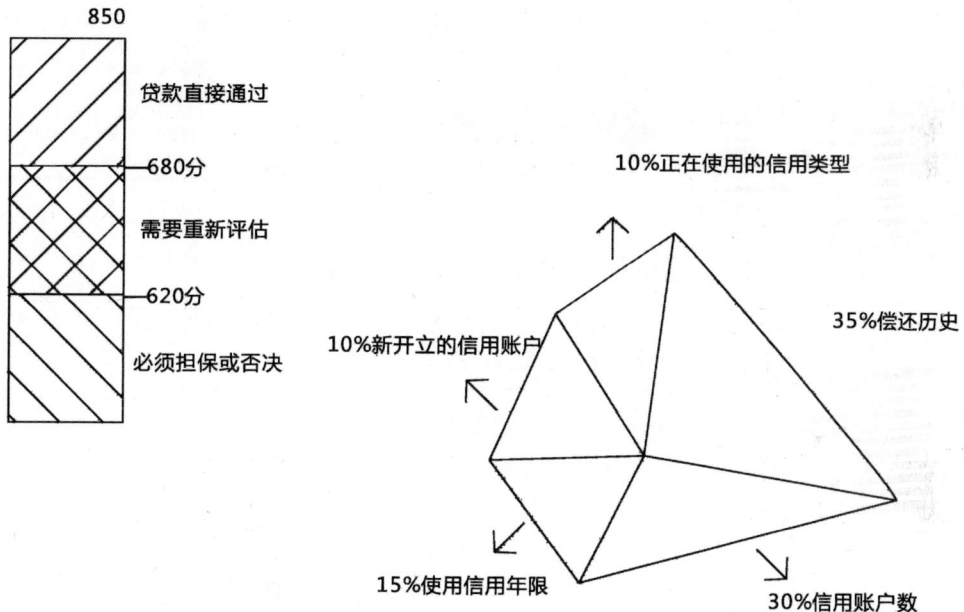

图10-12　美国个人消费信用"五因素"信用评级法

艾瑞咨询给中国互联网金融企业提出的建议是学习和遵循传统银行的贷款闭环管理的八个步骤：贷款申请、信用评估、尽职调查、贷款审批、签订合同、贷款发放、贷后检查、贷款回归。在此基础上，考虑到P2P贷款所服务的对象绝大部分都无法通过银行等专业金融机构的资质审核，不可能完全沿用银行的风控体系，因此必须进行流程简化，丰富审核维度，重视贷后操作和用户在平台内的活跃度。这是因为P2P用户大多数信用记录缺失，P2P平台不得不普遍采用鼓励用户在本平台内增加活跃度的方式，学习FICO评分法，将用户在平台内成功完成项目的行为赋予高分值，再将分值转换为等级，从而完成平台内的信用积累。(见图10-13)

贷前

P2P贷款的贷前信用审核主要依靠用户注册，贷款用户通过网上渠道提交资料的形式完成。

在这过程中，P2P平台还可能借助其他机构帮助自己完成信用审核，常见的合作机构包括：

用户注册信息提交

除了常规征信资料外，还包括微博、QQ等社交媒体及网站上的个人资料等非常规身份确认信息

- 小贷公司
- 电商平台
- 评级机构

注册

数据合作

贷中

项目审核平台上线
online

平台通过视频、电话等形式进行项目审核及用户信息确认。线下P2P也会进行入户调查，但无论企业P2P还是个人P2P，所采集信息均偏重企业主个人及其家庭

贷后

募资成功贷后追偿

项目募资成功后，P2P公司很难监督资金使用情况，因此会按照1%~2%的比例，从成功的项目中抽出一部分资金，作为风险基金，并对逾期项目进行高罚息

另外P2P公司还会联合各地方的追债公司，进行债务追偿，追偿的目标主要是贷款者的家庭成员。由于罚息较高，因此追偿成功的项目，隐性收益要远高于正常项目

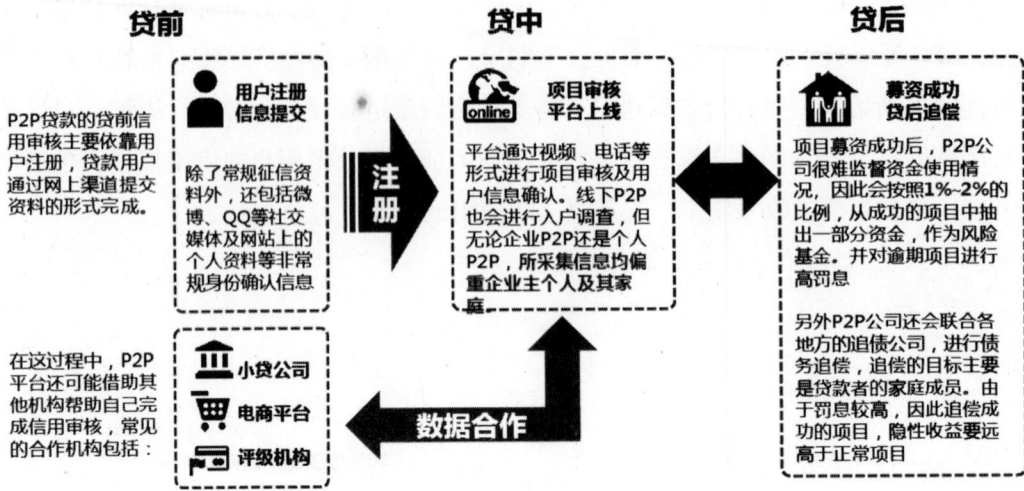

图10-13　P2P公司风险控制方式

第十一章　互联网广泛融合化（垄断行业）

虽有智慧，不如乘势；虽有镃基，不如待时。

——孟子

软弱无知不是生存的障碍，傲慢才是。

——刘慈欣《三体》

过去30年中国企业家想做世界级企业的可能性几乎没有，但是2008年以后，特别是未来20年，只要在中国成功的企业就会成为世界级企业，原因是中国将重返经济总量大国地位——中国2014年GDP为11万亿美元，美国为16万~17万亿美元，日本为6万亿美元。世界经济、政治和文化的总体走向是：重心和势力东移，秩序和格局重构。

《财富》杂志公布的2014年世界500强名单显示[1]，中国上榜企业（含台湾地区）数量再创新高，达到100家，且除新上榜7家企业外，有76家中国上榜企业排名有所上升，排名上升比例约占八成。其中，中国石油化工集团、中国石油天然气集团公司、国家电网公司3家企业进入500强企业前十之列。中国石油化工集团以457 201百万美元的营业收入排名第三，这是中国企业首次名列世界500强前三名。被誉为"2013年中国最赚钱公司"的中国工商银行与沃达丰、房利美、房地美、苹果一起，成为500强中5家最赚钱的公司之一，排名从2013年的29位跃升为2014年的25位，利润达到42718百万美元。一些处于竞争性领域的中国企业，也保持良好的上升态势。如中国华润总公司以65 959百万美元的营业收入从2013年的第187位跃升至143位，与2010年首次入榜相比，华润五年排名连续上升252位。

改革开放以来中国走向世界主要是产品输出、劳务输出，今后将会变成资本输出、品牌输出、文化输出、生活方式输出、价值观输出。中国企业不仅会参与全球市场分工，还会参与全球范围的产业链结构改造。

在这种历史趋势中，有两大力量直接驱动中国未来的变迁，一是市场化取向的全

---

[1] 资料来源：载于中国金融信息网，2014年7月10日。

面改革，二是以信息技术为主导的新技术。市场化取向的全面深化改革意味着要超越部门本位，解构利益集团，让市场在资源配置中起决定性作用。信息化引领的新技术正在改造和重构经济与商业。两股力量的合流，再强大的垄断力量、政府管制、产权国有、行业禁入等壁垒都会被洞穿。举例来说，传统媒体一直被互联网媒体挤压，被受众冷漠，但传统传媒里的交通广播电台依然过得不错，因为它拥有一个庞大的听众人群——出租车司机和开车一族。"滴滴打车"、"快的打车"、"优步"软件问世后，交通台广告投放量直线下降。人们设想过无数种交通台的衰落和死亡方式，但是从没想到它将会衰落和死亡于打车软件的问世，而不是缘于同业竞争，而且目前这个行业还是政府规制、产权国有和有行业禁入许可的。但是现在看来改不改革对于某些行业已经没有意义了，技术进步直接把有的行业颠覆了。

一、规制经济的三道命题

理论的和实证的研究都提出了这样的问题：政府管制究竟在多大程度上能够实现既定的目标，而正是为了这些目标才颁布管制措施的。

——斯蒂芬·布雷那、保尔·麦克韦《管制与放松管制》

据统计，目前我国公有制经济在国民经济中的比重有所下降，但其主体地位仍未改变，2013年公有制经济对GDP的贡献率依然保持了40%以上，2014年全年以上工业企业实现利润64 715亿元，其中国有及国有控股企业实现利润14 007亿元，税收贡献依然占有半壁江山。

上面的案例和数据就涉及我们国家一个体量巨大的经济领域：规制经济。现代经济学中，规制的含义有两个方面：一是治理、管理、调节和控制，二是规章、规则、法规。国人习惯将规制称为管制，但管制带有明显的计划经济色彩。为了把市场经济背景下的政府管制、治理区别于历史上的管制，我们采用规制。规制经济是产业经济的重要分支，分为经济性规制与社会性规制。经济性规制主要是针对具有自然垄断、信息不对称等特征的行业，由政府约束企业定价、进入与退出等为重点。社会性规制是以确保公众安全、公民健康、公共环境为目的进行规制，主要通过设立相应标准、发放许可证、收取各种费用等方式进行。垄断行业属于政府规制的内容和对象。这是由社会主义市场经济体制决定的，把市场经济与社会主义制度相结合，使它不仅具有市场经济的一般规定和特征，同时又是与社会主义基本制度相结合的市场经济。但是在互联网大潮冲击下，规制经济以及垄断行业正在走向市场化、信息化、公开化，而且是不可逆的。

1. 规制经济的公共使命

长期以来，以亚当·斯密为代表的自由主义经济学思想在西方经济学发展史上一直占据主导地位。古典经济学家认为，在市场这一只"看不见的手"的调节下，供求关系决定了生产，企业通过竞争以最便宜的方式进行生产，社会根据要素的贡献率来决定人们的收入，社会生产既不过剩也不会不足，市场会自动出清，经济活动可以自动实现均衡、有序、有效地发展。然而资本主义经济的周期性波动和危机，尤其是1929年世界性的经济大危机爆发后，西方出现了严重的经济萧条，物价猛跌，生产下降，失业上升，社会动荡，人们开始质疑仅靠市场能否自动地调节好经济，于是产生了"市场失灵"效应。提出市场失灵理论的西方经济学家认为，市场经济并非完美无缺，市场经济的局限性表明，市场不可能解决经济社会中的全部问题，理论假设上完全竞争的市场结构是资源配置的最佳方式，但理论上的假设前提条件过于苛刻，现实中是不可能全部满足的，由于垄断的存在、负的外部性、信息不对称和在公共物品领域，仅仅依靠价格机制来配置资源，无法实现效率—帕累托最优[1]，于是出现了市场失灵。

约翰·肯尼迪曾经说过："稳定经济的任务，要求我们能够控制住经济，使之不至于偏离持续高就业之路太远。就业率过高将导致通货膨胀，而过低又意味着衰退。灵活审慎的财政政策和货币政策，能够帮助我们在这两条路中间穿过一条'狭窄的通道'。"《经济学原理》作者凯斯、菲尔指出："关于私有制和竞争市场是有效率的结论在很大程度上基于一系列非常严格的假设。……单就效率而言，主流派经济理论也并没有得出自由放任的资本主义是完全成功的结论。"

因此，公共利益规制理论将市场失灵作为政府规制的动因，把政府看作公共利益的代表，应公众要求，对市场活动无效率和不公平进行规制，以保护公共利益，提供社会整体福利水平。于是政府需要相对"最优"的政策来矫正、调校市场失灵，这些政策既包括信息对称条件下的传统最优规制方案，比如治理自然垄断的边际成本定价模型、最优偏离边际成本定价模型、回报率规制等价格规制方案等。公共利益规制理论的"市场失灵是规制动因"、"规制可以产生效率"等理论观点，在20世纪60年代末期得到系统验证。当时的数学经济模型在经济学中的广泛运用、计量经济学的发展

---

[1]　帕累托最优（Pareto Optimality），是以意大利经济学家维弗雷多·帕累托的名字命名的，他在关于经济效率和收入分配的研究中最早使用了这个概念，是指资源分配的一种理想状态，假设固有的一群人和可分配的资源，从一种分配状态到另一种状态的变化中，在没有使任何人境况变坏的前提下，使得至少一个人变得更好。帕累托最优是理想状态的公平与效率的最佳均衡。

和计算机的运用,为这种系统验证提供了契机和工具。

我国是一个规制范围还很大的国家。除了社会性规制外,在经济领域的规制,主要体现在垄断行业。首都经济贸易大学校长助理、工商管理学院院长戚聿东教授是研究我国垄断行业的专家。根据他主持研究的国家社科基金重大项目《深化垄断行业改革研究报告2010》表明,中国垄断行业大体包括五类:一是全国性自然垄断产业,如电信、电力、民航、邮政、铁路、石油;二是区域性公用事业和基础设施行业,如供水、热力、燃气、公共交通、港口、垃圾处理;三是本应属于企业化经营但采取了事业单位体制的行政垄断行业,如有线电视、医院;四是本应属于竞争性行业但在我国采取了行政垄断体制的行业,如机车车辆制造业、核工业、航空工业、飞机制造业等;五是特种行业,如造币、烟草、食盐、医药、能源、资源、殡葬等。根据2004年中国第一次经济普查的数据进行计算,仅仅13个垄断行业的主营业务收入高达35 997亿元,占当年GDP的26.3%。目前,全部垄断行业的营业收入估计要占到GDP的40%。垄断行业是国民经济的"基础设施",支撑作用明显。电力、燃气、自来水、石油、铁路、民航、公交、邮政、电信等行业的产出是国民经济其他行业的投入,对国民经济和工业部门的发展具有重要的支撑作用,在国民经济中处于不可替代的基础位置。垄断行业关系国计民生和公益事业。例如,电力、供热、燃气、自来水、石油、铁路、民航、公交、邮政、电信、广电、食盐、烟草、殡葬等行业直接与居民的生活息息相关,这些行业的发展直接影响居民福利水平的高低。可以说垄断行业的发展是关系民生幸福、关系和谐社会建设的核心,是公众评价政府执政能力和管理水平的关键行业,直接影响着政府的形象与执政基础。

【链接】我国房地产市场的政府规制

2010年4月,新"国十条"(《国务院关于坚决遏制部分城市房价过快上涨的通知》)出台后,全国各地根据其房地产现状逐渐出现"限购令"。2010年9月29日多部门针对第一条中有关"房价过高、上涨过快、供应紧张的城市,要在一定时间内限定居民家庭购房套数"的规定再次出台调控新措施,随后"史上最严厉调控措施"——"限购令"在全国各大城市陆续公布。"限购令"的频繁出台具有一定的背景:一是诸多行政化的调控手段疲软乏力;二是市场化的宏观调控政策迟滞不出;三是房价回暖已成不争的事实,没谱的房价和蕴蓄的民怨直指民生困境。"限购令"出台的目的非常明确:打击炒房等投机性消费行为,抑制房市需求,以抑制房价过快增长，实现保障民生的根本目标，其实质是通过抑制消费者的购房需求，来解决房地产市场运行中的供求不平衡问题。随着市场经济体制的发展和深化，房屋越来越多地以商品的面貌出现（最显著代表是商品房），在市场中自由流转，其属性也越来越多地表现为价值，而不仅仅是传统的使用价值。但房屋并不是纯粹的商品，更具有公共物品和社会保障的属性，作为人们生活的必需品，房屋关系保障民生、基本人权的重大问题。房屋乃民生必需品，为保证居民生存，任何国家的政府都不会把房子当成纯粹可自由买卖的商品，任由投机的力量挤占自住需求。究其本质而言，"限购令"是政府以保障福利为宗旨，运用行政权对房地产市场进行社会性规制的手段，是政府制定和发布的、具有普遍约束力的抽象行政行为，具体而言，是除行政法规和行政规章以外的其他规范性文件，属于一种政策性的规定，以行政命令的方式出现。

（来源：摘编自《我国房地产市场规制——"限购令"评析》，顾瞳瞳/文）

2. 皈依市场的必然宿命

改革开放30年多来，我国在经济领域取得了巨大成就。其中1979~2008年，GDP总量增长了15.43倍，年增长率高达9.8%，大大高于同期世界经济年均3.0%的增长速度。目前虽然进入"新常态"，依然在高基数上保持7%左右的增长。但改革主要集中在竞争性领域，垄断行业的改革进展缓慢，一些垄断行业仍然是传统计划经济体制的延续，政企合一、政监合一、政事合一现象仍很普遍。推进垄断行业改革，是完善社会主义市场经济体制的题中之意与迫切要求。但我国垄断行业改革严重滞后于整个改革进程。大多数垄断行业都实现了政企分开、政资分开，完成了产权结构改革，并基本建立了比较规范的现代企业治理结构（见表11-1）。其中，电力、电信、民航、石油等行业已经完成了产权和治理结构改革，部分企业已经上市，开始利用外部治理机制来解决国有企业的效率问题。邮政业和部分城市公用事业通过近年来的政企分开改革，也已经基本建立了比较规范的治理结构。大多数垄断行业都实现了规制机构和被规制企业的分离，但基本的规制体制和规制框架尚未建立。除了电力行业建立了独立规制机构外，其他行业都还是集隶属机构或主管机构和规制机构为一体的非独立规制体制。规制机构的定位和规制目的尚不清晰，而且缺乏基本的规制方法和手段（如价格规制和进入规制）。电信、电力、石油和民航通过分拆重组进行了竞争与运营模式改革，基本建立了以地域为竞争和运营边界的寡头垄断市场格局，但有效的市场竞争

机制并未形成。其他行业还基本维持在横向一体化和纵向一体化的垄断体制。大多数垄断行业的定价基本采取了"成本加成法"（以关联交易发生的合理成本加上可比非关联交易毛利作为关联交易的公平成交价格），但尚缺乏科学有效的成本审核机制，价格并不能反映实际成本状况，也不能引导企业提高效率。由于定价机制的僵化，使得垄断行业价格水平要么太高，使企业获得超额垄断利润，要么太低，造成公益性产品供给的大量亏损。

表 11-1　我国垄断行业改革进展情况（截至2010年）

垄断行业		改革方案出台时间	主管机构/母公司产权结构	治理结构	市场结构	准入机制	价格机制	监管体制	普遍服务机制
电信业	移动电话	2008年5月	国资委/国有独资	上市为主	中国移动、中国电信、中国联通三寡头	基础电信有限准入，增值已放开	国家定价	工信部、非独立监管	有
	固定电话	2008年5月	国资委/国有独资	上市为主	中国电信、中国联通、中国移动三寡头		国家定价	工信部、非独立监管	有
电力业	发电	2002年4月	国资委/国有独资	上市为主	5家公司形成多寡头垄断	准入	国家定价	电监会、独立监管	有
	输配电	2002年4月	国资委/国有独资	非上市	双寡头非对称垄断竞争	准入	国家定价	电监会、独立监管	有
民航业	航空运输	2002年10月	国资委/国有独资	上市为主	6家公司形成多寡头垄断竞争	允许进入但审批严格	市场定价	民航总局、非独立监管	无
	机场	2002年10月	地方政府/国有独资	非上市为主	相对独立地域垄断	不允许进入	国家定价	地方政府、非独立监管	无
石油业	原油生产进口	1998年3月	国资委/国有独资	上市为主	中石油、中石化、中海油三寡头主导	不允许进入	国家定价为主	发改委与商务部、非独立监管	有
	石油炼制	1998年3月	国资委/国有独资	上市为主	中石油、中石化双寡头主导	不允许进入	国家定价为主	发改委、非独立监管	有
	成品油批发零售	1998年3月	国资委/国有独资	上市为主	中石油、中石化为主的双寡头垄断	允许进入但审批十分严格	国家定价为主	发改委、非独立监管	有
城市公用事业	供水	各城市进展不同	地方政府/国有独资	非上市	相对独立地域垄断	部分城市放开准入	国家定价	地方政府、非独立监管	有
	城市燃气生产	1998年3月	国资委/国有独资	非上市	中石油、中石化、中海油三寡头主导	不允许进入	国家定价为主	发改委、非独立监管	有
	燃气配送零售	各城市进展不同	地方政府/国有独资	非上市	相对独立地域垄断	部分城市放开准入	国家定价	地方政府、非独立监管	有
邮政业		2005年7月	国家邮政局/国有独资	非上市	国内外多主体邮政企业竞争	有条件的限制性进入	国家定价为主	国家邮政局、非独立监管	有

（来源：《贯彻落实科学发展观与深化垄断行业改革研究》，戚聿东主编，2010年）

改革实践证明，只有按照市场机制的要求，明确政府和市场的界限，并充分利用市场机制才能有效解决垄断行业的短缺问题。目前，我国垄断行业改革滞后，大多数垄断行业基本还是延续着行政命令控制体制进行资源的配置和管理，行业外的竞争力量无法进入行业内参与竞争，资源配置效率和经济效率较低。在一个缺乏充分竞争的封闭体制内，必然导致利益集团通过寻租来维持垄断地位和阻碍市场机制的导入，使得改革半途而废，进退不得。这不仅导致垄断行业本身的技术和经济效率低下，投资不足，制约国民经济的快速发展；同时，还会造成比较严重的社会分配不公问题。由于不能充分利用市场机制，垄断行业的运营和发展只能依靠国家投资，不仅容易造成短缺，还会挤占有限的财政资金。因此，只有进一步加快垄断行业的市场化改革进程，才能释放垄断行业的生机和活力。

规制框架下的市场竞争理论主要着眼于检验规制政策的效果，并回答政府干预是否有效。主要内容有特许经营权理论、可竞争市场理论、标尺竞争理论、直接竞争理论等。特许经营权竞标理论对自然垄断理论提出质疑，认为它不能揭示规模经济到市场上的垄断价格之间的逻辑步骤，由此主张以特许经营权竞标代替规制，从而将特许经营权竞标理论引入规制经济领域。可市场竞争理论认为一个产业或者市场，即使是自然垄断，只要沉淀成本为零，进入者的威胁就会提供充分的市场规则，约束在位者实行竞争性竞价，以零经济利润下的最低成本来进行有效率生产，最终确保市场效率。因此，只要市场是可以竞争的，政府规制机构不需要对自然垄断领域的在位企业进行规制。它使传统的自然垄断规制思想面临严重挑战，一定程度上成为政府规制理论发展史上的一个里程碑。标尺竞争理论主张存在多家同类企业的自然垄断产业中，以"影子企业"（以其他同类企业的成本和降低成本的支出的均值所形成的虚拟企业）的经营成本为衡量标准，促使被规制企业降低成本、增加利润同"影子企业"进行竞争。也有学者主张在自然垄断领域不仅可以引入间接竞争，而且可以引入直接竞争。

市场竞争成为关键词，也会成为越来越多的规制经济领域的新常态。

当市场由基础性配置作用转为决定性作用后，市场化的必然趋势就不可逆转。十八届三中全会通过的《中共中央关于全面深化改革若干重大问题的决定》，对现代市场经济的认识提高到了新的高度，经济体制改革的"核心问题是处理好政府和市场的关系，使市场在资源配置中起决定性作用和更好发挥政府作用"，"使市场在资源配置中起决定性作用"。市场借助价格信号传递复杂的经济信息，引导各类市场主体做出理性选择，促使生产要素不断优化配置；市场具有强大的激励功能，能够"让一切劳动、知识、技术、管理、资本的活力竞相迸发，让一切创造社会财富的源泉充分涌流"；市场具有"涓滴效应"，通过动员各类要素，创造就业岗位，使劳动者获得增加收入的机会，让发展的成果惠及全体人民；市场借助竞争机制，优胜劣汰，促进创新，诱导结构变迁，促进经济效益和发展质量的提升。[1]

全面推进垄断行业改革将是一场持久攻坚战。英国在电力、电信、民航、铁路、邮政等垄断行业的改革大约花费了25年时间（1981~2005）才基本建立起了相对竞争、高效的市场。按照戚聿东博士和他的团队研究得出的结论，考虑到我国的实际情况，在整体渐进改革思路下，我国垄断行业的改革从启动、试点、推广到全面实施，直到改革的成功，这一改革进程至少需要30年时间。如果从20世纪90年代中期我国开始针对电信、石油等典型垄断行业开始的改革进程计算，预计到2025年前后，我国垄断行业的"垄断性"将不复存，垄断行业将全部改造成为市场经济体制下运行的竞争性行业，加上运营模式、产权模式、治理模式、价格模式以及监管模式的配套跟进，将来会形成"相竞而进，相争而奇"的局面。

中国工程院院士邬贺铨称，动摇霸主地位的主要方式就是创新，互联网发展使得永远有新的业态出现，靠资源垄断的行业将受到冲击，依靠信息不对称建立的差异化优势将不复存在。以金融业为例，它包括银行业、保险业、信托业、证券业和租赁业，是典型的规制行业之一，具有指标性、垄断性、高风险性、效益依赖性和高负债经营性的特点，是政府严格控制的行业，未经中央银行审批，任何单位和个人都不允许随意开设金融机构。但是在信息化技术和市场化的双重夹击下，也开始了艰难的转身。

（扫描二维码阅读《余额宝，打破利率管制的鲇鱼》）

【链接】中国金融业——发展机会更多，市场竞争更激烈

回望过去二十年，尤其是近十年，中国金融业的发展是迅速的，四家国有银行更是直接参与到了国际竞争中，证券公司、保险公司、基金公司及PE/VC各类机构蓬勃发展，股份制银行、城商行、农商行（农村信用社）充分竞争，政府层面也进行了很多有益的政策探索。目前"一行三会"在总体上的监管防控风险，以"稳"为主。不过，当前国内金融市场发展仍不充分。例如，我国的金融资产73%在商业银行里面，而美国是18%。这一方面说明我们企业的融资成本高，另一方面说明银行承担的风险

---

[1] 胡家勇：《十八届三中全会在社会主义市场经济理论上的贡献》，载于中国改革论坛，2013年11月15日。

大。进而几大国有银行，在地方财政（城市商业银行的大股东大多是财政厅、财政局）的经济发展统筹下，也从自身利益考虑，有效降低风险，"转移"风险，贷款给大企业，支持国有企业发展；而众多中小企业却"找钱"无门，民间信贷盛行，缺乏很好的风险管控机制。互联网改变世界已经是毋庸置疑的，完全可以从人类历史上第四次工业革命的高度，看待互联网技术对人类进步的推动作用，而且这种推动还在发展过程中。例如，过去十年，金融界还只是把互联网作为一种技术手段，服务于内部管理和客户。但是随着大数据时代来临，随着智能手机飞速发展，金融业传统的边界已经开始被打破，互联网金融应运而生。这里有起点高的，例如阿里金融，从网购延伸发展而起，并且通过申请牌照和兼并，快速构建金融版图，也有更草根的，在金融服务中找缝隙、找机会的P2P公司，如宜信、人人贷、融360等。短期看，互联网金融是传统金融业的一个补充，长期看，是否可能改写金融业格局？应该充满想象空间。传统金融企业一直把风控放在首位，对于这些突如其来的变化，必须充分重视，找到自己的作为点，不能视而不见。随着中国企业的发展，越来越多的企业会进行全球配置资源，四大国有银行国际化程度高，有专业特长，在这方面可以大有作为。

（来源：经济观察网，张江燕/文，2013年11月16日）

3. 左右协同的长寿生命

市场经济不是放任经济，市场失灵效应告诉人们，市场无形的手和政府有形的手，如同人体双手，必须左右协调，才能行稳致远。信息化时代，信息的对称性加强，可以增强协调性。正如大名鼎鼎的凯恩斯（John Maynard Keynes）在《自由放任的终结》中所指出："政府的当务之急，不是要去做那些人们已经在做的事，无论结果是好一点还是坏一点；而是要去做那些迄今为止还根本不曾为人们付诸行动的事情。"

政府对规制的对象和内容是与时俱进的。对自然垄断是否规制和如何规制，要根据具体情况来定夺。自然垄断的暂时性和永久性理论告诉我们：如果自然垄断是暂时的，规制要因势而动，自然垄断是永久性的，要区分垄断类型和市场背景来设计方案。中国电力行业的厂网分离和中国烟草的工业商业分离是政府对垄断行业进行再判别、细分，是公众反垄断情结的重复实现，包含了垄断行业规制改革的必然趋势。

政府在进行最优政策选择时，必须在高效率与低信息租金两者之间做出权衡，因为规制者设计激励方案时，试图在信息不对称下提高企业的效率、降低企业的信息租

金。在信息不对称、缺乏承诺、完全分离高效率与低效率类型企业不可能或者非常昂贵的重复博弈的规制环境中，高效率与低信息租金成为两难困境。从政府对电力、电信、石油等行业的价格规制来看，信息不对称是永存的客观现实。

同时，政府规制在西方理论中存在规制目标的两种答案：是为了公共利益还是利益集团的利益？即使规制目标设定为矫正市场失灵，实现社会福利最大化，但是在实际的政治程序中，由于政府官员执行过程中的不完善甚至发生寻租行为，也往往使规制目标发生偏离。这就是2015年以来各地有关专车与出租车之争的原因所在。

另外，也还存在规制与竞争的权衡与平衡问题。特许经营权理论和可竞标市场理论，在设计时被作为不同于"市场内竞争"的"市场竞争"，主张在规制领域内，引入事前或者潜在的间接竞争，替代规制，达到社会最优化效果。但是在实际操作中，间接竞争无法替代规制，而只能是一种对规制的补充。因此，二者是互补关系，而不是替代关系。规制和竞争在这里变成一个硬币的正反面，在垄断行业中引入竞争机制应该成为规制的题中应有之意，这就像说"市场经济是自由经济而又是法制经济"一样的道理。竞争和规制都不是最完美的解决之道，只有两者有机结合才是长久之道。

（扫描二维码观看视频《地沟油：一个公共规制失灵的案例》）

【链接】专车管制——一个简政放权的反例

在民众该怎么出行的问题上，中国的政府主管部门开始用法规的方式表态。如果说2015年如火如荼的专车争议的最终结果，只是相关部门出台了"约租车管理办法"，不能不说是一个遗憾，因为专车、专车平台和约租车是完全风马牛不相及的两件事，要将其整合在一个"约租车管理办法"之中，难以摆脱增加审批的嫌疑。

什么是专车？这是一个典型的中国式创新。由于中国各城市有关出租车管理的法律法规都明文禁止未取得出租车营运证的车辆上街运营，于是有关公司便创设了一个由汽车租赁公司、第三方驾驶员、专车平台和乘客构成的汽车租赁服务——也就是通常所说的"四方协议"。此前的汽车租赁只能以"天"作为计算单价，但是有了打车软件，汽车租赁能够精确到"分"。换句话说，目前接入"滴滴"、"快的"等各种平台的"专车"实际上是一种实时租赁模式，而不是传统意义上的出租车业务。

让我们来看看滴滴公司打车软件上的使用条款："滴滴打车信息平台提

供的不是出租、租车及/或驾驶服务，我们所提供的仅仅是租赁车辆及驾驶
人员的相关信息。租车服务是由租车服务供应商提供的，而驾驶服务是由
驾驶服务供应商提供。我们只是您和供应商之间的信息平台。因此，租车
服务供应商向您提供的租车服务受到您与租车服务供应商之间协议条款的
约束；驾驶服务供应商向您提供的驾驶服务受到您与驾驶服务供应商之间
的协议条款的约束。"

在这个法律架构中，像"滴滴"、"快的"类的平台并不是提供"出
租、租车及驾驶服务"，提供的只是"租赁车辆及驾驶人员的相关信息"，
而这种模式并无法律禁止。以北京为例，2012年颁布的《北京市汽车租赁管
理办法》规定，"本办法所称汽车租赁是指经营者在约定时间内将汽车交付承
租人使用，收取租赁费用，不配备驾驶人员的经营活动"。同时，该办法第四
条第二款还特别强调，"鼓励汽车租赁经营者之间同城和异地合作，开展预约
服务、电子商务等业务。鼓励汽车租赁经营者提供汽车租赁共享服务"。毫无
疑问，像滴滴快的这样把不同汽车租赁公司的汽车在一个平台上供消费者选
择，恰恰应该是受该政府鼓励的行为。事实上，很多汽车租赁公司正是看到
这里的机会，依托于这个平台，很多平时闲置的车辆得到了利用。由于使用
效率提高，消费者也从中获得了比传统汽车租赁更为低廉的价格。

（来源：英国《金融时报》中文网 傅蔚冈/文）

二、规制经济的三化转型

大海的表面很难保持平静，社会价值的均衡更是如此。它由供求决定：人为的或
法律的东西，往往因为生产过剩和企业破产而反过来惩罚它们自己。

——拉尔夫·瓦尔多·爱默生

在社会主义市场经济的建设征程中，垄断势力已经成为市场公平竞争的最大克
星。反垄断法的出台即是为了预防和制止垄断行为，保护市场公平竞争，维护消费者
和社会公共利益。企业垄断行为构成了对消费者和公共利益的盘剥以及对市场公平竞
争的破坏。从已查处的价格垄断案件看，那些具有市场支配地位的垄断企业，通过制
定垄断价格获得超额垄断利润，而经反垄断调查并处以巨额罚款之后，又纷纷采取大
幅降价行为，对消费者的"返利"效果非常明显。

我国垄断行业的改革始于20世纪80年代。即使从1994年中国电信领域联通公司

的成立算起，中国垄断行业改革也已经进行了整整21年，电力、电信、民航、石油等传统垄断行业旨在培育竞争市场结构的分拆重组改革得以大规模推进，已经转变为具有一定竞争性的行业，部分垄断行业初步形成了多家市场主体相互竞争的市场格局。进入21世纪，政府对垄断行业改革的力度进一步加大，并把放宽市场准入、引入竞争机制作为改革的重点。2005年2月出台了《国务院关于鼓励支持和引导个体私营等非公有制经济发展的若干意见》，2010年5月出台的《国务院关于鼓励和引导民间投资健康发展的若干意见》（简称"新36条"）进一步提出，要鼓励和引导民间资本进入基础产业和基础设施、市政公用事业和政策性住房建设、社会事业、金融服务、商贸流通、国防科技工业等六大领域。但是，有的行业行政垄断的色彩还比较浓，还存在价格高、服务差、收入高等现象，有的发生了严重的贪污腐败案件，社会公共福利被严重侵蚀。

面对"市场失效"和"规制失效"的困境，我们只能采取"两害相权取其轻"的态度，宁可容忍"市场失效"，不一定非要进行规制不可。垄断行业改革的一个重要趋势就是放松规制，让市场机制在更多的领域发挥资源配置的基础作用。放松规制意味着放松或者取消诸多规制条款，包括市场准入、退出、价格、投资、财务、会计等规制的一部分或者全部。放松规制不能搞一刀切，而是有保有压，区别对待：一方面要放松经济性规制，另一方面要加强社会性规制。考虑到垄断行业在我国国民经济中的特殊地位和作用，以及借鉴中国前期在竞争性行业领域的改革经验，我国垄断行业放松规制改革应当选择"整体渐进式"的改革路径。

十八届三中全会通过的《中共中央关于全面深化改革若干重大问题的决定》，以极大的勇气做出了对全面深化国有资产和国有企业改革的总体部署，提出了新思路、新任务、新举措。鉴于垄断行业和国有企业重叠率高的情况，我们可以把这个政策信号看作是规制经济改革的出发令。鲁迅在八十多年前说过："中国太难改变了，即使搬动一张桌子，改装一个火炉，几乎也要流血；而且即使流血，也未必一定能搬动，能改装。"规制经济改革已经进入了攻坚阶段，面临着新的历史性任务。我们认为要从以下是三个方面同时着力，也许可以收到事半功倍的效果。

1. 公司化治理

十四大以后，我国就确立了包括垄断行业在内的国有企业改革的方向——建立现代企业制度。产权制度是现代企业制度的核心，企业法人制度是现代企业制度的基础，现代企业制度是以公司制为典型形式的，现代企业制度的基本特征是产权清晰、权责明确、政企分开、管理科学。但是这么多年过去了，实际进展并不如人意。

我国垄断行业其实是国有资本对行业的垄断和控制，是一种产权资格垄断，甚至可以说是公权垄断。即便在主体企业已进行了股份制改造和上市的电信业，国资委通过全资拥有集团公司间接控制了上市公司的绝大多数股权。戚聿东教授尖锐地指出，垄断行业"一股独大"，在治理上必然"一股独霸"，在绩效上往往"一股独差"，形成独资、独治、独占、独享的"四独"局面。国有独资公司治理结构的主要特点为：一是产权结构单一，国有独资全资；二是不设股东会，由政府代行所有者权益，股东大会的职能由政府和董事会共同行使；三是董事会、监事会成员由政府任命，经理层的人事安排也主要由政府完成；四是董事会、经理层、党委会交叉任职，几乎是"三套班子，一套人马"，监事会则在其领导之下。然而，垄断行业的国有独资公司只是设立了与公司制度相适应的机构，而协调运转、有效制衡并未实现，实质上与公司制改革以前差别不大。垄断行业的国有独资有限责任公司在解决了国有资本无限责任的同时，在公司治理层面产生了新问题：一是独立的市场竞争主体和法人主体地位难以落实；二是董事会、监事会、经理层成员产生基本由政府控制，政企不分；三是董事会、经理层乃至党委会交叉任职，成员几乎由同一群体构成，也不符合公司制度的基本原则。[1]

因此，要形成现代企业制度，解决产权问题是首要问题。公司化治理的关键和重点就是要在进行股权制度改革的前提下，解决体制、机制、制度的有机统一。

十八大后，国务院国资委副主任、党委副书记黄淑和曾公开表示，混合所有制改革的企业可以分为四个层次：其一，涉及国家安全的少数国有企业和国有资本投资公司、国有资本运营公司，可以采用国有独资形式；其二，涉及国民经济命脉的重要行业和关键领域的国有企业，可保持国有绝对控股；其三，涉及支柱产业和高新技术产业等行业的重要国有企业，可保持国有相对控股；其四，国有资本不需要控制并可以由社会资本控股的国有企业，可采取国有参股形式或者全部退出。

目前，民间资本投资国有企业取得了积极进展。中央企业及其子企业引入非公资本形成混合所有制企业已占总企业户数的52%。截至2012年年底，中央企业及其子企业控股的上市公司共378户，上市公司中非国有股权比例已超过53%；地方国有企业控股的上市公司681户，上市公司中非国有股权比例已超过60%。2010年"新36条"颁布以来，至2012年年底，民间投资参与各类企业国有产权交易受让宗数合计4473宗，占交易总宗数的81%，受让金额合计1749亿元，占交易总额的66%。

混合所有制经济不是私有化，而是国有企业包括行政垄断行业，推动国家产业升

[1]　戚聿东：《不公正的发展：中国国企垄断现状》，载于《董事会杂志》，2012年第2期。

级、优化产业结构，同时形成发育健康的市场主体的倒逼机制。黄淑和在《求是》[1]撰文指出，发展混合所有制经济是深化国有企业改革的"重头戏"。大部分国有企业通过股权多元化的改革，逐步发展成为混合所有制企业；国有企业在发展混合所有制经济中将逐步降低国有股权的比例；大力支持各种非公资本特别是民营资本参与国有企业的股权多元化改革；国有企业通过实施股权多元化改革，一方面吸引更多的社会资本与国有资本共同发展，另一方面促进国有企业进一步完善公司治理结构和内部运行机制。

2015年8月，中共中央、国务院下发了《关于深化国有企业改革的指导意见》，目的是进一步提升国有企业适应市场化、现代化和国际化的能力。这份文件特别强调，国有资产监管机构要实现以管企业为主向以管资本为主的转变，并以管资本为主改革国有资本授权经营体制，推动国有资本合理流动，优化配置。在深化国有企业管理体制改革、健全完善现代企业制度方面：一是继续推进规范董事会建设，建立健全股东会、董事会、监事会和经理层协调运转、有效制衡的公司法人治理结构，建立国有企业长效激励和约束机制，强化国有企业经营投资责任追究，积极探索在现代企业制度下党组织发挥政治核心作用、职工民主管理的有效途径；二是探索建立职业经理人制度，更好发挥企业家作用，继续加大国有企业高管人员市场化选聘和管理力度；三是深化国有企业内部三项制度改革，抓紧建立健全企业管理人员能上能下、员工能进能出、收入能增能减的制度，为企业赢得市场竞争提供制度保障，探索推进国有企业重大信息公开，提高国有企业运营透明度；四是合理确定并严格规范国有企业管理人员薪酬水平、职务待遇、职务消费和业务消费，建立健全根据企业经营管理的绩效、风险和责任来确定薪酬的制度，不断完善企业薪酬激励约束机制，对市场化聘任的企业管理人员，研究建立市场化薪酬协商机制，以适应建立职业经理人制度的需要；五是探索混合所有制企业员工持股办法，允许将部分国有资本转化为优先股，在少数特定领域探索建立国家特殊管理股制度，推动国有企业改制上市，创造条件实现集团公司整体上市。

（扫描二维码阅读《国资混合所有制改革盛宴：绿地样本》）

【链接】中国石化销售业务"混合所有制"

在诸多国资改革案例中，中国石化销售业务混合所有制是最热的话题。2014年2月19日，中国石化发布公告，率先举起"混合所有制改革"的大旗。董事会同意在对中国石化油品销售业务板块的现有资产、负债进

---

[1] 黄淑和：《国有企业改革在深化》，载于《求是》，2014年3期。

行审计、评估的基础上，同时引入社会和民营资本参股，实现混合所有制经营，社会和民营资本持股比例将根据市场情况厘定。2014年4月1日，公司拟将所属油品销售业务板块资产注入公司全资子公司中国石化销售有限公司，将所属油品销售业务板块资产整体移交给销售公司拥有、管理和控制，所属31家省级分公司及其管理的长期股权投资、中国石化燃料油销售有限公司、中国石化（香港）有限公司、中国石化（香港）航空燃油有限公司的业务、资产、人员全部注入销售公司。9月13日，中国石化发公告称：中国石化销售有限公司与25家境内外投资者（以下单称或合称投资者）于2014年9月12日签署了《关于中国石化销售有限公司之增资协议》，拟由全体投资者以现金共计人民币1 070.94亿元（含等值美元）认购销售公司29.99%的股权（见表11-2）。本次增资完成后，中国石化将持有销售公司70.01%的股权，全体投资者共计持有销售公司29.99%的股权。　　　　（作者综合摘编）

表11-2　中国石化销售业务资产25家投资者信息概况

资本类别	投资机构全称	关联背景
PE	Concerto Company Ltd	厚朴投资、中银国际
	KingsbridgeAsset Holding Ltd	RRJCcpital
	NewPromise Enterprises Limited	海峡基金（国家开发投资）、海尔
	渤海华美（上海）股权投资基金合伙企业（有限合伙）	宁德时代新能源科技、光大银行、南方资本、鼎峰资本、青岛嘉豪等
产业资本	新奥能源中国投资有限公司	新奥控股
	Pingtao(Hong Kong)Limited	复星集团
	Foreland Agents Limited	海尔
	中国德源资本（香港）有限公司	汇源控股
	中国双维投资公司	中国烟草总公司
	北京隆徽投资管理有限公司	三洲隆徽实业
券商系	青岛金石智信投资中心（有限合伙）	金石投资（中信证券）
	QianhaiGolden Bridge Fund I LP	中金、前海金融控股
	天津佳兴商业投资中心（有限合伙）	中金佳成、中国兵器工业集团、宝利德控股等
保险系	深圳市人保腾讯表盛能源投资基金企业（有限公司）	中国人保、腾讯
	生命人寿保险股份有限公司	生命人寿
	长江养老保险股份有限公司	中国太保
	中国人寿保险股份有限公司	中国人寿
	中邮人寿保险股份有限公司	中同保险
基金系	工银瑞信投资管理有限公司	工银瑞信
	Huaxiasolar Development Limiede	华夏基金
	HuaxiaSSF1 investors Limied	华夏基金
	嘉实基金管理有限公司	嘉实基金
	嘉实资本管理有限公司	
其它	CICCEvergreen Fund, L.P.	
	信达汉石国际能源有限公司	中国信达

（来源：中石化公告）

2. 市场化改革

我们虽然在这里提出市场化改革的取向，但是反对违背经济学常识的"一刀切"。在很多人的观念里，他们将垄断和低效率、危害公平简单画等号，于是极端地提出"一切垄断都应当坚决反对和打破，把现有垄断行业全部改造为竞争性行业"。

垄断分为自然垄断、经济垄断和行政垄断。自然垄断是指具有网络性经营特点的行业，如水、电、气、铁路运输、公共交通等行业，对于这些行业，由一个厂商生产全行业产品的总成本比由多个厂商生产的总成本低，因此独家生产比多家竞争更有效率，更能够有效地向消费者提供低价的商品或服务。例如，在同一个城市里，不能去铺设两套供水或供电网络。因此，各国的反垄断法都对自然垄断予以豁免。另外，对于邮政专营、烟草专卖、知识产权等国家垄断或国家授予的垄断，其目的是为了克服"市场失灵"。邮政业务如果完全市场化，因成本过高而无利可图的偏远地区的邮政业务就无人经营，人们的通信权利就无法得到保障；烟草买卖如果完全市场化，对健康危害更大的"假冒伪劣"烟草制品就会低价泛滥成灾；知识产权也是一种垄断，虽然会产生高额垄断利润，但是可以激励创新。

经济垄断是指企业依靠经济实力、专利等手段取得的垄断地位，是自由竞争和技术进步的产物，只要它对市场公平性不构成负外部性影响，大多能够得到社会承认和宽容，虽然有反垄断法制约，但在全球化的今天，这种垄断是促进跨国公司成长的途径，代表的是一个国家的竞争力。比如从美国政府对待微软公司垄断和捆绑销售行为案的态度，美国并不希望肢解微软，因为那不符合其国家利益。

行政垄断是指企业凭借于行政手段实现的市场垄断，限制和抵触市场竞争，不公平性的特征突出，是改革的主要对象。这种依靠行政力量形成的垄断行业改革，其趋势和方向是按照政企分开、政资分开、政事分开的原则，建立政府部门行政管理、监管机构依法监管和行业协会自律服务的新型垄断行业监管制度，鼓励非公有制经济进入垄断行业，形成各种所有制经济平等竞争、相互促进的新竞争格局，优化产业组织结构，形成有效竞争的市场格局，最终把垄断行业改革成供求平衡、价格合理、服务一流、竞争有序、生产高效、监管有力的市场体系。

诺贝尔经济学奖获得者乔治·施蒂格勒提出的"俘虏理论"认为，尽管政府管制是为满足公共利益而产生的，但是管制机构会逐渐被所管理的产业所控制，成为"俘虏"管制。不管管制方案如何设计，管制提高了被管制产业的利润而不是社会福利，管制并不能消除市场失灵。"俘虏理论"表明政策制定者容易被特定利益集团所俘获，即使没有被俘获，也由于信息不对称，政府部门也难以实现有效规制，造成规制失灵。由于信息不对称的规制，从而导致激励政策的扭曲，形成规制效率降低的局面。政府对垄断行业的价格主要采取补偿服务成本的方法，受规制的企业没有降低成本的内生动力，相反增加成本成为获取更高收益的途径。中石油、中石化、中海油几乎百分之百垄断了中国石油业，长期以来石油价格涨多降少，成为国人诟病的对象，这一轮反腐的结果更印证了人们的焦虑。于是"A-J"效应(Averch and Johnson，1962)出现了，政府部门采用客观合理收益定价模型对垄断企业进行价格规制时，由于允许的收益直接随着资本的变化而变化，从而导致被规制企业将倾向于使用过度的资本来替代劳动等其他要素的投入，导致产出是在缺乏效率的高成本下生产出来的。

由于规制失灵导致的高成本、低效率，使人们认识到依靠政府规制不能完全解决垄断天生的弊端，只有引入竞争来打破垄断。国内外的实践表明，市场竞争是推动经济发展的巨大动力，也是解决体制障碍的有效手段。通过在垄断行业引入市场竞争，可以提高效率，降低成本和价格，改进服务质量。市场化是我国经济发展、人民福祉提高的根本出路，也是垄断行业早晚的宿命。

但是市场化的出路在于结合中国国情，走渐进式道路，不可以"休克式疗法"，照搬西方私有化模式。我国有的媒体和专家提出："民营化是垄断行业产权制度改革的直接途径。""我们几十万亿的国有资产可以分给13亿民众。"这些极端的提法值得警惕。20世纪80年代，在新自由主义思想指导下，以美国和英国为代表的西方发达国家，对铁路、航空、银行、石油、电信、钢铁、煤气、造船以及军事工业进行了大规模私有化，造就了一批亿万富翁，但既没有削弱垄断，也没有促进经济发展，更没有释放人们希望的公共福利。[1]墨西哥的卡洛斯·斯利姆买下国家电话公司，垄断了墨西哥90%的电话线路，使他成了世界首富，而墨西哥也成了世界上贫富差距最大的国家之一。俄罗斯采取激进的"休克式疗法"，对石油、天然气、国有银行等进行全面私有化，结果是造就了一批像霍多尔科夫斯基、别列佐夫斯基这样的超级富翁和垄断寡头，但国家经济却急剧衰落，绝大多数民众生活水平大幅下降，没有获得改革红利。

中国经济体制改革研究会会长高尚全在谈到十八大后的社会主义市场经济建设时，认为必须坚持平等竞争，打破行政垄断。他说判断是否存在行政性垄断的标准：一是是否平等竞争，二是能否自由进入，三是是否通过权力运行排斥潜在的竞争者。比如金融行业，目前国有金融企业的金融资产大概占整个金融资产的95%。2011年银

[1] 吴强：《垄断行业改革从未停滞 水电铁路垄断合理》，载于凤凰网，2015年6月20日。

行的毛利是2.6万亿，净利是1.04万亿，按照银监会的统计，比上年增长了36.3%。与之形成鲜明反照的是，实体经济企业的运营却日益艰难，所获金融服务严重不足。而且国有银行利润的快速增长是在老百姓的储蓄存款长期负利率、资产贬值的情况下实现的，这就是与金融垄断分不开的。[1]

十八届三中全会通过的《中共中央关于全面深化改革若干重大问题的决定》指出，要进一步深化国有企业改革，破除各种形式的行政垄断。该决定指出，国有企业总体上已经同市场经济相融合，必须适应市场化、国际化新形势，以规范经营决策、资产保值增值、公平参与竞争、提高企业效率、增强企业活力、承担社会责任为重点，进一步深化国有企业改革。准确界定不同国有企业功能，加大国有资本对公益性企业的投入，使其在提供公共服务方面做出更大贡献。对国有资本继续控股经营的自然垄断行业，实行以政企分开、政资分开、特许经营、政府监管为主要内容的改革，根据不同行业特点实行网运分开，放开竞争性业务，推进公共资源配置市场化，进一步破除各种形式的行政垄断。这就为我们国家的市场化取向的改革指明了方向和道路。

【链接】铁路改革——一个时代的结束和一个时代的开始

多年以来，对铁路行业政企不分、垄断、服务差的质疑不断，公众一直期待发起深入全面的铁路改革。2013年，沉寂已久的铁路改革终于拉开大幕。2013年3月14日上午，十二届全国人大一次会议表决通过了关于国务院机构改革和职能转变方案的决定，铁道部政企分开决定正式生效。当天下午，在铁道部所在地，中国铁路总公司正式挂牌成立。新一轮的中国铁路改革，是中国铁路一次由内而外的大改革。从体制层面来看，改革的方向是政企分离和政资分离，分离铁道部政府职责，合并入大交通部，让铁路企业回归市场，自主经营、自负盈亏。中国铁路总公司是经国务院批准，依据《中华人民共和国全民所有制工业企业法》设立，由中央管理的国有独资企业，由财政部代表国务院履行出资人职责，交通运输部、国家铁路局依法对公司进行行业监管。此外，国务院将原铁道部相关资产、负债和人员划入铁总，将原铁道部所属18个铁路局、3个专业运输公司及其他企业的权益作为铁总的国有资本。不算地方铁路局的资产，划归在新成立的中国铁路总公司名下的资产就达4.6万亿元。中国铁路总公司成立后不

[1] 高尚全：《十八大后的市场化改革重点》，载于人民网，2012年11月23日。

久，就在货运改革方面出了一记重拳。2013年6月15日开始，中国铁路总公司启动其成立以来的第一次货运组织改革。改革旨在从根本上改进铁路货运服务，并依托铁路全天候、大运力、低运价等优势，从整列大宗货物运输到高铁快递包裹，全面参与现代物流业竞争。这次铁路货运组织改革有四大内容。一是改革货运受理方式，简化手续，拓宽渠道，敞开受理，随到随办，试图给广大客户提供最直接、最方便、最快捷的服务。二是改革运输组织方式，根据客户的运输需求编制运输计划，及时安排装运，提高运输效率。三是清理规范货运收费，严格执行国家的运价政策，坚持依法合规，公开透明收费。四是大力发展铁路"门到门"全程物流服务，构建"门到门"接取送达网络，实行"门到门"全程"一口价"收费，推动铁路货运加快向现代物流转变。铁路货运组织改革以来，人们印象中的"铁老大"形象开始改变，市场的感受是：现在要车皮不难了。货运需求不断回升，铁路货运装车呈攀升趋势。2013年1~11月，全国铁路货运总发送量完成361 399万吨，同比增加4 678万吨，增长1.3%。其中，货物发送量完成360 817万吨，同比增加5 226万吨，增长1.5%。

(来源：和讯网，秦战/文)

3. 信息化溶解

普适计算机之父马克·韦泽说：最高深的技术是那些令人无法察觉的技术，这些技术不停地把它们编织进日常生活，直到你无从发现为止。互联网正是这样的技术，它正潜移默化地渗透进我们的生活，像化学反应一样不断地溶解、扩散、流动，使得我们的政府管理不断加大公开透明的力度，网络民主力量正在生长，也使垄断壁垒不断坍塌，倒逼垄断行业的服务改进。

信息化促进垄断行业的进步和进化主要体现在以下两个方面。

一是增强信息对称性。俗话说的"隔行如隔山"，这座山其实就是信息不对称。在信息不对称的市场中，产品的卖方对产品的质量拥有比买方更多的信息，就会产生"柠檬市场"(美国俚语中的"次品")。占有信息的人在交易中获得优势，这实际上是一种信息租金。在信息经济时代，信息和资本、土地一样，是一种需要进行经济核算的生产要素。市场经济的本质是用价格信号对社会资源进行配置，社会资源的分配和再分配过程实际上是人们围绕价格进行资源博弈的过程，对任何一种资源的优先占有都可以在博弈中获得相关的利益，信息也是这样。信息经济学认为，信息不对称造

成了市场交易双方的利益失衡，影响社会的公平、公正原则以及市场配置资源的效率，在"柠檬市场"的极端情况下，市场会止步萎缩和不存在，形成逆向选择或者劣币驱逐良币效应——由于交易一方并不知道商品的真正价值，难以分清商品好坏，只能平均价格来判断平均质量，提供好商品的吃亏，提供坏商品的得益，于是好商品便会逐步退出市场，这样恶性循环的结果是最后就只剩下坏商品。信息化时代的互联网和移动互联网工具，其最具有里程碑意义的就是打破了各行各业的信息壁垒，消灭了信息不对称。如今谁还想利用信息不对称来成就一个伟大公司，几乎没有可能性了。信息越来越透明，就要求企业和行业未来一定是要靠自身真正的核心竞争力。对于规制经济领域的企业也是如此。前面十多年，互联网首先是覆盖消费领域，现在开始向产业领域扩展。金融业被互联网化是一个典型的例子。传统金融业是精英化、神秘化行业，由于需要金融业的专业知识，老百姓弄不明白，金融业就依靠制造信息不对称来赚钱，而互联网金融通过技术洞穿壁垒，依靠一个简单APP就可以操作原来非常复杂的金融工具。

【链接】从社会文化层面谈互联网时代的垄断行业

亨廷顿在《文明的冲突》一书中表示中国人的忍受能力来自于儒家文化的影响，熊培云在《重新发现社会》中表示如果中国正统文化以墨家为首可能又是一番景象，对此我表示很纳闷。……根本原因都是基于在那些信息交流不发达的时代，任何信息都可以被当权者屏蔽过滤，将经过删选的片面的信息发出去，从而导致听众永永远远只能知道那些被过滤后的信息。而互联网的出现则彻底颠覆这样一种状态，使得任何信息都无法被过滤屏蔽，无论你是哪个国家的人，无论你是哪个民族，无论你信哪个宗教，只要你想知道信息，信息就会毫无阻挡地出现在你面前。互联网改写垄断行业的各类事件我们都有目共睹，就不举例了。并且这种博弈会越来越多，信息会被越来越透明起来。权力与权力的制衡每天都在互联网上无声并且激烈地进行。互联网要求，透明！透明！再透明！

（来源：《互联网将如何颠覆这17个传统行业》，承哲/文）

二是提高服务便捷性。移动互联网时代，用户的需求集中体现为便捷化服务和个性化服务，他们希望在任何时间、任何地点、任何设备上体验个性化服务。随着各种移动互联网业务的极大丰富，"用户寻找信息"的被动服务模式将逐步转变为"信息寻找用户"的主动服务模式。个性化服务催生了新型契约关系，用户行为及用户产生的信息更加真实可信，个性化服务从根本上改变了信息组织和提供方式。近年来各个传统的垄断行业，在基本完成内部信息化管控外，纷纷通过桌面互联网特别是移动互联网，提高和改善对用户的服务水平和质量。

(1)电力行业：2015年1月，一种新型的电子化服务平台——"电子e行"APP被推向市场，并在部分省市投入使用。公众可以通过"电子e行"绑定自己的电力账户，足不出户即可查询电费电量及欠费情况，随时完成上网缴费，方便快捷。用户可以直接通过手机完成家庭用电信息的查询及缴费等业务，通过集成营业网点位置定位服务，轻松查找到离用户最近的营业网点信息及客服电话。人性化的快捷菜单，一目了然，帮你轻松进入账单查询、办理进度、用电档案、停电信息、营业网点、充值缴费、信息订阅、服务支持、注销等功能。除了以上基本功能外，还包括消息订阅、服务支持、系统设置等多个模块。"电力e行"旨在通过手机客户端，实现电力缴费业务与移动互联网的结合，与客户建立起24小时信息沟通渠道。其独创性的"服务+查询+咨询"模式，体现了鲜明的定制化、移动化、可视化和服务化特色，致力于为用户提供多样化、智能化的便捷服务。

(2)铁路行业：近年来，各种运输方式之间的竞争越来越激烈，铁路客货运均面临着严峻的挑战。目前，铁路信息化建设主要集中于运输调度、列车编组等生产建设领域，而真正面向公众的客货营销相对滞后，造成了铁路客流不均衡、货流不透明、运力资源难以优化配置、客户满意度低等一系列负面问题，实现铁路客货营销信息化已是当务之急。2013年12月8日官方铁路订票APP"铁路12306"应用上线运行，提供购票、列车信息查询等服务，并支持支付宝在内的多种网络支付。铁总成立后，中国铁路商业化运营终于从订票软件开始。该软件内部还增加了团购、新闻、打车等多个第三方APP应用，这被业界视为涉足商业化的信号。比如"铁信通"具体应用功能如下：票点查询、站站查询、车次查询、正晚点查询、余票查询、行包查询、旅游查询。"铁信通"系统的建设，一方面有效地满足了行业需求，实现了客货营销办公自动化、货运车辆监控智能化、客户服务个性化等功能；另一方面有利于客户与铁路部门高效、及时、准确地交互式交流，省时省人省物，社会效益明显。

(3)石化行业：石油化工行业对于经济的发展影响大，是传统垄断行业的代表，以前一直是线下体验式的营销模式，在当前竞争激烈的市场中，这个行业也深刻地认识到，最能够赢得客户群的就是移动互联网终端。人们选择以车代步出行时，都会用到手机，如果能够打造出石油化工行业的APP营销模式，就可以让营销随时随地的黏

住消费群。2015年1月，中石化森美（福建）厦门公司推出"车e族"APP，抢滩掌上市场。"车e族"可以帮助寻找最近的加油站及其排队情况、营业状态，合理规划行车加油路线；可以在线办加油卡，通过在线支付，不用下车就能一键支付加油款等，加油不用带钱，只需掏出手机扫码就行。

（4）航空行业：不少航空公司的APP除了可以值机、追踪航班信息外，还有行李追踪、娱乐、社交等多种功能。像国航、南航、东航、海航等航空公司的APP都可以用语音直接进行查询锁定航班，除了提供航空公司本身的服务外还增加了"目的地机场导航"的功能、"行李查询"功能——输入行李票上的行李号码就可以查询到行李信息。四川航空移动客户端Android、iPhone版于2014年5月上线，iPad版本于2014年10月上线，为移动终端用户提供查询、订票、支付、值机、里程查询兑换服务等一站式航空出行服务。

（5）电信行业：中国电信推出了"天翼客服"手机客户端，是一个聚焦客户服务、集各类服务渠道和应用于一体的移动互联网服务门户产品，这意味着运营商热线话务服务这一传统的服务形态将被APP所改变和丰富，以电话接入为主的传统服务模式将转向"APP+10000号"的新型服务体系。该客户端使用了"大厅+应用"模式，能够实现多种服务应用的自由添加和分地域展示，支持用户根据自身需求对服务应用进行管理，还汇聚了所有互联网服务渠道的入口，包括微博客服、邮箱客服、短信客服、IM客服、易信客服等。客户端可向用户提供图形化的流量、话音、短信等套餐使用情况及话费和积分查询服务，用户则可直接在该客户端上完成充值缴费、流量购买、积分兑换等业务。除此之外，该客户端还将传统的短信客服代码发送模式变为更加便捷的可视菜单和"瀑布流"对话方式，其中的国际漫游应用具备了自动检测、图形化引导和一键开通功能。

三、规制经济的一个样本

烟草界在促使香烟成为美国获利最多的消费品过程中取得了惊人的但又具讽刺意味的成功。一方面，烟草界不惜任何代价地推销香烟；另一方面，美国公众不顾一切忠告而去购买香烟。显然，双方有着不可思议的共生关系。

——《烟草的命运》理查德·克鲁格

烟草是一个矛盾的存在。1492年哥伦布踏上美洲大陆发现印第安人吸食烟草后带回欧洲，16世纪中叶烟草迅速传播走向全球。500多年来，烟草历史就是一部吸烟与返吸烟的历史。

世界控烟运动迄今为止大致可以划分为四个阶段。一是"寓禁于刑"的阶段。也就是17世纪初叶至中叶，神权、君权、王权施虐，烟草被视为魔鬼象征，吸烟和贩烟都被视为异端，加以刑法甚至残酷处死。一直到18~19世纪人们发现烟草的药用价值，血腥控烟才告一段落。二是"寓禁于理"阶段。18世纪末医生和学者开始研究吸烟与健康问题，1948年美国医学杂志报道，吸烟能缓解精神紧张，在20世纪初越来越多的研究表明，"吸烟有害健康"，1962年英国皇室内科医院发表报告，临床证明"吸烟导致肺癌"。这一时期的控烟走向"理性的探索"。三是"寓禁于控"。20世纪中叶到20世纪末，随着吸烟危害健康的证据越来越多，世界卫生组织明确举起反吸烟的旗帜，开展多种形式的控烟活动，并从1989年起，把5月31日确定为"世界无烟日"。1996年7月1日起，国际民航组织开始在国际航班禁烟。四是"寓禁于法"阶段。20世纪末期，世界卫生组织着手制定《烟草控制框架公约》（以下简称《公约》），2003年5月21日，世界卫生组织的192个成员国一致通过了世界上第一个烟草控制国际条约——《烟草控制框架公约》，世界控烟运动从此有了国际法依据。《公约》的序言中写道："本公约缔约方，决心优先考虑其保护公众健康的权利，呼吁所有国家就有效、适宜和综合的国际应对措施开展尽可能广泛的合作。"从此控烟具有了法律性、规范性和全球性的特点。到2010年共有93个缔约方采取政策，要求在烟草包装上带有说明有害健康后果的警示语。美国、日本、古巴等烟草大国，更多的是关注烟草控制对本国经济、贸易政策以及社会可能产生的影响，力求公约应该原则和宽泛，与欧盟、加拿大、澳大利亚等控烟激进国家屡屡冲突。其中美国政府在2004年5月就签署了《烟草控制框架公约》，但至今仍旧没有批准该公约。中国作为第77个缔约方签署了这个公约，并于2005年8月28日经过全国人大批准生效。

从上面的综述中可以看出，控烟进入新阶段后，影响范围更广、程度更深，但是持续时间也将更长久。本书希望强调的是，控烟不是禁烟。现在很多地方把控烟和禁烟简单画等号，这是缺乏更广阔视野考量的。仔细了解一下烟草的发展历程，历史教训殷鉴不远。1917年美国的禁酒令就是一个明证。美国禁酒令经历了酝酿、发展、失败的曲折经历。我国的控烟立法应充分借鉴美国禁酒令失败的经验教训，充分考虑我国烟草的市场需求、人文、习俗、经济、社会背景，因时制宜地出台能够适应我国国情的控烟法规。烟草制品作为一种合法的特殊成瘾性嗜好品，假设即使全部消灭掉，也会有新型的替代品，这是人性弱点和社会、文化多种因子交织的必然结果。烟草行业和全球13亿烟民与控烟组织之间的博弈将是复杂的、长期的。《中国控烟观察报告

2012——民间视角》里写了一句今后可能长期存在的情形："控烟与反控烟胶着纠缠，构成了这一年控烟在激烈斗争环境中艰难前行的复杂景观。"

1. 中国烟草经济规制的基本做法

烟草这个带着镣铐舞蹈的特殊行业，既承担保证国家财政收入、满足社会需求的职责，又承担推进控烟履约、维护消费者利益的职责。如何按照国家规制的要求破解行政化与市场化的矛盾，实现效率与自律的知行合一，回答国家专卖与市场买卖的平衡命题？特别是如何按照世界卫生组织（WHO）控烟的要求，"减少供给、减少消费、减少危害"？

新中国成立后，中国烟草产业经过多轮的分分合合，最终选择了"统一领导、垂直管理、专卖专营"的体制，先后出台了《烟草专卖条例》和《中华人民共和国烟草专卖法》（以下简称《烟草专卖法》），设立了国家烟草专卖局（中国烟草总公司）这个统一的规制机构。几十年来，烟草规制的方法、路径、历程大致如下。

一是体制机构规制。1956年完成对烟草行业的公私合营，卷烟工业雏形浮现。20世纪50年代的管理方式，主要特点是重点工厂划归轻工业部管理，其余的划归地方管理。1963年中央决定对烟草工业实行集中统一管理。1981年5月，国务院决定对烟草行业实行国家专营，成立中国烟草总公司，并授予一定的行政管理权力。经国务院批准，中国烟草总公司于1982年1月正式成立。1983年9月，国务院发布《烟草专卖条例》，对全国范围的烟草行业实行高度集中的统一管理，建立国家专卖制度，由中国烟草总公司统一领导，全面经营管理烟草行业的产供销、人财物、内外贸业务。1984年1月，国务院批准同意成立国家烟草专卖局，并与中国烟草总公司一套机构、两块牌子。与此同时，为加快建立行业集中统一管理体制，国务院先后就关于坚决关停计划外烟厂、关于经济特区及沿海城市执行《烟草专卖条例》、关于烟草机构组建上划等下发一系列文件，做出明确规定和要求，形成了我国烟草发展有史以来第一次比较全面、完整的烟草专卖制度和管理体制。1991年6月，全国人大常委会通过《烟草专卖法》，自1992年1月1日起施行。1993年1月，国务院专门下发《关于进一步加强烟草专卖管理的通知》指出，"实行烟草专卖是我国一项成功的改革政策，必须毫不动摇地继续贯彻执行"。1997年7月，国务院发布了《中华人民共和国烟草专卖法实施条例》。《烟草专卖法》及其实施条例的发布和施行，通过国家立法形式对我国烟草专卖制度加以确立和巩固，使烟草专卖管理和生产经营走上了法治轨道。进入21世纪以来，为了适应社会主义市场经济体制的要求，坚持和完善国家烟草专卖制度，充分发挥专卖体制优势，2003年又在全行业实施省级公司工商管理体制分开改革。2005年

11月，国务院办公厅下发《关于进一步理顺烟草行业资产管理体制深化烟草企业改革的意见》，明确烟草行业继续实行"统一领导、垂直管理、专卖专营"的管理体制，中国烟草总公司依法对所属工商企业的国有资产行使出资人权利。2009年8月，全国人大常委会对《国烟草专卖法》中的5项条款做出修改，使《烟草专卖法》更趋完善。

二是进入壁垒规制。1964中国烟草工业公司（托拉斯）贯彻中央"调整、巩固、充实、提高"的方针，将全国104个工厂关停并转为62个，"文革"期间，烟草托拉斯停办，全国陷入混乱状态，到1981年，计划外烟厂已经增加到300多家。1982年中国烟草总公司成立后，起步工作就是关停计划外烟厂，先后关停300多家，全国卷烟生产工厂缩减为144家。为了解决烟草乱象，打击假（假冒）、私（走私）、非（法）、超（产），推荐行业健康发展，1983年国务院颁布了《烟草专卖条例》，1991年6月，全国人大通过了《烟草专卖法》，实行烟草专卖许可证和准运证制度，实行生产计划、价格、进出口的专卖措施，对违法烟草专卖的行政处罚程序、违法责任进行了明确规定。

三是竞争行为规制。在行业组建初期，面对计划经济条件下卷烟产品相对短缺的状况，坚持"满足消费、增加积累"方针。进入20世纪90年代，在卷烟产品由卖方市场向买方市场转变情况下，坚持贯彻"控制总量、提高质量、调整结构、增加效益"和"狠抓基础、稳中求进"的指导方针，努力抓好卷烟限产压库、产品结构调整和市场整顿规范工作，较好实现了由"产量速度效益型"向"质量结构效益型"转变。进入21世纪以来，提出"深化改革、推动重组、走向联合、共同发展"的主要任务，着力完善体制机制、优化资源配置、加快结构调整、全面提升水平，全面推进传统烟叶生产向现代烟草农业转变、传统烟草商业向现代卷烟流通转变、传统工厂制向现代企业制度转变，努力转变发展方式。在卷烟分税制情况下，卷烟厂的产销数量和地方财政收入密切关联，国家专卖变相变为地方专卖，大搞地方封锁。2003年，国家烟草专卖局实行工业商业分离的体制改革措施，做实省级工业公司，推进"大市场、大企业、大品牌"战略，培育市场竞争主体，促进适度市场竞争。2005年理顺行业产权关系，建立现代企业制度，形成公司化治理。商业企业由原来的"坐商"变为"行商"，形成全国性的大市场大流通，开展了市场网络建设和现代物流建设。工商之间协同营销，为卷烟工业企业提供公平的市场竞争环境。烟草农业方面全部实行合同收购，加强基地建设，建设现代烟草农业。烟草作为特殊产品，对消费者是必需品，但是生产多了就是废品，储存不能超过半年。因此对烟草制品的规制，生产计划规制是首位的，2002年后国家通过"卷烟生产经营决策信息系统"进行严苛有效的管制，因此对进入 21 世纪后，中国烟草进入产销平衡的良好状态。其次是价格规制，1998~2006 年，先后出台了《卷烟价格宏观调控和管理暂行办法》《卷烟定价规范》《关于国产卷烟价格梯次化管理的实施意见》《关于加强卷烟统一批发价格目录管理的通知》。2009 年，烟草局、财政部、税务总局实行"价税财"联动，进一步理顺卷烟价格。第三是质量规制，先后进行了三个五年计划的三轮技术大改造，技术装备达到国际水平，同时大力狠抓降焦减害，切实降低卷烟产品对消费者的健康危害，先后三次修改卷烟国家标准。2014 年，中国烟草提出谋划"三大课题"："改革的红利在哪里？发展的潜力在哪里？追赶的目标在哪里？"在规制措施上，一是严控烤烟收购计划，二是加强卷烟产销调控，三是进一步深化改革、科学发展、控烟履约、规范管理、严管干部。

四是行业自律规制。烟草行业是国家专卖，行业确立和反复强化"国家利益至上、消费者利益至上"的"两个至上"价值观，开展管人与管事相结合的行业自律规制工作。2000~2005 年持续开展烟叶生产流通秩序整顿，2002 年开始进行卷烟体制外流通循环的专项治理，在加强行业外部专卖打假的同时加强行业内部全流程全覆盖的专卖内管工作。2005 年开始进一步加强内部管理与监督工作，从专卖内管、财务管理、审计监督、纪检监察等各个方面全面发力。2007 年开始用信息化手段对打叶复烤、"两烟"交易、工程投资、烟用物资、零配件采购、宣传促销等负面问题，从制度、程序、运作、监督四个方面进行全面治理。从 2005 年以来，全行业共投入 500 多亿元资金用于烟区基础设施建设，工业反哺农业，明显改善烟区生产条件，促进烟农增收。

（扫描二维码阅读新华网报道《烟草行业工业反哺农业》）

2. 中国烟草经济规制的主要成效

一是减少负的外部性。烟草负面的外部性主要有吸烟引起的健康危害、医疗支出、低收入群体购买卷烟影响生活、对资源和环境的影响。政府采取法律手段对烟草进行规制，首要的目的是减少烟草负面的外部性，控制资源的有效配置，减少外部不经济和交易成本重复，同时通过课以重税，对消费者实行"寓禁于征"。在产业规制下，烟草专卖制度为控烟工作提供了国内法准则。在烟草专卖体制下，国家通过政府规制手段对"卷烟和烟叶"生产进行严格的计划控制，在生产经营中加强计划管理，控制烟草总量，有效管制了烟叶超收超种和卷烟超产瞒产，并通过卷烟结构调整、卷烟价格管控、卷烟包装警示、降焦技术攻关、规范烟草市场秩序等方式措施调控烟草市场供求和卷烟产品质量。其中，烟草企业现在完全是遵照国家下达的执行令计划刚性执行，执行率达100%。从卷烟产量增速来看，《公约》生效以来呈现逐年回落之势，2006年我国卷烟销量增速为4.5%，2013年已经下降为1.7%，2015年国家下达指标减少220万箱，比2014年下降4.25%。《公约》中要求对烟草制品成分与释放物进行管制和信息披露，虽然只有212个字，却涉及机构、检测、披露、标准、方法、法律等诸多要素，在6000多种成分中，很多成分和释放物的含量极其微小，有的转瞬即逝，而且相互之间相互作用，实施起来是一项繁复工程，但是我国没有知难而退，而是运用专业力量，投入专门资金，建立协调机制，攻坚克难，抽丝剥茧，对这些复杂成分进行检测、控制和有序披露。烟草行业积极参与维护公众健康活动，与宋庆龄基金会、全国少工委等单位连续多年开展劝阻未成年人吸烟的"太阳花杯"系列公益活动。加强烟草控制方面法律法规的宣传：一方面引导烟草企业加强自我约束、遵纪守法；一方面引导卷烟零售户加强自律，禁止向未成年人出售卷烟。2012年12月，由工业和信息化部、卫生部、外交部、财政部、海关总署、工商总局、国家烟草专卖局等部门组成的"部际协调领导小组"制定印发了《中国烟草控制规划（2012~2015年）》，制定了我国实现烟草控制目标路线图，全面推行公共场所禁烟，深入开展控烟宣传，广泛禁止烟草广告促销和赞助，不断强化卷烟包装标识健康危害警示，有效打击烟草制品非法贸易，积极提供戒烟服务。同时，烟草行业自从1982年实行高度集中统一管理以来，30多年里，经济效益快速增长，为国家财政积累了大量资金，实现税利从专卖实行前1981年的75亿元增加到2014年的10 518亿元，增长140倍；上交国家财政从1981年的67亿元增加到2014年的9110亿元，增长136倍。产品质量上，2006年出台的《烟草行业中长期科技发展规划纲要（2006~2020）》明确提出把减害降焦作为行业的科技创新的主攻方向，形成了以郑州烟草研究院为龙头、34家企业技术中心为基础、28个质检机构为依托的行业技术创新体系，组织重大科研课题攻关克难，围绕良种培育、卷烟调香、特色工艺、减害降焦四大战略课题，组织力量攻关。全国卷烟单箱消耗烟叶由20世纪80年代50公斤以上降低到35公斤左右，拥有专利4480项，其中发明专利763项，已发布国家标准87项、行业标准478项，实现100%加装过滤嘴。2013年，全国卷烟焦油含量加权平均值已经由20世纪80年代的30毫克/支下降到10.6毫克/支，1~6毫克/支的产量大幅度提高，1毫克/支的超低卷烟也相继出现。2013年，除了焦油含量外，有7大类有害成分释放量和危害性指数持续降低。另外，20世纪90年代以来，国家坚持把卷烟打假打私、清理卷烟自由批发市场作为加强市场监管的重要内容，烟草、公安、海关、工商等执法部门，联合对制售假冒商标卷烟、走私卷烟违法活动给予了严厉打击，对非法卷烟自由批发市场进行清理取

缔，各类卷烟非法经营活动得到有效遏制。近年来，我国卷烟市场净化率保持在96%左右。

二是减少内部交易费用。国家通过有效规制，遏制了走私烟、假冒烟的泛滥，关停计划外小烟厂，减少了劣质卷烟和偷漏税收的超产卷烟。卷烟工业产业组织由过去的300多家上1000多个牌号卷烟的无序竞争、降价倾销，发展成为现在18个工业集团100多个牌号的有序、有效竞争，并逐步建立起了现代企业管理制度，规模化水平得到持续集约优化。商业企业省级公司退出经营，县级公司取消法人资格，确立全国300多个地市级公司为市场主体，有效降低了交易费用。烟草商业销售企业也由原来的省地县三级经营变为地市级烟草公司一般经营，单位市场主体年购销规模从过去的万箱级上升到十万箱级，同时推进建设全国统一管理的现代卷烟营销网络，理顺卷烟流通经营管理体制，实行卷烟销售和物流配送一体化，推广"网上订货、网上配货、网上结算"的电子商务模式，提升卷烟市场的交易效率。截至2014年，电话订货实现100%覆盖，网络订货率达到88.2%，电子结算率达96.8%。目前烟草行业卷烟营销网络遍及全国每一个乡镇，服务500多万卷烟零售户，传统烟草商业逐步向现代卷烟流通转变。烟草农业从传统烟叶生产向现代烟草农业转变，不断加强烟叶生产基础设施建设，推行烟叶原料供应基地化、烟叶品质特色化和烟叶生产方式现代化（种烟大户+合作社）的可持续发展策略，烟草农业集约化程度得到大幅提高。烟叶实行专业化种植，在烟叶产地进行打叶复烤，烟叶采用箱式包装运输，改变了传统的烟叶原料供应方式，大大提高了烟叶原料的生产、运输和存储效率，烟叶生产步入现代化发展的新阶段。

三是提升整体竞争能力。经济规模是衡量竞争力的一个主要指标，规模经济不仅意味着降低单位生产成本，而且意味着降低交易费用。2014年中国烟草卷烟产量5170万箱，销量5099.04万箱，税利总额10 517亿元，已持续多年实现高速增长。1949年，全国卷烟产量约为160万箱，其中70%的产品是由外国资本在华生产或直接经由国外进口。新中国的成立，拉开了中国烟草行业新生的序幕。烟草专卖制度的确立，促进了中国烟草民族工业和中式卷烟名牌的发展壮大。自1982年专卖制度建立以来，我国烟草产业开始步入正轨发展阶段，综合竞争力持续增强。目前中国烟草的卷烟销量、销售收入、销售利润、资产总额均居全球烟草企业第一位，中国烟草总公司（含下属子公司和分公司）已经成为名副其实的全球第一大烟草公司。同时，中国烟草行业通过实施"走出去"和"卷烟上水平"战略，大力扶持和培育具有国际竞争优势的大企业、大品牌，主动参与国际烟草产业价值链分工，努力开拓国际业务，核心竞争力得到有效提升。工厂数量减少直接提高了生产集中度，企业平均产量由于20世纪80年代的10万箱左右上升到100多万箱，品牌集中度大大提升，有的品牌规模已经挤入国际品牌前列。在品牌规模方面，2007年以前，中国烟草行业尚未有一家卷烟销量超过200万箱的品牌，2014年拥有6个；销量超过100万箱的卷烟品牌由2005年的4个增加到2014年的17个。参照全球卷烟销量排行榜，除中国外，2008年全球有2个品牌销量超过200万箱，2014年也只有3个品牌过200万箱。在全球各大烟草品牌销量都不同程度增速放缓甚至下跌的时候（菲莫国际"万宝路"品牌规模依然高达782万箱），中国烟草品牌的规模实力在进一步增强，中国2014年有"双喜·红双喜"、"云烟"、"红塔山"、"白沙"四个品牌分别占据二、三、四、五位，销量分别达到426万箱、376万箱、301万箱、293万箱。中国烟草17个销量大于100万箱的品牌中，有多个品牌领先于"云斯顿"（260万箱）、"波迈"（225万箱）、"蓝星"（188万箱）、"七星"（160万箱）、"健牌"（128万箱）、"骆驼"（135万箱）等国际知名大品牌。在坚持烟草专卖体制下，中国烟草品牌的规模实力已有极大提高，大品牌队伍也逐步壮大，品牌发展水平稳步上升。在品牌绩效方面，中国烟草的企业绩效和品牌集中度不断提高，2014年全国15个重点品牌销量占烟草行业总销量的83%，销售收入占烟草行业销售收入总额的80%，品牌集约化发展较2003年以前均有大幅提升。2014年，中国烟草共有24个品牌销售额超过100亿元，其中3个超过1000亿元，9个超过500亿元，16个超过300亿元。同期，"万宝路"、"云斯顿"等国际品牌销售收入均出现同比下滑。在环境制约和税负压力下，中国烟草行业的整体绩效仍保持着稳步增长态势，其中优势品牌的支撑和贡献作用日益突出，"中华"等名优品牌正在拉小与"万宝路"等国际知名品牌的差距。在品牌国际化方面，2007年我国烟草行业实施的"两个跨越"（由国内市场跨向国外市场、由区内市场跨向区外市场）战略，推动了中国烟草产业的国际化进程，开始了中国烟草的"走出去"步伐。中国烟草通过出口贸易，在东南亚、欧洲等地区投资办厂或设立贸易型公司，与奥驰亚集团、帝国烟草公司等开展品牌许可生产和战略合作，在津巴布韦开展烟叶实体化运作等，努力拓展国际市场。2014年我国全年境外卷烟生产304.2万件，同比增加25.2万件。2014年境外销量787.5万件，同比增加94.4万件。尽管"走出去"步履维艰，但作为世界烟草经济的一个重要组成部分，中国烟草承担着实现中式卷烟品牌国际化"跨越"的历史使命，正在加速前进。

烟草规制虽然取得了显著成效，但不足也是明显的。由于是从旧的计划经济脱胎而来，许多旧的工作机制依然在发挥作用，新的以市场经济为前提的模式还没有充分

建立。要在规制框架下引入市场竞争，还需要完善规制立法，建立规范的规制机构，改造规制对象，继续实行严格的进入规制，调整完善规制水平，采取多种产业规制措施的综合发力，尤其是完善卷烟增量计划分配和卷烟定价机制，引入竞争机制，实现高效发展，促进市场公平，强化社会性管制，加强普遍服务规制，提升自律规制，增进社会福利，维护行业形象。

3. 中国烟草经济规制的信息化手段

随着互联网的发展，信息化的重要性日益被人们所认识。信息的力量，在网络时代积聚式爆发。在转型发展的道路上，烟草行业坚持信息技术与烟草产业融合发展，用信息化支撑、服务、驱动烟草行业改革，并改造传统卷烟工业生产、传统烟草商业销售和传统烟草农业种植，推进烟草"工业化与信息化"深度融合，推动烟草行业提高现代化水平。

多年来，烟草行业通过信息化推进自身现代化转型，使先进的信息技术全面渗透到烟草行业生产、流通、管理等环节，改变传统的生产经营模式，加速烟草产业、卷烟产品结构的调整，完善烟草行业管理体制，满足市场和用户需求，提高市场适应能力，提升整体竞争实力。实践证明，加强信息化建设促进了烟草行业科学健康发展和发展方式转变。

2003年，国家烟草专卖局按照"统筹规划、资源共享、应用主导、面向市场、安全可靠、务求实效"的方针，加快推进了烟草行业的信息化建设，立足于用信息化和高新技术改造传统烟草行业。2005年，国家烟草专卖局印发《数字烟草发展纲要》，制定了建设"数字烟草"的信息化发展战略，用信息化带动烟草行业现代化建设。2010年，烟草行业历时近7年的"卷烟生产经营决策管理系统（烟草行业一号工程）"建设完成，通过信息系统实现了对烟草行业中工业、商业两大环节生产经营数据的全面有效采集，提高了对生产经营过程的规制水平。2013年，烟草行业正式启动全行业的数据中心项目建设，通过大数据、云计算等信息化方式更好地支撑了产业发展。2014年，国家烟草专卖局印发了《烟草行业信息化发展规划（2014—2020）》，确定了烟草行业CT-155发展战略，以烟草行业"一号工程"为基础，以商流、物流、资金流"三流合一"为目标，推进烟草行业各业务信息系统的集成、信息要素的整合、信息资源的共享，推动卷烟生产过程智能化、烟用物品流通数字化、卷烟经营管理网络化，通过信息化全面提高烟草产业的规制水平。

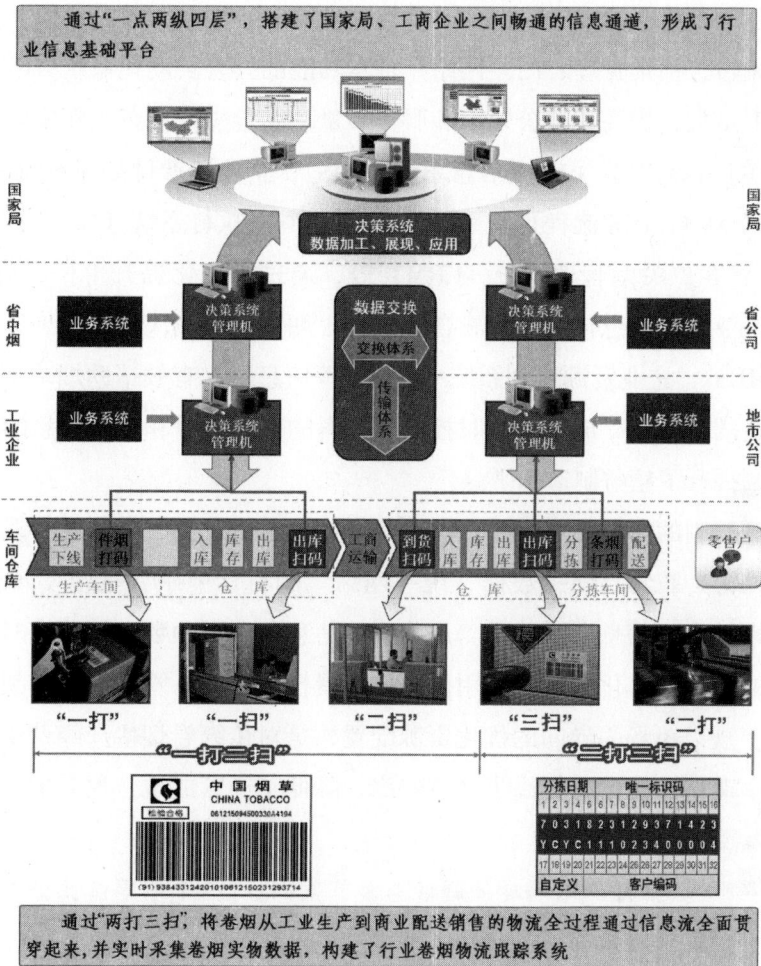

图11-1 卷烟生产经营决策管控规制信息系统
(图片来源:《中国烟草》杂志)

其中值得一提的是烟草行业"一号工程",采用物流数码跟踪技术,将卷烟生产计划管理与卷烟生产过程结合起来,通过"计划取码、物流跟踪、到货确认"流程,实现了烟草行业卷烟生产经营环节的产量、价格、库存、成本、销量和流向基础信息数据的实时自动采集生成,达到对生产经营情况的日跟踪、旬分析、月调控,统一了生产控制、物流跟踪、数据采集,保障了卷烟生产经营基础数据采集和管理的准确性、及时性,提高了卷烟指令性计划规制的刚性程度。(见图11-1)

结合数字烟草发展战略,烟草行业建成了电子商务系统,实现了卷烟、烟叶和卷烟辅料等全部网上交易,以信息技术为手段的卷烟销售网络规制水平不断提高,促进了传统烟草商业销售向以"网上订货、网上配货、网上结算"为主要特征的现代流通

转变。同时，烟草行业建成了以办公自动化为主要内容的电子政务体系，具备"公文传输、公文流转、档案管理、门户网站"基本功能的办公自动化系统，实现了文档网上查询和网上审批，提高了办公效率和服务质量。结合生产经营工作实际，烟草行业内部各企业单位自行开发了管理信息系统（MIS）、企业资源计划系统（ERP）、办公自动化系统（OA）、业务流程再造系统（BPR）、制造执行系统（MES）、供应链管理系统（SCM）、客户关系管理系统（CRM）等，通过信息化提升生产经营管理水平。特别是在"工业化与信息化"两化融合背景下，烟草工业加快了数字工厂建设。制造执行系统（MES）、企业资源规划系统（ERP）等信息系统有效帮助烟草工业生产企业实现生产制造的精细化、成本的实时控制、物料的有效跟踪和生产信息的及时反馈与分析等，大幅提升了精益制造水平。

烟草行业规制的信息化手段是在国家"工业化与信息化"两化融合战略下，按照"统一标准、统一平台、统一数据、统一网络"的目标要求，逐步实现信息系统集成、信息要素整合、信息资源共享。烟草行业信息化建设的数字烟草战略，通过实施整个供应链的信息一体化管理，运用信息化开展技术创新、管理创新和制度创新，实现以市场为导向的优化资源配置，是对传统卷烟生产经营模式的信息化改造和转变，提高了经营效率，降低了经营成本，提升了经营效益，达到了规制的目的。

（扫描二维码延伸阅读本章节案例：《一个烟草工业企业的信息化规制、智能化制造和网络化服务》）

扫描二维码
精彩继续

第四部分

明　天

多数人在想到未来时，总觉得他们所熟知的世界将永远延续下去，他们难以想象自己去过一种真正不同的生活，更别说接受另一个崭新的文明……我们是旧文明的最后一代、新文明的第一代。

——阿尔文·托夫勒（Alvin Toffler）

只要明天还在我就坚定未来

纵然黑夜漫长难耐太阳还会重新回来

只要青春还在我就不会悲哀

即使陷身茫茫沙漠还有希望绿洲存在

让阳光拥抱每一个梦想

手牵手在坎坷中凝聚力量

让自由空气再到处流淌

为争取成功的欢乐而冲浪

只要生命还在我就要站起来

哪怕征途风浪澎湃也要起航扬帆出海

只要梦想还在我就不会言败

不管历经多少阻碍坚信成功必将到来

未来，已来，梦想的舞台有你有我更精彩

——歌曲《未来已来》文远/词曲

第十二章　互联网发展望远镜

在柔媚的湛蓝中，

教堂钟楼盛开金属尖顶。

燕语低回，蔚蓝萦怀。

旭日冉冉升起，尽染金属尖顶，

风中，风向标在高处瑟瑟作响。

……

充满劳绩，但人诗意地，栖居在这片大地上

——德国诗人荷尔德林《在柔媚的湛蓝中》

　　本书写到这里，读到这里，我们似乎都有些倦怠了，也似乎更加迷茫了。开始，互联网只是少数数字精英、IT工匠的生意和游戏，接着它变成了犀利的开疆拓土的工具，从媒体、娱乐、通信、游戏、电商到各个行业领域，楔入、敲打、犁铧开人类工业时代以来板结的土壤，再到现在我们的整个生活，越来越小但越来越强大的移动智能终端与我们如影随形，到处都弥漫着互联网的味道。田园牧歌的时代已经远去，供我们缅怀。互联网时代的列车，日新月异，风驰电掣，进入"高铁"时代。它将把我们载向何方？

一、ICT蔓延

　　IT的变革每隔五到十年就会出现一次，现在又到了新的变革时间点。而我们今天就站在这个科技变革的大门前。

——惠普公司总裁兼首席执行官梅格·惠特曼

　　互联网发展到今天使"地球村"的概念不再是一个古老的比喻。有人以人机交互为参照，认为互联网经过了两个时代：一是1964年美国人道格·恩格尔巴特发明了鼠标，推动互联网进入点击时代；二是2007年乔布斯推出首款iPhone触摸屏幕智能手机，推动互联网进入触摸时代；并预言第三个时代——未来是声音体感时代，说话就可以控制互联网，有如呼唤自己驯养多年的小狗。

网络连接的不仅是机器，还有组织、物体和人。互联网技术的飞速发展，让每个个体和组织都充满焦虑。互联网技术是一个真正的永动机，互联网时代唯一不变的就是变化。在这个变幻无常的时代，"不确定性"得到强化。因此，用今天的水平和眼光去揣度技术的明天，是一件非常冒险的事情。但是，罗辑思维CEO李天田说："今天占主流地位的传统管理理论都是基于高度确定性的控制。假设未来是不是确定性的，你必须学习用不确定的方式来解决不确定性的问题。"

人们已经形成的共识是，互联网将变成水电气一样的基础设施。人们会逐步忘记或者淡化它的存在，它是作为陆地、海洋、天空之外的一个空间——网络空间的另类而真实存在。互联网相关技术下一步蔓延的趋势，是"站在海岸遥望海中已经看得见桅杆尖头了的一只航船"，正在向我们驶来，上面写着"移、云、大、智、物"几个醒目的大字：移动互联网、云计算、大数据、智能化、物联网。这"五驾马车"相互补充、相辅相成，织就一张越来越严密的网络。

第一，深刻改变生产生活形态的移动互联网

移动互联网≠移动+互联网。移动互联网是移动和互联网融合的产物，不是简单的加法，更多时候，移动互联网=移动×互联网，乘数效应明显。移动互联网的基本载体是移动终端，基本特性是打破了网上信息传播时间和空间的局限，可以"随时、随地、随心"，查寻资讯、处理工作、社交沟通、娱乐互动。移动智能手机不仅具有计算、存储、通信能力，同时具有越来越强大的智能感应能力，让移动互联网不仅联网，而且可以感知世界。传统互联网只能用PC去上网，移动性很差，而移动智能终端不仅可以是办公的工具，成为传统互联网的补充，而且是生活必不可少的一部分，甚至就是一种生活方式，今后与生活相关的吃、穿、住、行、娱、购、社交、理财、服务、媒体、工作等内容几乎都在手机上。手机就是人们一个有体感和温度的电子器官，手机界面上趴满了场景化+个性化的APP。

移动互联网融入了交流沟通、信息获取、商务、娱乐等各类互联网服务，形成了全新的商业模式和消费模式。城镇化进程的加快和智能手机的普及应用，让广大农民搭上了互联网班车，进一步弥合了因收入差异、城乡差异、年龄差异形成的"数字鸿沟"。几千年来一直被隔离在主流文化之外的庞大群体，在互联网浪潮中第一次享受了和城市人一样的技术红利。移动和社交的深度耦合，极大地促进了网络社交的普及

运用，颠覆了传统的交流交往方式，以微博、微信为代表的新型社交工具，在短短几年就形成了社群、粉丝群、工作群、朋友圈等全新的人际关系，人和人之间的关系变得非常紧密，移动互联网上海量分享的实时资讯、知识营养和心灵鸡汤，加深了人们相互之间的信任，增强了社会整体的正能量。

移动互联网在覆盖了社交、搜索、广告、电商、医疗、教育、媒体、游戏等领域后，进一步向所有生活领域弥漫。从商业模式的角度，网络、终端、用户的生态链条不仅打通成形，而且逐渐成为主流，推动移动商业创新进入快车道，特别是随着移动带宽技术的迅速提升，更多的传感设备、移动终端随时随地可以联网，加上云计算、物联网等技术的组合效应，移动互联网大数据时代水到渠成。目前主要是以基于LBS技术的精准服务和精准营销为主，未来随着对数据挖掘的不断深入，用户个性化定制的应用服务和营销时代的潮流继续升温，新的商业蓝海由此产生。

以BAT为代表的超级APP已经在"连接人与服务"的新战场上展开新版"三国演义"，在"90后"和"00后"消费新主流的推动下，多屏与跨屏常态化、产品与品牌年轻化、语音图像搜索主流化。

从普通消费者的视角，除了接受各种便捷的移动服务，被移动互联网改变了生活，就是感知更多的移动终端在招手，在把每一个人推向移动互联网的浩瀚无垠的深处，每个人都变成无处不在的泛在连接的一个点，生产着各种数据信息、数据垃圾。互联网是真正的恢恢天网，每个人都将被"一网打尽"。

硬件承载软件，软件定义世界，数据驱动未来。

硬件的时代并没有结束，而是顽强地不断进化和演绎。移动终端除了智能手机、平板电脑，现在正在涌现的是移动智能穿戴设备，比如智能眼镜、手表、服装、饰品等各类随身物品。

于是人们惊讶地发现，网络正在"爬上"我们的身体。它们的本质是可穿戴式计算机。比较流行的有以下几种。

一是智能眼镜。通俗地讲就是眼镜形态的智能手机，有自己独立的操作系统，采取移动通信网络实现联网，选择语音或动作操作指令，就可以实现添加日程、地图导航、好友互动、拍摄图片、录制视频、视频通话、处理电子邮件、上网冲浪等功能，组合运用了蓝牙、WiFi、扬声器、照相机、麦克风、触摸盘、探测倾斜度的陀螺仪等技术，是微型投影仪+摄像头+传感器+存储传输+操控设备的结合体。有的产品还采用了增强现实技术，将真实世界信息和虚拟世界信息"无缝"集成，真实世界和虚拟世界被叠加到同一个画面或空间，在眼镜上嫁接视频成像技术，相当于将106寸以上的大尺寸视频影像投影在距离用户3~5米的空间中。著名的产品有谷歌公司在2012年推出了的 "Project Glass"、索尼公司2014年推出的SmartEyeglass。

图12-1　可穿戴设备：眼镜和手表

二是智能手表。这是一种手表形态的智能系统，是传感器感知时代的常见可穿戴式设备，连接网络后可以同步手机中的通话、信息、邮件、照片、音乐等功能。目前市面上的品类繁多。（见图12-1）

三是穿戴验证。利用生物指标来提高安全级别。Nymi公司的穿戴手环提供身份验证，不需要密码就可以访问任何连接设备。解决了密码问题，支付功能是可穿戴设备的另一发展机遇。苹果与Apple Pay、三星与PayPal、Nymi联手RBC&万事达卡，都在2015年引入支付功能。

四是穿戴手环。这是可穿戴技术和时尚的交融，戒指、手镯之类的珠宝也可以变得智能化和可连接。另外健康手环由原来单独的计步器进化到使用更多传感器，监测和记录心率、呼吸以及情绪反应等指标。

（扫描二维码阅读《移动互联网上的衣食住行》《"00后"的移动互联网生活》）

第二，推进IT架构重大变革的云计算与大数据

云计算与大数据这两个高频度词汇已经热得发烫，成为互联网领域公认的两大主题，把它们放到一起来说，是因为它们紧紧关联，可以说是一个硬币的两面：云计算是硬件资源的虚拟化，大数据是海量数据的高效处理；云计算是大数据的IT基础，而大数据是云计算的一个杀手级应用；云计算强调的是计算，而大数据则是计算的对象。大数据技术是云计算技术的延伸，大数据技术涵盖了海量分布式文件系统、并行计算框架、NoSQL数据库、实时流数据处理以及智能分析技术（包括模式识别、自然语言理解、应用知识库等从数据存储、处理到应用的多方面的技术）。

云计算是2006年谷歌首席执行官埃里克·施密特（Eric Schmidt）在搜索引擎大会首次提出的。通过这些年的发展，演绎出来的定义很多，简单形象地说就好比由单台发电机模式转向了电厂集中供电的模式。用专业一点的语汇，云计算是分布式计算、并行计算、效用计算、网络存储、虚拟化、负载均衡、热备份冗余等传统计算机和网络技术发展融合的产物。比较权威的说法是美国国家标准与技术研究院（NIST）的定义：云计算是一种按使用量付费的模式。服务商提供可用的、便捷的、按需的网络访问，用户进入可配置的计算资源共享池（资源包括网络、服务器、存储、应用软件、服务），就能够快速得到响应和服务，且只需投入很少的管理工作。中国移动研究院的定义是，一种利用大规模低成本运算单元，通过IP网络连接，以提供各种计算服务的技术，具有系统集群大规模、系统集群具备平滑扩展灵活性、多种形式的资源池保证资源共享、实现资源的动态实时自动分配等特征。

云计算包含了云平台和云服务两个层面的概念。云平台是基于硬件的提供计算、网络和储存的服务。云服务是基于抽象的底层基础设施而且可以实现弹性扩展的服务。云计算的技术架构分为三个层次：基础设施服务（IaaS）、平台服务（PaaS）和软件服务（SaaS）。（见图12-2）

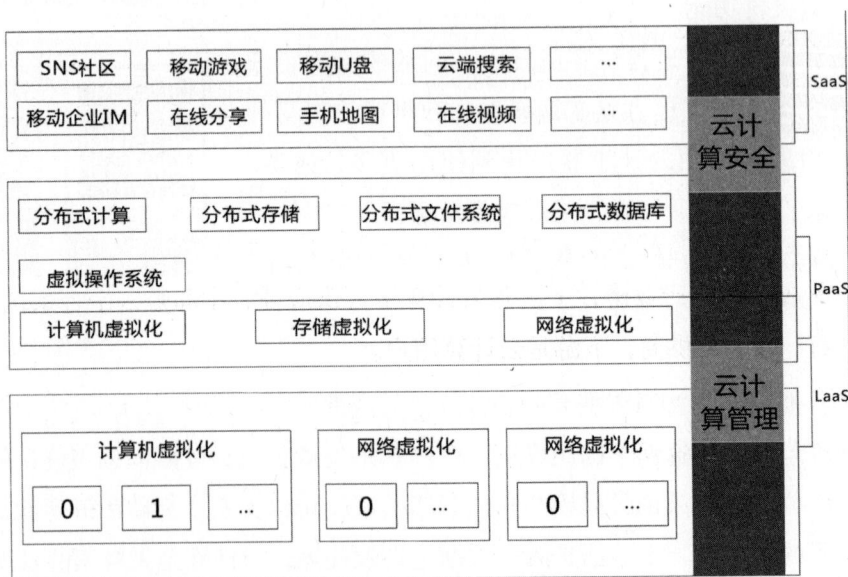

图12-2 云计算的技术架构

云计算产生的主要背景是技术进步和发展。计算机发明后，经历了集中计算的大型计算机以及超级计算机时代、分布式客户端/服务器时代、个人计算机时代、Unix

工作站时代、互联网时代、Web2.0时代、网格计算机时代、电子商务时代，其中重要的时代是万维网和Web2.0。互联网让PC机合并在一起，使PC机走入千家万户，推动了互联网的普及。但是随着信息资源的爆炸式增长和积累，导致了"信息危机"。我们如何在浩瀚的信息海洋中通过计算，快速有效地实现信息的有序流动和有效处置？于是云计算应运而生。长期以来，运算和储存都是在自己的机器上运行，硬件依赖制约着IT的发展，而云计算打破了这一个模式，使IT服务设施从硬件依赖转为软件依赖。

云计算产生的市场背景是用户需求，是由全球化、个性化、低成本化用户需求驱动的。传统企业的业务应用程序复杂，成本高昂，各种软件硬件数量大、种类多，企业必须有专门的IT团队和部门进行运维。互联网技术的快速迭代，让企业不堪重负，不投入不行，一投入就永无止境。云计算的优势在于通过规模经济性、强大的虚拟化能力、高度可靠的伸缩性和可靠性来满足用户需求，而且是按需服务、价格低廉，可以快速部署业务和开展服务。云计算服务产生后，一个显著的社会效益是，对于普通中小企业来说，原来高大上的互联网化不再是可望而不可即，企业无须购买软硬件、建设机房、雇佣IT专业人员，只需支付一次性的项目实施费和定期的软件租赁服务费，就能通过互联网享用信息系统服务。计算能力也成为一种商品流通，像水电气一样，便捷低廉，从而大大降低运营和创业成本。企业和创业者专注于经营和创意等核心环节，IT投入、运营和管理将不再重要，而是交给专业的云服务提供商。同时，云计算也凸显了草根的力量，让大众也可以普遍参与和使用计算，形成集体智慧，网上的社区会更加活跃，社区规模伸缩性和弹性大大增强。

云计算也正在深刻改变信息产业格局。软件行业和信息服务会更加规模化、集中化和精细化，终端设备变得更加简洁、丰富、轻量化和个性化。于是云计算的产业圈产生了，形成了新的产业链，上游是云计算平台供应商，中间是云平台系统集成商、应用开发商、服务提供商，下游是云计算用户。

云计算全方位改变商业模式和人们生活。我们今后谁也离不开这朵"云"。云计算是未来商业模式的基础技术元素，未来的工作、生活、消费都是基于云计算的架构与环境。在"云"时代，传统的社会生产力、生产关系及人际关系都将重新建造，大数据、物联网、传感器、各种终端、社会化媒体、电子商务、O2O、LBS、二维码等这一切都会变成云计算时代的建筑材料。云计算是信息时代的一种社会分工——计算机主机即将消失，未来你使用的各种终端设备——手机或者电脑，都只是一款简单的显示屏和操作平台，而把复杂的存储和计算交给"云"。

大数据是互联网发展的一种特征和必然结果。数据的基本单位是bit，它们按照进

率1024（2的十次方）来计算，这样计算出来的所有单位其顺序为：bit、Byte、KB、MB、GB、TB、PB、EB、ZB、YB、BB、NB、DB。整个人类社会现在掌握的整体信息量大概在100EB~1000EB之间。根据IDC的"数字宇宙"报告，预计到2020年，全球数据使用量将达到35ZB。

大数据的特性是"4V"，即数据容量大（Volume）、数据类型繁多（Variety）、处理速度快（Velocity）、商业价值高（Value）。前面两个V是海量数据和形态特征，其核心是需要通过云计算的强大计算能力快速处理海量的结构化和非结构化数据，获得有商业价值的数据结果。大数据的总体架构包括数据存储、数据处理和数据分析三层，类型复杂和海量数据由数据存储层完成，快速和时效性要求由数据处理层解决，价值由数据分析层解决。因此，大数据必须要云计算的支撑。数据先通过存储层存储下来，然后根据用户数据需求和目标来建立相应的数据模型和数据分析指标体系，对数据进行分析、挖掘，产生有价值的数据。中间层的时效性又通过中间数据处理层提供的强大的并行计算和分布式计算能力来完成，三层相互协同配合共同作用，最终让大数据产生价值。国外的企业大部分已经进入了中端BI（Business Intelligence，商业智能）——数据分析，少数企业开始进入高端BI——数据挖掘，我国企业大多还停留在数据报表阶段。

人类历史上，从来没有一个时代像今天这样与数据紧密相连，各种各样的智能终端设备每时每刻都在生产数据。这时就提出一个问题，我们该用什么样的方法去存储与处理大数据？如果离开云计算来谈大数据，云里雾里，一片迷茫；而如果离开大数据来谈云计算，云计算拿来算什么？因此也可以说是大数据催生了云计算，云计算又反过来激发了人们对大数据的认识和深化。大数据和云计算的相互促进和相互作用，以螺旋式的扭力推动互联网技术的进步。

互联网进化论创立者刘锋勾勒了云计算、大数据、物联网和移动互联网的交织关系（见图12-3）。物联网对应了互联网的感觉和运动神经系统；云计算是互联网的核心硬件层和核心软件层的集合，也是互联网中枢神经系统萌芽；大数据代表了互联网的信息层（数据海洋），是互联网智慧和意识产生的基础；物联网、传统互联网、移动互联网在源源不断地向互联网大数据层汇聚数据和接收数据。

云计算和大数据结合产生的威力，将重新解构这个世界，正在像庖丁解牛那样，"手之所触，肩之所倚，足之所履，膝之所踦，砉然向然，奏刀騞然，莫不中音"。这个世界虽然如此纷繁复杂，但是只要掌握了客观规律，就能得心应手，运用自如，游刃有余。

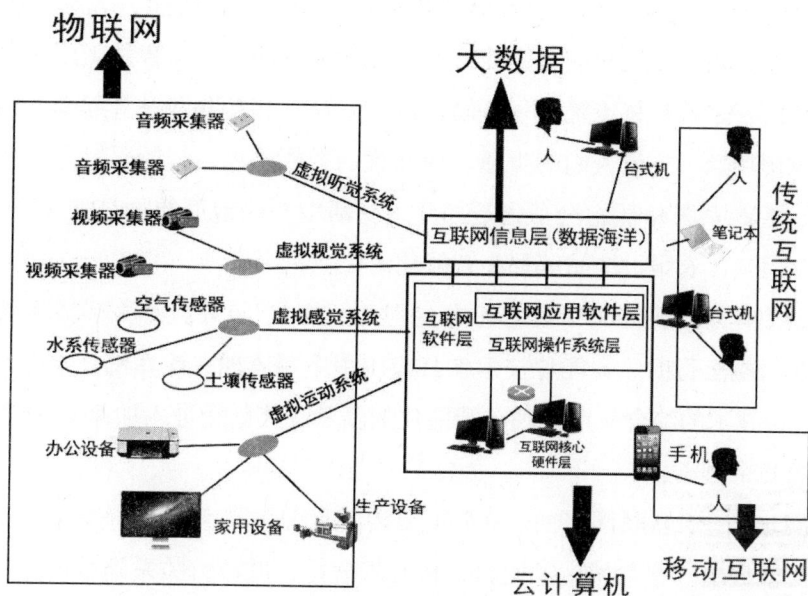

图12-3　云计算、大数据、物联网和移动互联网的关系图

【链接】大数据营销案例——Arget 和怀孕预测指数

关于数据挖掘的应用，有这样一个真实案例在数据挖掘和营销挖掘领域广为流传。美国一名男子闯入他家附近的一家美国零售连锁超市 Target 店铺（美国第三大零售商塔吉特）进行抗议："你们竟然给我17岁的女儿发婴儿尿片和童车的优惠券。"店铺经理立刻向来者承认错误，但是其实该经理并不知道这一行为是总公司运行数据挖掘的结果。一个月后，这位父亲来道歉，因为这时他才知道他的女儿的确怀孕了。Target 比这位父亲知道他女儿怀孕的时间足足早了一个月。Target 能够通过分析女性客户购买记录，"猜出"哪些是孕妇。他们从 Target 的数据仓库中挖掘出25项与怀孕高度相关的商品，制作"怀孕预测"指数。比如他们发现女性会在怀孕四个月左右，大量购买无香味乳液，以此为依据推算出预产期后，就抢先一步将孕妇装、婴儿床等折扣券寄给客户来吸引客户购买。

（来源：《解析常见的大数据应用案例》，载于互联网沙龙网）

第三，让一切都变得"随心所欲"的智能化

在制造业那一章，通过对工业4.0的介绍，我们已经对工业智能化有了一个大致的了解。在制造环节，未来工业机器人将大量出现，设备智能化会变得像智能手机一

样普及，形成复合式智能硬件系统，通过核心控制实现人工智能，人与人、人与机器、机器与机器，相互连接和交互，使整个工厂变成智能工厂、智慧工厂。在消费环节，智能化简而言之就是将传统的一些硬件设备，让它和互联网融合起来，与大众生活形成新的应用场景，方便人们的生活。前面说的智能手表、智能眼镜是如此，未来的智能电视、智能家居和智能汽车也是如此，生活中一些常见的物品如水杯、电灯、窗帘、插座、门锁、衣服、饰品等都会智能化。

我们开始集体意识到未来一切都正在变得"智能化"，并且绝大多数的智能设备的软件都是在云端运行的。智能化技术在其应用中主要体现在计算机技术、精密传感技术、GPS定位技术的综合应用。现在智能化的蔓延趋势已经进入加速度阶段。

我们来看几个例子。

——智慧城市。"互联网+"的一个重要内容就是城市管理的信息化、智能化。2010年，IBM就提出"智慧城市"概念，核心理念是，城市由关系到城市主要功能的三大设施网（网络设施、基础设施和环境设施）、六个核心系统组成（组织/人、业务/政务、交通、通信、水和能源），通过协作的方式把这些传统各自独立的系统更加有机地衔接起来，使城市变为一个由这些相互有机融合的子系统构成的更加协同的宏观大系统。IBM认为，IT产业下一阶段的任务是把新一代IT技术充分运用在各行各业之中，具体地说，就是把感应器嵌入和装备到电网、铁路、桥梁、隧道、公路、建筑、供水系统、大坝、油气管道等各种物体中，并且将它们普遍连接，形成物联网。

智慧城市是对城市信息资源的全面感知、全面整合、全面挖掘、全面分析、全面共享和全面协同。从技术角度看，就是通过移动互联网、物联网、云计算等新一代信息技术应用，对城市管理、居民生活、产业发展实现全面感知、泛在互联、普适计算与融合应用。从社会发展角度看，就是通过社交网络、Fab Lab（微观装配实验室）、Living Lab（科技创新模式+创新体制的全新研究开发环境，比如很多地方的科技孵化园）等方法手段，激发创新活力，实现价值创造。

【链接】江苏集群DATACYCLE智慧城市大数据平台

江苏集群以"DATACYCLE智慧城市大数据平台"为智慧引擎，建立城市人口库、法人库、宏观经济库、建筑库、地理空间库、诚信库、热线库、视频库、应急库、法律法规库等基础数据库和其他业务数据库，并以此为核心构建智慧城市公共信息平台，通过智能数据分析与挖掘，进行跨部门数据与业务整合，全面分析，针对城市人口、环境、交通、文化建设等问题，为医疗、教育、能源等资源缺乏或分配不均等"城市病"提供全面解决方案，实现"健康城市"建设目标，并以智慧城市公共信息平台为基础，建成城市公共安全与防控网络以及城市安全与应急指挥中心，构建"平安城市"。总体上通过关联分析，实现各部门协同，构建城市两大生态系统——人与环境的自然生态系统及人与城市建设、经济生产的社会生态系统，抽象和定义了全面的城市运行体征健康指标体系，并针对该系列体征指标实现在管理上的智能辅助决策和预测，以解决城市人口、环境、资源、生产之间的矛盾。（见图12-4）

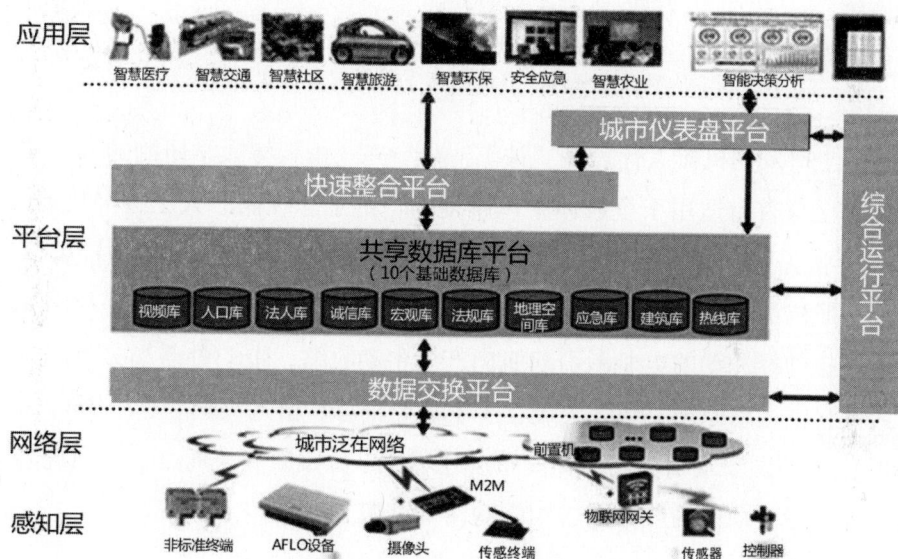

图12-4 智慧城市大数据平台示意图
（来源：软件IC网）

——智能机器人。上一代机器人依靠预先嵌入的程序，可以自动或者依据人的指令进行自动工作的机器装置，协助或取代人类工作的工作，它的基本原理和构成一般都是按照三部分来组成的：一是驱动装置，按照控制系统的指令借助动力元件使机器人完成预定动作；二是检测装置，依靠传感器获取实时信息反馈给控制系统，类似于人的感官系统和反应；三是控制系统，实质是集中式或者分散式的计算机系统，这是机器人的核心部分。现在的智能机器人是在传统机器人基础上进化而来的，具有更加灵敏的感知、反应（运动）和思考的特征，能够理解人类语言，并用人类语言同操作者对话。说白了，它的核心部分——计算机，已经具有了人工智能的成分。智能机器

人正在形成一个趋势性的产业领域。目前全球市场上已经形成家务型、操作型、程控型、数控型、搜救型等各种类型的智能机器人，分布在工业、农业、服务业、娱乐业以及军事领域。（见图12-5）

图12-5　2015年德国总理默克尔在东京与机器人握手互动
（扫描二维码观看视频《机器人与宇航员在太空告别对话》）

我国自主研发的机器人代表是"神工一号"——由天津大学研制的人工神经康复机器人，是全球首台适用于全肢体中风康复的"纯意念控制"人工神经机器人系统。与在2014年世界杯开幕式上亮相的脑控机械外骨骼相比，"神工一号"能够真正实现大脑皮层与肌肉活动的同步耦合，做到身随意动、思行合一。其原理是利用神经肌肉电刺激，模拟神经冲动的电刺激引起肌肉产生主动收缩，带动骨骼和关节产生自主动作，与人体自主运动原理一致，关键在于不需要把芯片植入大脑。这个历时10年的发明成果拥有23项国家发明专利。在发布会现场，一位偏瘫病人通过这一系统能够"指挥"自己原本无法动作的肢体完成相应动作（见图12-6）。

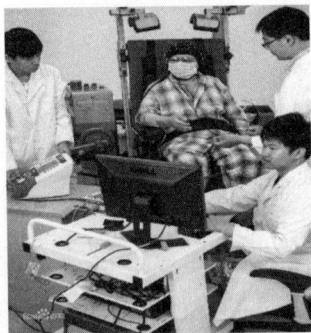

图12-6　"神工一号"指挥偏瘫病人
（来源：百度百科，扫描二维码观看视频《"神工一号"实现意念控制》）

——智能汽车。也叫无人驾驶汽车，是集自动控制、体系结构、人工智能、视觉计算等众多技术于一体的另一种形态的机器人，是计算机科学、模式识别和智能控制技术高度集成的结果。今后上班途中你也许不再为堵车郁闷了，这个时间段可以是你听听音乐、浏览资讯的时间，也可以是你回复邮件、处理文件的时间，当然更可能是你用于移动社交的时光。打开搜索引擎，你会发现世界各大汽车生产厂商，他们进行了长达十年以上的研发，谷歌的自动驾驶汽车已经积累了超过 70 万英里的行驶里程测试，奥迪公司、奔驰公司现在运用的巡航控制、车道偏离报警和其他半自动技术，其实都是无人驾驶的一部分。但是也许你和我一样，还需要时间来消化和接受这一技术。就像尼克·比尔顿在《翻转世界：互联网思维与新技术如何改变未来》一书中说的："当某种创新刚开始蔚然成风时，我们并不知道该如何将之融入现有的习惯与规范中，也担心接纳新事物会影响我们固有的做事方式。只有在经过一段长时间后，当我们想出运用新科技的最佳方式时，这种紧张、恐惧与焦虑才会消解。"

（扫描二维码观看视频《奔驰无人驾驶汽车》）

扫描二维码
精彩继续

第四，人和物之间可以实现对话交流的物联网

物联网是物物相连的互联网，即通过智能感知、识别技术与普适计算等通信感知技术，使物品之间也可以实现信息交换，具体是通过二维码、射频识别（RFID）、红外感应器、全球定位系统、激光扫描器、气体感应器等信息传感设备，实现识别、定位、跟踪、监控和管理的一种"信息化+远程管理控制+智能化"的网络。（见图12-7）

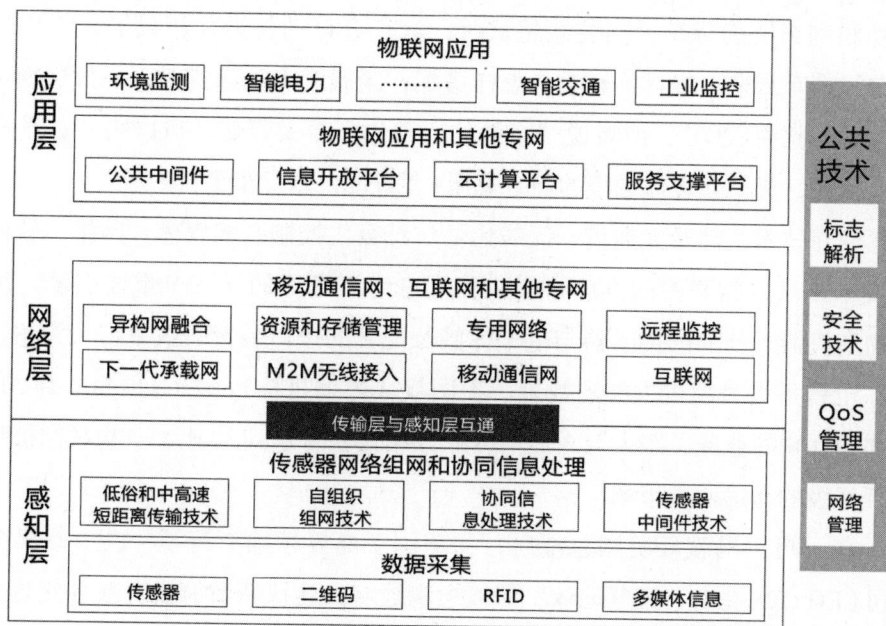

图12-7　物联网技术架构图

物联网萌生于20世纪90年代。比尔·盖茨在1995年的《未来之路》中写道："你不会忘记带走你遗留在办公室或教室里的网络连接用品，它将不仅仅是你随身携带的一个小物件，或者是你购买的一个用具，而且是你进入一个新的、媒介生活方式的通行证。"他对自己当时别墅的描述是："当你走进去时，所遇见的第一件事情就是有一根电子别针夹住你的衣服，这个别针把你和房子的各种电子服务接通了……凭你的电子别针，房子会知道你是谁，你在哪儿，房子将用这一信息尽量满足甚至预见你的需求。"

2005年国际电信联盟（ITU）发布《ITU互联网报告2005：物联网》时正式引用了"物联网"概念。这个被称为继计算机、互联网之后，世界信息产业发展的第三次浪潮来临后，我们看到的局面将是实现了人与人、人与物、物与物的全面连接，形成了任何时间、任何地点、任何物体、任何人均可连接的泛在网络社会。一句话，无处不在的网络，无处不在的计算。

国际电信联盟在这份报告中指出，物联网时代到来后，所有的物体，从轮胎到牙刷、从房屋到纸巾都可以通过互联网主动进行信息交换；射频识别技术（RFID）、传感器技术、纳米技术、智能嵌入技术将得到广泛运用。报告中曾这样描绘物联网时代的图景：当司机出现操作失误时汽车会自动报警，公文包会提醒主人忘带了什么东西，衣服会"告诉"洗衣机对颜色和水温的要求等。

国内亿博物流咨询公司是这样介绍物联网在物流领域内的应用的：一家物流公司应用了物联网系统的货车，当装载超重时，汽车会自动告诉你超载了，并且超载多少，但空间还有剩余，告诉你轻重货怎样搭配；当搬运人员卸货时，一只货物包装可能会大叫"你扔疼我了"，或者说"亲爱的，请你不要太野蛮，可以吗？"；当司机在和别人扯闲话，货车会装作老板的声音怒吼："笨蛋，该发车了！"

物联网在技术上涉及光通信、无线通信、计算机控制、多媒体、网络、软件、自动化等技术领域，物联网的推广将会成为推进经济发展的又一个重要引擎。用于动物、植物和机器、物品的传感器与电子标签及配套的接口装置的数量将大大超过手机的数量，也就是大大超过人类的数量。美国权威咨询机构Forrester预测，到2020年，世界上物物互联的业务，跟人与人通信的业务相比，将达到30比1。物联网被称为是下一个万亿级的通信业务市场。

2009年，奥巴马就任美国总统后，与美国工商界领袖举行了一次"圆桌会议"，IBM公司CEO首次提出"智慧地球"的概念和战略，建议新政府投资新一代智慧基础设施。这个战略认为，IT产业下一阶段的任务就是把新一代IT技术充分运用在各行各业之中。比如把感应器嵌入和装备到电网、铁路、桥梁、隧道、公路、建筑、供水系统、大坝、油气管道等各种物体中，通过超级计算机和云计算，将物联网与现有的互联网整合起来，实现人类社会与物理系统的整合。物联网在人们日常生活、工作的应用场景上，主要覆盖智能家居、交通物流、环境保护、公共安全、智能消防、工业监测、个人健康等各种领域，将及大地改变人们的生活方式。物联网把所有生活场景拟人化，万物皆成为人的"同类"，人与万物相互感知。

以上这些让"物品开口说话"的设想，现在看来都是可以轻易实现的情景了。

智能家居将在物联网时代成为普通场景。家里的物体、物品可以全部自动化、信息化、网络化、遥控化、智能化。通过物联网技术将家中的各种设备（如音视频设备、照明系统、窗帘控制、空调控制、安防系统、数字影院、影音服务器、网络家电等）连接到一起，实现家电、照明、防盗报警、环境监测、暖通控制等各种应用的智能化。

【链接】智能家居——"一键模式"生活

智能家居系统具有情景模式功能，通过情景模式可以按照生活中的不同情景，综合设置家电设备、灯光照明，只需"一键"控制即可满足户主生活需求。

早起情景：根据预置好的起床时间，背景音乐舒缓响起，床头灯开始微亮，全宅布防解除。几分钟后灯光亮度和音乐音量自动增加，然后窗帘自动打开。

离家情景：按下门旁的触摸控制面板上的"离家情景"键，灯光和背景音乐自动关闭，风扇和空调等家用电器进入待机状态或断电关闭，客厅窗帘缓缓关闭，安防功能也一并联动激活。

回家情景：按下随身携带的或是门旁的情景面板上的"回家情景"键，客厅背景音乐渐渐响起，客厅电动窗帘自动打开，若室内照度低或是晚上，客厅和餐厅主灯自动开启。

睡眠情景：按下"睡眠情景"键，本房间或全宅灯光、电视、电动窗帘设备根据预置内容全部自动关闭，或联动相应区域进行布防。

自动模式：主人进入门厅或过道区域，红外探测器探测到有人后自动打开灯光，探测到无人后几秒钟自动关闭灯光。

起夜情景：按下"起夜情景"键或床底感应器探测到有人起床后，自

动把壁灯打开到2档较暗的亮度，并自动打开卫生间的灯带和排气扇。回到床上后，按下"睡眠情景"键，原先启动的灯光风扇全部关闭。

当你离家时，选择"离家模式"，系统就会自动断开电源，锁好门窗，不再需要反复确认家里的门有没有锁、灯有没有关。一切只需轻轻一点，全部搞定，生活从此化繁为简。（来源：慧聪智能家居网 博力恒昌/文）

（扫描二维码观看视频《物联网未来的高科技生活》）

除了上述五驾马车，最近这些年发展起来的几种高科技技术，已经进入经济、生活、军事领域，与IT技术产生聚合效应。简介如下。

——让图像"站起来"的全息技术，也称为立体影像技术。这种技术第一步是在拍摄过程中利用干涉原理记录物体光波信息，第二步是成像过程利用衍射原理再现物体光波信息，全息图犹如一个复杂的光栅，呈现出原始象和共轭像两个象，产生立体感和真实视觉效应。全息技术应用极其广泛。比如，全息投影技术突破了传统声、光、电局限，将亦真亦幻的画面带到观众面前，形成虚拟与现实并存的双重世界。3D电影《阿凡达》的成功首先是视觉冲击的成功，随着全息技术的进步，今后不再需要3D眼镜，在手机上就可以观看3D电影，在立体三维空间中上演，在完美体验逼真现场的同时，也不再有眩晕等问题。全息电视走入家庭后，观众可以体验到与屏幕里人物、情景"混合"在一起的刺激场景。2014年，我国takee手机网站上开始全息手机的预订。据takee手机官方网站信息，该手机通过内置500万超广角前置摄像头，可以迅速捕捉到眼球，并随着眼球的移动自动配适画面，随后基于全息图像数据模型计算出实际的全息图像，再通过特殊的指向性显示屏幕将左右眼的立体图像精准投射到人眼视网膜中，随视角的变化，你看到的是影像的不同侧面，就如同观看现实生活里的真实体一样。

全息手机的问世，将带来显示界的革命。信息显示从二维平面转向三维立体后，全息存储的优势会爆发出来，全息光盘可达TB量级，数据传输速度可达1 Gbp/s。全息"酷炫风"，将彻底颠覆视觉景观。

（扫描二维码观看视频《全息技术下的生活》）

——"亦真亦幻"的AR技术，也叫增强现实（Augmented Reality，简称AR）技术。这种技术是将真实世界信息和虚拟世界信息"无缝"集成的新技术，在屏幕上把虚拟世界叠加在现实世界进行互动，通过增强视、声、闻、触的体验效果，模糊真实世界与虚拟世界之间的界线，包含了多媒体、三维建模、实时视频显示及控制、多传感器融合、实时跟踪及注册、场景融合等新技术与新手段，其被广泛地应用到军事、医疗、建筑、教育、工程、影视、娱乐等领域。在不久的将来，AR技术将进一步进入人们的生活。无论是你用的手机、玩的电子游戏、佩戴的可穿戴设备甚至驾驶的汽车，都会与AR技术有交集，届时生活有如电影大片的场景。

（扫描二维码阅读《未来开车就像开战斗机》）

——掀起制造模式革命的3D打印技术。3D打印技术是一种以计算机数字模型文件为基础，运用粉末状金属或塑料等可黏合材料的快速成型技术。它广泛地被运用于珠宝、鞋类、设计、建筑、工程、汽车、医疗、航空航天等众多领域。3D打印机与普通打印机的工作原理基本相同，只是打印材料不同，内装的是金属、陶瓷、塑料、砂等不同的制造需要的"打印材料"。

从商业模式来说，长尾理论推动的离散制造，是3D打印技术的主要市场。比如创客用3D建模软件设计出一款3D模型，上传到创意交换平台网站，客户（商家）在交换平台上选中创意并用3D打印机打样，在网上虚拟下单系统集合订单，订单达到一定规模时就开始与3D厂商对接生产，通过物流系统完成供应链的最后环节。

从制造角度来说，原来的产品制造流程，必须先设计、制模、试产、再量产，所有的过程以制模花的时间最久，成本也最高。3D打印技术可以使这个过程缩短为一至两天，解决了数字化生产工厂最重要的瓶颈问题，将一个创意从数字设计转化到生产的时间大大缩短。

2012年，空客公司A380客舱首次使用3D打印机生产的行李架。今后空客公司计划将利用3D打印机造出整架飞机的所有零件。打印技术制造的飞机重量将比传统型减轻65%。

【链接】3D打印脊椎植入人体

2014年8月，北京大学研究团队成功地为一名12岁男孩植入了3D打印脊椎，这属全球首例。这位小男孩的脊椎在一次足球受伤之后长出了一颗恶性肿瘤，医生不得不选择移除掉肿瘤所在的脊椎。这次手术医生并未采用传统的脊椎移植手术，而是尝试先进的3D打印技术。这种植入物可以跟

现有骨骼非常好地结合起来，而且还能缩短病人的康复时间。由于植入的3D脊椎可以很好地跟周围的骨骼结合在一起，所以它并不需要太多的"锚定"。研究人员还在上面设立了微孔洞，它能帮助骨骼在合金之间生长，换言之，植入进去的3D打印脊椎将跟原脊柱牢牢地生长在一起，这也意味着未来不会发生松动的情况。

（来源：《广州日报》，冯秋瑜/文）

二、NBIC 聚合

21世纪行将结束的时候，人类智能中的非生物部分将无限超越人类智能本身。我们正处在这一变革的早期阶段。模式变化的加速度（我们改变基本技术方法的速率）将与信息技术的指数增长速度相同，并将处于膝曲线的拐点（在这个时期指数增长的趋势将变得非常明显）。一旦越过这个阶段，这种加速的趋势将爆炸式增长。

——雷·库兹韦尔《奇点临近》

人类科学技术发展史就是各种学科和技术互动融合、交叉发展的历史。2000年，人类刚刚跨入新世纪的门槛，美国国家科学基金会（NSF）和美国商务部（DOC）共同资助了一个研究计划，希望梳理出哪些学科是新世纪的最重要的学科，明确主攻方向。由美国70多位一流科学家共同完成了一份480多页的研究报告——《聚合四大科技提高人类能力：纳米技术、生物技术、信息技术和认知科学》，简称NBIC，被称为"21世纪科学技术的纲领性文献"。"NBIC"是纳米、生物、信息、认知四大前沿科技的英文缩写。这四个领域是被世界公认的21世纪的最前沿技术，每个领域都蕴藏着巨大潜力。纳米、生物、信息、认知四大技术具有很大的互补增强关系，而其中任何几项技术的两两融合、三种会聚或四者集成，都将产生难以估量的效能。报告断言，这四大科学技术的聚合将会"加快技术进步速度，并可能会再一次改变我们的物种，其深远的意义可以媲美数十万代人以前人类首次学会口头语言"。

2003年和2004年分别在美国洛杉矶、纽约召开了"NBIC会聚技术年会"，这个小型会议，也许没有多少人会关注，但是十多年过后，我们每个人都开始真切地感受到"NBIC"对整个世界和人类自身的改变。《提升人类能力的会聚技术》报告中这样写道："如果认知科学家能够想到它，纳米科学家就能够制造它，生物科学家就能够使用它，信息科学家就能够监视和控制它。"

信息技术发展到今天，在整个人类社会经济发展中展现出巨大影响，并将继续成为人类未来科学研究中负责存储、记载、计算、处理、分析、传播的巨无霸工具。本书已经从多个维度做了讨论，本章节主要讨论一下其他几种学科的影响和进展。

聚合的本质就是跨学科的交叉与融合。

——让电脑和人脑走向合并的认知科学。认知科学是20世纪世界科学标志性的新兴研究门类，是探究人脑或心智工作机制的前沿性尖端学科，它涉及生物学、心理学、细胞学、脑科学、遗传学、神经科学、语言学、逻辑学、信息科学、人工智能、数学、人类学等多个交叉领域。在21世纪，科研工作如果不与认知科学研究结合起来，不仅哲学、心理学、语言学、人类学、计算机科学、脑与神经科学无法深入发展，其他传统学科如数学、物理学、天文学、地理学、生物学、文学、历史学、经济学、政治学、法学、管理科学、教育学也都无法深入发展，因为这些学科的深入研究都有赖于认知科学领域的大脑与心智开发问题。

从我们本书《互联网进化论》一章讨论的电脑和人脑的关系来说，认知学家的主攻方向就是研究如何获取、加工、保持和利用信息，寻求人类思维延伸能力的最佳工具和途径。一条路径是"干认知"——建立认知过程的计算机模型，将模型运行情况与人体行为进行比较研究。第二路径是"湿认知"——对人脑进行电刺激或化学刺激的效应研究。

生命是最为错综复杂的综合体。要解决人类在21世纪所面临的诸如能源需求、环境污染、资源再生等重大现实挑战问题，现有的科学已经无能为力，其中一个重要的发展方向就是向生物学习，使人类自我了解和自我控制，把人的知识和智能提高到新的高度。

脑认知科学是信息科学、神经科学、心理学、人工智能等交叉学科理论和技术方法的融合。它的突破，不仅仅会对人类多种神经性疾病的治疗产生革命性的推动作用，还将有力地推动基于人脑的新型信息通信技术的开发过程，而脑认知科学与信息通信技术平台融合，则是未来计算机技术发展方向——人工智能的关键。根《科技日报》报道，2013年年初，美国总统奥巴马宣布"大脑图谱计划"（BAM），专门针对人类大脑的思维活动进行研究，绘制完整的大脑思维活动图。这项长达10~15年的科研项目，预计投资超过45亿美元。欧盟也开始将脑科学作为重点研发项目，"人类大脑研究计划"入选欧洲未来技术项目，将在10年间获得约10亿欧元的资金投入，由欧洲87个研发机构共同参与，计划创建一台超级计算机详细模拟人类大脑，以研究人脑如何工作，借以开发出神经疾病和相关疾病的个性化疗法。人类对智力的认知和理解，改变的将不仅仅是人类的知识结构，其对人类社会生产生活更具深远影响。

2014年4月，英国《自然》杂志发表两篇研究成果，美国科学家成功为大脑做了图谱，介绍哺乳动物中完整的基因表达图谱和神经元联系图谱。这个图谱对于研究人来大脑发育和神经网络，对于了解人类认知和行为过程的疾病或者健康状态提供了重要帮助。

信息社会向智能社会的跨越，正依赖于此。

人类大脑拥有1000亿个神经元和高达150万亿个突触。神经元和突触是人类大脑中传递信息的细胞和电流。2014年9月，IBM宣布在人工智能上取得重大进展，开发出了一款运转方式近似人类大脑的电脑芯片。该芯片拥有54亿个运转方式近似人类大脑神经元和突触的小零件，拥有100万个"神经元"以及2.56亿个"突触"。该芯片只是电脑越来越接近人类的一个例子。2014年，全球人工智能的其他三大巨头，也不断传来他们取得重要进展的资讯。谷歌公司除了无人驾驶汽车上路外，在图形识别和语音识别方面，开发了一套能够整合公司海量数据的语音系统，让计算机能够真正"听懂"并"思考"人类的语音指令，旗下的深度学习算法公司——DeepMind在10月宣布了一个新的模拟神经网络研究成果。百度公司4月发布了大数据引擎，语音识别系统和图像识别系统深度推进，其中语音识别系统可以在嘈杂的环境中实现81%的辨识准确率，11月发布了模拟神经网络的"智能读图"，以云计算为支撑的"百度大脑"通过深度学习模仿人类大脑的神经元，参数规模已经达到百亿级，构建了世界顶级的深度神经网络。Facebook的脸部识别准确率已经达到97%。

2015年年初，《纳米技术》杂志发表了由美国和日本科学家共同研发的能够模拟人类大脑进行自然计算的硬件平台，是人工智能走进现实可能性的重要讯息。这个装置名叫原子开关网络，由许多纳米尺度的忆阻器组成，每一个忆阻器就是一个原子开关，它能够产生自发行为，根据环境参数自动进行调整。该开发小组表示，他们下一步的目标是传统计算设备与这种类脑设备的混合体，开发出一种新型的分布式储存和人工神经网络程序。

（扫描二维码阅读《返老还童的重大科学研究》，观看电影《人工智能》）

——在分子层级改写物理特性的纳米技术。20世纪50年代诺贝尔物理学奖获得者Feyneman说，科学技术有两条途径：自上而下和自下而上。他在20世纪60年代就预言：如果对物体微小规模上的排列加以某种控制，就能使物体得到大量的异乎寻常的特性，就会看到材料的性能产生丰富的变化。他所说的材料就是现在的纳米材料。纳米技术就是典型的自下而上的技术路径：原子和分子在一定的化学物理条件下，通过自组织效应，组装具有特定功能的新型物品。1984年德国和美国科学家相继成功制得纯物质的纳米细粉。1990年7月在美国召开第一届国际纳米科学技术会议，宣布纳米材料科学为材料科学的一个新分支。美国政府曾经在2005年长达1700页的政府预算报告中有专门提到NBIC会聚的部分："纳米技术与信息技术、现代生物和社会科学的会聚将会激发经济诸多领域的发现与创新。"

纳米技术也叫毫微技术，是用单个原子、分子制造物质的科学技术，研究结构尺寸在0.1~100纳米范围内材料的性质和应用。1纳米=百万分之一毫米，大约等于一个小分子的直径。科学家发现在纳米尺度下隔离出来的几个、几十个可数原子或分子，表现出许多物质构成上新的特性，而利用这些特性制造具有特定功能设备的技术，就是纳米技术。纳米技术也是一门交叉性很强的综合学科，是现代科学（混沌物理、量子力学、介观物理、分子生物学）和现代技术（计算机技术、微电子和扫描隧道显微镜技术、核分析技术）结合的产物，引发了一系列新的科学技术和学科，包括纳米物理学、纳米生物学、纳米化学、纳米电子学、纳米加工技术和纳米计量学六大学科，把人类认识、改造微观世界的水平提高到前所未有的新高度，既是认识的革命，也是技术和产业的革命。

当前纳米技术的研究和应用主要在材料和设备、微电子和计算机技术、医学与健康、航天和航空、环境和能源、生物技术和农产品等方面。

以纳米材料为例，我们浏览一下它带给世界的变化。根据2011年10月欧盟委员会通过的定义，纳米材料是一种由基本颗粒组成的粉状或团块状天然或人工材料，这一基本颗粒的一个或多个三维尺寸在1纳米至100纳米之间，并且这一基本颗粒的总数量在整个材料的所有颗粒总数中占50%以上。用纳米材料可以制作出特定性质的材料或自然界不存在的材料，制作出生物材料和仿生材料，制作的器材重量更轻、硬度更强、寿命更长、维修费更低、设计更方便。据欧盟统计，纳米材料和产品总产值在2015年会增长到2万亿欧元，涉及橡胶、化工、医药、能源、冶金、涂料、纺织、环保、食品、电子等行业。

2011年7月，德国Berlin纳米医学研究院对外宣布一种治疗脑癌的商业化纳米技术解决方案，将一种含铁氧化物，注入癌变部位，借助外部高频交变磁场，纳米粒子通过剧烈震动去撞击癌细胞，使其产生高温，从而杀死脑癌细胞。

2014年10月中国科学技术大学、中国科学院强磁场中心研究组合作，通过阴离

子固溶技术实现了二维纳米材料的自旋和能带结构的本征调控，获得了目前二维纳米材料中最高的负磁电阻效应。该现象的发现有可能推动二维材料在自旋电子器件上的进展。基于电子自旋自由度调控的巨磁阻材料，能实现信息高密度存储和高速读写，是整个信息产业的核心。

2015年1月，IBM苏黎世研究实验室和瑞士苏黎世理工大学联合宣布他们的研究成果——纳米印刷，即使用纳米颗粒制造较大图像，使用比针头小33 000万倍的60纳米的微粒进行印刷。这项成果将对生物医学、电子学和信息技术等领域带来影响，如在生物学中促进纳米级生物传感器的发展，在半导体技术中可以用来制造电脑芯片的纳米线。2015年4月美国麻省理工学院的科学家发明出一种新的"纳米印刷"技术，能对诸如DNA微阵列之类的纳米器件进行大批量生产。

根据学者的综合研究，纳米材料在未来的主要趋势是逐步扩大应用领域。一是在医学和健康领域，未来可以利用纳米微粒标记、纳米荧光探针、纳米靶基因与纳米生物传感器，促进癌和其他疾病的早期发现及早期诊治，纳米靶基因及纳米药物输运技术的发展，可定向治疗肿瘤、心脏病、糖尿病、前列腺炎等疾病，减少副作用。生物相容性纳米材料制成的人造器官和人造组织，可在人类康复工程中发挥重要作用等。二是在传统产业和支柱产业技术领域，纳米晶金属软磁功能材料主要用于制作各种高精度、高可靠性的微型磁敏和力敏器件，以及各种高品质变压器和电感器的感性元件，广泛应用于新兴电子信息，自动控制、精密测量等领域。纳米润滑添加剂是一种性能优异的新型固体润滑添加剂。纳米磁性液体由于具有十分独特的物理特性，在航天航空、冶金机械、化工环保、仪器仪表、医疗卫生、国防军工等领域可以获得广泛应用。纳米硬质合金在难加工和精密加工领域具有广阔的市场需求。金属材料表面金属纳米化可以显著提高材料的表面强度、疲劳寿命以及耐磨损、耐侵蚀、耐气蚀、耐腐蚀性，这为传统工程材料的性能升级和新型高性能结构材料的研制提供了一条独特的途径。纳米环保材料在空气净化、饮用水净化、有机废水净化、杀菌抑菌、吸光吸波、固体废物处理等环保方面将起到重要作用。

【链接】纳米技术与3D打印技术的聚合

综合3Ders网站、模具联盟网站报道：2014年4月，美国劳伦斯·利弗莫尔国家实验室创造出了一种名为"光定向电泳沉积"的技术，使用光导电极和DC电场，对表面材料进行动态仿制，使材料得以在目标区域进行堆积。2014年9月，德国的Nanoscribe公司利用三维微观光敏材料的纳米级

3D打印技术，可以自由定义打印层的距离和制造在亚微米范围内的结构细节，令打印对象的表面光滑如镜，该技术填补了三维激光光刻与3D打印间的空缺，第一次将3D打印的优点用于微细加工。2014年11月，韩国科学家用石墨烯实现3D打印纳米级对象，成功地3D打印出了一个纳米结构，这对于在打印的电子器件中实现3D结构是一个划时代的进展，证明了将纯石墨烯材料用于3D打印的可能性（所谓石墨烯，是由单层碳原子形成的特殊材料，它以其独特的性能，如超凡的导电性、柔韧性和透明性，成为从电子到能量存储到商业应用的理想材料）。2014年12月，美国华裔科学家实现超颖材料的纳米级3D打印，这是一种全新的"增材制造"，使用"激光震动压印"技术，在室温条件下创建小至10纳米的3D晶体金属结构，而且其表面十分光滑。这种方法能够在一个金属片上用纳米级的3D结构组成大面积的图案，并可能导致创新性的低成本规模制造方式的出现，比如"电浆子超颖材料"在先进技术领域的使用。所谓电浆子超颖材料是一种可定制的复合材料（一种将金属和介电材料结合在一起的设计，以实现自然界中不存在的光学特性），由于这种复合材料的独特结构，能够实现很多匪夷所思的功能，比如通过控制光线穿过材料内部的路径以实现真正的隐身等。这项技术可能会导致更多的创新技术，如高速电子、先进传感器和太阳能电池等。

（扫描二维码阅读《显微镜下的纳米微观世界之美》，观看视频《纳米技术》）

——从机械延伸转向仿生演化的生物技术。工业时代人类科技进步主要是依靠机械设备来延伸人体的能力。NBIC会聚技术的核心指向是人类自身的未来和发展。生物体包括生物体的基因是人类长期以来和今后研究开发的主体对象，也是人类追溯本原、探索自然秘密的载体。纳米尺度是许多生物反应和功能执行的量级，全面系统地研究和开发生物必须在纳米尺度空间内实现。生物技术和认知科学，都是为了实现人类的自我了解和自我控制水平。

生物技术主要包括发酵技术和现代生物技术，特别是后者，综合囊括了基因工程、分子生物学、生物化学、遗传学、细胞生物学、胚胎学、免疫学、有机化学、无机化学、物理化学、物理学、信息学及计算机科学等多学科技术。

21世纪以来，基因工程、细胞工程、酶工程、发酵工程等技术发展迅猛。

信息技术为生物技术的发展提供强有力的计算工具。2000年6月26日，时任美国总统的克林顿与美国两大人体基因研究组织的科学家在白宫联合宣布：有史以来的第一个人类基因组草图完成。在由赛莱拉基因研究公司、英国Sanger中心、美国怀特海德研究院、美国国家卫生研究院和中国科学院遗传所人类基因组中心联合绘制的被称为"生命科学阿波罗登月计划"的人类基因草图的诞生过程中，计算机为研究人员提供了人类自身无法完成的计算能力。赛莱拉公司将32亿个碱基对按照正确顺序加以排列，动用了700台互联的Alpha64位处理器，运算能力达到每秒1.3万亿次浮点运算。如果没有信息技术为支撑，要完成如此数量庞大的数据处理工作几乎不可能；如果没有计算机，海量数据将变成科学家的分析梦魇。人类基因图谱的完成，改变了生物学的进程。这个事件十年之后的2010年，《自然》杂志面向全球1000多名生物工作者，就人类基因组草图对其影响、未来发展等问题进行了问卷调查，几乎所有受访者都承认他们受到基因组草图的某种影响，它改变了他们的职业生涯，激发他们向更多新的问题发起挑战。

生物技术反过来又推动了超级计算机产业的发展，产生了生物计算机，从根本上突破了计算机的物理极限。生物计算机是以核酸分子作为"数据"，以生物酶及生物操作作为信息处理工具的一种新颖的计算机模型，早期构想始于Feynman提出利用分子尺度研制计算机。1994年，图灵奖获得者Adleman提出基于生化反应机理的DNA计算模型。在制造这种计算机时，首先挑选控制一些DNA片段代表不同的变量，以片段之间的接合和断开来代表"1"和"0"的逻辑判断，利用生物技术分离出具有特定判断功能的片段，来制成一种新型逻辑判断计算机。1998年9月，美国普林斯顿研究所的两位科学家在世界上首次获得了DNA计算机的第一项专利。2000年美国科学家根据生物大分子在不同状态下可产生有（1）和无（0）信息的特性，研制出分子开关。2001年世界首台可自动运行的DNA计算机问世，它可在试管中执行一些简单的数学运算（2001年《自然》杂志公布，以色列科学家研制出一种由DNA分子和酶分子构成的微型"生物计算机"，一万亿个这样的计算机仅一滴水那样大，运算速度达到每秒10亿次，准确率为99.8%，可以提高DNA的筛选速度）。预计在不久的将来，人类就可能制造出与微电子芯片相融合的高级DNA计算机。DNA计算机可以实现超大规模并行运算，运算速度极快，几天的运算量就相当于目前世界上所有计算机问世以来的总运算量。美、日、德等国科学家正在研制一种在微电子芯片上生长神经网络的方法，尝试将神经网络的神经元与计算机芯片连接起来，用计算机来控制芯片上的神经元。生物计算机一旦研制成功，会在计算机领域内引起一场划时代的革命。

现代生物技术的核心是基因工程，这是信息技术和生物技术的交汇。大气科学家罗伯特·沃特森说："经过30亿年的进化，人类拥有一个先于自身的指令集合，它使得每一个人从一个细胞卵演化成人，并最终走向死亡。"这就是基因的秘密和奇妙。生命本身就是一台完整完善、功能强大的计算机。

人类在基因领域的重大突破，就是大家耳熟能详的"克隆"技术。

现代生物技术最为大众关注的无疑是转基因。转基因分为植物转基因、动物转基因和微生物转基因。转基因这是一个在全球承受无尽争议的词汇，是2014年"科学美国人"中文版《环球科学》杂志年度十大科技热词之一。植物转基因和转基因食品正在进入大家的餐桌，很容易就产生了"蝴蝶效应"，原因在于政府遮遮掩掩，学者莫衷一是，百姓一头雾水。中国于2000年8月签署了《国际生物多样性公约》下的《卡塔赫纳生物安全议定书》，并于2005年4月批准了该议定书，保证转基因生物及其产品的安全性。2009年我国农业部批准了"华恢1号"、"Bt汕优63"两种转基因水稻，分别限在湖北省和山东省生产应用。2013年年中，美国佛蒙特州、康涅狄格州和缅因州分别通过了转基因标识法案。2015年1月，欧洲议会全体会议通过一项法令，允许欧盟成员国根据各自情况选择批准、禁止或限制在本国种植转基因作物。目前全球已有欧盟、中国、俄罗斯、日本、巴西等64个国家出台法律规定转基因食品标识。

（扫描二维码阅读《孟山都的转基因世界》）

综上所述，NBIC会聚将深刻影响和改写人类与世界。NBIC会聚技术的发起者达成的共识是要通过纳米科技、生物技术、信息技术、认知科学的融合发展，拆除学科之间的壁垒，让多种技术在融合发展中迸发潜力与活力，第一次使人类能够将自然界、人类社会和科学研究密切关联，形成复杂而又层次分明的系统，在技术往前狂奔的同时，通过技术杂交，提高人类的综合能力。这个时代到来后，人类将在纳米尺度下，打开认识和改造世界的窗口，各种量级的传感器网络和实时信息系统将涌进我们的生活，我们使用的各种器具都由智能的新型纳米材料制作而成，人类大脑的潜力将被激发出来，人类将可以以原子或分子为起点来诊断和修复自身与世界，地球资源的消耗、环境的污染将大为减少。

当然，我们更担心是否会引发"人类技术灾难"。

三、锦衣裸奔

原子是20世纪科学的图标。21世纪的科学象征是充满活力的网络。网络的图标是没有中心的——它是一大群彼此相连的小圆点，是一堆彼此指向、相互纠缠的箭头织成的网。……这个图标很具有迷惑性，看着它你很容易陷入其自相矛盾的困境：没有开始，没有结束，也没有中心；或者反之，到处都是开始，到处都是结束，到处都是中心。纠缠是它的特性。真相暗藏于明显的凌乱之下。

——凯文·凯利《失控》

互联网是把双刃剑，用得好，它是阿里巴巴的宝库；用不好，它是潘多拉的魔盒。网络作为虚拟世界就是现实世界的投影，现实世界的暴力、诈骗、色情、赌博等负面信息，自然会折射到网络世界。人们很容易沉溺于虚拟世界不能自拔，迷惘于虚拟和现实之间，产生沮丧、孤僻、悲观等心理，导致现实生活中人际交往障碍。

现在人们越来越担心的是自己的隐私安全。

就目前的技术成熟度，从理论上讲，在大数据时代完全有能力追踪每一个人全天的所有活动。对于使用智能手机的人，这是一件很容易做到的事。不管是百度还是谷歌的智能APP，它通过大数据将用户在日常生活中使用的很多网络服务打通后自动形成记录。比如，它通过记录使用者不同时间所在的位置，自动了解他的住址和上班的地点，每天上下班的线路，甚至可以知道在什么时候他和什么人见了面、吃的什么饭。对于没有使用手机的人也可以根据他身上物品识别，或者生物特征（脸谱、指纹、声音等）识别，再经过大数据分析，也同样能够为这个人的活动画像。在移动互联网时代的社交网络，你的隐私也是你朋友的隐私，你朋友的隐私也是你的隐私，试图通过不去与虚拟世界连接的努力，以保证你的信息不会出现在网络巨头的数据库中，显然是徒劳的。因为你无法逃避不被互联网所连接在一起的世界，你的个人信息已经不止是由你自己决定，还会是由你的家人、朋友、同事，甚至拿着手机的路人决定。人是天生的社交动物，只要你处于人群中，就已经置身于互联网中。

大道无形，大音希声。互联网时代大数据和机器智能的发展，必将使得"机器"能够对人类社会的各种活动明察秋毫。最强大的智能机器，不是哪一款具体的机器人，而是超级数据中心后面数量旁骛的服务器集群。

我们经历了计算机时代，正在度过互联网时代，即将步入大数据时代，从而真正全面地进入一个全新的信息社会。我们似乎都还没有做好迎接这个社会到来的准备，焦虑感、眩晕感并存。

大数据时代，不管身着多么华丽庄重的层层包裹的服饰，每个人都可能是透明人。我们身上的服装除了审美功能、遮羞功能，和原始部落时代人们身上的树叶相差无几，甚至你的所思所想，都会一览无余。出卖你的就是各种无所不在的智能终端，当然也包括你钟爱的"爱疯"、"肾六"。你的解释变成欲盖弥彰的掩饰，你的沉默就是默认。

互联网在带给我们无穷便捷的同时，也带给我们无穷的烦恼。一种形式的丰裕必然造成另一种形式的稀缺。上帝从来都是两面派。互联网的发展将隐私权的博弈从现实世界转移到了虚拟世界，同时增加了这场博弈的广度、深度和烈度。人们一般采用三种方式弱弱地护卫着自己的隐私：使用隐私数据需要提前告知并获得许可，将数据模糊化，匿名上网。但是实际上只要你"开机联网的那一刻，你就没有隐私了"。美国"棱镜门事件"、好莱坞"艳照门事件"将公众的隐私问题推到了一个新的高度。

（扫描二维码观看视频《央视曝光苹果手机记录用户行踪》）

从理论上讲，作为一个普通的网络用户，用户与服务器之间的记录都是可以追溯的，用户访问了某个网站，网站系统内部的流量监视程序，就能找到这位用户的IP地址，进而找到他现实生活中的真实身份。而普通的代理服务器也许可以更改访问来源，但是代理服务器本身却无法隐藏自己，技术上只要将代理服务器攻陷，访问者的信息依然会原形毕露。

普通网民登录访问的是表层网络（Surface Web），也叫"明网"，与此对应的是一个大众网民不太关注的词："暗网"，又称深层网络。也就是那些无法被搜索引擎收录内容的站点，是一些非公开访问机制的网站，比如一个需要注册才能进入BBS。曾有学术机构统计过"暗网"与"明网"分别蕴含的数据比例，结果显示前者的数据量百倍于后者，且增长速度更快。其中最著名的是美剧《纸牌屋》中提到的名为Tor的"暗网"访问工具。1995年，美国海军研究实验室（NRL）为了保护舰船之间的通信网络安全，避免被敌军跟踪，开发了一款"洋葱路由"（Onion Routing），简称Tor。后来这项技术流向民间，现在每年有着近5000万人次下载，连Tor的发明者都承认，自己"也无力摧毁Tor"了。Tor构建了"暗网"的基石和秩序，建立在这个访问工具基础上的各种网站，成为卡可因、非法枪支、色情服务、网络黑客等一切违禁的商品和服务的集散地，是作恶者的隐藏之地，是人性阴暗的隐形出口。由于有这样的技术和

网络的存在，使我们隐私的"捍卫权"显得苍白无力。

在"信息资本主义时代"，大数据是一种重要的生产要素和商业机会，在社交网络和物联网等信息科技的助推下，商业机构对搜集用户信息的欲望极度膨胀。你的一个不经意的上网行为，就会变成人家的商业机会的数据积累，并被反复挖掘。购物网站监视着我们的购物习惯（购买地域、性别、星座、时间、消费行为偏好、消费水平等），搜索引擎监视着我们的网页浏览习惯，社交网站掌握着我们的朋友交往，银行的信用与消费记录，充分暴露我们的旅行和消费足迹……这是互联网时代的宿命，你就从了"本宫"吧！网友于是调侃道："生活就像被强奸，如果无力反抗，不如索性闭上眼睛好好享受。"

人们一直尝试用多种技术的、法律的武器来保卫自己的隐私权。欧盟最高法院2014年5月裁定，允许用户从搜索引擎结果页面中删除自己的名字或者相关历史事件，即所谓"被遗忘的权利"。根据该裁决，用户可以要求搜索引擎在搜索结果当中隐藏特定条目。但是尽管删除搜索结果后，相关网页上的信息依然存在于相应的主机上面，它只是不再被搜索引擎纳入序列，而不是真正消失了。

在未来，每个人的隐私空间会越来越小，只要是你在某个社交场合透露过你自己和别人的隐私，那就是在留存于互联网上永远的"呈堂证供"，人们唯一的选项是淡化隐私概念。一旦你作恶，你一定会被永久记录，被钉在历史的耻辱柱上。在计算机发明前，一个人要想青史留名，就必须得立言立行立功，是一件艰难的事情，否则历史的筛子很容易就把你如草芥一样轻易过滤掉，人生真是如浮云，一风吹得无影无踪。而现在一个网民在互联网催生的信息社会民主化时代，也可以"平等"地永垂不朽或者遗臭万年，互联网免费为你立碑树传。数字化存在是人们存在的一种方式，而且远比生命长寿。以前了解一个人需要花费很多时间去查询和验证，今后在互联网上很快就可以把过去的数字化痕迹变成一张拼图，成为你个人的画像。哈佛大学数据隐私实验室的拉塔尼·斯威尼（Latanya Sweeney）说，只要有邮政编码、性别和生日就能以87%的概率确定你的确切身份，你的位置能通过IP地址来推断（代理服务器除外），你的性别能通过你所使用的词汇来推断。只要给出足够多的对照样本，你的一段文字就足以将你从一群人中分辨出来。喜欢晒图的父母，把自己小孩的照片上传到网上，意味着这已经是孩子们被数字化存在的发轫——一个人从出生开始，个人隐私的防盗锁就已经被打开。

这还不是未来的全部。物联网时代到来后，人们不仅会交出社交隐私，还将交出身体隐私。物联网发育成熟后，超级人工智能闭环产生的大数据，叠加在人与人的社交关系上，形成人与人、人与物、人与组织的混合大数据。好处是你去医院看病可以减少很多重复检查的项目和程序，坏处是人类可能成为再也无法伪装任何思想的智能物种。

（扫描二维码阅读《中国互联网史上规模最大的泄密事件》）

请扫描右下的二维码进入视频，验证一下本书以上的观点是否是臆测或者夸张。这则比利时金融行业协会的公益广告视频里，"读心术大师"Dave坐在一个帐篷里，邀请多位路人参与"神奇读心术"测试。Dave在和参与测试者交谈后，"读"出了诸如测试者"最好朋友的名字"、"最近去哪旅游了"、"买了什么新衣服"、"又胖了几公斤"等匪夷所思的事情。测试者被吓坏了。这个神奇的 "读心术"的谜底是由工作人员通过藏在一块幕布后的电脑，搜索社交网站等互联网信息后得到的。

（扫描二维码观看视频《"读心术"：网络泄露你的隐私》）

没人知道自己在网上暴露了多少隐私，但实际上肯定比人们想暴露的要多很多。人们暴露了自己，只是你自己没有察觉。安德鲁·基恩在《网民的狂欢》里一针见血地指出，"彻底的透明化，将使我们不成为人"。我们生活在一个"超级透明"的世界，我们泄露出去的信息无处不在。这些信息被收集起来，加以分析，就能勾勒出每一个人的真实性格、内心偏好，乃至可以预测每个人的命运。

世界著名的未来学学者、美国《未来主义者》杂志副主编帕特里克·塔克尔，在《赤裸裸的未来——大数据时代如何预见未来的生活和自己》里说，网络正在将预测行为转变为一个方程式。数学家、统计学家、计算机科学家、营销人员和黑客们，正在运用一个覆盖传感器、软件程序、信息收集设备以及各种应用的全球化网络，通过自然计算、遥测技术、感应装置及相应的强大分析系统的更广泛应用，更为详尽地展现我们在全球范围内的永久性变革。从编制流感爆发图表的程序到股市波动"定量算法"，计算机辅助预测已经无所不在，不仅可以使得人、物的定位被实时准确反映，还可以使得大量实时信息在整合分析后，发出预警信号，比如预测道路拥堵、地震，当然公司也会比客户更为了解客户自己。他说："大数据仅仅是大潮中的一个小波浪。"目前来看，大数据已经开始落伍了，我们将跨入遥感勘测时代，即通过设备产生并传输数据，是实时数据的搜集和传输，仿佛感应信息一般。比如你在医院做过心电图等连接人体的监控设备，数据流会马上传递到你的主治医生和护士的智能手机上。在这个

时代，人性将得到成长，同时也接受测试。遥测技术是现在和赤裸裸未来的分水岭。

读到这里，大家也许和作者一样，都进入了人类与互联网关系伦理的迷思中。

数学中的点、线、面在现实中是不存在的，只是几何学的虚拟。比特数字是以0和1二进制的变换为其根基的虚拟。计算机技术构建的虚拟网络世界，它的支撑是靠每时每刻都在运行不息的数理逻辑。计算机输入的是比特，输出的也是比特。300多年前的笛卡尔说："我思故我在。"但是，在互联网技术营造的世界里，这句形而上学的名言还是露出了破绽。

古希腊哲学家毕达哥拉斯认为"数是万物的本原"。据文献记载，他认为，万物的本原是一。从一中产生出二，二是从属于一的不定的质料，一则是原因。从完满的一与不定的二中产生出各种数目，从数产生出点，从点产生出线，从线产生出面，从面产生出体，从体产生出一切形体，产生出四种元素：水、火、土、气。这四种元素以各种不同的方式相互转化，于是创造出有生命的、精神的、球形的世界。因此，万物皆数，数是万物的原型，万物都是模仿数的，是数的摹本，数的原则统治着宇宙中的一切现象。在我们的日常生活中，数据一般被看作是刻画事物关系的参数，很少被看作是世界的本质。但是在今天的互联网大数据时代，数据被赋予了世界本体的意义，世界的一切关系都可用数据来表达和描述。万物皆可被数据化，世界的本质就是数据，这无疑是认识论上的一次飞跃，是改变人类认知和理解世界的方式。

哲学上物质与精神的二元关系变成了物质、精神和数据的三角关系。

我们已经被工业时代的思维催眠太久，很难适应这种思维的转换。

物理世界和精神世界之间似乎有一道"鸿沟"，我们通过什么手段找到两个世界之间的"对应关系"呢？大数据回答了这个问题。大数据流动在两个世界之间，填平了物质和意识之间的鸿沟。同样的，互联网经济的三层架构：物理层面的移动网络、社交层面的关系网络和完成商品与服务交换的交易网络，它们之间的连接也是靠大数据流动来完成的。大数据构成信息经济逻辑链条的全部铆钉。

因此，我们试图把互联网这种突破思维空间的力量，称为是一种技术和人类社会杂交后的基因突变。

四、奇点临近

我认为任何一种对人类心灵的冲击都比不过一个发明家亲眼见证人造大脑变为现实。

——交流电发明人尼古拉·特斯拉

信息技术牵引下的各种技术汇聚，人驱使机器的时代正在淡去成为历史，人与机器融合的时代似乎正在到来，人类好像听见了那个隐隐的脚步声。

人类在机器智能这个问题上走了20年的弯路。人们早期的思路是让计算机来仿造智能，直到20世纪70年代，人类才敲对了门——采用数据驱动和大强度计算。2013年9月份，百度发布了《中国十大"吃货"省市排行榜》的统计结果。百度并没有做任何的民意调查和各地饮食习惯的研究，它只是从"百度知道"的7700万条和吃有关的问题里"挖掘"出来数据结论。

这就是大数据的力量。

大数据的第一个来源是互联网。第二个来源是各种传感器（比如RFID），包括各种智能手机、可穿戴式设备。在未来，如果每一件物品上都贴有一个一平方厘米大小的RFID（每个售价不到两角钱），人们就可以追踪它从出厂一直到被消费掉的每一个环节。

现在的谷歌在计算能力足够强大的情况下，回答一个问题的时间小于10毫秒。2010年谷歌研制出来的自动驾驶汽车，迄今为止已经在高速公路和繁华的市区安全行驶了14万英里，没有出一次事故。如果我们把无人驾驶汽车看成一个行驶的机器人，那么它为什么就不可以变成为完成巡逻任务的巡逻车？

计算机诞生以来，人类就开始思考：机器是否会有类似于人一样的智能？

放射科医生是一个需要很多专业知识的职业，并且需要长达十多年的学习培养，使用成本也很高。我们从来没有想到这样一份职业可能会被机器取代。但是，今天智能识别软件通过医学影像的识别和分析，就可以轻松搞定专业放射医生的工作。这样的例子还在不断增多。

这是机器智能带来的革命，对当下社会的冲击。按照这样的逻辑演绎下去，人类的未来呢？

牛津大学人类未来研究院的院长尼克·波斯特洛姆在《超级智能》中提到，我们之所以能控制地球，是因为我们的大脑比即使最聪明的动物的大脑都要复杂得多。如果机器比人类聪明，那么我们将不再是这个星球的主宰。当这一切发生的时候，机器的运转将超越人类。在智能爆发的情况下，人类就像拿着炸弹玩的孩子。"衡量超级智能与人类智能的差距时，不能认为两者的智能差距相当于科学天才与普通人的差距，而可以大概认为，其差距相当于普通人与甲虫或蠕虫的智能差距。"尼克的这句话可能会让很多人心惊。"智能爆发的威力会击落整个苍穹。"尼克·波斯特洛姆把智能爆发定义为电脑超过人脑，形成超级智能。一是高速超级智能，不仅智力与人相

似，而且速度超过人脑；二是集体超级智能，通过将总数庞大的小型智能集中起来，达到性能卓越的系统性智能；三是素质超级智能，不仅反应与人脑一样快，而且自我学习的素质也更加聪明的智能。

2015年2月，谷歌公司开发的一套全新的人工智能系统，不仅能够自学视频游戏的玩法，其玩游戏的水平已经能够超过人类。在展示的49款古老视频游戏中，当这些电脑达到一定水平或者取得高分后，便可自动获得奖励，其中有29款游戏上的表现超过了人类专家，甚至有43次超过了最著名的游戏算法。在"弹珠台"等游戏中，人工智能系统可以轻易击败人类专家，得分较专业人类玩家高出20倍。

雷·库兹韦尔在《奇点临近》一书中描述了一个"改变世界的思想力量也在加速"的世界，并预言人工智能将在2045年超过人类智能，机器将可通过人工智能进行自我完善，超过人类本身，开启一个新的时代。

电脑智能与人脑智能兼容的那个神妙时刻——"奇点"真的要来临了吗？

物理学上的奇点是时空中一个存在又不存在的点，在该处时空曲率或其他的物理量都变得无限大。奇点可以看成是空间和时间的边界，现有物理理论将在该处失效，因此，无法用定量分析的方法来描述奇点处的特征。几何学上的奇点是指无限小但实际不存在的"点"，可以想象一维空间（如线），或二维空间（如面），或三维空间，当它无限小时，取极限小的最后的一"点"，这个不存在的点就是奇点。哲学家叔本华说，每个人都将自身所感知的范围当作世界的范围。

奇点理论是关于地球生命未来的严肃假说，听起来如同来自科幻小说的名称，但实际并非如此，它的科幻程度不会超出天气预报。对于这种看不见说不清的"奇点"，在牛顿物理思维世界长大的我们，任何语言描述都显得苍白无力。

20世纪50年代，信息学家冯·诺依曼说过："技术正以其前所未有的速度增长……我们正朝着某种类似奇点的方向发展，一旦超越了这个奇点，我们熟知的人类社会将变得大不相同。"他在这里提到了两个概念：加速和奇点。技术加速的规律是一旦完成了数量级的线性增长，当技术曲线越过某一个点后会进入爆炸式的指数级增长。这就是库兹韦尔提出的"加速回归定律"。因此人们要认同奇点理念，就要改变直觉的线性增长观为历史的指数增长观。比如在20世纪80年代中期，很多人怀疑互联网能否普及，因为当时的互联网只有几万个节点（服务器），事实上，网络按照倍增定律，十多年后就发生了"荷塘效应"。正如我们看到的，30年前还没有个人电脑，20年前手机才出生，10年前的谷歌就是一个普通搜索引擎企业，而今却是世界最著名的互联网公司。库兹韦尔的结论与摩尔定律十分相似，二者都是每两年翻一番。

他们绘出的图表都是指数曲线，结果都以二的指数倍在增加，而非是规则的线性增量。

库兹韦尔认为世界和人类进化是一个创造持续增长秩序模式的过程，而模式的发展构成了世界的最终形态。在进化的过程中，每个纪元都是使用上个纪元使用的信息处理方法来创造下一个纪元。他从生物和技术两方面将进化的历史概念分为六个纪元：一是物理和化学纪元；二是生物与DNA纪元；三是大脑纪元；四是技术纪元；五是人类智能与人类技术的结合纪元；六是宇宙觉醒纪元。这符合地球的发展历史，从最初的物质、生物、技术到智能，最终智能将是宇宙中能量最大的体现。有人把这种划分称为"后达尔文主义"。

库兹韦尔指出，21世纪将进行三种重叠的革命——触动物种的遗传（G）、复制物质的纳米（N）和改变智慧与灵魂的机器（R）这三项技术将达到高速发展阶段。随着基因技术、纳米技术、机器人技术等呈几何级数加速发展，未来20年中人类的智能将会大幅提高，人类的未来也会发生根本性变化。这就是前面我们提到的会聚技术效益。会聚技术就是第五纪元——"技术纪元"的到来。库兹韦尔认为，那就是奇点的开端。"我们正处在基因革命的早期阶段。通过理解信息在生命中的处理过程，我们开始学习改造自身的生物特征。"就像德国现代生物技术学家汉斯·萨克塞说的，基于DNA的角度，人类属于"第二级别的机器人"，一旦我们能够理解生命运作的原理，并付诸工程设计，生物本身的智能将无法企及机器的智能。"纳米革命将使我们可以重新设计和重构（以分子为基本单位）人类的身体和大脑，以及与人类休戚相关的世界，并可以突破生物学的极限。"

在技术纪元，我们按照机械逻辑，无论怎样如钟表般精准的逻辑，也制造不出一台可以思考的机器。但是当我们在GNR三重技术的聚合中，从生物学里提取自然逻辑思想，用于制造计算机以及更为复杂的人造系统，机械逻辑与自然逻辑融合时，就可以实现自我复制、自我管理、自我修复、自我学习。

于是就像凯文·凯利说的："有两种具体趋势正在发生：人造物表现得越来越像生命体，生命变得越来越工程化。""人们在将自然逻辑输入机器的同时，也把技术逻辑带到生命中。"

库兹韦尔的奇点理论引发全球的争论和关注。赞同和支持这个理论的人群成为奇点主义者，除了库兹韦尔参与创建的奇点大学和拍摄的电影《奇点临近》外，在美国旧金山还有一所人工智能奇点研究所，这个研究所每年都会召开名为"奇点峰会"的研讨会。

据西班牙《世界报》网站2014年7月22日报道，美国硅谷奇点大学教授何塞·路易斯·科代罗称，他所在的机构，科学家可以利用细胞技术使细胞一直维持良好的运行状态（避免衰老），已经成功地把小鼠的寿命延长了5年，这相当于把人类的寿命延长到了1000年。这能算是对奇点来临的一个佐证吗？

葡萄牙诺贝尔文学奖获得者若泽·萨拉马戈的小说《死亡间歇》开篇写道："第二天，没有一个人死。"谁也不知道具体是哪一年，人类就不会再死亡。

现在，库兹韦尔把时钟设置到了2045年。

（扫描二维码阅读《一个"奇点人"的自述》）

最后，让我们以两位未来学家的话来结束本书的阅读。

凯文·凯利在《新经济　新规则》一书结束时说：网络经济"是一个经济发展的特殊阶段，就像我们每个人的青春期，是一段躁动、迷茫而且无法重新来过的时光"，"守旧的现代消费者已经在扮演一个很苍白的角色。他像个气球：内心不断自我膨胀，尊严与身份的外衣已经被撑得越来越薄，接近了极限"，"一根小刺就足以让他破灭"。他特别强调指出："由于当今价值和意义的缺失，技术将代替我们做出决定。""想象一下技术需要的是什么，我们就可以想象出我们文化的未来的路。"这话虽然是在近20年前说的，但我们今天听来依然振聋发聩。

帕特里克·塔克尔指出，"我们构建种种未来可能性的目的和信心，在我们的祖先看来，是完全无法想象的。因此，我们就越来越像神灵。但是，由于在这个星球上以全新形式铺展开的透明度的潮流，就如冰川过处给峡谷留下的深刻印记一样，我们也会感觉到越来越苍白无力"，"我们不可能朝未来技术挥舞拳头，但我们可以通过自己的努力改变对未来的定义"。

未来，已来。

主要参考书目和文献

1. 〔美〕凯文·凯利. 新经济, 新规则. 刘仲涛, 康欣叶, 侯煜译. 电子工业出版社, 2014

2. 〔美〕凯文·凯利. 失控. 东西文库译. 新星出版社, 2010

3. 〔美〕拉尼尔. 互联网冲击: 互联网思维与我们的未来. 李龙泉, 祝朝伟译. 中信出版社, 2014

4. 〔美〕查克·马丁. 决胜移动终端. 张伟晶编. 向坤译. 浙江人民出版社, 2014

5. 〔美〕乔纳·伯杰. 疯传: 你的产品、思想、行为像病毒一样入侵. 刘生敏, 廖建桥译. 电子工业出版社, 2014

6. 〔美〕迈克尔·塞勒. 移动浪潮. 邹韬译. 中信出版社, 2013

7. 〔美〕布拉德·斯通. 一网打尽: 贝佐斯与亚马逊时代. 李晶, 李静译. 中信出版社, 2014

8. 〔美〕克里斯·安德森. 免费. 蒋旭峰, 冯斌, 璩静译. 中信出版社, 2012

9. 〔美〕克里斯·安德森. 长尾理论. 乔江涛, 石晓燕译. 中信出版社, 2012

10. 〔美〕克莱顿·克里斯坦森. 创新者的窘境: 当新技术使大公司破产. 胡建桥译. 中信出版社, 2014

11. 〔英〕维克托·迈尔舍恩伯格, 肯尼思·库克耶. 大数据时代. 盛杨燕, 周涛译. 浙江人民出版社, 2013

12. 〔美〕尼古拉斯·克里斯塔基斯, 詹姆斯·富勒. 大连接: 社会网络是如何形成的以及对人类现实行为的影响. 吴悦琳编. 简学译. 中国人民大学出版社, 2012

13. 〔美〕克莱·舍基. 未来是湿的: 无组织的组织力量. 胡泳, 沈满琳译. 中国人民大学出版社, 2012

14. 〔加〕唐·泰普斯科特, 安东尼·威廉姆斯. 维基经济学. 何帆, 林季红译. 中国青年出版社, 2012

15. 〔加〕米奇·乔尔. 湿营销. 杨洋译. 中国人民大学出版社, 2010

16. 〔美〕T·G·勒维斯. 非摩擦经济-网络时代的经济模式. 卞正东, 王宇, 王志娟, 陆国君译. 江苏人民出版社, 2000

17. 〔美〕杰夫·豪. 众包: 大众力量缘何推动商业未来. 牛文静译. 中信出版社, 2009

18. 〔美〕派恩, 吉尔摩. 体验经济. 毕崇毅译. 机械工业出版社, 2012

19. 〔美〕亚德里安·斯莱沃斯基, 卡尔·韦伯. 需求: 缔造伟大商业传奇的根本力量. 黄昕编, 龙志勇, 魏薇译. 浙江人民出版社, 2013

20. 〔美〕普拉哈拉德等. 消费者王朝. 王永贵译. 机械工业出版社, 2005

21. 〔美〕斯莱沃斯基. 发现利润区. 凌晓东译. 中信出版社, 2010

22. 〔美〕大卫·柯克帕特里克. Facebook效应. 沈路, 梁军, 崔筝译. 华文出版社, 2010

23. 〔美〕纳西姆·尼古拉斯·塔勒布. 黑天鹅: 如何应对不可预知的未来. 万丹, 刘宁译. 中信出版社, 2011

24. 〔美〕杰里米·里夫金. 零成本社会. 赛迪研究院专家组译. 中信出版社, 2014

25. 〔美〕杰里米·里夫金. 第三次工业革命. 张体伟, 孙豫宁译. 中信出版社, 2012

26. 〔美〕彼得·马什. 新工业革命. 赛迪研究院专家组译. 中信出版社, 2013

27. 〔德〕波特霍夫, 哈特曼. 工业4.0: 开启未来工业的新模式、新策略和新思维. 机械工业出版社, 2015

28. 〔美〕雷·库兹韦. 奇点临近. 董振华, 李庆诚译. 机械工业出版社, 2011

29. 〔美〕利普森, 库曼. 3D打印: 从想象到现实. 赛迪研究院专家组译. 中信出版社, 2013

30. 〔美〕阿尔文·托夫勒. 权力的转移. 中信出版社, 2006

31. 〔美〕曼纽尔·卡斯特. 认同的力量. 北京社会科学文献出版社, 2006

32. 〔美〕马修·E·梅. 精简. 中信出版社, 2013

33. 〔美〕约瑟夫·奈. 软实力. 中信出版社, 2013

34. 〔美〕埃里克·西格尔. 大数据预测. 周昕译. 中信出版社, 2014

35. 〔美〕阿莱克斯·彭特兰. 智慧社会: 大数据与社会物理学. 浙江人民出版社, 2015

36. 〔美〕拉佐尼克. 车间的竞争优势. 中国人民大学出版社, 2007

37. 〔美〕凯文·凯利. 科技想要什么. 中信出版社, 2011

38. 〔美〕威廉·庞德斯通. 无价: 洞悉大众心理玩转价格游戏. 华文出版社, 2011

39. 〔美〕艾·里斯, 劳拉·里斯. 品牌的起源. 机械工业出版社, 2013

40. 〔美〕美约翰·卡多. 颠覆者. 杨宇光译. 上海远东出版社, 2007

41. 〔美〕卡迈恩·加洛. 黏住顾客. 陈丽芳译. 中信出版社, 2013

42. 〔美〕戴夫·洛根, 约翰·金, 海丽·费·莱特. 部落的力量. 张卉译. 中国华侨出版社, 2014

43. 〔美〕李·科克雷尔. 卖什么都是卖体验: 互联网时代必学的39条客户体验法则. 中信出版社, 2014

44. 〔日〕岩田昭男. O2O时代的冲击. 机械工业出版社, 2014

45. 〔美〕伯纳德·利奥托德, 马克·哈蒙德. 大数据与商业模式变革: 从信息到知识, 再到利润. 郑晓舟译. 电子工业出版社, 2015

46. 〔美〕夏皮罗. 用户战略. 潘晓璐译. 中信出版社, 2014

47. 〔美〕尼克·波斯特洛姆. 超级智能: 路线图、危险性与应对策略. 张体伟, 张玉青译. 中信出版社, 2015

48. 〔英〕西蒙·迪克森. 没有银行的世界. 零壹财经译. 电子工业出版社, 2015

49. 〔美〕克莱·舍基. 人人时代：无组织的组织力量. 马颖君编. 胡泳，沈满琳译. 浙江人民出版社，2015

50. 〔美〕T·G·勒维斯. 非摩擦经济-网络时代的经济模式. 卞正东译. 江苏人民出版社，2000

51. 〔美〕查克·马丁. 决胜移动终端：移动互联时代影响消费者决策的6大关键. 张伟晶编. 向坤译. 浙江人民出版社，2014

52. 〔美〕迈克尔·波特. 竞争优势. 陈小悦译. 华夏出版社，2005

53. 李善友. 互联网世界观. 机械工业出版社，2015

54. 赵大伟. 互联网思维：独孤九剑. 机械工业出版社，2014

55. 徐昊，马斌. 时代的变换：互联网构建新世界. 机械工业出版社，2015

56. 周鸿祎. 周鸿祎自述：我的互联网方法论. 中信出版社，2014

57. 吴军. 浪潮之巅（第2版）. 人民邮电出版社，2013

58. 阿里研究院. 互联网+：从IT到DT. 机械工业出版社，2015

59. 王吉斌，彭盾. 互联网+：传统企业的自我颠覆、组织重构、管理进化与互联网转型. 机械工业出版社，2015

60. 卢彦. 互联网思维2.0：传统企业互联网转型. 机械工业出版社，2015

61. 曹磊，陈灿，郭勤贵等. 互联网+：跨界与融合. 机械工业出版社，2015

62. 腾讯科技频道. 跨界：开启互联网与传统行业融合新趋势. 机械工业出版社，2014

63. 曹仰锋. 海尔转型：人人都是CEO. 中信出版社，2014

64. 中信证券研究部. 移动互联决胜O2O. 中信出版社，2014

65. 八八众筹. 风口：把握产业互联网带来的创业转型新机遇. 机械工业出版社，2015

66. 李耀东，李钧. 互联网金融：框架与实践. 电子工业出版社，2014

67. 水木然. 工业4.0大革命. 电子工业出版社，2015

68. 盛伟，柯斌，杨倩. 众筹：传统融资模式颠覆与创新. 机械工业出版社，2014

69. 肖风. 投资革命：移动互联网时代的资产管理. 中信出版社，2014

70. 刘慈欣. 三体. 重庆出版社，2008

71. 戚聿东. 中国垄断行业市场化改革的模式与路径. 经济管理出版社，2013

72. 盛佳. 众筹. 机械工业出版社，2014

73. 易北辰. 移动互联网时代：生活、商业、思维的伟大革命. 企业管理出版社，2014

74. 李善友. 社群性产品. 机械工业出版社，2015

75. 黎万强. 参与感：小米口碑营销内部手册. 中信出版社，2014

76. 陈根. 可穿戴设备：移动互联网新浪潮. 机械工业出版社，2015

77. 王建国. 1P理论：网状经济时代的全新商业模式. 北京大学出版社，2007

78. 张劲松. 互联网金融经营管理之道. 机械工业出版社，2014

79. 中国管理模式杰出奖理事会. 云管理时代：解码中国管理模式5. 机械工业出版社，2014

80. IBM中国商业价值研究院. 未来的企业（中国企业的智慧转型）. 东方出版社，2009

81. 吴晓波. 商战之电商风云. 湖北教育出版社，2014

82. 王建宇. 移动时代生存. 中信出版社，2014

83. 吴国盛. 科学的历程. 湖南科技出版社，1996

84. 王福重. 金融的解释. 中信出版社，2014

85. 刘东明. 网络整合营销兵器谱. 辽宁科学技术出版社，2009

86. 蔡勇劲. 电商迷藏. 机械工业出版社，2014

87. 王蒙. 老子的帮助. 华夏出版社，2009

88. 毛光烈. 物联网的机遇与利用. 中信出版社，2014

89. 南怀瑾. 南怀瑾选集. 复旦出版社，2003

90. 颜艳春. 第三次零售革命：拥抱消费者主权时代. 机械工业出版社，2014

91. 张为民. 云计算：深刻改变未来. 科学出版社，2009

92. 张铎. 物联网大趋势. 清华大学出版社，2010

93. 安筱鹏. 工业4.0：为什么？是什么？如何看？怎么干？. 中国电子信息产业发展研究院发布，2014

94. 王路军，张凤忠，庄芮等. 中国烟草行业发展规律研究探索课题报告. 中国国家烟草专卖局党校，2010

95. 麦肯锡全球研究院. 中国的数字化转型：互联网对生产力的增长与影响. 麦肯锡全球研究院官网发布，2014

96. 阿里研究院. "互联网+"研究报告. 阿里研究院官网发布，2015

97. 腾讯研究院. 腾讯"互联网+"系列报告. 腾讯研究院官网发布，2015

98. 易观智库产业数据库. 中国移动互联网数据盘点&预测专题报告2015. 易观智库发布，2015

99. 《中国制造2025》战略规划. 国务院发布，2015

温馨招手：请阅读、体验完本书所有章节后，驻足此处，拉回景深，回味美景，凝练您这趟阅读之旅的所读、所感、所悟。

【附录】

专利发明：一种基于纸质书籍的社交平台及方法

——本书专利的网络逻辑架构及拓扑应用说明

（专利申请号：201510087557.8）

一、技术领域

本发明涉及通信技术领域，尤其涉及一种基于纸质书籍的社交平台及方法的设计。

二、背景技术

现有的社交平台可以通过扫描二维码的方式进入平台系统，而所有社交平台的入口二维码固定只有一个，即所有用户进入系统平台后可以跟所有用户进行互动，人们在使用过程中反馈的意见表现出用户之间存在群体的差异化。而系统平台不会进行分类，造成越来越多的用户在注册该社交平台后也不会长期使用，从而并未起到社交的作用。

现有书籍上的二维码，通过扫描后仅能获取特定的单一信息，例如作者资料、名词解释等，并未起到与读者互动的功能。

三、发明内容

本发明的目的是为解决现有社交平台入口单一的问题，而提供的一种基于纸质书籍的社交平台及方法。

本发明的技术方案是：一种基于纸质书籍的社交平台，包括纸质书籍部分、社交平台系统部分、手持终端。

其中纸质书籍部分包括书籍内容和二维码，二维码位于书籍内容的空白位置，手持终端用于扫描该二维码，通过该二维码进入社交平台系统部分，社交平台系统部分安装在手持终端上。

所述社交平台系统部分包括客户端和服务器端。所述客户端包括用户注册登录模块、用户分类模块、用户交互模块、积分模块、商城模块。用户注册登录模块用于新用户的账号注册和老用户的登录验证，用户分类模块用于对注册用户进行分类，用户

交互模块用于用户之间的对话交流，积分模块用于对用户在系统中参与的活动进行积分，商城模块用于兑换积分模块中用户累计的积分数.所述服务器端包括用户信息数据库，其用于存放用户注册信息和用户在客户端的活动信息。

所述纸质书籍部分中的书籍内容与二维码——对应，二维码的编码信息中包含书籍的分类信息，用手持终端扫描该二维码后对其编码信息进行解码，并将解码信息传输至社交平台系统，用户在扫描该二维码完成在社交平台系统的注册后，由用户分类模块对该用户进行分类。

所述用户注册登录模块在用户扫描二维码进入社交平台系统后，判断该用户是否属于新用户。若是，则对新用户进行注册，用户注册信息保存至服务器端的用户信息数据库；否则，用户直接进行登录。若用户输入的用户名及密码与服务器端用户信息数据库中保存的一致，则允许登录请求；否则拒绝。

所述用户交互模块包括用户讨论区、用户信息分享区、用户学习区、用户个人信息管理区。用户讨论区用于注册用户之间的讨论，用户信息分享区用于用户个人发表、转发、分享各类信息，用户学习区用于注册用户的自我学习，用户个人信息管理区用于用户个人的昵称、密码、注册信息的管理和维护。

同时，本发明为了解决技术问题还提供了一种基于纸质书籍的社交方法，具体包括以下步骤：

第一步，用户通过手持终端扫描书籍中的二维码，通过该二维码进入社交平台系统的客户端；

第二步，客户端对用户身份进行判定，若属于新用户，则对用户进行注册，并将该注册信息传输至服务器端进行存储，否则用户直接凭用户名和密码登录到社交平台系统；

第三步，用户进入社交平台系统界面，在系统内的用户交互模块、积分模块、商城模块内进行活动操作，同时客户端将用户在系统内进行活动操作的数据同步至服务器端；

第四步，用户在客户端的交互活动中获取积分，达到预设积分值时，用户在商城模块内进行商品兑换。

本发明的有益效果是：本发明是一种基于纸质书籍的社交平台及方法，即在特定书籍中印刷特定二维码，该二维码与书籍内容关联，承载有特定的编码信息，用户通过扫描该二维码进入社交平台，社交平台通过分析客户端扫描的二维码信息，自动对注册用户进行分类，从而解决了现有社交平台的问题。本社交平台包括了用户交互模块，该模块中包含了用户之间的交流和互动，如聊天、分享各种文章、发表评论等。用户通过该模块的活动可进行积分累计，累积的积分可在平台的商城进行兑换，兑换的商品包括用户自己或好友的各种服务等。通过本平台可以克服现有带二维码书籍，在扫描二维码后内容贫乏的缺点。

四、附图说明

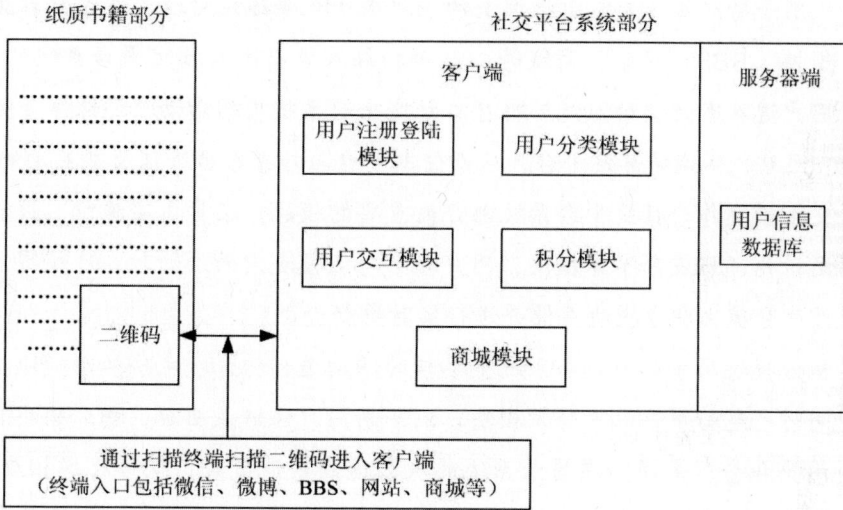

图1　一种基于纸质书籍的社交平台的系统框图

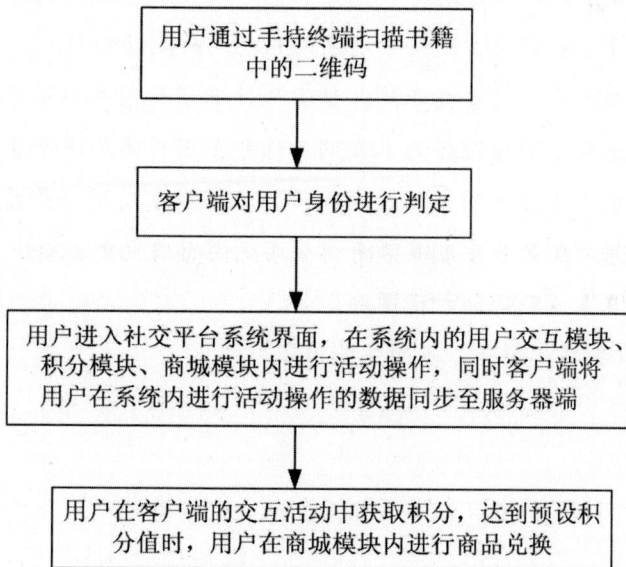

图2　一种基于纸质书籍的社交方法的流程图

355

五、具体实施方式

本发明通过针对现有社交平台存在的缺陷，利用纸质书籍作为社交平台的入口，基于对同样的书籍感兴趣的人群可作为一类用户，从而通过对书籍的分类对不同用户进行分类，也实现了在社交平台系统中对同类用户人员在数量上的控制，使用户之间的交流更为有效，从而真正起到社交作用，解决了现有社交平台的缺陷。

用户所用手持终端应为具有摄像头的手机或平板等通信终端，在该终端上可以通过微信、微博、BBS、网站、商城等二维码扫描入口而进入社交平台系统的客户端。同时，在用户进入客户端后，能够将在本社交平台系统内的活动轨迹分享至微信、微博、BBS、网站、商城等其他平台，从而使本平台与外界平台达到消息互动的效果。

用户交互模块作为社交平台系统部分最重要的模块，在具体实施中，设置了好书分享、意见讨论、好友分享等模块，用户在参与该模块内的活动时，可获得对应的不同积分，该积分值由积分模块存储并进行实时更新。

所述积分模块用于对用户在系统中参与的活动进行积分，主要活动模块在用户交互模块，同时也包括用户注册登录模块。例如新用户注册成功后，积分模块自动积累预设的新用户积分，老用户在登录系统的次数达到累计值后，也可获得相应的积分；同时积分模块还会展示用户好友积分情况，起到用户之间竞争和交流的作用。

商城模块用于兑换积分模块中用户累计的积分数，用于兑换的可以为现价商品，也可以是系统平台提供的增值服务等；同时，用户在商城模块内获得的商品可以转赠予注册用户在系统平台的好友，进一步增强用户之间的互动和交流。

本领域的普通技术人员将会意识到，这里所述的实施例是为了帮助读者理解本发明的原理，应被理解为本发明的保护范围并不局限于这样的特别陈述和实施例。本领域的普通技术人员可以根据本发明公开的这些技术启示做出各种不脱离本发明实质的其他各种具体变形和组合，这些变形和组合仍然在本发明的保护范围内。

（扫描二维码，查阅完整内容）